NTOA 49

Matthias Walter

Gemeinde als Leib Christi

NOVUM TESTAMENTUM ET ORBIS ANTIQUUS (NTOA)

Im Auftrag des Departement für Biblischen Studien
der Universität Freiburg Schweiz
herausgegeben von Max Küchler
in Zusammenarbeit mit Gerd Theissen

Zum Autor

Matthias Walter, geb. 1965, Studierte ev. Theologie in Heidelberg, Kingston (Jamaica) und Elstal (bei Berlin). 1998 Promotion in Heidelberg, seit 1999 Pastor an der Evangelisch-Freikirchlichen Gemeinde (Baptisten) in Sindelfingen.

Novum Testamentum et Orbis Antiquus 49

Matthias Walter

Gemeinde als Leib Christi

Untersuchungen zum Corpus Paulinum und zu den «Apostolischen Vätern»

Universitätsverlag Freiburg Schweiz
Vandenhoeck & Ruprecht Göttingen
2001

Die Deutsche Bibliothek – CIP-Einheitsaufnahme

Walter, Matthias:
Gemeinde als Leib Christi: Untersuchungen zum Corpus Paulinum und zu den «Apostolischen Vätern» / Matthias Walter. – Freiburg, Schweiz: Univ.-Verl.; Göttingen: Vandenhoeck und Ruprecht, 2001

(Novum testamentum et orbis antiquus; 49)
Zugl.: Heidelberg, Univ., veränd. Diss., 1998
ISBN 3-7278-1367-9 (Univ.-Verl.)
ISBN 3-525-53950-9 (Vandenhoeck und Ruprecht)

Veröffentlicht mit Unterstützung des Hochschulrates Freiburg Schweiz
und privaten Spendern.

Die Druckvorlagen der Textseiten wurden vom Autor
reprofertig zur Verfügung gestellt.

Paulusdruckerei Freiburg Schweiz
ISBN 3-7278-1367-9 (Universitätsverlag)
ISBN 3-525-53950-9 (Vandenhoeck & Ruprecht)
ISSN 1420-4592 (Novum Testam. orb. antiq.)

Vorwort

Das vorliegende Buch stellt die überarbeitete Fassung meiner Dissertation dar, die im Sommersemester 1998 von der Ev.-Theol. Fakultät der Universität Heidelberg angenommen wurde. Wer sich über eine lange Zeit mit Leib-Metaphorik befaßt, dem ist es besonders sinnfällig festzustellen, daß seine Arbeit durch vielerlei Unterstützung gefördert wurde. Viele Hände, Füße und Herzen waren an ihrer Fertigstellung beteiligt. Wenigstens einige will ich erwähnen.

Herrn Prof. Dr. Gerd Theißen als meinem Doktorvater danke ich für die anteilnehmende und immer wieder anregende und ermutigende Begleitung. Prof. Dr. Christoph Burchard hat das Zweitgutachten erstellt. Ich danke ferner Prof. Dr. Max Küchler für die Aufnahme der Arbeit in die Reihe *Novum Testamentum et Orbis Antiquus*. Die Graduiertenförderung des Landes Baden-Württemberg versorgte mich mit einem zweijährigen Stipendium. Die Gerhard-Claas-Stiftung, die Universität Heidelberg und meine Eltern beteiligten sich an den Druckkosten.

Meine Frau hatte die Launen eines Doktoranden zu ertragen. Daß und wie sie es tat, dafür habe ich ihr zu danken. Daß ihr Vater zu oft in Rom, Korinth und Kleinasien war, wenn er eigentlich mit seinen Kindern in Bullerbü sein sollte, mußten unsere Töchter feststellen. Zuverlässig und oft reiste Frau Gisela Stettmeier dann mit ihnen. Ihr danke ich für die vielen Stunden und Tage, an denen sie die beiden, neben ihren eigenen Kindern, mehr als nur versorgte.

Ich widme die Arbeit meinem Vater, Karl Heinz Walter DD. Als Pastor, dem eine genaue Exegese stets am Herzen lag, und der wußte, daß Gemeinde und Kirche auch von ihr her leben, hat er meine Begeisterung sowohl für das Neue Testament als auch für die Gemeinde geweckt. Davon wird, so hoffe ich, in dieser Arbeit etwas deutlich.

Sindelfingen, im September 2001 Matthias Walter

INHALTSVERZEICHNIS

1. EINLEITUNG

> Jetzt hatte es sich verwandelt in sein Leben und Blut selber [...] Er wird das Land ganz in sich hineinschlingen, wird so in das Land hineinschlüpfen, daß er das Land selber ist. Das kann nur atmen, wenn er atmet, schreiten, wenn er schreitet, wenn er stille steht, steht es still. Leibhaft geradezu, körperhaft war ihm diese Vorstellung. Stuttgart ist sein Herz, der Neckar seine große Schlagader, das schwäbische Gebirg ist seine Brust, der schwäbische Wald sein Haar. Er ist Württemberg, leibhaft, Württemberg nichts als er.
>
> Lion Feuchtwanger, Jud Süß[1]

Herzog Karl Alexander von Württemberg träumt sich als die Verkörperung des Landes. Das Land wird in ihm sein und er in dem Land. Es ist ein mythischer Traum. Das Land wird ohne ihn nicht mehr leben können, es wird von ihm abhängig sein. Es ist ein politischer Traum. Karl Alexander träumt einen politischen Mythos.

Wenn Feuchtwanger Mythos und Politik miteinander verbindet, so tut sich die neutestamentliche Theologie mit einem solchen Vorgehen schwer. Die Gemeinde als „Leib Christi" ist für die einen eine mythische Größe, eine theologische Aussage. Für die anderen ist es ein politisches Bild, mit dem der gemeindliche Alltag strukturiert werden sollte. Es ist eine der Fragen dieser Arbeit, ob und wie hier Verbindungslinien zu ziehen sind.

Unbefangene Betrachter sehen in der Rede von der Gemeinde als Leib Christi zunächst einmal eine Metapher. Dies liegt um so näher, als man der Leib-Metaphorik in der Antike auf Schritt und Tritt begegnet. Aus diesem Grunde ist der Titel dieser Arbeit bewußt unbestimmt formuliert. „Leib-Metaphorik" läßt zunächst offen, worauf genau sich der Begriff bezieht und welche weiteren Vorstellungen sich mit ihm verbinden. Das muß die Exegese klären.

Nur eines scheint sicher: Diese Metaphorik bezieht sich auf eine kollektive Größe. Ein irgendwie gearteter Zusammenhang von Dingen oder Menschen wird mit ihr erfaßt und evtl. angeredet. Dieser Zusammenhang soll mit dem Bild vom Leib erklärt, gedeutet, stabilisiert oder modifiziert

[1] Gesammelte Werke Bd. 1, Berlin/Weimar 1991, 353.

werden. Die frühchristlichen Autoren tun dies in der Perspektive ihres Glaubens an den auferstandenen Christus.
Ihr gemeinsamer Glaube an diesen Christus führte die Christen in eine gegenseitige Gemeinschaft, die zu beschreiben sie immer wieder ansetzten. Das Bild vom Leib war dabei zunächst nur eine Sprachmöglichkeit unter anderen. Eine große Fülle von Bildern wurde dazu herangezogen. Daß offensichtlich keines alles sagte, erklärt sich daraus, daß sich die Christen (individuell und als Gemeinschaft) als eine καινὴ κτίσις (Gal 6,15) verstanden, die letztlich analogielos ist. Die Metapher vom Leib bildete einen Versuch, das Unsagbare oder wenigstens Aspekte des Unsagbaren in Worte zu fassen. Welche Aspekte dies sind, will diese Arbeit darstellen.
Die Exegese wird sich zur Orientierung gewissermaßen „neutraler" Hilfsmittel bedienen. Weil es um Leib-*Metaphorik* geht, können sich Ansätze aus den Sprachwissenschaften als hilfreich erweisen. Weil es um *Leib*-Metaphorik geht, sollen soziologische, genauer: wissenssoziologische Modelle herangezogen werden.
Gerade mit letzterem wird die Arbeit wieder eine theologische Arbeit, denn Wissenssoziologie, soviel vorweg, untersucht den Zusammenhang von Sinn und Sein, oder in der Sprache der theologischen Exegese: von Theologie und Paränese. Wir werden sehen, daß die Bestimmung des Verhältnisses beider Sprachformen bezüglich der Leib-Christi-Vorstellung umstritten ist. Ich werde also fragen, wie sich die Verfasser der entsprechenden frühchristlichen Schriften der Leib-Metapher bedient, wie sie das Bild mit ihrem eigenen Sinnhorizont verbunden und was sie damit bezweckt haben.
Mein Vorgehen ist traditionell: Ich werde zunächst die Forschungslage referieren, dann im folgenden versuchen, ein möglichst zweckdienliches methodisches Instrumentarium zusammenzufügen, und als letzten Vorbereitungsschritt den Gebrauch von Leib-Metaphorik im außerfrühchristlichen Umfeld darstellen. Die Untersuchung der christlichen Quellen erfolgt dann in ihrer wahrscheinlichen chronologischen Reihenfolge.
Der Rahmen dieser Quellen umfaßt das Neue Testament und die sogenannten „Apostolischen Väter". Für letztere fehlte bislang eine entsprechende Untersuchung. Die Anführungszeichen um den Begriff werden zu Beginn von Kap. 8 näher erläutert. Sie haben mit dem Ansatz dieser Arbeit zu tun. Wenn ich die Leib-Metaphorik durch die Quellen hindurch verfolge, bin ich auch an ihrer Entwicklung interessiert. Eine solche Entwicklung wird von den unterschiedlichsten Seiten beeinflußt. Natür-

lich stehen unterschiedliche Situationskontexte im Hintergrund. Unter den frühen Christen hat aber auch ein reges Gespräch und ein Ringen darüber stattgefunden, wie sie ihr individuelles und kollektives Sein in ihrer Umwelt verstehen und gestalten können. Dieses Gespräch hat, zumindest in der ersten Zeit, nicht an dogmatischen Grenzen haltgemacht, zumal diese Grenzen alles andere als festgelegt waren.[2] Anderenfalls hätte es z.B. kaum einer solch breiten Widerlegung der Gnosis bedurft, wie sie Irenäus verfaßt hat. Wer also als „apostolisch" zu gelten hatte und in welchem Sinne, wurde unterschiedlich definiert.

Von isolierten Traditionsbereichen ist demnach zunächst nicht auszugehen. Um so interessanter wäre es aus diesem Grunde, das gesamte frühchristliche Gesprächsumfeld nachzuzeichnen. Das sprengte aber den Rahmen dieser Arbeit. Begrenzte Hinweise geben jedoch immerhin die Kapitel 8.5. und 9.

Aus diesen Überlegungen ergibt sich eine letzte Bemerkung zur historischen Tragweite der hier vorgelegten Ergebnisse: Man darf die im folgenden herausgearbeiteten Anschauungen nicht unmittelbar mit gelebten gemeindlichen Selbstverständnissen gleichsetzen. Die Schriften zeugen ja im Gegenteil von einem anhaltenden Diskussionsbedarf. Es melden sich in ihnen gleichwohl Stimmen zu Wort, die die Kirche bald als normativ akzeptiert hat.

---

[2] Vgl. das Prinzip „Kontakt vor Kontinuität" bei K. BERGER, Theologiegeschichte des Urchristentums, Tübingen/Basel [2]1995, 4.

2. FORSCHUNGSGESCHICHTE

Die Leib-Christi-Metaphorik zählte unter Theologen fast durchgängig zu den zentralen ekklesiologischen Begriffen im Neuen Testament.[1] Auf diese Vorstellung wird auch dort Bezug genommen, wo es der Titel eines Artikels, Aufsatzes oder einer Monographie nicht unmittelbar vermuten läßt. Das begründet die Schwierigkeit, eine umfassende Forschungsgeschichte des Begriffs auch nur für dieses Jahrhundert zu schreiben. Da die wichtigsten Fortschritte jedoch in den Arbeiten mit spezialisierten Titeln erzielt wurden, konzentriert sich die folgende Darstellung auf sie. Gelegentlich werden Zwischenrufe die forschungsgeschichtliche Darstellung unterbrechen. Sie heben Themenbereiche hervor, die im weiteren Verlauf der Arbeit wichtig werden.
Die moderne Forschung zum Leib-Christi-Begriff beginnt mit dem Buch von Traugott Schmidt „Der Leib Christi (Σῶμα Χριστοῦ). Eine Untersuchung zum urchristlichen Gemeindegedanken" aus dem Jahre 1919.[2] Dieser Titel soll aufgrund seiner grundlegenden Bedeutung zu Anfang ausführlicher dargestellt werden. Im Anschluß werde ich einen kurzen Hinweis geben auf die Diskussionslage, in die hinein Schmidt gesprochen hat. Der weitere Verlauf dieses Kapitels orientiert sich dann zunächst an thematischen Einheiten. Abschließend wird gesondert die aktuelle Diskussionslage dargestellt.

2.1. Der Beginn der modernen Forschung zum ekklesiologischen „Leib Christi"

Der Untertitel, den Schmidt seiner Arbeit gab, verdeutlicht, worum es dem Verfasser im Grunde geht: „Eine Untersuchung zum urchristlichen Gemeindegedanken". Die Vorstellung vom Leib Christi ist davon „nur ein Ausschnitt". Seine Leitfrage ist: Wie kam die Kirche ins Apostolikum? Dort ist sie als etwas Göttliches dargestellt, und die „Wurzeln die-

---

[1] Eine beliebig herausgegriffene Bemerkung ist etwa die bei A. WIKENHAUSER, Die Kirche als der mystische Leib Christi nach dem Apostel Paulus, Münster 1937 [2]1940, 1: „Der eigentliche Kern der Lehre des hl. Paulus von der Kirche ist die von ihm geschaffene und ausgebildete Anschauung von der Kirche als dem Leibe Christi."

[2] Das Buch war bereits im Jahre 1914 abgeschlossen. Dann brach jedoch der Erste Weltkrieg aus, der Verfasser meldete sich als Kriegsfreiwilliger und fiel im August 1918. Seine Frau hat nach dem Krieg die Herausgabe besorgt.

ser Schätzung der Kirche" will der Verfasser bis zu Paulus verfolgen. Leib Christi ist für diese Spurensuche ein geeigneter Ansatzpunkt, denn die Kirche lebt in „göttlichen Kräften" (1), die sich in Christus konzentrieren. „Diese Gegenwart Christi in der Gemeinde, dies Ineinander beider, das ist eigentlich das Thema unserer Arbeit."[3] Das Verhältnis des Einzelnen zu Christus soll nur als Voraussetzung dieses Hauptgedankens Erwähnung finden. Der Weg zur Antwort auf diese Frage führt Schmidt über den allgemein-anthropologischen und mit Bezug auf Christus gebrauchten σῶμα-Gedanken, die Gegenwart Christi im Sakrament und im Geist zum Ekklesia-Gedanken und seiner Verbindung zur Leib-Christi-Vorstellung. Den Abschluß bilden religionsgeschichtliche Überlegungen zu den Sakramenten, zum Judentum und zum Hellenismus.

Beide, Judentum und Hellenismus, konnten eine Gemeinschaft als eine Person umschreiben. Paulus spricht in diesem Sinne vom ersten Adam. Nach Schmidt hat diese jüdische Vorstellung die hellenistische Rede vom himmlischen Urmenschen aufgenommen. Paulus stellt ihr die Rede von Christus als zweitem Adam gegenüber. Christus als der Erhöhte „ist der neue Mensch, der zweite Adam, und damit zugleich die neue Menschheit, die neue Kirche" (249f). Im Begriff des Leibes Christi treffen sich nach Schmidt die beiden Linien von „Christus in uns - wir in Christus" (134). Damit ist gewährleistet, daß auch dort, wo es augenscheinlich nur um die Anwendung des stoischen Organismusgedankens geht, dieser Leib, den die Gemeinde bildet, der Leib Christi ist. Diese Zentralität Christi wird in Kol und Eph hervorgehoben, die für diese beiden Briefe charakteristische „Bezeichnung Christi als Haupt des Leibes [...] ist nur die Anwendung des Kyriosgedankens auf das Bild vom Leibe Christi" (170).

Der Schluß des Buches macht deutlich, worum es Schmidt geht: Die Gemeinschaft ist dem Individuum vorgeordnet. „Die Frömmigkeit des Urchristentums, speziell die des Paulus, ist nicht so individualistisch, wie man sie gewöhnlich versteht" (250). „Der modernen Anschauung gilt es als selbstverständlich, daß die Religion in erster Linie Sache des Individuums ist; für die antike Auffassung war sie ebenso selbstverständlich Volkssache" (251), und so „ist denn tatsächlich die Beziehung der Ecclesia zum Geist und zu Christus im ganzen enger als die des Einzelnen".

[3] A.a.O. 2, im Original gesperrt. Ältere Literatur setzt Zeichen zuweilen sehr häufig gesperrt. Um den Lesefluß nicht zu erschweren, erspare ich mir die meisten der Hinweise darauf, sondern erwähne dies nur, wenn es sich um markante Hervorhebungen einzelner Begriffe handelt.

„Dieser Sozialismus des Paulus aber hängt aufs engste zusammen mit seinem Supranaturalismus“ (252), denn die Kirche ist für ihn dem Einzelnen vorgeordnet und entspringt nicht dem freien Entschluß zur Zusammenkunft.

Schmidt nimmt mit diesen Worten unmittelbar Bezug auf die ekklesiologische Diskussion seiner Gegenwart. Olof Linton beschreibt als den „‘Consensus’ der 80-er Jahre“ des 19. Jh. die „Betrachtung, dass die Kirche eine Gesellschaft sei und das Amt ein Administrativamt“,[4] und erklärt:
„Das hängt [...] damit zusammen, dass das ganze Religionsideal individualistisch-demokratisch war. Zunächst war der Fromme da als freier Christ. Er war das Urdatum der christlichen Religion. Er und seinesgleichen schufen durch Zusammentritt die Gemeinden [...] Die Kirche ist [...] nach dem Individuum. Für die Erlösung ist sie nicht notwendig. Aus praktischen Gründen aber treten die einzelnen Christen zusammen. Die Religion fordert also die Gemeinschaft nicht, wohl aber führen die allgemeinen Bedingungen des menschlichen Lebens notwendig zur Gemeinschaftsbildung auch auf dem Gebiete der christlichen Religion [...] So sucht man überall mit gesellschaftlichen Kategorien auszukommen.“[5]
Es sei in diesem Zusammenhang nur hingewiesen auf die Arbeiten von Edwin Hatch und Georg Heinrici.[6] Beide erklären Entstehung und Struktur der ersten christlichen Gemeinden analog zu den antiken Vereinen.
So fragt Heinrici, nachdem er Analogien zwischen der korinthischen Gemeinde und der Synagoge abgelehnt hat, warum Claudius, der doch sonst „das Judenthum ausserhalb Palästinas gleich allen fremden Religionen mit Decreten und Verfolgungen beunruhigte“, die korinthische Gemeinde offensichtlich unbehelligt ließ. Seine Antwort: „die Gemeinde hat eine Form der Existenz angenommen, welche sie vorerst dem Misstrauen des Staats entzog und ihr Zeit liess, auszureifen und sich zu festigen. Wir glauben in den r e l i g i ö s e n G e n o s s e n s c h a f t e n G r i e c h e n l a n d s diese Form nachweisen zu können.“[7] Und zur Terminologie hält Heinrici fest: Es „verursacht die verwandte Organisation sowohl wie das Wesen der Sache, daß in der Bezeichnung der Genossenschaften und der christlichen Gemeinde die von Leib

---

[4] O. LINTON, Das Problem der Urkirche in der neueren Forschung. Eine kritische Darstellung, Uppsala 1932, 5.

[5] O. LINTON, Problem 7f.

[6] Vgl. G. HEINRICI, Die Christengemeinde Korinths und die religiösen Genossenschaften der Griechen, ZWTh 19 (1876) 465-526; DERS., Zum genossenschaftlichen Charakter der paulinischen Christengemeinden, ThStKr 54 (1881) 505-524; E. HATCH, The Organization of the Early Christian Churches. Eight Lectures, London 1881 (deutsch von A. v. Harnack 1883).

[7] G. HEINRICI, Christengemeinde 479 (Hervorhebung vom Autor).

und Gliedern entlehnten Metaphern vielfach benutzt sind. Wurde doch hier wie dort, wenn auch in grundsätzlich verschiedener Weise, die innigste Verbindung angestrebt, sowohl unter einander als auch mit dem Gegenstande der Verehrung."[8]

Der unmittelbar wirkmächtigste Einfluß auf das, was Linton den Konsens der 1880er Jahre nannte, dürfte von *Friedrich Schleiermacher* ausgegangen sein. Ob es jedoch, wie v.a. die Dialektische Theologie meinte, eine Vorordnung des Menschen vor Gott im theologischen System Schleiermachers war, oder nicht z.B. dessen enge Verknüpfung von Kirche und Welt, kann hier nicht geklärt werden.

Die Meinung der Dialektischen Theologie kann sich in ekklesiologischer Hinsicht auf Äußerungen wie den Leitsatz zu § 115 der Glaubenslehre berufen: „Die christliche Kirche bildet sich durch das Zusammentreten der einzelnen Wiedergebornen zu einem geordneten Aufeinanderwirken und Miteinanderwirken."[9] Gleichwohl sieht Schleiermacher dies nicht losgelöst vom Wirken des Heiligen Geistes, den er wie folgt definiert: „Der Heilige Geist ist die Vereinigung des göttlichen Wesens mit der menschlichen Natur in der Form des das Gesamtleben der Gläubigen beseelenden Gemeingeistes."[10] Göttliches

[8] G. HEINRICI, Charakter 519. Der Anlaß dieses Aufsatzes ist gleichzeitig Beleg für die Tatsache, daß diese Forschungsrichtung von Anfang an nicht unumstritten war. Heinrici reagiert hier auf Kritik von Karl Holsten. Holsten hatte Heinrici so verstanden, daß Paulus die Gemeindeformen aus den hellenistischen Genossenschaften *ableitete*. Heinrici dagegen sieht sich mißverstanden und hebt hervor, daß Paulus diese letzteren Formen lediglich *benutzte*. Es spiegelt sich darin ein Streit, der die Frage nach dem Einfluß des stoischen Organismusgedankens auf die neutestamentliche Leib-Metaphorik kontinuierlich begleiten wird. Vgl. zur Diskussion um Heinrici und Hatch J.S. KLOPPENBORG, Edwin Hatch, Churches and *Collegia*, in: Origins and Method. Towards a New Understanding of Judaism and Christianity, FS J.C. Hurd (hg. v. B.H. McLean), JSNT.S 86, Sheffield 1993, 212-238.

[9] F. SCHLEIERMACHER, Der christliche Glaube nach den Grundsätzen der evangelischen Kirche im Zusammenhange dargestellt, Berlin [2]1831 (in 7. Aufl. hg. v. M. Redeker, Berlin 1960; im folgenden „CG"), 215. Vgl. auch ders., Kurze Darstellung des theologischen Studiums zum Behufe einleitender Vorsleungen, Berlin [2]1830, § 22: „Wenn fromme Gemeinschaften nicht als Verirrungen angesehen werden sollen: so muß das Bestehen *solcher Vereine* als ein für die Entwicklung des menschlichen Geistes notwendiges Element nachgewiesen werden" (Hervorhebung von mir; zum Inhalt vgl. u. S. 12 Anm. 14).

[10] CG, Leitsatz zu § 123, a.a.O. 259. Vgl. dazu C. DINKEL, Kirche gestalten - Schleiermachers Theorie der Kirchenregiments, SchlAr 17, Berlin/New York 1996, 68: „Der häufig geäußerte Vorwurf, die Kirche werde bei Schleiermacher durch das Zusammenwirken der Gläubigen und nicht durch das göttliche Wirken

Wesen und menschliche Natur sind konstitutiv für die Kirche. Sie verhalten sich zueinander wie folgt: „Die von dem heiligen Geist beseelte Gemeinschaft der Gläubigen bleibt in ihrem Verhalten zu Christo und zu diesem Geist immer sich selbst gleich, in ihrem Verhältnis zur Welt aber ist sie dem Wechsel und der Veränderung unterworfen.“[11] Hierin liegt die notwendige Unterscheidung zwischen innerer und äußerer Kirche begründet. Eine Betonung der empirischen Verschiedenheit der Kirche von der Welt ist „eine ebensosehr zum Separatismus als zur gesetzlichen Gerechtigkeit hinneigende Ansicht.“[12] Sie ist um so unnötiger, als die Welt lediglich der „Teil des menschlichen Geschlechts“ ist, „der noch nicht Kirche ist“[13]. Ein Unterschied von innerer und äußerer Kirche wird jedoch einmal aufgehoben werden. Die äußere Kirche besteht nämlich aus denjenigen „Beschaffenheiten der Gemeinschaft, wodurch sie sich während ihrem Zusammensein mit der Welt von demjenigen unterscheidet, was sie erst nach der Beendigung dieses hemmenden Gegensatzes auch in der Erscheinung sein kann“, nämlich die Gleichgestalt mit der inneren Kirche. Welt und Kirche werden also einmal in eins fallen, der „hemmende Gegensatz“ wird aufgehoben, alles wird Kirche sein.[14]

---

konstituiert, geht an der Sache vorbei und gründet vermutlich darin, daß Schleiermachers durchaus eigenwilliger Geistbegriff außer Acht gelassen wird. Das Gemeinschaftsstreben der Gläubigen ist bei Schleiermacher immer durch den die Gläubigen beseelenden Heiligen Geist motiviert.“ Wie sich dazu Äußerungen Schleiermachers wie die im Leitsatz zu § 6 („Das fromme Selbstbewußtsein wird wie jedes wesentliche Element der menschlichen Natur in seiner Entwicklung notwendig auch Gemeinschaft“), müßte dann noch zu klären sein. Handelt es sich z.B. um einerseits eine philosophische, andererseits eine ethische Sicht der Kirche (so Dinkel, a.a.O. 58)? - Die Grundkritik der Dialektischen Theologie an Schleiermachers Anthropozentrismus will Dinkel mit dem Hinweis abwehren, dieser Ausgangspunkt habe „erkenntnistheoretische Gründe.“ Er „stellt die Funktion des Erlösers oder der Heiligen Schrift für die Kirche keinesfalls in Frage“ (a.a.O. 75 Anm. 111).

[11] CG, Leitsatz zu § 126.

[12] CG § 126, S. 274 in o.g. Ausgabe.

[13] Ebd.

[14] Vgl. RICHARD ROTHEs These, die Kirche werde sich in die Welt hinein auflösen, die sich dem Reich Gottes zubewege. In dem dritten Hauptstück seiner Theologischen Ethik (R. Rothe, Theologische Ethik Bd. 2, Wittenberg ²1869 [völlig neu augearbeitete Aufl. von ¹1845]) gliedert er die „Entwickelungsstadien der moralischen Gemeinschaft“ in Familie - Stamm - Völker und Staaten - Kirche - der „allgemeine Staatenorganismus“ - das „vollendete Reich Gottes“. In § 440 heißt es (a.a.O. S. 465): „So lange der einzelne nationale Staat seine Entwickelung (als Staat) noch nicht vollendet hat, deckt auch im Volke in demselben Verhältnis der Umfang der religiös-sittlichen, d.h. der politischen Gemeinschaft den

> Das wenigste, was man von Schleiermacher her festhalten kann, ist, daß mit diesen seinen Ansichten sicher ein theologisches Klima geschaffen war, in dem z.B. ein analogischer Bezug der Kirche zu den griechischen Genossenschaften plausibel erschien und theologisch wenig aufregte.[15]

Mit dem Buche Schmidts sind die Weichen gestellt für die Forschung der folgenden Jahrzehnte: Leib Christi ist der zentrale Begriff für die paulinische Ekklesiologie.[16] Bei ihm geht es um die Frage, wie Christus und Gemeinde miteinander in Beziehung stehen. Der stoische Organismusgedanke ist in dieser Hinsicht ein nützlicher Gedanke, seine Reichweite jedoch auf die Horizontale beschränkt. Zur Beantwortung der *eigentlichen* Frage, der nach der vertikalen Beziehung Christus - Gemeinde, werden neben innerchristlichen Gedanken (wie der sakramentalen Pneumatologie) religionsgeschichtliche Parallelen herangezogen, bei Schmidt ein anhand der Person des Adam judaisierter hellenistischer Mythos vom himmlischen Urmenschen.

In der weiteren Darstellung der Forschung kommen zunächst Vorschläge zu außerchristlichen Hintergründen für die Rede von der Gemeinde als Leib Christi zu Wort. In einem zweiten Durchgang werden innerchristliche Lösungsversuche vorgestellt. Schließlich referiere ich Arbeiten, die solche religions- und traditionsgeschichtlichen Ableitungen eher kritisch sehen und die pragmatischen Aspekte hervorheben.

2.2. Die religionsgeschichtliche Frage

2.2.1. Gnosis

Der erste große Versuch, die Rede von der Gemeinde als Leib Christi religionsgeschichtlich einzuordnen, greift zur Gnosis als möglichem Hintergrund. *Heinrich Schlier* legt mit seiner 1928 eingereichten und 1930 veröffentlichten Habilitationsschrift eine konsequent gnostische

---

der ausschließend religiösen Gemeinschaft noch nicht vollständig, und es besteht mithin insolange im Volke nothwendig neben dem Staate eine Kirche, in welcher schlechthin alle Individuen der Nation, und zwar jedes nach der Gesammtheit der besonderen Seiten des menschlichen Seins, zur Gemeinschaft verbunden sind. Doch tritt diese Kirche im Volke eben so nothwendig je länger desto mehr zurück, und löst sich je länger desto mehr in sich selbst auf, in demselben Verhältnis, in welchem der Staat sich dem Abschluß seiner Entwickelung nähert."

[15] *Wenig*, nicht *gar nicht*, wie die Diskussion um Heinrici und Hatch zeigt.

[16] Ja, in ihm liegt „ein Höhepunkt der paulinischen Frömmigkeit und Theologie" (254).

Deutung der Ekklesiologie des Epheserbriefes vor. Schlier faßt sie so zusammen:

> „Der Erlöser, der zum Himmel auffährt, überwindet auf seinem Wege die himmlischen Mächte (4, 8 ff) und durchbricht die Grenzmauer, die die Welt von dem göttlichen Reich trennt (2, 14 ff). Er kehrt dabei zu sich selbst zurück (4, 13 ff), der in den himmlischen Reichen beständig weilt. Ist er doch die κεφαλή des σῶμα. In diesem bringt er seine μέλη empor, schafft er den 'neuen Menschen' (2, 15) und baut seinen Leib auf zu dem himmlischen Bau seiner ἐκκλησία (2, 19 ff; 4, 12 ff. 16), an der die Weisheit Gottes offenbar wird (3, 10 f). Der Soter liebt und pflegt, reinigt und rettet seine Kirche. Sie ist seine γυνή und er ist ihr ἀνήρ, im Gehorsam und in der Liebe einer dem anderen verbunden (5, 22-32)".[17]

Dieser Gedanke ist nicht paulinisch oder aus paulinischen Gedanken erwachsen. Paulus denkt rein horizontal, bei ihm geht es um „gegenseitige Hilfeleistung und Anteilnahme" (40), der Verfasser des Epheserbriefs hingegen hat seine Vorstellungen aus der valentinianischen Gnosis.

Eine solche Unterscheidung zwischen Paulus und den Deuteropaulinen will *Ernst Käsemann* mit seiner 1933 erschienenen Arbeit („Leib und Leib Christi. Eine Untersuchung zur paulinischen Begrifflichkeit") aufheben. Käsemann stimmt mit Schlier in der gnostischen Interpretation des Epheserbriefes überein, meint aber, auch bei Paulus sei mit dem bloßen Organismusgedanken in 1Kor 12 und Röm 12 Entscheidendes nicht erklärt, offen sei das „Verhältnis des Christusleibes zur paulinischen Anthropologie, zum Sakrament und zur Christologie" (161).

> Die paulinische Christologie unterliegt für Käsemann einer „gnostischen Bestimmtheit" (163), die sich mit der Anthropologie insofern verbindet, als durch die „in der Taufe neu zugeeignete Substanz, die 'Christusnatur', [...] die menschliche Individualität ausgerottet" wird. So wird „die Vielzahl der Subjekte zu 'einem' [...], zum Christus und seinem Leibe" (162). Verwirklicht wird dies in den Sakramenten. So ist also bereits der paulinische Leib-Christi-Begriff gnostisch zu interpretieren und 1Kor 12,14-21 „in Wirklich-

---

[17] H. SCHLIER, Christus und die Kirche im Epheserbrief, BHTh 6, Tübingen 1930, 74f. Schlier exegetisiert zuweilen recht gewaltsam. Zu Eph 2,15; Kol 3,15; IgnSm 1,2; Eph 3,6 etwa schreibt er: „In e i n e m Leibe und zwar in s e i n e m Leibe trägt Christus Heiden und Juden (die Gläubigen) zu Gott empor" (38, Hervorhebungen vom Autor). Von einem „Emporheben" ist an den genannten Stellen aber nichts zu lesen.

> keit nur eine Hilfslinie". Es kommt dagegen auf das οὕτως ὁ Χριστός in V. 12 und die „sakramentalen Ausführungen" in V. 13 an (171).

Diese gnostische Deutung der Bultmann-Schüler Schlier und Käsemann hat nachhaltig gewirkt. Noch 1992 erklärt Petr Pokorný den Epheserbrief vor diesem Hintergrund.[18] Sie hat jedoch auch Widerspruch hervorgerufen. Bereits 1935 erhebt *Odo Casel* in seiner ausführlichen Rezension von Käsemanns Buch Einspruch.[19] Er hebt zwar hervor: „Verdienstlich an dem vorlieg. Buch ist jedenfalls die Zurückdrängung des griech. Organismusgedankens aus der pl. Lehre vom LC [sc. Leib Christi]" (291), verneint aber aus theologischen Gründen einen gnostischen Hintergrund. Zwei Jahre später will *A. Wikenhauser* den von Schlier und Käsemann herausgearbeiteten gnostischen Hintergrund allenfalls als begriffliche Hülle gelten lassen, mit der Paulus sich der „Sprache seiner Umwelt" akkomodiert hat.[20]
Es wird jedoch bis zum Jahre 1955 dauern, daß die gnostische Interpretation mit *Franz Mußner*s Buch „Christus, das All und die Kirche. Studien zur Theologie des Epheserbriefes" einer eingehenderen Untersuchung unterzogen wird. Er sieht dort eine Alternative zwischen einer analytischen Methode, die Vorstellungen allein durch Rekurs auf innerchristliche Voraussetzungen erklärt, und der religionsgeschichtlichen Methode, die mit fremden Einflüssen rechnet. Mußner postuliert: „Wird der Text mit Hilfe der analytischen Methode in sich voll verständlich, dann fällt die Frage nach einem etwaigen Einfluß des gnostischen Mythus als überflüssig und sachlich unbegründet weg." Für die Leib-Metaphorik lehnt Mußner einen gnostischen Hintergrund ab, vor allem in Eph 5,22ff findet sich ein solcher nicht, denn hier fehlen konstitutive Elemente wie die Doppelgeschlechtlichkeit des Urmenschen, der Abfall des weiblichen Teils in die ὕλη und deren Zurückholung in die himmlische Syzygie. Auch Carsten Colpe äußert fünf Jahre später in seinem Aufsatz „Zur Leib-Christi-Vorstellung im Epheserbrief"[21] Zweifel an der gnostischen

---

[18] P. POKORNÝ, Der Brief des Paulus an die Epheser, ThHK 10/2, Leipzig 1992.

[19] JLW 13 (1935) 281-292.

[20] A. WIKENHAUSER, Kirche 239. LUDWIG DEIMEL, Leib Christi. Sinn und Grenzen einer Deutung des innerkirchlichen Lebens, Freiburg 1940, lehnt ihn ebenfalls ab, jedoch ohne wesentliche Diskussion, sondern durch Gegenüberstellung seines eigenen Ansatzes (dazu s.u.)

[21] In: Judentum - Urchristentum - Kirche, FS J. Jeremias (hg. v. W. Eltester), BZNW 26, Berlin 1960 ²1964, 172-187.

Herleitung. Hinter Eph 4,8-10 steht kein Mythos von der Herabkunft und Auffahrt des Erlösers, vielmehr werde von der Auffahrt Christi erst auf seine Herabkunft geschlossen.

Die Arbeit an der Dekonstruktion der gnostischen Interpretation führt 1962 *Hans-Martin Schenke* in seiner Monographie „Der Gott 'Mensch' in der Gnosis. Ein religionsgeschichtlicher Beitrag zur Diskussion über die paulinische Anschauung von der Kirche als Leib Christi" weiter. Hatten sich Mußner und Colpe textanalytisch und theologisch auf den Epheserbrief konzentriert, so nimmt sich Schenke vor, den religionsgeschichtlichen Arbeiten Schliers und Käsemann eine religionsgeschichtliche Entgegnung folgen zu lassen. Er analysiert die entsprechenden Quellen und kommt zu dem Ergebnis, daß zwar die gnostische Gott-„Mensch"-Vorstellung zeitlich als Parallele zum Leib Christ-Gedanken in Frage kommt, daß sie „aber inhaltlich [...] keinerlei Berührungspunkte" mit ihm aufweist. Der manichäische Mythos vom erlösten Erlöser hingegen kommt inhaltlich in Betracht, scheidet jedoch aus zeitlichen Gründen aus.[22]

Der Rekurs auf einen gnostischen Hintergrund verliert im weiteren Verlauf der Forschung an Bedeutung.[23] 1971 vermutet *Robert Jewett* ihn noch als prägendes Moment der korinthischen Theologie, nicht aber für die paulinische Antwort.

> Er versteht „σῶμα as a technical term" mit einem zweifachen Bedeutungshorizont: zum einen „as a basis of unity and interdependence between persons" sowie zum anderen „as the technical characterization of the church." Paulus hat dieses Konzept im Laufe der Auseinandersetzungen mit den Korinthern entwickelt: „the specifically anti-somatic features in the Corinthian gnostic theology lead one to suspect that these new technical definitions were developed in dialectical opposition to them."[24]

---

[22] Vgl. a.a.O. 155.

[23] Neben den genannten kritischen Auseinandersetzungen mit der gnostischen Theorie, finden sich gelegentliche Diskussionen immer wieder an einzelnen Stellen. E. SCHWEIZER etwa lehnt eine ontologische Betrachtungsweise ab, denn sowohl bei Paulus als auch in den Deuteropaulinen bezieht sich der Begriff Leib Christi auf das Kreuz und nicht auf die Erhöhung (vgl. Die Kirche als Leib Christi in den paulinischen Antilegomena, ThLZ 86 [1961] 241-256 [= in: Neotestamentica, Zürich/Stuttgart 1963, 293-316]; ich zitiere nach Neotestamentica, vgl. dort S. 316).

[24] R. JEWETT, Paul's Anthropological Terms. A Study of Their Use in Conflict Settings, AGJU 10, Leiden 1971, 279.

2.2.2. Stammvater-Vorstellung, *Corporate Personality*

Wo man sich von der gnostischen Ableitung löst, werden wieder Aspekte wichtig, die bereits T. Schmidt hatte anklingen lassen. Schmidt sprach von der Aufnahme der hellenistischen Urmensch-Spekulation durch das Judentum, das diese Vorstellungen mit der Person des Adam verknüpfte. Letztere nannte H.W. Robinson „The Hebrew Conception of Corporate Personality".[25] *Ernst Percy* rezipierte sie unter der Bezeichnung der Stammvater-Vorstellung. In seinem Buch „Der Leib Christi (Σῶμα Χριστοῦ) in den paulinischen Homologoumena und Antilegomena"[26] versucht Percy (ein Anliegen Käsemanns aufnehmend) eine Deutung des Leib-Christi-Motivs, die sowohl Paulus als auch die Deuteropaulinen umfaßt. Den Schlüssel dazu sieht Percy in der Betonung der engen Wesensgemeinschaft zwischen Christus und der Kirche. Im Hintergrund steht die jüdische Stammvater-Vorstellung. Christus als der zweite Adam nimmt die Christen in sich auf. Percy leitet das aus dem paulinischen ἐν Χριστῷ ab und meint:

> „Bedeutet nun das Sein der Gläubigen in Christus bei Paulus ihre Einverleibung in Christus als ihren Stellvertreter, der aus Liebe zu ihnen um ihretwillen am Kreuze starb und dann um ihres Heils willen von Gott auferweckt wurde, und ist diese Einverleibung als eine ganz reale gedacht, die sich schon auf jenen am Kreuze gestorbenen Leib bezieht, dann kann die paulinische Bezeichnung von der Gemeinde als dem Leibe Christi jedenfalls letzthin kaum etwas anderes als eben jene Einverleibung in Christus selbst als den Gekreuzigten und Auferstandenen ausdrücken. Die Gemeinde als σῶμα Χριστοῦ fällt somit schließlich mit Christus selbst [...] zusammen. Dieser mit der Gemeinde identische Leib Christi ist deshalb im Grunde kein anderer als jener, der am Kreuze starb und am dritten Tage auferstand."[27]

Nichts anderes, so Percy, sagen auch der Kolosser- und der Epheserbrief. Dort sind Leib und Haupt notwendig aufeinander verwiesen.

---

[25] So der Titel seines Aufsatzes in: Werden und Wesen des Alten Testaments (hg. v. P. Volz u.a.), BZAW 66, Berlin 1936, 49-62. Als Beispiel diene die Bezeichnung Jakobs als Israel.

[26] Lund/Leipzig 1942.

[27] A.a.O. 44. Percy selbst verweist auf T. SCHMIDT. Dieser schreibt a.a.O. 216: „Wirklichkeit wird das, was Christus damals am Kreuz durch seinen Leib vollbracht hat, für den Einzelnen nur dadurch, daß er in eben diesen Leib eingeht." Wirklich neu sind Percys Gedanken also nicht. Jedoch betraf seine Hauptfrage ja auch das Verhältnis von Paulus und den Deuteropaulinen.

> „Leib und Haupt werden die beiden erst dadurch, dass sie untereinander ein Wesen bilden: die Art der Vorstellung ist somit hier im Grunde dieselbe wie in den Hauptbriefen" (51).

Daß Christus als das Haupt bezeichnet wird, löst lediglich die Spannung, die sich daraus ergibt, daß die Gemeinde einerseits „im eigentlichen Sinn dieses Ausdrucks" (53) in den Leib Christi eingegliedert ist, andererseits aber auch selbst einen organischen Leib bildet.

Der erste Zwischenruf: Indem Percy pointiert die „Einverleibung" in den Leib Jesu, der auch der Kreuzesleib ist, „als eine ganz reale" versteht,[28] wirft seine Interpretation das Problem der Anschaulichkeit und der Nachvollziehbarkeit auf. Wie hat man es sich vorzustellen, daß die Gemeinde in den Kreuzesleib Jesu einverleibt wird?[29] Ist Anschaulichkeit überhaupt ein legitimes Kriterium zur Beurteilung der Angemessenheit einer bestimmten Interpretation? Andererseits: Wie weit dürfen Interpretationen gehen, ohne daß sich ihr theologischer Charakter ins Nebulöse verflüchtigt? Damit ist auch die Frage nach dem metaphorischen Charakter des Leib-Bildes angesprochen.[30]

Wesentlich zu demselben Ergebnis wie Percy kommt *Anders Nygren*.[31] Zentral für die paulinische Aussage ist die Adam-Christus-Typologie und

---

[28] Er dürfte damit in der Tat, wie C. COLPE, Leib-Christi-Vorstellung 175, bemerkt, „in der Polemik von seinen Kontrahenten abhängig" sein, wenn er wie Schlier und Käsemann in der Kategorie der Einverleibung bleibt.

[29] Vgl. E. KÄSEMANN, Das theologische Problem des Motivs vom Leibe Christi, in: Paulinische Perspektiven, Tübingen 1969 ^{2}1972, 178-210, S. 192: „Ich gestehe, mit solchen Spekulationen nicht einmal eine klare Anschauung verbinden zu können, wenn sie mehr als reichlich überzogene Metaphern sein wollen."

[30] J.A.T. ROBINSON, der auf derselben Linie wie Percy interpretiert, schreibt in: The Body. A Study in Pauline Theology, SBT 5, London 1952: Paulus „is not saying anything so weak as that the church is a society with a common life and governor, but its unity is that of a single physical entity: disunion is dismemberment. For it is in fact no other than the glorified body of the risen and ascended Christ" (51).

[31] Seinem Aufsatz „Corpus Christi" (in: Ein Buch von der Kirche [hg. v. G. Aulén/A. Fridrichsen/A. Nygren/H. Linderoth/R. Bring], Berlin 1950, 15-28) liegt ein Vortrag zugrunde, der im Jahr 1942, also dem Erscheinungsjahr von Percys Studie, gehalten wurde, so daß Nygren diese damals vielleicht noch nicht kannte. Den Aufsätzen in dem Sammelband wurde größtenteils ihr Vortragsstil

(Kol und Eph sind für ihn paulinische Schreiben) die Vorstellung von Christus als dem Haupt der Kirche. Bei beidem „handelt es sich […] um ein und dieselbe Sache" (20). Wie Adam das Haupt der alten Menschheit ist, so Christus das der neuen. Beide Aspekte umreißen die Beziehung von Christus und Kirche: Christen gibt es nur als Kirche in Christus, und Christus gibt es nur als Kirche.

> „Christus ist nicht Christus für sich allein, sondern er ist Christus als Haupt seines Leibes, der Kirche." Auf dem Verständnis der Frage, „wieweit Kirche der Leib Christi sei, […] beruht die Christologie, insofern Christus das, was er ist, nur in Beziehung zu seiner Kirche ist." Und auch die Soteriologie hat hier ihren Grund: Man kann „sagen, daß gerade in dieser Eingliederung [sc. in die Kirche als Leib Christi] das Heil besteht" (17), denn die „Kirche ist Christus, wie er nach seiner Auferstehung unter uns gegenwärtig ist und uns hier auf Erden begegnet" (22).

Ein weiterer Zwischenruf: Nygren zieht die Linie einer Identifikation von Christus und Kirche aus, indem er die Kirche zur irdischen Seinsweise Christi erklärt. Systematisch ist daran problematisch, daß Christus als kritisches Gegenüber der Kirche in Gefahr steht verlorenzugehen. Die Einschränkung Nygrens, „wenn wir auch das Heil haben, so haben wir es doch nur in der Hoffnung, jedoch noch nicht in der Herrlichkeit" (24), kann nicht wirklich davor bewahren, aus der Einverleibung der Christen in Christus eine Vereinnahmung Christi durch die Kirche werden zu lassen.[32]

Auf dieses Problem geht *Ernest Best*[33] ein. Nicht die religionsgeschichtliche Herleitung ist sein Thema (er schließt sich dem Rekurs auf die *corporate personality* an), sondern die Frage, wie die daraus resultierende Beziehung zwischen Christus und Kirche zu bestimmen ist. Die Kirche darf nicht als verlängerte Inkarnation verstanden werden. Er meint, dies verhindern zu können, indem er jede Außenorientierung der Leib-Metaphorik leugnet: „So the Church, which is Christ and Christians in

---

belassen, sie wurden also ohne Fußnoten veröffentlicht. So wird nicht deutlich, ob Nygren in der Zwischenzeit von Percys Arbeit Kenntnis genommen hatte.

[32] Angemessener formuliert W.L. HENDRICKS, All in All. Theological Themes in Colossians, SWJT 16 (1975) 23-35, S. 34: „The life of the body of Christ, the church, is the primary pragmatic proof which this visible world has of God's invisible world."

[33] One Body in Christ. A Study in the Relationship of the Church to Christ in the Epistles of the Apostle Paul, London 1955.

the totality of their mutual relationships, does not do God's active work in the world. The particular believer who alone can take personal and responsible decision does do it.“[34] Schon in neutestamentlicher Zeit war die Notwendigkeit gesehen worden, einer Identifikation von Christus mit der Kirche vorzubeugen und das in 1Kor und Röm offengebliebene Verhältnis zwischen beiden zu klären. Kol und Eph tun dies, indem sie Christus als das Haupt der Kirche als seinem Leib gegenüberstellen. Dazu kommt als sprachliches Argument: „The phrase, 'the Body of Christ', is not [...] used realistically and ontologically but metaphorically in the New Testament; for that reason we must be careful in the deductions we draw from its use“ (195).

Auf diesem Weg geht 1961 *Eduard Schweizer* weiter. In zwei Aufsätzen untersucht er den paulinischen wie den deuteropaulinischen Leib-Christi-Gedanken auf seine religionsgeschichtliche Herleitung wie auf seinen pragmatischen Gehalt hin.[35] Auch Schweizer rekurriert auf die jüdisch-eschatologische Stammvater-Vorstellung, versteht sie jedoch als theologischen Ermöglichungsgrund für die Aufnahme des hellenistischen Organismusgedankens.[36] Parallel zum paulinischen Gebrauch deutet er die Rede vom Weinstock und den Reben in Joh 15 vor demselben Hintergrund. Für Paulus war diese Variante jedoch zu sehr „national gefärbt“, so daß er auf die universale Leib-Metaphorik auswich.[37] Schweizer macht für die Frage nach den pragmatischen Konsequenzen aus dieser Redeweise die paulinische Anthropologie fruchtbar. Für Paulus ist der Mensch Leib im Sinne seiner kommunikativen Aspekte. So wird die Gemeinde als der Leib Christi an das Tun Christi erinnert, sie wird aber

---

[34] A.a.O. 202.

[35] Neben dem bereits o. S. 16 Anm. 23 zitierten Aufsatz handelt es sich um: Die Kirche als Leib Christi in den paulinischen Homologumena, ThLZ 86 (1961) 161-174 (= in: Neotestamentica, Zürich/Stuttgart 1963, 272-292) Ich zitiere nach Neotestamentica.

[36] Vgl. Homologumena 287.

[37] Homologumena 290. Vgl. ebd.: „Die Gemeinde ist der Weinstock, d. h. das Israel Gottes, solange sie völlig in dem lebt, der an die Stelle des abgefallenen Weinstock-Israel tritt, in Christus. Hinter dieser Rede steht wahrscheinlich eine weit ältere Tradition einer christlichen Gruppe, in der der Menschensohn schon mit dem zweiten Jakob-Israel gleichgesetzt wurde, dem Stammvater des neuen Gottesvolkes. Ist dies nicht sicher zu beweisen, so ist doch sicher, dass Paulus selbst die gleiche Sicht hat, nur in der universalisierten Form. Ihm geht es nicht mehr nur um das neue Israel, sondern um die neue Menschheit, deren Stammvater nicht ein zweiter Jakob ist, sondern der eschatologische Adam.“

auch der Ort, an dem die Christen einander dienen und Christus der Welt begegnet.[38] Diese Begegnung rücken die Antilegomena in den Mittelpunkt des Interesses. Sie antworten auf das Problem der verlorengegangenen Einheit des Alls. Diese wird wiederhergestellt, indem „der Kosmos von Christus durchdrungen“ wird, „aber nicht physisch, sondern im geschichtlichen Vollzug der Völkermission.“[39]
Die in den Antilegomena neu begegnende Dominanz des Hauptes bildet für *J.J. Meuzelaar* in seiner ebenfalls 1961 erschienenen Arbeit „Der Leib des Messias“ den Hinweis auf die Vorstellung von der *corporate personality*. Meuzelaar trennt gleichzeitig die Konzepte von Haupt und Leib.

> „Es läßt sich zeigen, dass in den Paulusbriefen [für Meuzelaar inkl. Kol und Eph; M.W.] die Metapher des Leibes und der Begriff des Hauptes nur ganz lose miteinander verbunden werden. Der Unterschied zwischen beiden Gedankenlinien bleibt deutlich nachweisbar.“[40]

Man beachte, daß für Meuzelaar der Leib eine Metapher, das Haupt hingegen ein Begriff ist! Es ist der Begriff des Hauptes, der den Aspekt des Anfangs, des Besten und des Erstgeborenen, nicht aber des Herrschers bezeichnet und der die Verbindung zur Stammvater-Vorstellung vermittelt. Die Metapher des Leibes hingegen ist Teil der paganen Leib-Metaphorik in all ihren Variationen.
Auch die Herleitung des Leib-Christi-Gedankens von der jüdischen Stammvater-Vorstellung hat ihre Verfechter bis in die neunziger Jahre gefunden. 1990 etwa meint *E.E. Ellis* in seinem Aufsatz „Σῶμα in 1Cor“[41] das Abendmahl „identifies the body of Christ with the corporate Christ, inclusive of the congregation“ (141), was analog zur Vorstellung

---

[38] Diesen Gedanken führt Schweizer fort in den beiden Aufsätzen: The Church as the Missionary Body of Christ, NTS 8 (1961) 1-11 (= in: Neotestamentica, 317-329) und: Leib Christi und soziale Verantwortung bei Paulus, ZEE 14 (1970) 129-132. Die Völkermission ist gleichwohl „damit noch nicht theologisch verbunden“ (Antilegomena 312). Für E. KÄSEMANN, Problem 183, dagegen ist die bereits vorpaulinische „Rede vom Christusleib [...] die ekklesiologische Formel, mit welcher sich die hellenistische Christenheit zur Weltmission anschickte.“

[39] E. SCHWEIZER, Antilegomena 314.

[40] A.a.O. 122.

[41] Interpr. 44 (1990) 132-144.

von „in the body of Adam“ (138f) zu verstehen sei.[42] Und *Heon-Wook Park*, der sich, wie wir sehen werden, in seiner 1992 veröffentlichten Dissertation „Die Kirche als ‘Leib Christ’ bei Paulus“ gewissermaßen antizyklisch wieder auf die traditions- und religionsgeschichtliche Frage konzentriert, rekurriert ebenfalls auf die Stammvater-Vorstellung als eine der wichtigen Säulen für den paulinischen Sprachgebrauch.

2.2.3. Der All-Gott

Carsten Colpe greift 1960 die Debatte zwischen Mußner und Schlier über eine mögliche gnostische Deutung der ephesinischen Ekklesiologie auf. In seinem bereits erwähnten Aufsatz „Zur Leib-Christi-Vorstellung im Epheserbrief“ lehnt er zwar mit Mußner die gnostische Deutung prinzipiell ab, kann sich aber auch mit Mußners rein innerchristlicher Herleitung nicht zufriedengeben. Er entdeckt immerhin Verbindungen von der ephesinischen zur gnostischen Kosmologie und meint, zu suchen sei nach einer Vorstellung, innerhalb derer der Kosmos σῶμα genannt werde. Fündig wird Colpe bei Philo (etwa in De plant 7). Philo kann das All als einen ἄνθρωπος bezeichnen und verbindet das mit seiner Lehre vom Logos, der „ein Teil der als Makroanthropos vorzustellenden Welt“ ist und sie „durchwaltet“.[43]

Es sollte noch bis 1973 dauern, bis *K.M. Fischer* diese These aufnahm und sie ausführlich zu begründen suchte.[44] Dabei stellt Fischer zunächst allgemeine Kriterien für eine plausible religionsgeschichtliche Herleitung auf (vgl. zum folgenden a.a.O. 53f). Sie muß zeitlich möglich sein, sie muß ohne „nur zu postulierende Zwischenglieder“ auskommen können, und sie muß jede „konstitutive Einzelaussage [...] als sinnvolles Ganzes erkennen“ lassen.

> Diese „konstitutiven Einzelaussagen“ sind betreffs des Leib-Christi-Gedankens die folgenden fünf: (1) aufeinander angewiesene Glieder; (2) das „Haupt hat gegenüber dem Leib eine Sonderstellung [...], die aber nicht ausdrücklich und immer hervorgehoben werden muß, wie die Texte in Röm.12 und 1.Kor.12 zeigen“; (3) Christus ist der „Erlöser des Leibes“; (4) Christus ist nicht nur Haupt der Kirche, sondern auch des Kosmos, des Alls; (5) das Wachstum vom Haupte her. „Diese merkwürdige Komplexität der Vorstel-

---

[42] In die von Ellis angeführten Passagen aus 2Kor 5,6-8.10; Röm 8,10 und Hebr 13,3 muß er Adam allerdings eintragen.

[43] A.a.O. 181 mit Bezug auf Philo, VitMos II 127.

[44] K.M. FISCHER, Tendenz und Absicht des Epheserbriefes, FRLANT 111, Göttingen 1973.

lung, die in sich so schwer begreiflich erscheint, verlangt nach einer religionsgeschichtlichen Erklärung" (54).

S.E. sind alle in der Forschung vorgeschlagenen Erklärungen gemessen an dem einen oder anderem Kriterium defizitär. Fischer selbst schlägt die „Vorstellung vom Allgott als Makroanthropos" als Alternative vor, die alle Vorstellungsgehalte umfaßt.

Ein dritter Zwischenruf: Daß Fischer seiner These eine solche übergreifende Synthese aus fünf Merkmalen zugrundelegt, stellt eine methodische Schwäche dar. Fischer postuliert damit eine Einheitlichkeit, die schon für die paulinischen Texte fragwürdig ist.

Daß Fischers (und, was oft übersehen wird, Colpes) All-Gott-These in der diesem Forschungsbericht zugrunde gelegten Literatur im Verhältnis zu den anderen religionsgeschichtlichen Versuchen relativ selten aufgenommen wird, dürfte damit zusammenhängen, daß religionsgeschichtliche Fragen im Zusammenhang des Leib-Christi-Gedankens ab Mitte der siebziger Jahre immer weniger interessiert haben. Deswegen sei hier ein Ausblick auf die weitere Literatur getan und darauf hingewiesen, daß *Ulrich Luz* die bisherige Diskussion dahingehend zusammenfaßt, die All-Gott-These habe sich „am brauchbarsten erwiesen".[45] Sie stütze sich auf Texte von den orphischen Fragmenten, die Zeus als das Haupt seines Kosmos-Leibes bezeichnen, bis zum Hellenismus, wo sie zum einen bei Philo, zum anderen bei den stoischen Philosophen begegnet, von wo aus Paulus sie rezipiert hat.
Die Ausführungen Fischers bilden also den letzten wichtigen Beitrag im Rahmen der Versuche, den neutestamentlichen Leib-Christi-Gedanken religionsgeschichtlich zu erhellen. Die Diskussion wird sich im folgenden stärker pragmatischen und sozialgeschichtlichen Fragestellungen zuwenden.[46] Sie wird in diesem Zusammenhang wieder vermehrt auf den

---

[45] U. LUZ, Der Brief an die Epheser, in: J. Becker/U. Luz, Die Briefe an die Galater, Epheser und Kolosser, NTD 8/1, Göttingen [18]1998 (1. Aufl. dieser Ausg.), 104-180, das Zitat S. 127.

[46] Eine Ausnahme bildet der Beitrag von ANDREW E. HILL, The Temple of Asclepius: An Alternative Source for Paul's Body Theology?, JBL 99 (1980) 437-439. Hill vermutet aufgrund von im Asklepios-Tempel in Korinth gefundenen Terracotta-Gliedmaßen, die die Geheilten als Dankesgabe nach ihrer Heilung zurückgelassen haben, diese Figuren könnten Paulus angeregt haben, in 1Kor 12 von abgetrennten Gliedern zu reden. Diese These hat so gut wie keine Aufnahme

stoischen Organismusgedanken Bezug nehmen, der bis zu Anfang der siebziger Jahre als nicht wirklich tragend angesehen wurde. Bevor wir uns dieser Literatur zuwenden, betrachten wir jedoch zunächst Überlegungen, die von Anfang an parallel zu den religionsgeschichtlichen Fragestellungen geäußert wurden, und die nach den innerchristlichen Bedingungen für die Rede von der Gemeinde als Leib Christi fragen.

2.3. Innerchristliche Herleitungen und der theologische Stellenwert des Leib-Christi-Gedankens

Bei der Suche nach innerchristlichen Voraussetzungen für die Leib-Christi-Ekklesiologie wurde immer wieder die Frage gestellt: Sind die innerchristlichen Voraussetzungen hinreichend zur Erklärung für die Entstehung dieses ekklesiologischen Konzepts, sind die religionsgeschichtlichen Anleihen nur Verankerungen anderweitig gewonnener Einsichten in den christlichen Vorstellungshorizont, oder sind sie andersherum lediglich sprachliche Akkomodationen an die Umwelt? Von Anfang an richtete sich der Blick dabei auf die Sakramente von Taufe und Herrenmahl.

Bei *T. Schmidt* ging die Bewegung von der allgemeinen Anthropologie über die Person Christi und den Sakramenten zu den religionsgeschichtlichen Parallelen. Nach ihm hat Paulus die Christusmystik, aufgrund derer sich Christus und die Gemeinde durch den Geist und in der Feier der Sakramente vereinigen, und den jüdischen Gedanken vom zweiten Adam „mit einander verbunden".[47] Die Tendenz geht bei Schmidt jedoch dahin, daß die jüdischen Gedanken einen sekundären Sprachgewinn darstellen.

A.E.J. Rawlinson hält 1931 die Taufe für den grundlegenden Sachverhalt, der die Einheit schafft, und rekurriert, ein Jahr nach der Veröffentlichung von Schliers Arbeit zum Epheserbrief, überhaupt nicht auf außerchristliche Hintergründe.[48] Das Herrenmahl hält nach Rawlinson „die Vereinigung mit Christo in seinem Leibe [...] lebendig" (287). Es liefert die

---

gefunden (vgl. als Ausnahme K. QUAST, Reading the Corinthian Correspondence. An Introduction, New York/Mahwah 1994, 80).

[47] T.. SCHMIDT, Leib 231.

[48] A.E.J. RAWLINSON, Corpus Christi, in: Mysterium Christi. Christologische Studien britischer und deutscher Theologen (hg. v. G.K.A. Bell/A. Deißmann), Berlin 1931, 273-296.

Sprachform zur Beschreibung dieser Einheit.[49] Einer solchen Minimaldeutung des Herrenmahls hätte *Käsemann* kaum zugestimmt. Für ihn verwirklicht sich hier, daß „die Vielzahl der Subjekte zu 'einem' [...], zum Christus und seinem Leibe"[50] wird. Das ist bei ihm eine Realisierung vorgängiger gnostischer Überzeugungen.[51]
Wie die Taufe inhaltlich mit der ekklesiologischen Leib-Christi-Vorstellung in Verbindung gebracht wurde, sollte sich im Laufe der Zeit wandeln. Zunächst sah sich, wer ohne religionsgeschichtliche Herleitungen auszukommen meinte, vor die Aufgabe gestellt, die Beziehung von Christus und Gemeinde zu klären. Dies konnte in mystischen oder paränetischen Kategorien geschehen. Nach *A. Wikenhauser* geht es im Leib-Bild um den „Sachverhalt" der mystischen „Einheit der Gläubigen mit Christus".[52] Noch 1969 warnte *E. Käsemann*: „Leugnet man [...] den Charakter von Identitätsaussagen, wird davon die gesamte paulinische Theologie betroffen",[53] insofern man dann nicht mehr davon reden könne, daß Taufe Existenzwandel bedeute. Zuvor hatte sich schon *E. Schweizer* in seinen erwähnten Artikeln aus dem Jahre 1961 um eine positive Beschreibung des Verhältnisses von Christus und Gemeinde bemüht, dabei aber die Kategorie der Einheit und Einverleibung in den Hintergrund gerückt. Die Gemeinde interessiert nach Schweizer in diesem Zusammenhang nicht in ihrer mystischen Qualität, „Leib Christi" ist nicht ein Begriff der Soteriologie, sondern der Paränese. Mit ihm wird die Gemeinde auf das verwiesen, was Christus für sie getan hat, nament-

---

[49] RAWLINSON bringt pointiert auch die Vorstellung von der Kirche als dem neuen Volk Israel ins Spiel: „Der Grundgedanke [...] ist der, daß Israel das Volk Gottes ist. Die Kirche ist das neue, das wahre, das erlöste Israel [...], in den jetzt durch die Barmherzigkeit Gottes auch gläubige Heiden aufgenommen worden sind" (283). Dieses Verhältnis von Kirche als Leib Christi und als Volk Gottes zu problematisieren, wird die Theologen erst nach dem Zweiten Weltkrieg beschäftigen. Vgl. A. OEPKE, Leib Christi oder Volk Gottes bei Paulus, ThLZ 79 (1954) 363-368; H.F. WEISS, Volk Gottes oder Leib Christi. Überlegungen zur paulinischen Ekklesiologie, ThLZ 102 (1977) 411-420; G.S. WORGUL, People of God, Body of Christ. Pauline Ecclesiological Contrasts, BTB 12 (1982) 24-28; J. HAINZ, Vom „Volk Gottes" zum „Leib Christi". Biblisch-theologische Perspektiven paulinischer Theologie, JBTh 7, Neukirchen 1992, 145-164.

[50] E. KÄSEMANN, Leib 162.

[51] Daß A. WIKENHAUSER, Kirche 239, genau gegenteilig eben von einer sprachlichen Akkomodation geredet hat, haben wir bereits oben gesehen.

[52] A. WIKENHAUSER, Kirche 129.

[53] E. KÄSEMANN, Problem 182.

lich auf seinen Kreuzestod. Dieser Ansatz wird einerseits von *Walter Klaiber* 1982 ausgebaut, für den der Begriff des Leibes Christi „die Konsequenz der theologia crucis für die Ekklesiologie“ zieht,[54] und andererseits von *Andreas Lindemann* 1995 reduziert, wenn nach seinem Verständnis Kirche für Paulus dann Leib Christi ist, wenn sie in „der Christus gemäßen konkreten Gestalt und Ordnung“ lebt.[55]
Taufe und Herrenmahl werden von fast allen Exegeten, die sich mit der Frage nach den innerchristlichen Zusammenhängen der Leib-Metaphorik befassen, als zentrale Bestandteile genannt. Nebenlinien sind demgegenüber zum einen die Herleitung aus dem Brautbild, wie sie *O. Casel* in seiner bereits erwähnten Rezension von E. Käsemanns Buch vorschlägt[56], oder aus der Berufungserfahrung des Paulus vor Damaskus nach Apg 9, was *John A.T. Robinson* ins Spiel bringt. Danach hat Paulus Christi Frage „Saul, Saul, warum verfolgst du mich?“ später ekklesiologisch gedeutet, denn nach seinem Verständnis hatte Paulus ja nicht primär Christus, sondern die Christen verfolgt. Christus und die Christen schienen also in eins zu fallen.[57] Robinson zieht diese Konsequenz nicht, aber diese Her-

---

[54] W. KLAIBER, Rechtfertigung und Gemeinde. Eine Untersuchung zum paulinischen Kirchenverständnis, FRLANT 127, Göttingen 1982, das Zitat auf S. 106 (T. SÖDING, „Ihr aber seid der Leib Christi“ [1 Kor 12,27]. Exegetische Beobachtungen an einem zentralen Motiv paulinischer Ekklesiologie, Cath[M] 45 [1991] 135-162 [= in: Das Wort vom Kreuz. Studien zur paulinischen Theologie, WUNT 93, Tübingen 1997, 272-299], hier zitiert nach dem Aufsatzband von 1997, wird von der „Proexistenz Jesu Christi“ reden [S. 289]). Gleichwohl verwahrt sich Klaiber gegen eine Geringschätzung der Paränese. Wenn festgehalten wird, nur in der Paränese finde sich der Leib-Christi-Begriff, so heißt das nicht „im theologisch weniger gewichtigen Konglomerat allgemeiner Ermahnungen, sondern in der mit äußerster theologischer Anspannung geführten Auseinandersetzung [...] um die Praxis der Gemeinde“ (a.a.O. 104).

[55] A. LINDEMANN, Die Kirche als Leib. Beobachtungen zur „demokratischen“ Ekklesiologie bei Paulus, ZThK 92 (1995) 140-165, Zitat S. 165.

[56] CASEL sieht in dem Brautbild „sicher eine Hauptquelle der Idee vom LC [sc. Leib Christi]“ (a.a.O. 290). Später konnte man diese Idee verbinden mit der Stammvater-Vorstellung, so etwa bei P. ANDRIESSEN, Die neue Eva als Leib des neuen Adam, in: Vom Christus zur Kirche. Charisma und Amt im Urchristentum (hg. v. J. Giblet), Wien/Freiburg/Basel 1966, 109-137. Casels Theorie wurde von WIKENHAUSER sofort dahingehend relativiert, daß sowohl Braut- als auch Leib-Bild gleichwertige Umschreibungen für dieselbe Sache der mystischen Einheit der Gläubigen mit Christus sind (vgl. Kirche 231).

[57] J.A.T. ROBINSON, Body 58.

leitung war geeignet, die Rede von der Kirche als Leib Christi sogar zur von Christus autorisierten Rede zu machen. Nur ein Schritt weiter war es, nicht nur den visionär wahrgenommenen Christus, sondern auch den historischen Jesus mit der Leib-Metaphorik zumindest mittelbar in Verbindung zu bringen. *H.-W. Park* postuliert 1992 „eine traditionsgeschichtliche Kontinuität: Jesus - Urgemeinde - Paulus".[58] Hatte bereits 1961 Eduard Schweizer die nachösterliche Menschensohn-Christologie als ein Verbindungsglied zwischen der Stammvater-Vorstellung und dem Leib-Christi-Gedanken vermutet,[59] so veranschlagt Park bereits die *jesuanischen* Menschensohnworte dafür und zieht auch das Jesus-Wort von der Wiedererrichtung des Tempels und dessen Deutung in Joh 2,21 (ἐκεῖνος δὲ ἔλεγεν περὶ τοῦ ναοῦ τοῦ σώματος αὐτοῦ) heran.[60]

2.4. Der Streit um die Stoa und die Metapher

Wir haben gesehen, wie die Forschung in den ersten Jahrzehnten unseres Jahrhunderts damit beschäftigt war, die Leib-Christi-Ekklesiologie vom stoischen Organismusgedanken zu distanzieren, indem sie, wie bereits *Schmidt* es getan hatte, gegen den Individualismus im bisherigen Kirchenverständnis den „Supranaturalismus"[61] des Paulus hervorhob, der die Kirche dem Einzelnen vorordnete. War dies nach *Schmidt* immerhin noch Kennzeichen des „Sozialismus des Paulus",[62] so fielen auch solche Kategorien bald unter den Tisch, und es ging nur noch um ein ontologisches Eins-Sein des Individuums mit Christus. Die vertikale Dimension des Leib-Christi-Gedankens setzte sich gegen dessen horizontale Aspekte durch.[63]

Davon konnte auch die Beurteilung des stoischen Organismusgedankens nicht unberührt bleiben. Der erste, der sich ausführlich mit ihm beschäftigt, ist *A. Wikenhauser*. Auf dreizehn Seiten[64] referiert er antike Belegstellen für diesen Organismusgedanken, um abschließend festzustellen, daß in diesen Texten eine Gemeinschaft zwar oft mit einem Leib vergli-

---

[58] H.-W. PARK, Kirche 2f.

[59] Vgl. etwa E. SCHWEIZER, Homologumena 284f.

[60] H.-W. PARK, Kirche 195-202.224.

[61] T. SCHMIDT, Leib 252.

[62] Ebd.

[63] So etwa, wenn auch ganz unterschiedlich, bei SCHLIER, KÄSEMANN, WIKENHAUSER, PERCY.

[64] A. WIKENHAUSER, Kirche 130-143.

chen, nur bei Seneca jedoch „als Leib bezeichnet“ wird. „Für das Verständnis der paulinischen Idee ist dies sehr bedeutsam“,[65] denn dem paganen Vergleich steht bei Paulus die Identifikation gegenüber, welche die Gemeinde zum mystischen Leib Christi werden läßt.

Ein weiterer Zwischenruf: Hier begegnet zum ersten Mal die Gegenüberstellung von Vergleich und Identifikation. Was demnach die antiken Autoren noch getrennt dachten, fällt bei Paulus in eins. Die methodischen Überlegungen im nächsten Kapitel werden dagegen zeigen, daß zumindest sprachwissenschaftlich der Vergleich von der Metapher unterschieden und nicht der Identifikation entgegengesetzt werden kann.[66]

Einen ersten Einwand gegen diese „mystische“ Grundeinstellung erhebt 1940 der katholische Theologe *Ludwig Deimel*.In seinem zuweilen recht polemischen Buch[67] betont er die pragmatischen Aspekte der Leib-Christi-Ekklesiologie. Die Rede vom Leib Christi ist die heilsgeschichtliche Antwort auf die „soziale Frage“, die Kain stellte, als er „den ganzen menschlichen Lebensraum mit der höhnisch-trotzigen Frage vergiftete: ‘Bin ich etwa der Hüter meines Bruders?’“[68]

> „Aller sozialen Romantik fern, steht das Bild vom Leibe auf dem Boden der Wirklichkeit [...] Auf dem Boden des Mystizismus, des Mythus und der Gnosis lassen sich keine ethischen Postulate aufrichten“ (22). Der Genitiv σῶμα Χριστοῦ ist „zunächst ein Genitiv der Unterscheidung [...], außerdem ein Genitivus possessivus“ (70). Leib Christi ist „an allen [...] Stellen bildlich zu verstehen“ (37). So „erhalten Gemeinsinn und Eintracht eine ernste r e l i g i ö s e M o t i v i e r u n g. Sachverhalte der m y s t i s c h e n Ordnung: keine“ (40; Hervorhebungen vom Autor). Der mystische Leib ist „der Wechselbalg einer phantastischen Verschwommenheit“ (46), die die naturgegebene Offenheit der Metapher ausnutzt und der „Phantasie [...] die Zügel schießen“ (15) läßt.

E. Best versuchte dann 1955 zwischen Bild und Realität zu differenzieren. Er relativierte zunächst die Bedeutung der Leib-Metaphorik für die Ekklesiologie insofern, als er sie als ein Bild neben anderen (Bau, Tempel oder Braut) stellte. Die dahinter liegende Idee jedoch verstand auch er als eine mystische.

---

[65] A.a.O. 142.

[66] Auch die Entgegensetzung von Metapher und Wirklichkeitsbeschreibung wird von daher unzulässig (vgl. u. S. 35 Anm. 92)

[67] Vgl. o. S. 15 Anm. 20.

[68] A.a.O. 182.

Die ekklesiologischen Bilder sind „attempts to rationalize a mystical idea", und jedes Bild „reveals some aspect of the fundamental reality of the union between Christ and the Church".[69] Das Bild vom Leib an sich jedoch ist nicht „used realistically and ontologically but metaphorically in the New Testament".[70]

Best versucht also, „Leib Christi" metaphorisch zu verstehen, ohne die „Mystik" ganz über Bord zu werfen.[71] So kann auch er den stoischen Organismusgedanken als Ursprung der Vorstellung ablehnen, und „Leib Christi" ist für ihn wieder mehr als eine Motivation zur Ethik (so bei Deimel).
Einen anderen Weg beschreitet dagegen *J.J. Meuzelaar*. In expliziter Anknüpfung an Deimel beklagt er, daß die bisherige Forschung sich ausschließlich mit der Frage nach einer „'Theologie des mystischen Leibes'" beschäftigt habe. Meuzelaar hingegen sucht nach dem „praktischen Sinn" dieser Redeweise.[72] Er findet ihn in der problematischen Beziehung zwischen Juden- und Heidenchristen in den Adressaten-Gemeinden, vor deren Hintergrund er die gesamte neutestamentliche Leib-Metaphorik stehen sieht. Meuzelaar kann daher die paulinische Leib-Metaphorik ganz auf dem Hintergrund des stoischen Organismusgedankens in seiner variantenreichen Vielfalt verorten.[73] Wir haben jedoch bereits gesehen, daß er deswegen nicht auf religionsgeschichtliche Parallelen verzichten muß, denn er trennt den Haupt-*Begriff* von der Leib-*Metapher*. Der Schwierigkeit, daß in den paganen Texten zuweilen das Haupt in die Leib-Metaphorik integriert ist, begegnet Meuzelaar, indem er sagt, „dass das Haupt im Ganzen des Leibes, ob nun die Metapher auf den Staat oder auf den Kosmos bezogen wurde, eine besondere Stellung einnimmt."[74]

---

[69] E. BEST, Body 185.

[70] A.a.O. 195.

[71] Dies korrespondiert mit denjenigen Auffassungen, die zwar „mystische" Aspekte nicht ablehnen, jedoch den paulinischen Impetus auf der Paränese liegen sehen (vgl. etwa E. KÄSEMANN, Problem 205 und 202f).

[72] J.J. MEUZELAAR, Leib 16f.

[73] „Zu all diesen Variationen desselben Themas gehört auch die paulinische" (a.a.O. 163). Für JAMES D.G. DUNN, 'The Body of Christ' in Paul, in: Worship, Theology and Ministry in the Early Church, FS R.P. Martin (hg. v. M.J. Wilkins/T. Paige), JSNT.S 87, Sheffield 1992, 146-162, ist es in ähnlicher Weise gerade der sich in den neutestamentlichen Belegen durchziehende Impetus der Einheit, der den Organismusgedanken gegenüber allen anderen Herleitungsversuchen favorisiert (vgl. a.a.O. 154).

[74] A.a.O. 163.

Mit dieser besonderen Stellung qualifiziert sich das Haupt nach Meuzelaar also nicht innerhalb der Metaphorik, sondern es wird von ihr aus inhaltlichen Gründen geschieden, ist nicht mehr Metapher, sondern Begriff.

Fassen wir die bisher gewonnenen Ergebnisse zusammen: Der Beginn der modernen Forschung zum Leib-Christi-Begriff war davon geprägt, dieses ekklesiologische Konzept von einem politisch-sozialen Hintergrund abzurücken und wieder primär bis ausschließlich theologisch zu verstehen. Kirche als Leib Christi gründete hier nicht auf menschlicher Übereinkunft und bezog ihre Strukturen auch nicht aus innerweltlichen Analogien. Damit schied eine wesentliche Beziehung zum stoischen Organismusgedanken aus. Gleichzeitig schien der religionsgeschichtlichen Schule eine rein innerchristliche Ableitung dieses ekklesiologischen Konzepts nicht ausreichend. Die Bezeichnung einer Gemeinschaft als Leib Christi mußte, nachdem der Weg einer metaphorischen Auslegung versperrt war, ontologisch-identifikatorisch aufgefaßt werden. Die entscheidende Kategorie wurde die der Einverleibung. Mit ihr arbeitete sowohl die gnostische Interpretation, als auch die innerchristliche Herleitung (Percy). Es war dann v.a. die systematische Konsequenz, mit dieser Kategorie nicht ausreichend zwischen Christus und der Kirche unterscheiden zu können, die bei den Exegeten Unbehagen hervorrief. So konnte sich der metaphorische Aspekt des Leib-Christi-Begriffes wieder neben den identifikatorischen theologischen Deutungen etablieren.[75] Dies hatte eine erneute Aufwertung der stoischen Parallelen zur Folge, die bis Ende der sechziger Jahre zumindest zur Erklärung der pragmatischen Aspekte der Leib-Metaphorik ihren festen Platz wiedererlangt hatten.

Wir werfen im folgenden Abschnitt vor diesem Hintergrund einen Blick auf die gegenwärtige Forschungslage. Dabei werden wir feststellen, daß die religionsgeschichtliche Frage fast völlig verschwindet, die Frage nach den pragmatischen Aspekten an Gewicht gewinnt und gleichzeitig eine Tendenz besteht, diese pragmatischen Aspekte mit einem innerchristlich-theologischen Ursprung der Leib-Christi-Vorstellung zu verknüpfen.

---

[75] Wenn noch 1991 GOSNELL L.O.R. YORKE, The Church as the Body of Christ in the Pauline Corpus, Lanham/New York/London, vehement eine Beziehung zwischen der Leib-Christi-Ekklesiologie und dem Leib des erhöhten Christus bestreitet, so hatten seine Gegner weitestgehend längst das Feld geräumt.

2.5. Die aktuelle Diskussionslage

Wenn wir von dem frühen Protest *L. Deimels* (1940) gegen die Mystifizierung des Leib-Christi-Gedankens, von der Betonung seines metaphorischen Charakters bei *E. Best* (1955) und der an der praktischen Funktion der Leib-Metaphorik interessierten Arbeit *J.J. Meuzelaars* (1961) absehen, so sind es die siebziger Jahre, die eine pragmatische Wende einleiten.

Zu nennen sind zunächst die bereits zitierten Passagen bei *R. Jewett.*[76] Zwei Jahre nach Jewett stellt 1973 *Helmut Merklein* in „Das kirchliche Amt nach dem Epheserbrief" innerhalb eines Exkurses über die Leib-Christi-Vorstellung die Frage, ob, anders als beim Epheserbrief, bei Paulus selbst eine religionsgeschichtliche Herleitung relevant ist. Es ist für Merklein fraglich, ob Paulus „überhaupt schon eine Leib-Christi-Vorstellung von der theologischen Tragweite, wie sie heute meist angenommen wird", hatte. Könnte eine solche Annahme nicht eine „(unbewußte) Rückprojektion aus Kol bzw. Eph"[77] sein?

> Knapp zwanzig Jahre später kann man diese Frage anhand eines Beispiels bejahen - mit der Modifikation, daß es sich um eine durchaus *bewußte* Rückprojektion handelt, die jedoch dadurch erleichtert wird, daß Kol und Eph für paulinisch gehalten werden. Das Beispiel ist die bereits zitierte Arbeit von *H.-W. Park* aus dem Jahre 1992.[78] Er schreibt in der Einleitung: Obwohl „Leib Christi" für Paulus „funktionale Bedeutung" hat, ist in Kol und Eph eine „doxologische Redeweise von der Kirche vorherrschend, und von der Sache her sollte sie der paränetischen voraufgehen. Diese *Tatsache* [Hervorhebung von mir; M.W.] spricht für die Ansicht, daß mit einer profangriechischen Herleitung und einer sozial-praktischen Auslegung der Bezeichnung ‘Leib Christi’ das theologische Anliegen des Apostels keineswegs voll erfaßt wird."[79]

Park verbindet also die Annahme einer paulinischen Verfasserschaft von Kolosser- und Epheserbrief mit dem Grundsatz „Indikativ vor Imperativ" und gelangt so wieder zu der theologischen Zentralität des Leib-Christi-Gedankens für die paulinische Ekklesiologie (inklusive einer notwendigen religionsgeschichtlichen Erklärung). Damit bildet Park jedoch eine Ausnahme. Auch Thomas Söding sieht die Leib-Metapher „im Rang

---

[76] Vgl. o. S. 16.
[77] A.a.O. 31 Anm. 84.
[78] Vgl. o. S. 22 und S. 27.
[79] A.a.O. 1.

eines zentralen ekklesiologischen Symbols"[80] sieht, betont aber schon stark seine „Defizienzen".[81] Andreas Lindemann schließlich hält zwar eine solche Kritik für nicht gerechtfertigt, aber nicht, weil sie die Leib-Christi-Vorstellung unterbewertet, sondern weil sie durch sie überbewertet wird, denn nach Lindemann wollte „Paulus mit seiner Aussage in 1Kor 12,27 offenbar kein 'ekklesiologisches Symbol' schaffen [...], dessen Mängel dann zu notieren wären. Von einem ekklesiologischen Symbol mag man - wenn überhaupt - im Zusammenhang des Leib-Christi-Konzepts im Epheserbrief sprechen",[82] nicht jedoch bei Paulus.[83] Linde-

---

[80] T. SÖDING, Leib 299. Vgl. a.a.O. 282: „So stark [...] die parakletische Ausrichtung des Leib-Christi-Bildes in 1 Kor 12 und Röm 12 ist, so wenig geht sein Sinn darin auf." Dies „signalisiert [...] der theologische Rahmen" in 1Kor 12,12f.27. Wäre Leib Christi „rein bildlich" gemeint, gäbe es keine Verbindung von Herrenmahl und Ekklesiologie, „das Bildwort wäre nur paränetisch, nicht aber darüber hinaus ekklesiologisch relevant." Wenn Söding dennoch daran festhält, daß σῶμα Χριστοῦ „nicht begrifflicher, sondern metaphorischer Natur" (a.a.O. 277) ist, dann ergibt das im ganzen dieselbe Unschärfe wie ihn etwa der Begriff der „Realmetapher" bei JOACHIM GNILKA, Theologie des Neuen Testaments, HThK.Suppl. 5, Freiburg/Basel/Wien 1994, 112, auszeichnet. - Eine weitere Begründung für die besondere Stellung der Leib-Christi-Vorstellung ist nach Söding der gegenüber anderen Modellen einzigartige Bezug auf Christus, statt auf Gott (wie in *Tempel Gottes* usw.). Diesen Befund hatte zwei Jahre zuvor EGON BRANDENBURGER, Der Leib-Christi-Gedanke bei Paulus, ÖR 38 (1989) 389-396 (= in: Studien zur Geschichte und Theologie des Urchristentums, SBAB.NT 15, Stuttgart 1993, 360-368) so interpretiert: „Nirgends sonst hat sich Paulus bei ekklesiologischen Äußerungen derart stark von traditionellen israelitisch-jüdischen Vorgaben und deren Um- und Antibildungen *befreit*" (zit. nach dem Aufsatzband von 1993, S. 361, Hervorhebung von mir).

[81] A.a.O. 298. Zu den „Defizienzen" zählt Söding: das mangelnde Bewußtsein von der geschichtlichen „Verwurzelung der Ekklesia in Israel", das fehlende Ausgerichtetsein auf die Eschatologie, die fehlende missionarische Dimension, die Gefahr eines die Freiheit des Individuums beschneidenden „ekklesialen Integralismus" und einer „triumphalistischen Sicht der Kirche".

[82] A. LINDEMANN, Kirche 165 Anm. 91. Man beachte bereits die minimalistische Formulierung des Obertitels seines Aufsatzes: „Die Kirche als Leib"!

[83] HELMUT MERKLEIN, Entstehung und Gehalt des paulinischen Leib-Christi-Gedankens, in: Im Gespräch mit dem dreieinen Gott. Elemente einer trinitarischen Theologie, FS W. Breuning (hg. v. M Böhnke/H. Heinz), Düsseldorf 1985, 115-140 (= in: Studien zu Jesus und Paulus, WUNT 43, Tübingen 1987, 319-344), hier zitiert nach der Aufsatzsammlung von 1987, hatte bereits gemahnt, „die paulinische Ekklesiologie nicht unmittelbar als Explikation der Christologie"

mann rekurriert in dem angeführten Zitat nur auf 1Kor 12,27, denn ausschließlich an dieser Stelle hält er es für gerechtfertigt, überhaupt von Leib-Metaphorik zu reden.
Die theologische mit der pragmatischen Dimension verbindet Wayne A. Meeks in seinem Aufsatz „In One Body: The Unity of Humankind in Colossians and Ephesians".[84] Er sieht die Leib-Metaphorik aus einem sozialgeschichtlich-wissenssoziologischen Blickwinkel und beantwortet die Frage nach ihrer pragmatischen Funktion mit dem Hinweis auf das Angebot einer Identitätsbildung.

> Nach Meeks wurde den „kleinen Leuten" in der Gemeinde ein Raum angeboten, in dem „a picture of 'the world' significantly different from the commonplace, yet emotionally and intellectually plausible"[85] entworfen wurde. Zu diesen Entwürfen gehörten solche, in denen das Geschehen um den Herrn der Kirche und das um die Kirche selbst miteinander verbunden wurde - wie eben die Beschreibung der Gemeinde als Leib Christi. Sie ist ein Beispiel dafür, wie „the cosmic symbols are connected with assertions about the unity of mankind."[86] So entsteht eine Art Kosmopolitanismus der kleinen Leute.[87]

Der Kolosserbrief etwa, ein zentral paränetischer Brief, was durch die Suche nach den Gegnern zumeist verdeckt wurde, hat seinen Zentralvers in 2,6: Ὡς οὖν παρελάβετε τὸν Χριστὸν Ἰησοῦν τὸν κύριον, ἐν αὐτῷ περιπατεῖτε. Das ὡς bezieht sich auf die Taufe. Der Punkt ist nun „that in the Pauline congregations the initiatory ritual of baptism was a drama of the re-creation of mankind, and that the hallmark of the 'new human' was unity."[88] Leib-Metaphorik ist Teil dieses Themenkomplexes, was Texte wie Gal 3,26-28 zeigen. In ihr fällt der Rekurs auf das theolo-

---

(a.a.O. 342) zu begreifen. Mit dem auf das ἐν Χριστῷ zurückgehenden Begriff des Leibes Christi „interpretiert [...] Paulus nicht die Christologie, sondern die christliche Existenz. Christliche Existenz ist wesentlich *ekklesiologische* Existenz" (a.a.O. 340; Hervorhebung vom Autor).

[84] In: God's Christ and His People, FS N.A. Dahl (hg. v. J. Jervell/W.A. Meeks), Oslo/Bergen/Tromsö 1977, 209-221.

[85] A.a.O. 209.

[86] Ebd.

[87] Dieser Kosmopolitanismus bei Meeks ist natürlich etwas anderes als die Universalität bei Schweizer (vgl. o. S. 20 Anm. 37). Bei Meeks geht es um das christliche Selbstbewußtsein, bei Schweizer um den theologisch-heilsgeschichtlichen Horizont.

[88] A.a.O. 210.

gische Symbol und die Aufforderung, ihren Bedeutungsgehalt zu realisieren, in eins.[89]

Mit demselben Ansatz wirft Gerd Theißen einen Blick auf die Leib-Metapher.[90] Auch er spricht von der Übernahme des kosmopolitischen Bildes durch die Christen. „Das stoische Bild vom kosmopolitischen 'Leib' hat seinen 'Sitz im Leben' in der Oberschicht der Dekurionen, Ritter und Senatoren. In ihr erfuhr man konkret einen vom Prinzipat geförderten kosmopolitischen Integrationsprozeß, der die Grenzen von Völkern und Kulturen überschritt."[91] Auf zweierlei Weise haben sich die Christen dieses Bild angeeignet: Sie haben erstens aus der natürlichen Verwandtschaft aller Menschen die neu hergestellte Verbindung innerhalb einer kleinen Gruppe gemacht, und sie haben zweitens die Gleichwertigkeit aller Menschen betont bzw. die Dominanz des Hauptes auf die hervorgehobene Position des schwächsten Gliedes übertragen. So haben die Christen für sich die fehlende Zusammengehörigkeit unterhalb der

---

[89] Vgl. auch ANDREW C. PERRIMAN, 'His Body, which is the church ...'. Coming to Terms with Metaphor, EvQ 62 (1990) 123-142, S. 140f: Indem Paulus in der Leib-Metaphorik den Bezug zu Christus als das metaphorische Überraschungselement einfügt, geht es ihm um die „addition of a vertical dimension to the horizontal", und er „provokes an interpretative response that in the end makes sense only in the context of a demand for commitment." Ähnlich meint T. SÖDING, Leib 277: Paulus „will eine neue ekklesiale Praxis initiieren und entwikkelt im Zuge dessen eine gültige Wesensbestimmung der Ekklesia." Zu der von PERRIMAN mit der Formulierung „interpretative response" angesprochenen kommunikativen Dimension der Leib-Metapher vgl. HANS-JOSEF KLAUCK, Volk Gottes und Leib Christi, oder: Von der kommunikativen Kraft der Bilder. Neutestamentliche Vorgaben für die Kirche von heute, in: Alte Welt und neuer Glaube. Beiträge zur Religionsgeschichte, Forschungsgeschichte und Theologie des Neuen Testaments, NTOA 29, Fribourg/Göttingen 1994, 277-301. Klauck hebt die kommunikativen Aspekte hervor, die dem Evangelium als „Gute Nachricht" per se eigen sind, und wirft von dort aus einen Blick auf „die neutestamentliche Begrifflichkeit", um sie einmal nicht „normativ, als zwingende Vorschrift", oder auch nur „appellativ, als Ruf zur Ordnung" zu verstehen. „Es wäre den Versuch wert, sich statt dessen einmal einzulassen auf die produktive und kommunikative Kraft der Bilder, mit denen der gelebte Glaube eingefangen und gedeutet wird" (a.a.O. 280).

[90] G. THEISSEN, Christologie und soziale Erfahrung. Wissenssoziologische Aspekte paulinischer Christologie, in: Studien zur Soziologie des Urchristentums, WUNT 19, Tübingen ^{2}1983 ^{3}1989, 318-330.

[91] A.a.O. 327.

Schicht der Herrschenden kompensiert. Für die unteren Schichten gab es ansonsten v.a. die Loyalität zu Vertretern der Oberschicht.
Die Frage nach der Art und Weise, wie die ersten Christen den stoischen Organismusgedanken aufgenommen haben, wurde in der älteren Forschung, wie wir bereits sahen, so beantwortet, daß aus dem stoischen Vergleich bei Paulus die Identifikation von Christus und Gemeinde wurde.[92] Paulus wurde damit von seiner Umwelt distanziert. Wie er in diese *einzuordnen* sei, interessierte nicht. Wo dieses apologetische Interesse wegfiel, konnte man sich der Frage differenzierter zuwenden. *R. Jewett* betrachtet als paulinische Neuerungen gegenüber dem paganen Organismusgedanken die Identifikation des Leibes mit einer Person, die Reduzierung des Gedankens auf eine Gruppe und die soteriologische Herleitung statt eines Rekurses auf natürliche Gegebenheiten fest.[93] Und nach den eben zitierten Überlegungen bei Meeks und Theißen bemerkt auch *A.C. Perriman* zu dem ersten von Jewett aufgelisteten Merkmal: „It is no longer the term 'body' which provides the metaphorical predicate but a specific reference to Christ's glorified body."[94]
Neben diesen phänomenologischen Beobachtungen trifft *T. Söding* die wichtige Feststellung, daß auch schon die stoischen Parallelen nicht ohne einen religiösen Bezug auskamen, man also bei diesen Texten nicht von einem bloßen Organismusgedanken reden kann.

> Es muß also keiner, der „Leib Christi" ontologisch versteht, vor dem Organismusgedanken zurückschrecken: „Weiter hilft die Beobachtung, daß der stoische Organismusgedanke durchweg mythischer Art ist, auch in seiner politisch-sozialen Ausprägung." Er ist „letzlich nichts anderes als ein politisch funktionalisierter Mythos."[95] Dabei liegen in dem mit der Leib-Metaphorik ausgedrückten Mythos ursprünglicher Gehalt und politische Funktionalisierung nicht weit auseinander. „Der Mythos vom Leib und seinen

---

[92] Erinnert sei an die Bemerkungen A. WIKENHAUSERs (vgl. o. S. 27). Vgl. aber jüngst auch T. SÖDING, Leib 288: „Gemeinde ist nicht nur *wie* der Leib Christi, sie *ist* der Leib Christi" (Hervorhebungen vom Autor), oder GOTTFRIED NEBE, Der Leib Christi und seine Glieder. Überlegungen zur Auslegungsvielfalt und Tragweite eines paulinischen und deuteropaulinischen Motivs, in: Pluralismus und Identität (hg. v. J. Mehlhausen), Veröffentlichungen der Wissenschaftlichen Gesellschaft für Theologie 8, Gütersloh 1995, 320-338, S. 337: Der Leib-Christi-Gedanke ist „nicht einfach eine Bildrede, sondern beschreibt [...] Wirklichkeit, nämlich eschatologisch neue Wirklichkeit, neues Leben."

[93] R. JEWETT, Terms 271.

[94] A.C. PERRIMAN, Body 140.

[95] T. SÖDING, Leib 293.

Gliedern beschwört, so wie er dem stoischen Organismusgedanken zugrundeliegt, die Ahnung und die Sehnsucht der Menschen nach ursprünglicher Einheit und wirklicher Gemeinschaft."[96]

Paulus antwortet auf diese Sehnsucht, indem er diese Sehnsucht christologisch wendet. Inhaltlich heißt dies für Söding: „Die Ekklesia ist jener Ort, wo im Vorgriff auf die kommende Vollendung authentische Gemeinschaft der Menschen untereinander und mit Gott wächst."[97]
Wenn Söding es bei diesen Anspielungen auf die Erfüllung menschlicher Sehnsüchte in der Gemeinde beläßt, wenn wir weiter die sozialgeschichtliche Relevanz der paulinischen Antwort bereits bei *G. Theißen* fanden, so zieht *James D.G. Dunn* diesen Gedanken ins politische aus.

> Demnach verstand Paulus die Gemeinde mithilfe des Leib-Modells „as the equivalent to and substitute for the state. The sense of identity and belonging bound up with the state = body usage [der Leib-Metaphorik; M.W.] was being transposed to the setting of the church."[98]

Sicher ist nach Dunn, daß im Epheserbrief „the church has to be seen as in some sense a para-cosmos, or rather as that which gives meaning to the cosmos". Aber auch in sozialer Hinsicht könnte die Kirche als „a model of community for the larger cities and states" verstanden worden sein.[99] Wäre sie es, so wäre sie es als eine „'demokratisch' verfaßte". So jedenfalls faßt *A. Lindemann* das 'kirchenpolitische' Anliegen des Paulus zusammen.[100]

Wenn damit der Überblick über die aktuelle Diskussionslage abgeschlossen werden soll, dann könnte der Eindruck entstehen, am Ende des Jahrhunderts sei man wieder dort angekommen, von wo man sich am Anfang des Jahrhunderts entfernen wollte, nämlich bei einer demokratischen

---

[96] A.a.O. 295. Auf E. KÄSEMANNs Ansicht (Problem 182): „Der [von Paulus; M.W.] im Vergleich aufgegriffene Organismusgedanke setzt, religionsgeschichtlich geurteilt, eine mythologische Konzeption voraus, die er für die Paränese nutzbar macht", könnte SÖDING also antworten, daß bereits der Organismusgedanke eine für seine Paränese nutzbar gemachte mythologische Konzeption enthält. Die Vorstellung ist demnach nicht einfach „profangriechisch", wie H.-W. PARK, Kirche 1, formuliert.

[97] T. SÖDING, Leib 295.

[98] J.D.G. DUNN, Body of Christ 161.

[99] Ebd.

[100] A. LINDEMANN, Kirche 164.

Sicht der Kirche als Leib Christi, die sich in Analogie zu anderen gesellschaftlichen Strukturen verstand. Diese Einschätzung ist sicher nicht ganz falsch. Das dazwischen liegende Jahrhundert hat jedoch gewissermaßen eine Läuterung dieser Ansicht bewirkt. Der berechtigte Einwand, daß Kirche bei Paulus nicht rein innerweltlich erklärt werden kann, hatte die religionsgeschichtliche Suche nach überweltlichen Erklärungsmöglichkeiten initiiert. Die Erfolglosigkeit dieser Suche wird heute fast durchgängig eingestanden.
Der Einwand ist dadurch jedoch nicht entkräftet. Die aktuelle Forschung hat auf zweierlei Weise versucht, ihn aufzunehmen. Nahe an der ursprünglichen Fragestellung ist einerseits der Hinweis auf die auch dem stoischen Organismusgedanken eigene mythische Konzeption, der damit nicht mehr als rein profan verstanden werden kann. Andererseits hat man sich moderner hermeneutischer Kategorien bedient, um mit ihrer Hilfe den „mythischen" Charakter der ekklesiologischen Rede vom Leib Christi einem neuzeitlichen Bewußtsein zu vermitteln. So wurde einerseits der metaphorische Charakter dieser Redeweise ernstgenommen und ansatzweise die für solch einen Fall geltenden Auslegungsprinzipien fruchtbar gemacht. Zum anderen wurde der Versuch unternommen, wissenssoziologische Fragestellungen auf die Leib-Metaphorik zur Anwendung zu bringen und den Rekurs auf den Leib Christi als Hinweis auf eine symbolische Welt zu verstehen.

Diese beiden Lösungswege sollen in der vorliegenden Arbeit weiter beschritten und nun auf das gesamte Vorkommen der Leib-Metaphorik in den neutestamentlichen Schriften und denen der „Apostolischen Väter" angewandt werden. Dabei soll zunächst das methodische Werkzeug, wie es sich aus den sprachwissenschaftlichen und wissenssoziologischen Komponenten zusammensetzt, erläutert werden. Ein ausführlicher Blick in das antike Quellenmaterial zur Leib-Metaphorik soll im Anschluß an die formalen Aspekte der Methodik material den Hintergrund vervollständigen, vor dem dann die frühchristlichen Texte gelesen werden. Diese Texte sollen zunächst als Äußerungen innerhalb konkreter Gesprächssituationen in ihrer jeweiligen Gestalt ernstgenommen und je für sich betrachtet werden. Wie weit sich daraus ein geschlossenes theologisches System ergibt, kann erst dann geklärt werden.

3. METHODOLOGISCHE ÜBERLEGUNGEN

Vorweg sei gesagt: Es kann im Rahmen dieser Arbeit nicht um eine (gar forschungsgeschichtlich umfassende) Diskussion sprachwissenschaftlicher Ansätze gehen. Worum es geht, ist der Versuch, anhand von Ausschnitten einiger Ansätze ein Handwerkszeug zurechtzulegen, mit dessen Hilfe das Thema dieser Arbeit angegangen werden kann. Man mag dieses Vorgehen eklektisch nennen - insofern es weniger an den Hintergründen und Gesamtkonzeptionen der jeweiligen Ansätze interessiert ist. Mein Interesse ist praktisch-exegetisch. Alles ist daran zu messen, inwieweit dieses Handwerkszeug zur Interpretation der in Frage stehenden Texte taugt.[1]

Ein weiteres: Vieles von dem hier Ausgeführten mag wie banales Alltagswissen klingen - und ist es auch, insofern wir in unserer alltäglichen Kommunikation mit vielem unbewußt arbeiten. Das heißt aber nicht unbedingt, daß wir uns immer über unser Tun oder Reden Rechenschaft ablegen könnten. In der Alltagskommunikation müssen wir das auch nicht - wohl aber im Rahmen einer von wissenschaftlicher Methodik geleiteten Textinterpretation. Durch Offenlegung und Systematisierung wird unser Alltagsrepertoire zu einer bewußten Methode, mit deren Hilfe wir antike Texte, die nicht einer alltäglichen, sondern einer bewußt gestalteten Kommunikation entsprangen, interpretieren können.[2]

Bei den folgenden methodologischen Überlegungen wird es in einem ersten, sprachwissenschaftlichem Teil zunächst um linguistische Fragen gehen, in deren Beantwortung die Bedingungen für menschliche Kommunikation überhaupt bedacht werden sollen. Bei dieser Darstellung bildet deren Relevanz für die Metapherntheorie natürlich einen gewissen Filter. Nach dieser Grundlegung soll geklärt werden, wie Metaphern entstehen, welchen Platz sie innerhalb der Sprache einnehmen und wie

---

[1] Schon der Umfang des auszulegenden Quellenmaterials zwingt mich zu dieser Beschränkung. Zuletzt erlaubte eine schmalere Textbasis BRIGITTE SEIFERT, eine knapp hundertseitige, ein Drittel ihrer Arbeit einnehmende sprachwissenschaftliche Einleitung zu erstellen (B. Seifert, Metaphorisches Reden von Gott im Hoseabuch, FRLANT 166, Göttingen 1996).

[2] Eine These, die hier nur genannt, aber nicht weiter begründet werden kann, ist dabei natürlich, daß es konstante Bedingungen menschlicher Kommunikation gibt, die es uns erlauben, antike Texte mit neuzeitlichen Methoden zu interpretieren.

sie angemessen zu interpretieren sind. Dazu gehört die Frage nach der Funktion der Metapher. Mit ihr ist uns der Übergang gegeben zum zweiten Teil der methodologischen Überlegungen, den wissenssoziologischen Gedanken. Ein Übergang ist es deswegen, weil zur Interpretation der Metapher auch die Berücksichtigung des Situationskontextes gehört. Wie Sprache allgemein etwas bewirken soll, so natürlich auch die Metapher im besonderen - und vielleicht auch im besonderen Maße. Diese Wirkung kann auf den Einzelnen zielen oder auf eine Gemeinschaft oder auf das Verhalten eines Einzelnen in oder zu der Gemeinschaft.

Im Falle dieser Arbeit ist es besonders offensichtlich, daß die Metapher auf gemeinschaftliche Fragen einwirken soll. Es geht gewissermaßen um soziale Metaphorik. Berger/Luckmann nannten die Darlegung ihrer Wissenssoziologie „Die gesellschaftliche Konstruktion der Wirklichkeit“[3] und geben damit die Richtung für meine Arbeit an: Welche Sicht auf die Wirklichkeit und welche die Wirklichkeit wiederum gestaltenden Handlungsmuster soll eine Metapher hervorrufen und legitimieren?[4]

3.1. Sprachwissenschaftliche Methodik

3.1.1. Linguistisches

Wie kommt es, daß wir sagen, was wir sagen? Wie kommt es, daß andere hören, was wir sagen? Wie kommt es, daß wir einander verstehen und aufeinander eingehen können? Zu Anfang dieses Jahrhunderts hat Ferdinand de Saussure dazu grundlegende Überlegungen angestellt, die bis in die Gegenwart hineinwirken. De Saussure listet die an der Kommunikation beteiligten Elemente auf. Es geht zunächst um die Sprech- und Hörorgane als die physiologische, den Schall als die physikalische Voraussetzung. Der so entstandene Laut existiert aber nicht für sich, sozusagen autonom, sondern nur als „Werkzeug des Gedankens“[5] als der entscheidenden, der psychischen Voraussetzung. Man kann hier ergänzen, daß

---

[3] P.L. BERGER/T. LUCKMANN, Die gesellschaftliche Konstruktion der Wirklichkeit. Eine Theorie der Wissenssoziologie, Frankfurt 1996 (unveränderter Abdruck von [5]1977; engl. [1]1966, deutsch [1]1969).

[4] Weil es in dieser Arbeit letztlich um diese Fragen gehen soll, werde ich im Laufe der sprachwissenschaftlichen Erörterungen in einigen Fußnoten Vorhinweise geben auf Äußerungen aus dem Bereich der (Wissens-)Soziologie, die mit dem jeweils Besprochenen zusammenhängen.

[5] F. DE SAUSSURE, Grundfragen der allgemeinen Sprachwissenschaft, Berlin [2]1967 (franz. [1]1916), 10.

der Laut als ein in den Sprechorganen produzierter nicht nur *Werkzeug* des Gedankens ist, also etwas zum Ausdruck bringen soll, sondern auf der anderen Seite als ein mit den Hörorganen wahrgenommer auch durch den *Filter* des Gedankens muß. Der Empfänger hört nicht ohne Vorverständnis. Er versucht, das Wahrgenommene einzuordnen.[6] Die psychischen Voraussetzungen für Kommunikation sind also beim Empfänger genauso zu berücksichtigen wie beim Sender.
Wenn Verstehen stattfinden soll, müssen die Gedanken in der Produktion wie in der Rezeption auf ähnliches Material zurückgreifen können. Sender und Empfänger müssen als Mindestanforderung für ihre Kommunikation ein gemeinsames Zeichensystem haben, das ihnen übergeordnet ist. Sprache ist „unabhängig vom Einzelnen, welcher für sich allein sie weder schaffen noch umgestalten kann; sie besteht nur kraft einer Art Kontrakt zwischen den Gliedern einer Sprachgemeinschaft."[7] Aus diesem Zeichensystem werden die für die gegebene Situation benötigten Zeichen ausgewählt, aktualisiert.[8] De Saussure hat für das potentiell zur Verfügung stehende Zeichen*system* einer Sprachgemeinschaft einerseits, die Aktualisierung einzelner Zeichen andererseits die begriffliche Unter-

---

[6] Das schließt natürlich nicht aus, daß sich Vorverständnis und Ordnungsraster bei entsprechender Bereitschaft durch das aktuell Wahrgenommene verändern können. Vgl. dazu P.L. BERGER/T. LUCKMANN, Konstruktion 33, zur Charakterisierung des „Prototyps" der Interaktion, der Vis-à-vis-Situation: Obwohl hier Schablonisierungen durch das unmittelbare Gegenüber schwerer möglich sind, „hält sich selbst in der Vis-à-vis-Situation mein Gewahrwerden des Anderen an vorgegebene Typisierungen, die allerdings für Eingriffe seinerseits empfindlicher sind als entferntere Kontakte." Allerdings können diese (reziproken) Modifikationen selber wieder typisiert werden. Vgl. a.a.O. 34: „Ich erfasse den Anderen als Typus und befinde mich mit ihm in einer Kontaktsituation, die ebenfalls typisch ist."

[7] F. DE SAUSSURE, Grundfragen 17.

[8] P.L. BERGER/T. LUCKMANN formulieren im Zusammenhang mit der Darstellung der funktionalen Überlegenheit (im Sinne der plurisituationalen Einsetzbarkeit) des sprachlichen gegenüber zum Beispiel dem gestischen Zeichensystem (Konstruktion 39): „Ich kann über Unzähliges sprechen, was in der Vis-à-vis-Situation gar nicht zugegen ist, auch von etwas, was ich nie erlebt habe oder erleben werde. Sprache ist der Speicher angehäufter Erfahrungen und Bedeutungen, die sie zur rechten Zeit aufbewahrt, um sie kommenden Generationen zu übermitteln."

scheidung zwischen *langue* (Sprache) und *parole* (Äußerung[9]) eingeführt.
Ich möchte dieses Grundmodell, das die Sprachgemeinschaft und den Einzelnen in den Blick nimmt, um ein Drittes erweitern: Mitglieder einer Sprachgemeinschaft gehören in der Regel mindestens einer sozialen Größe an, die unterhalb der Sprachgemeinschaft anzusiedeln ist. Zu denken wäre an regionale Differenzierungen[10], ferner an Altersklassen, an die Zugehörigkeit zu gesellschaftlichen Schichten, zu Berufsgruppen, Vereinen usw. In den nichtregionalen Untergruppierungen, also den eigentlichen sozialen Systemen, hat sich zuweilen ein kollektiver Sprachgebrauch herausgebildet, ein Jargon, der für die Mitglieder sozusagen eine Vorauswahl an Zeichen aus dem Zeichensystem der Sprachgemeinschaft als internen *Code*, meist für bestimmte Situationen, bereitstellt.[11]
So wirken *langue* und dieser interne Code auf die *parole* ein. Die Grenzen sind aber auch in die andere Richtung hin offen: Der Einzelne kann auch auf *langue* und Code einwirken, etwa indem er Elemente des Codes über die Systemgrenze hinausträgt, oder indem er innerhalb des Systems neue Elemente der *langue* aufnimmt, bekannte Elemente der *langue* neu gebraucht oder auf den Code anderer Systeme zurückgreift. Er muß all dies aber in einer Art und Weise tun, daß diese Neuerungen von seinem „Heimat"-System nachvollzogen und akzeptiert werden können, denn der „Kontrakt zwischen der Gliedern einer Sprachgemeinschaft" kann nur gemeinschaftlich verändert werden.
Diese Vorgänge soll das folgende Schaubild verdeutlichen:

---

[9] Die deutsche Übersetzung hat hier „Sprechen". Schriftliches wird dadurch aber nicht ausreichend berücksichtigt.

[10] Ob es sich hierbei wirklich um eine *soziale* Größe handelt, sei dahingestellt. Gezielt ist auf den Dialekt.

[11] Auch P.L. BERGER/T. LUCKMANN haben diese Elemente der Aufgliederung, und zwar im Rahmen ihrer Überlegungen zum wirklichkeitssetzenden und identitäts- und heimatsstiftenden Charakter der Sprache, „von der internen Privatsprache der Primärgruppen über den Dialekt einer Landschaft oder den Jargon einer Gesellschaftsschicht bis hin zur Sprache einer Nation, die sich eben durch ihre Sprachgemeinschaft als Nation versteht" (Konstruktion 164f).

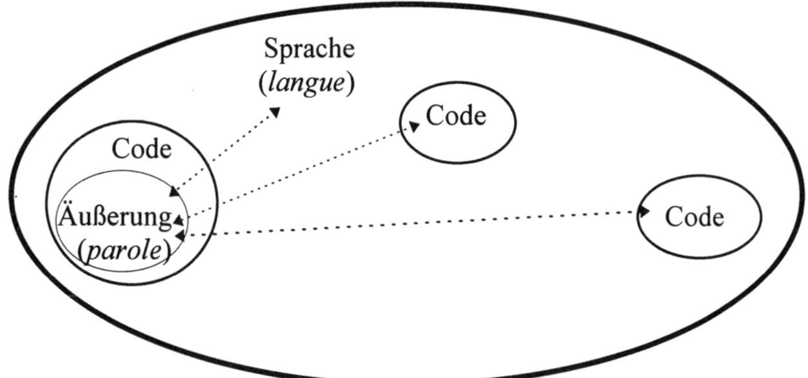

All diese Gedanken beziehen sich schwerpunktmäßig auf die Bedingungen und die Art und Weise des *Entstehens* menschlicher Äußerungen. In einem zweiten Schritt wenden wir uns deswegen nun ausführlicher eben diesen Aspekten des *Verstehens* zu.
Wir haben bereits festgehalten, daß die *parole* bestimmte Elemente der *langue* aktualisiert. Sie tut dies in bestimmten Situationen oder Kontexten. Diese Kontexte können verschiedener Art sein. Bühler verweist darauf, daß auch ohne jeglichen sprachlichen Kontext sprachliche Äußerungen verständlich sein können.

> Sein Beispiel: Die bloße Wortverbindung (das Sprachzeichen) „einen schwarzen" macht an sich noch keinen Sinn. Wer dies aber in einem Café zu der Bedienung sagt, hat eine sinnvolle und für den Kommunikationspartner verständliche Äußerung getan. Die Situation sorgt für eine ausreichende Determination dieses sprachlichen Fragments.[12] Sein Beispiel dient ihm als Beleg dafür, daß es zwar „Fälle eines [...] kontextfreien, aber keineswegs umfeldfreien Auftretens von Sprachzeichen"[13] gibt.

Situation und sprachlicher Kontext nennt Bühler, in Übernahme eines Begriffes aus der Farbenlehre, das „Umfeld".[14] Auf einer Farbtafel beeinflußt der Farbkontrast, der durch die Anordnung der Farben entsteht, den Eindruck, den wir von einer bestimmten Farbe auf dieser Tafel haben. Andererseits bestimmt auch die Einzelfarbe den Eindruck vom Ganzen. Bühler findet drei verschiedene Umfelder, in denen Sprachzeichen begegnen:

---

[12] Vgl. K. BÜHLER, Sprachtheorie. Die Darstellungsfunktion der Sprache, Stuttgart [2]1965, 157.
[13] A.a.O. 155
[14] Vgl. a.a.O. 154f.

Das *sympraktische* Umfeld: Hiermit ist die jeweilige Situation gemeint, in die hinein ein Sprachzeichen gesetzt wird (siehe obiges Beispiel).[15]
Das *symphysische* Umfeld: Hier ist das Sprachzeichen mit Dingen „zusammengewachsen", die es sinnvoll determinieren. „Wien", dies sein Beispiel, macht an sich noch keinen bestimmten Sinn. Dies ändert sich, wenn es sich auf einem Hinweisschild befindet. Ähnliches gilt für Inschriften auf Monumenten, für Markennamen auf den entsprechenden Artikeln usw.[16]
Das *synsemantische* Umfeld: Hier begegnet das Sprachzeichen im Zusammenhang mit anderen Sprachzeichen, und gegenseitig determinieren sie sich und geben sich so einen bestimmten Sinn.[17] Auch hier ein Beispiel: Ein großer LKW überholte mich und meine zweijährige Tochter, die von synsemantischen Zusammenhängen noch nichts wußte. Ich sagte zu ihr: „Ganz schön laut, was!?" Sie hatte wohl nicht alles verstanden und wiederholte, vermeintlich bestätigend[18]: „Schön laut!" Ohne, daß sich an dem Wort „laut" etwas ändert, gewinnt es durch den nun alleinigen Zusammenhang mit dem vorangestellten „schön" zwar keine neue Bedeutung, wohl aber eine diametral entgegengesetzte Konnotation.

Wenn wir dies nun auf unsere Aufgabenstellung hin bedenken, ergibt sich sofort eine Schwierigkeit: Wir können zwar das symphysische Umfeld vernachlässigen, da unser Interesse zusammenhängenden Texten gilt. Es handelt sich aber bei diesen Texten um Briefe oder, allgemeiner, um Texte, die einen bestimmten Adressatenkreis im Auge haben, mithin eine bestimmte Kommunikationssituation. Wir müßten also das sympraktische Umfeld in unsere Untersuchung mit einbeziehen. Wir können aber faktisch dieses Umfeld, das uns ein genaueres Verständnis eröffnen könnte, zumeist nur aus eben diesen Texten zu erschließen versuchen, denn wir kennen nur die eine Seite der Kommunikation. Die Texte müssen sich selbst interpretieren. Wo wir keine direkten Reaktionen auf diese Texte haben, müssen wir uns mit allgemeinen Beobachtungen etwa zum zeitgeschichtlichen Hintergrund begnügen. Damit erreichen wir aber nur mehr oder weniger genaue Interpretationen, die alle unter einem letzten Vorbehalt stehen.

---

[15] Vgl. a.a.O. 157.
[16] Vgl. a.a.O. 159ff.
[17] Vgl. a.a.O. 165ff.
[18] Daß ihre Antwort bestätigender Natur gewesen sein sollte, ging aus ihrer Gestik und Mimik hervor: die Stirn in Falten und die Hände über die Ohren.

3.1.2. Metaphorologisches

Es soll uns nun darum gehen, einen Blick in gegenwärtige Metapherntheorien zu werfen, um ihnen das zu entnehmen, was uns hilft, die urchristliche Rede von der Gemeinde als einem Leib in ihrem metaphorischen Charakter zu verstehen. Wir nähern uns diesem Ziel zunächst mit allgemeinen metaphorologischen und textsemantischen Überlegungen, um in einem zweiten Schritt uns der Pragmasemantik innerhalb der Metaphorologie zuzuwenden.

3.1.2.1. Allgemeines, Textsemantik

Die Metapher ist die sprachliche Verbindung zweier Sinnbereiche, oder, in der Diktion Harald Weinrichs, die „Kopplung zweier sprachlicher Sinnbezirke".[19] Mit dem Begriff des „Sinnbereiches" oder des „Sinnbezirks" ist bereits darauf angespielt, daß es nicht bloß um zwei verbundene Worte geht, sondern daß jedes Wort, jeder Ausdruck einen ganzen ihn umgebenden Bereich mit ins Spiel bringt. Jost Trier hat darauf grundlegend in seinen Arbeiten zum sprachlichen Feld seit den dreißiger Jahren hingewiesen,[20] und dieser Gedanke ist vielfältig aufgenommen und weiterentwickelt worden. Jedes Wort, sei es Lexem oder Morphem, bringt seine Bedeutungsnachbarn ins Spiel, gegen die es sich abgrenzt. Dadurch gewinnt es an Bedeutungsschärfe: „Laufen" ist zwar ähnlich, aber eben nicht dasselbe wie „gehen", „schlendern", „rennen" usw., was aber erst im Vergleich und in Abgrenzung gegen diese Feldnachbarn festgestellt werden kann.
Wir müssen an dieser Stelle zwischen zwei Feldbegriffen unterscheiden. Bühlers drei Umfelder sind die Zusammenhänge, in denen Sprachzeichen tatsächlich und aktual zu stehen kommen können. Bei dem auf Trier zurückgehenden Begriff des sprachlichen Feldes handelt es sich sozusagen um ein virtuelles Feld nicht realisierter sprachlicher Nachbarn, die bei der Realisierung einer Feldposition im Hintergrund bleiben und ihr Konturenschärfe verleihen.[21] Hier können wir eine Analogie zu der Un-

---

[19] H. WEINRICH, Sprache in Texten, Stuttgart 1976, 283 (der genannte Titel ist ein Band mit verschiedenen Aufsätzen Weinrichs).

[20] Vgl. seine Aufsätze seit 1931 in dem Sammelband: Aufsätze und Vorträge zur Wortfeldtheorie (hg. v. A. van der Lee und O. Reichmann), Janua Linguarum (Series Minor 174), Den Haag/Paris 1973.

[21] Auf Ähnliches hatte bereits F. DE SAUSSURE hingewiesen, indem er die sprachlichen Ausdrücke einerseits in ihrem syntagmatischen Zusammenhang

terscheidung de Saussures zwischen dem Material potentiell zu verwendender Möglichkeiten innerhalb der *langue* und der aktualisierten *parole* feststellen. Dieser Triersche Ansatz sollte dann auch für die Metapherntheorie fruchtbar gemacht werden, und zwar schon wenige Jahre später ebenfalls durch Karl Bühler.

Bühler nämlich erklärt die Metapher mit dem Begriff des „sphärenmischenden Komponierens“[22] oder der „Sphärendeckung“. Hierbei geschieht nach Bühler folgendes:[23] Jeder der beiden Begriffe, die zu einer Metapher verschmolzen werden, steht in assoziativen Beziehungen. Werden nun die Begriffe zusammengeführt, decken sie gegenseitig bestimmte Bedeutungsmöglichkeiten des jeweils anderen ab. Wer den Begriff „Salonlöwe“ hört, wird nicht an des Löwen „Blutgier oder Kampfgeist“ denken; bei dem „Baumkönig“ vermutet man nicht „Krone und Purpurmantel“[24] (beides mögliche Assoziationen mit dem Königsbegriff), sondern Größe, überragende Erhabenheit und vielleicht noch vollendeten Wuchs. Wir können das nun noch genauer fassen, indem wir explizit zwischen Bildspender und Bildempfänger (oder Bild- und Sachhälfte) unterscheiden: Der Bildspender enthält eine Vielzahl von möglichen Vergleichsmomenten (einen Sinnüberschuß), aus denen wir die auswählen, die mit dem Bildempfänger zusammen ein stimmiges Bild geben. Dabei ist es natürlich schwierig, die Grenzen für „Stimmigkeit“ einer Metapher anzugeben.[25]

In neuerer Zeit hat H. Weinrich in verschiedenen Arbeiten seit Ende der fünfziger Jahre einige der hier vorgestellten Impulse aufgenommen und

---

gesehen wissen wollte, andererseits aber auch auf die „assoziativen“ (Grundfragen 147) Beziehungen hinwies.

[22] K. BÜHLER, Sprachtheorie 344

[23] Zum folgenden vgl. a.a.O. 342ff.

[24] A.a.O. 349

[25] Den Begriff der Sphärenmischung nimmt W. SEIFERT zum Anlaß, den Unterschied von Metapher und Vergleich zu erläutern. Nach klassischer Definition sind Metaphern verkürzte Vergleiche, in denen die Partikel „wie“ fehlt. Abgesehen davon aber, daß sich manche Metaphern nicht in Vergleiche auflösen lassen, geht es darum, daß im Vergleich die beiden Bereiche von Bildspender und Bildempfänger getrennt bleiben, in der Metapher aber eine „Aussageverdichtung“ stattfindet, „die auf eidetische Erfahrung hinzielt“ (Didaktik rhetorischer Figuren: Metapher als Unterrichtsgegenstand, in: Sprachbetrachtung und Kommunikationsanalyse [hg. v. O. Schober], Scriptor Taschenbücher S 157, Königstein 1980, 129-138, S. 136). Der Unterschied findet sich also auf der Wirkungsebene (s. dazu unten zur Pragmasemantik).

daraus eine textsemantische Metapherntheorie geformt. Was Trier das „Wortfeld“ genannt hat, bezeichnet Weinrich im Bereich der Metaphorologie als „Bildfeld“, in dem „sprachliche Sinnbezirke“ gekoppelt werden.[26] Ein Beispiel ist das der „Seelenlandschaft“. „Seele“ bringt den Bereich des Innermenschlichen mit ein, „Landschaft“ den der Topographie. „Seelenlandschaft“ bildet ein Bildfeld und ist als solches plausibel, weil die einzelnen Elemente dieses Bildfeldes gegeneinander verschiebbar sind: Wir können in diesem Bildfeld verschiedene „Bildstellen“[27] ausfüllen, zum Beispiel die des „Gipfels der Freude“. Geschieht dies zum ersten Mal, wird also eine noch freie Bildstelle ausgefüllt, dann, so Weinrich, könne man von Autorschaft innerhalb des Bildfeldes reden. Für gewöhnlich aber würden einzelne Metaphern aktualisiert. Daß ein ganz neues Bildfeld geschaffen würde, sei fast auszuschließen, da es wohl kaum von der Sprachgemeinschaft akzeptiert würde.[28]
Von dieser Definition des Bildfeldes her lehnt Weinrich es ab, Abstraktionen wie den Oberbegriff der „Seefahrtsmetaphern“ zu bilden. Hier sei eben nur eine Seite des Bildfeldes aufgenommen. Korrekterweise könne man nur zum Beispiel vom Bildfeld des „Staatsschiffes“ reden.[29]
Was geschieht nun, wenn wir Metaphern bilden, wie werden aus Sprachzeichen Metaphern?[30] Der bei Weinrich dafür entscheidende Begriff ist der der Kontextdetermination. Ähnlich wie schon seine Vorgänger Trier (Wortfeld) und Bühler (Sphärenmischung) stellt auch Weinrich fest: Wörter reduzieren im durch sie geschaffenen Kontext gegenseitig ihren jeweiligen Bedeutungsumfang. Das gilt natürlich für Metaphern erst recht, da sie per definitionem kontextuell sind. Jedes Wort ruft eine Determinationserwartung hervor. Wir können einen Großteil der Wörter nicht ohne speziellere Bedeutungen denken. Wir denken zum Beispiel bei „Pferd“ an bestimmte Formen, bestimmte Farben, die uns die Erfahrung gelehrt hat. Da wir in der Kommunikation davon ausgehen, daß Kommunikationspartner sinnvoll und verständlich mit uns kommunizie-

---

[26] Vgl. H. WEINRICH, Sprache 283ff.

[27] A.a.O. 286

[28] Vgl. a.a.O. 288.

[29] Vgl. a.a.O. 285. Von Leib-Metaphorik dürfte nun nicht mehr geredet werden, eher vom Bildfeld des Gemeindeleibes. Da „Leib-Metaphorik“ in den Quellen gelegentlich aber auch außerhalb dieses Bildfeldes zu finden ist, belasse ich es bei dieser offeneren Sprachregelung, wissend, daß sie jeweils einer näheren Spezifierung bedarf.

[30] Vgl. zum folgenden a.a.O. 318ff.

ren wollen, denken wir uns zum Beispiel ein braunes Pferd. Hören wir nun von einem blauen Pferd oder sehen wir eines gemalt, so gehen wir in der Regel immer noch davon aus, daß der Kommunikationspartner auch damit sinnvoll kommunizieren will. Deswegen vermuten wir, daß hier nicht nichts Sinnvolles, sondern etwas anderes gemeint ist - daß hier metaphorisch geredet (oder gemalt) ist. Die erwartete Kontextdetermination bleibt aus, sie wird enttäuscht. Die Kontextdetermination wird zur „Konterdetermination",[31] und eben das konstituiert die Metapher: „Eine Metapher [...] ist ein Wort in einem Kontext, durch den es so determiniert wird, daß es etwas anderes meint, als es bedeutet."[32]
Dies „funktioniert" natürlich nur, wenn eine bestimmte Determinationserwartung vorhanden ist. Abstrakta etwa haben eine solche nur in sehr geringem Umfang, weshalb auch Begriffe wie „Sein" oder „Sache" kaum für verständliche Metaphern taugen, da sie eine so geringe Determinationserwartung hervorrufen, daß diese eben auch kaum enttäuscht werden kann. Noch einmal davon verschieden ist hier aber der Fall, wenn Morpheme, die ja auch so gut wie keinen konkreten Inhalt haben (etwa „ein"), zur Metaphorisierung eingesetzt werden können. Dies ist da möglich, wo sie auf Lexeme treffen, die einen geringen Umfang und dadurch einen höchstmöglich konkreten Inhalt haben, wie dies bei den Eigennamen der Fall ist. „Napoleon" ist in seinem Inhalt beschränkt auf eine Person. Sagt man nun „ein Napoleon", so hat man eine Metapher.

3.1.2.2. Pragmasemantik

Metaphern erfüllen eine Funktion. Wenn man Metaphern verwendet, so tut man dies, weil man der Ansicht ist, diese sprachliche Funktion könne hilfreich sein bei der Erfüllung des Zwecks, der mit der Äußerung verbunden ist. Die verschiedenen Funktionen der Metapher hat W. Seifert in seinem bereits zitierten Aufsatz übersichtlich dargestellt, auf dem die folgende Zusammenstellung basiert.[33]
Innersprachlich entspringt die Metapher sozusagen dem Gebot der Ökonomie. Sie erweitert durch Kombination gegebener Sprachzeichen deren Ausdrucksmöglichkeiten, ohne den Bestand an Grundelementen innerhalb der *langue* immer wieder vergrößern zu müssen. Die Ausdrucksmöglichkeiten müssen sich aber wandeln, weil durch den historischen

---

[31] A.a.O. 320

[32] A.a.O. 311

[33] Vgl. o. S. 45 Anm. 25. Die kursiv gesetzten Begriffe sind die Klassifizierungen SEIFERTS.

Fortgang der Gesellschaftsentwicklung neue Bezeichnungen (für Neues oder für Herkömmliches in neuer Perspektive) nötig werden. Die Metapher tut dies in ihrer *Prädikationsfunktion* „durch Modellbildung und Analogiebeziehungen."[34]
Handelt es sich um innovative Metaphern, ist ihre kognitive, ihre *heuristische Funktion* entscheidend. Durch die Verknüpfung zweier Sinnbezirke entsteht ein „Sinnüberschuß, der durch Interpretation aufzuschließen ist."[35] Dies ist besonders dort der Fall, wo Metaphern für bislang unbekannte Erfahrungen Anknüpfungspunkte im Bekannten herstellen.[36] Metaphern ersetzen aber wegen ihrer Interpretationsbedürftigkeit noch keine theoretisch-wissenschaftlichen Erklärungen. Zur heuristischen Funktion der Metapher können wir ihre *affektiv-emotionale Funktion* gesellen. Geht es bei ersterer eher um kognitive Leistungen, so bei letzterer eben um affektive. Metaphern helfen zu einem intuitiven Erfassen von Sachverhalten, bei dem rationale Erkenntnis nicht ausreicht, nicht möglich oder auch störend wäre. *Lernprozesse* umfassen zudem beides. Ich sage dies im Vorblick auf die wissenssoziologischen Überlegungen weiter unten, deswegen hier nur so viel: Kognitives und affektives Lernen stellen in ihrem Zusammenspiel die durch Sozialisation gebildete Identität auf ein stabiles Fundament.
Damit kommen wir zu der nächsten, der *sozialen Funktion* der Metapher. Hier kann ich wieder weitgehend auf den wissenssoziologischen Abschnitt verweisen und mich an dieser Stelle kürzer fassen. Mit der Sprache wird dem Einzelnen der Interpretationsrahmen der Gesellschaft an die Hand gegeben. Bildfelder als Teil der Sprache besitzen wegen der beiden vorgenannten Funktionen die ausgeprägte Fähigkeit, gemeinsame Weltbilder zu vermitteln. Dies ist besonders dann der Fall, wenn sich das kollektive Weltbild wandelt oder der Einzelne in Subwelten integriert werden soll.
Zuletzt sei auf die *rhetorische* oder *manipulative Funktion* der Metapher hingewiesen. Sie wiederum hängt mit der sozialen Funktion zusammen, geht aber nicht in ihr auf. Die Übereinstimmungen mit der sozialen

---

[34] W. SEIFERT, Didaktik 130

[35] A.a.O. 131

[36] Vgl. auch P.L. BERGER/T. LUCKMANN, Konstruktion 42: Mit Sprache können „voneinander abgesonderte Wirklichkeitssphären überspannt werden". Sprachliche Symbole verbinden auch Bereiche, die „a priori für die Alltagserfahrung nicht mehr erreichbar sind" (Religion, Kunst, Wissenschaft), mit der Alltagswelt.

Funktion bestehen insofern, als sprachlich vermittelte Weltbilder sich vor allem in einem Handeln widerspiegeln sollen, das dem Weltbild und so dem Handeln der Allgemeinheit entspricht.

3.1.3. Auswertung

Sprachzeichen sind Elemente der *langue*. Innerhalb der *langue* existieren die Sprachzeichen nicht ungeordnet nebeneinander, sondern bilden Felder, innerhalb derer sie sich gegenseitig in ihren Bedeutungen beeinflussen. Die *langue* bildet das Potential, aus dem die *parole* die aktuell benötigten Sprachzeichen auswählt. Dabei kann sie geleitet werden durch eine gewisse Vorauswahl eines Codes, den sich die engere Sprachgemeinschaft des die *parole* Tätigenden eventuell angeeignet hat. Die durch die Felder innerhalb der langue vorgegebenen Bedeutungsmöglichkeiten werden durch die im Akt der Äußerung, der *parole*, entstandenen Kontexte eingegrenzt. Wird ein Sprachzeichen in nicht erwarteter Weise durch den Kontext determiniert, so reden wir von einer Metapher. Es ist also der Kontext, der ein Wort determiniert und bei der Metapher eben konterdeterminiert. Wir können dabei drei verschiedene Kontextarten festhalten, die im folgenden konzentrisch dargestellt werden sollen. Der *syntagmatische* Kontext bildet den direkten textlichen Kontext. Die potentielle Bedeutungsweite, die durch den syntagmatischen Kontext eingegrenzt wird, kann dargestellt werden in dem *paradigmatischen* Kontext. Dabei bilden diesen Kontext zum Beispiel andere Äußerungen desselben oder eines anderen Sprechers, in denen entweder dieselbe Äußerung in gleichem oder auch unterschiedlichem syntagmatischen Kontext verwendet oder in denen, im Falle der Metapher, derselbe Bildempfänger mit einem anderen Bildspender kombiniert wird - oder auch mit keinem. Dies kann nun *diachronisch* wie *synchronisch* untersucht werden, das heißt sowohl in Texten zeitlich verschiedener Epochen, als auch in Texten, die sich auf einer Zeitebene befinden. Den äußersten Kreis dieses konzentrischen Kontextmodells bildet schließlich der *pragmatische* Kontext. Die Exegese kennt aus der Formgeschichte den Begriff vom „Sitz im Leben", und gemeint ist hier wie dort das nichttextliche Umfeld, in das der Text eingebettet ist. Hier sind also die äußeren Umstände zu untersuchen, in denen die Verfasser wie auch die Adressaten stehen. Die Metapher stellt einen Sprachgewinn dar, mit dem Neues oder neu Gesehenes vermittelt und vertraut gemacht werden soll. Andererseits soll sie das Verhalten des Einzelnen regulieren, gegebenenfalls unter Vermittlung gesellschaftlich anerkannter Sinngehalte.

3.2. Wissenssoziologisches

Mit der Bezeichnung des pragmatischen Kontextes ist uns der Übergang zu den wissenssoziologischen Überlegungen gegeben. Die Fragestellung dieser Arbeit berührt das Selbstverständnis der ersten Christen *in* ihrer jeweiligen Umwelt und die daraus resultierenden innergemeindlichen Strukturen und gleichzeitig ihr Verhältnis *zu* ihrer Umwelt. Damit sind Fragen nach der Identität und den Rollen und Rollenverständnissen angeschnitten.[37] Deswegen scheint es mir sinnvoll, nicht nur sprachwissenschaftliche Erörtungen voranzustellen, sondern auch einen Blick in den Bereich der Soziologie zu werfen, genauer: in die Wissenssoziologie.

Wissenssoziologie untersucht den Zusammenhang von Sein und Bewußtseinsinhalten. Die Perspektive der Fragestellung kann von dem einen oder dem anderen ausgehen. Berger/Luckmann fragen, wie Sinn Wirklichkeit wird (s.u.), F.H. Blum formuliert: „Wie beeinflußt die soziale Existenz des Menschen seine bewußte Begegnung mit der Realität?“[38] Theoretisch grundlegend in den zwanziger Jahren dieses Jahrhunderts entwickelt, hat die Wissenssoziologie v.a. Gedanken der Ideologiekritik fortentwickelt.[39] Anders als die Ideologiekritik, die bewußt verfremdete,

---

[37] Ich habe zwischen Selbstverständnis und Identität differenziert. Damit nehme ich eine Anregung von B.F. MEYER, The Church in Earliest Christianity: Identity and Self-Definition, McMaster Journal of Theology 2 (1991) 1-19, auf: Selbstverständnis ist ein partikularer, Identität ein universaler Begriff. In den frühchristlichen Gemeinden herrschte eine Pluralität von Selbstverständnissen, die in nicht geringem Umfang von kulturellen Faktoren geprägt waren. Die Einheit aber verdankten sie der einen, vom Evangelium gestifteten Identität. Paulus arbeitet, so Meyer, mit dieser Differenzierung, wenn er etwa den „Starken“ in der römischen Gemeinde prinzipiell rechtgibt, sie jedoch an die Liebe erinnert, die als Identitätsmerkmal dem individuellen Selbstverständnis übergeordnet ist. Im Hinblick auf unsere Arbeit kann man sagen: Die jeweiligen frühchristlichen Autoren reagieren auf partikulare Selbstverständnisse mit Hinweisen auf die universale Identität. (Ich danke an dieser Stelle D.N. Stephens vom McMaster Divinity College in Hamilton, Ontario [Kanada], der mir den nicht im Fernleihverkehr erhältlichen Aufsatz zukommen ließ.)

[38] F.H. BLUM, Bewußtseinsentfaltung und Wissenssoziologie, Paper: Fifth World Congress of Sociology, Washington, D.C. 1962, in: Ideologie. Ideologiekritik und Wissenssoziologie (hg. v. K. Lenk), Darmstadt/Neuwied ^{7}1976, 278-294, S. 278.

[39] Einen Überblick in bis zu F. Bacons Idolenlehre zurückreichenden Quellen gibt der Reader von K. LENK (Hg.), Ideologie. Ideologiekritik und Wissenssoziologie, Soziologische Texte 4, Darmstadt/Neuwied ^{7}1976. Eher die neuere Dis-

von bestimmten Interessen geleitete Tatsachendarstellungen aufzudecken sucht, geht es der Wissenssoziologie darum zu zeigen, daß *jedes* Denken nicht abgelöst betrachtet werden kann von seinem konkreten Entstehungsort.

Die beginnende Wissenssoziologie ist v.a. mit dem Namen Karl Mannheim verknüpft. Mannheim hat in verschiedenen Aufsätzen und Vorträgen v.a. in den zwanziger Jahren die Entwicklung der Wissenssoziologie, ihrer Fragestellungen und Methodik vorangetrieben.[40] Er formuliert das Ziel wissenssoziologischen Arbeitens so: Es geht um die Zurechnung von Denkleistungen zu Gedankenströmungen und den damit verbundenen Sozialkräften.[41]

Die folgenden wissenssoziologischen Überlegungen stützen sich jedoch auf P.L. Bergers und T. Luckmanns „Theorie der Wissensoziologie".[42] Dies hat seinen Grund darin, daß Berger/Luckmann ein umfassendes Konzept entworfen haben, mit dessen Hilfe sowohl (aus der Perspektive des Gesellschaft) die Entstehung des Rahmens, in den der Einzelne hineingestellt wird, analysiert, als auch (aus der Perspektive des Individuums) die individuelle Einführung in diesen Rahmen sowie dessen Veränderung durch den Einzelnen verfolgt werden kann.

Berger/Luckmann definieren als Aufgabe der Wissenssoziologie die Beantwortung der Frage: „Wie ist es möglich, daß subjektiv gemeinter Sinn zu objektiver Faktizität wird?" (20). Es ist Wissen, was unser „Verhalten in der Alltagswelt" (21) reguliert. Unser Bewußtsein ist ausgerichtet auf Objekte verschiedener Art, das heißt hier vor allem: auf Objekte in verschiedenen Wirklichkeitsbereichen. Die „Wirklichkeit par excellence" ist

---

kussion stellen dar V. MEJA/N. STEHR (Hg.), Der Streit um die Wissenssoziologie, 2 Bde., Frankfurt (Main) 1982.

[40] Seine wichtigsten Arbeiten sind veröffentlicht zum einen in dem zunächst von ihm selbst herausgegebenen Band: Ideologie und Utopie, in 6. Auflage dann hg. v. G. Schulte-Bulmke, Frankfurt (Main) 1978, zum anderen in: Wissenssoziologie. Auswahl aus dem Werk (hg. v. K.H. Wolff), Soziologische Texte 28, Neuwied/Berlin [2]1970. Sein Artikel „Wissenssoziologie" für das Handwörterbuch der Soziologie von 1931 (noch in der Auflage desselben Werkes von 1959 findet sich dieser Artikel) ist gewissermaßen auch eine Zusammenfassung seiner bisher dahin verfaßten Arbeiten. Hier finden sich auch in komprimierter Form Hinweise zum wissenssoziologischen Arbeiten.

[41] Vgl. K. MANNHEIM, Wissenssoziologie, in: Ideologie und Utopie, 227-267, S. 263.

[42] Alle in diesem Abschnitt im Haupttext folgenden Seitenangaben beziehen sich, wenn nicht anders angegeben, auf dieses Buch.

die Alltagswelt. Im Sinne ihrer Vorrangstellung vor anderen Wirklichkeitsbereichen (Träumen, Gedanken usw.) nennen Berger/Luckmann sie die „oberste Wirklichkeit“ (24). Durch meine Geburt bin ich in ein spezielles Bezugssystem, das durch Sprache, Geographie usw. vorgegeben ist, hineingestellt. Ich erlebe diese Alltagswelt zunächst einmal als „vorarrangiert“ (24). Damit ist auch gesagt, daß diese Alltagswelt eine intersubjektive ist, anders als zum Beispiel eben die Welt meiner Träume.[43]

Indem ich Bewohner der Alltagswelt werde und ihre Objektivationen teile,[44] nehme ich sie zunächst einmal als gegeben hin. Vermittelt wird sie mir, als intersubjektive, am eindrücklichsten in der Vis-à-vis-Kommunikation. „Die Vis-à-vis-Situation ist der Prototyp aller gesellschaftlichen Interaktion“ (31). Sie hat eine besondere Kraft, denn in der Vis-à-vis-Situation ist der andere mir sogar gegenwärtiger, als ich es mir selbst bin. Um nämlich mich selbst in einer solchen Situation wahrzunehmen, braucht es einen reflexiven Akt. Der Andere hingegen steht mir als unausweichlicher Sinneindruck „präreflexiv“ (40) gegenüber.[45] Allerdings wird diese Aussage über das Verhältnis zu mir selbst in gewisser Weise dadurch modifiziert, daß ich mich selber ja auch reden höre, mein „subjektives ‘Meinen’“ (40) also wieder realer wird. Und das gilt nicht nur für die Vis-à-vis-Situation: „Die Kraft der Sprache, Subjektivität zu erhellen, zu kristallisieren und zu stabilisieren, bleibt ihr, wenngleich modifiziert, auch wenn sie von der Vis-à-vis-Situation abgelöst ist“ (40).

Welche Rolle spielt in diesem Zusammenhang die Sprache? Das Zeichensystem der Sprache ist das höchstentwickelte Instrument zur Objektivation. „Die allgemeinen und gemeinsamen Objektivationen der Alltagswelt behaupten sich im wesentlichen durch ihre Versprachlichung.

---

[43] Die Notwendigkeit eines intersubjektiven Arrangements wird immer wieder mit der u.a. von Arnold Gehlen entwickelten Idee der „Extrapositionalität“ begründet. So beziehen sich auch V. DREHSEN/H. HELLE, Religiösität und Bewußtsein. Ansätze zu einer wissenssoziologischen Typologie von Sinnsystemen, in: Religionssoziologie als Wissenssoziologie (hg. v. W. Fischer/W. Marhold), Stuttgart/Berlin/Köln/Mainz 1978, 38-51, S. 41, auf diesen Gedanken: „Der Mensch kommt als biologisch unfertiges Wesen zur Welt, unspezialisiert, weltoffen, seiner Konstitution nach labil und ohne die sichere Instinktapparatur des Tieres.“ Stabilität verleihen ihm „Technik, Wirtschaft, Gesellschaft und Kultur“ (ebd.).

[44] Mit Objektivationen mache ich Sachverhalte kommunizierbar.

[45] Vgl. hierzu auch P.L. BERGER/T. LUCKMANN, Konstruktion 32.

Vor allem anderen ist die Alltagswelt Leben mit und mittels der Sprache, die ich mit den Mitmenschen gemein habe“ (39). Die Sprache vermittelt mir zunächst einmal „pragmatisches Wissen“ (44), das mich mit dem Nötigsten für die Alltagswelt ausstattet. Dieses pragmatische oder Alltagswissen ist in Intensität und Umfang der Vertrautheit nach meinen „Relevanzen“ (46) gegliedert, die sich wiederum aus meinen Lebensbereichen ergeben. Alltagswissen hat, weil im Zusammenhang mit der primären Sozialisation (s.u.), eine hohe Dominanz und Resistenz gegenüber anderen Wissensformen, etwa der Kritik an eben diesem Alltagswissen.
Eine entscheidende Funktion von Sprache ist die Legitimierung von Institutionen und institutionalisierten Verhaltensweisen. Institutionen sind gehärtete, geronnene Habitualisierungen. Für spätere Generationen, die den Prozeß der Institutionalisierung nicht mehr miterlebt haben, sind die Genese, aber auch die damit verbundene Veränderbarkeit von Institutionen nicht mehr unbedingt erkennbar. Institutionen treten ihnen als „gegeben“, als „äußeres, zwingendes Faktum“ (62) gegenüber. Eben weil diese Generationen keine eigene Erinnerung mehr an die Genese haben,[46] so ist auch der „ursprüngliche Sinn der Institutionen [...] ihrer eigenen Erinnerung unzugänglich. Dieser Sinn muß ihnen [...] mit Hilfe verschiedener, ihn rechtfertigender Formeln verständlich gemacht werden [...] Die Folge ist, daß die sich weitende institutionale Ordnung ein ihr entsprechendes Dach aus Legitimationen erhalten muß, das sich in Form kognitiver und normativer Interpretationen schützend über sie breitet“ (66).[47]
Das „vortheoretische Primärwissen“ (70) stellt die alltägliche Legitimationsform dar. Hier sind mit bloßen Bezeichnungen Informationen verknüpft: Die Nennung eines Verwandtschaftsgrad zum Beispiel evoziert einen Verhaltenskodex, anhand dessen man sich gegenüber dem konkreten Vertreter des jeweiligen Verwandtschaftsgrades zu verhalten hat.[48] Dagegen können „theoretisch durchdachte Legitimationen [...] zu bestimmten Zeitpunkten der Geschichte von Institutionen“ auftauchen (70).

Um hier wieder die Metapher ins Spiel zu bringen: Aufgrund ihrer heuristischen Qualität und emotionalen und appellativen Kraft sind Metaphern in hervorragender Weise in der Lage, Sinn darzustellen und als akzeptabel erscheinen zu lassen. Im näheren können wir zwischen kreativen und konven-

---

[46] Anders: Die „Einheit von Lebenslauf und Geschichte zerbricht“ (a.a.O. 100).

[47] Kognitiv: so macht man es; normativ: so soll man es machen.

[48] Vgl. a.a.O. 101.

tionellen Metaphern unterscheiden. Eine Metapher, zur konventionellen Metapher geworden, muß nicht ihre appellative Kraft für die Plausibilitätserkenntnis von Institutionen verlieren. Sie kann in diesem Zustand in das vortheoretische Primärwissen abgleiten. Sie kann re-metaphorisiert werden, vor allem durch Aktivierung des ganzen Bildfeldes. Neue, durchdachte Legitimationen (sie bauen auf den vortheoretischen auf) können schließlich wieder kreative Metaphern nach sich ziehen.

Legitimationen sind umso wirkungsvoller, je mehr sie mit dem Konzept der Verdinglichung arbeiten.[49] Dabei ist das „Grund-'Rezept' für die Verdinglichung von Institutionen [...], ihnen einen ontologischen Status zu verleihen, der unabhängig von menschlichem Sinnen und Trachten ist" (97). So kann zum Beispiel die Gesellschaftsordnung das von den Göttern geschaffene Weltganze widerspiegeln.

Im Blick auf diese Arbeit läßt sich als zweites Beispiel der metaphorische Rückgriff auf natürlich Gegebenes, etwa eben auf den menschlichen Leib, anführen.

Damit ist die entscheidende Ebene von Legitimationen bezeichnet, nämlich die der „symbolischen Sinnwelten" (102). Gemeint sind in erster Linie Mythologie, Theologie, Philosophie und Wissenschaft.[50] Hier werden „Verweisungen über die Wirklichkeit der Alltagserfahrung hinaus" gegeben (106). Direkte Anwendungen lassen sich mit diesen Legitimationen nicht mehr verknüpfen.[51]

Das soll aber natürlich nicht heißen, daß sie zur Handlungsorientierung nicht mehr taugten. Clifford Geertz formuliert die Verbindung in Hinsicht auf Re-

---

[49] P.L. BERGER/T. LUCKMANN meinen damit, „menschliche Phänomene aufzufassen, als ob sie Dinge wären, das heißt als außer- oder gar übermenschlich" (Konstruktion 94f). Mit diesem von Marx herkommenden Begriff bringen sie dessen Konzept der Entfremdung mit ins Spiel.

[50] Nicht im Sinne des positivistischen Dreistadiengesetzes Auguste Comtes, sondern als ein Nebeneinander verschiedener gleichberechtigter Sinnwelten; vgl. a.a.O. 118. Zur Diskussion um das Dreistadiengesetz vgl. den Abschnitt von A. COMTE und die Kritik M. SCHELERs in K. LENK (Hg.), Ideologie 156-160 bzw. 190-197.

[51] Vgl. auch W. FISCHER/W. MARHOLD, Religionssoziologie als Wissenssoziologie, in: Religionssoziologie als Wissenssoziologie (hg. v. dens.), Stuttgart/Berlin/Köln/Mainz 1978, 7-20, S. 15: Je komplexer die Wissensebene wird, desto mehr wandelt sich ihre „Orientierungsleistung" von „inhaltlich-präskriptiv" zu „formal-legitimatorisch" - mit dem Dekalog lassen sich eher pragmatische Aspekte verknüpfen als mit der Trinitätslehre.

ligion so: „that which is set apart as more than mundane is inevitably considered to have far-reaching implications for the direction of human conduct. [...] in such a way religion grounds the most specific requirements of human action in the most general contexts of human existence.“[52]

So abstrakt sie sind, so absolut sind sie auch. Internalisierte symbolische Sinnwelten sind hochgradig identitätsstiftend.[53] Die Verankerung der Identität in symbolischen Sinnwelten versichert dem Menschen, daß sie nicht von Zufälligkeiten abhängig ist. Nicht von Zufälligkeiten abhängig, das heißt: nicht sozialisationsabhängig, denn die primäre, in abgeschwächter Form auch die sekundäre Sozialisation, sind beide von dem mehr oder weniger zufälligen Arrangement unserer Umgebung abhängig. Daß auch die symbolischen Sinnwelten aus dieser Umgebung gewachsen sind, ist schwerer zu erkennen. Und so lange es nicht erkannt ist, spielt es für die subjektive Identitätsstabilität keine Rolle.
Theoretische Legitimationen können wir mit Legitimitäts- oder Identitätsskrisen von Institutionen in Verbindung bringen. Krisen von Institutionen sind dann gegeben, wenn Institutionen nicht mehr ihre „gesellschaftliche Anerkennung als ‘permanente’ Lösung eines ‘permanenten’ Problems“ haben (74).[54] Wenn die Gefahr einer Infragestellung von Institutionen so gering wie möglich gehalten werden soll, müssen „potentielle Akteure für institutionalisierte Aktionen [...] *systematisch* mit institutionalisiertem Sinn bekanntgemacht werden“ (74, Hervorhebung durch die Verfasser). Diese Systematisierung muß organisiert werden und führt irgendwann zur Professionalisierung von Tra-

---

[52] C. GEERTZ, Ethos, World View, and the Analysis of Sacred Symbols, in: The Interpretation of Cultures: Selected Essays, New York 1973, 126-141, S. 126. Vgl. ähnlich W. REBELL, Textpragmatische Auslegung des Neuen Testaments, in: Gemeinschaft am Evangelium, FS W. Popkes (hg. v. E. Brandt/P.S. Fiddes/J. Molthagen), Leipzig 1996, 187-195. Er vermutet: „Durch die Lektüre des Jakobusbriefs werden Menschen wohl nicht so sehr bewegt wie durch die Lektüre des Römerbriefs“ (a.a.O. 194). Wenn wir dies in Verbindung bringen mit den Äußerungen bei Fischer/Marhold (s.o. S. 54 Anm. 51), dann müssen wir differenzieren: Beide Meinungen gehen von je unterschiedlichen Motivationsebenen aus.

[53] „Identität erhält ihre definitive Legitimation, sobald sie in den Zusammenhang einer symbolischen Sinnwelt gestellt wird“ (107).

[54] W. FISCHER/W. MARHOLD, Religionssoziologie 16f, sprechen davon, daß „Brüche auftreten“ in den „Basisregeln der Interaktion“, bei der „Bildung sozialer Einheiten“, in dem Verlauf „typischer [...] funktionaler und erwartbarer Handlungssequenzen“ oder in der Steuerung gesamtgesellschaftlicher Prozesse.

denten und Legitimatoren, die als Vermittler von Sinn den Empfängern gegenüberstehen. Es entsteht ein Legitimations-„Apparat“ (75). Institutionalisiertes Verhalten ist Rollenverhalten, die Rolle ist die „Verknüpfung von Institution und Wissen“ (84). Nun übernimmt man aber in der Regel nicht nur eine, sondern mehrere Rollen, die zueinander in Beziehung stehen, das heißt einer Sinnwelt zugehören. Eine Schwierigkeit ergibt sich da, wo Rollen Teil einer „Subsinnwelt“ (90) sind. Solche Subsinnwelten stehen in einer gewissen Spannung zur alltäglichen Sinnwelt, sie sehen die Gesamtgesellschaft aus ihrer je eigenen, auch von den Interessen der Träger dieser Gruppen bestimmten Perspektive, woraus sich die Schwierigkeit ergibt, die Gesamtgesellschaft „unter ein Dach, das heißt unter ein integriertes Symbolsystem zu bringen“ (91). Subsinnwelten stellen eine Gefahr für die symbolische Sinnwelt des Alltäglichen, der Gesamtgesellschaft dar. Sie stellen die Gesamtgesellschaft vor die Aufgabe, die ihre Ordnungen legitimierenden Sinnwelten ihrerseits durch theoretische Konstruktionen zu stützen. Daran hat sie ein existentielles Interesse: Subsinnwelten interpretieren die Welt anders. Dadurch entsteht eine andere Wirklichkeit - gebildet von denen, die anders interpretieren.

Genauer müßte man diese Bewegung als einen wechselseitigen Prozeß formulieren: Die andere Wirklichkeit war irgendwie schon vorhanden. Sie stabilisiert sich durch eigene Legitimationen, gewinnt dadurch an Konturen und wird wahrnehmbarer. Das kann ihr Zulauf bringen, was ihrer Position zusätzliche Geltung verschafft.[55]
Ein Aspekt in der Konstruktion eines Subsinnes, den K. Mannheim anspricht, ist für das Thema dieser Arbeit von besonderem Interesse. Subsinnwelten können bei der Darstellung ihrer Weltsicht und Seinsinterpretation[56] so vorgehen, daß sie bekannte „Denkinhalte“ in ihr Gedankengebäude überführen. Der Wissenssoziologie muß es daher darauf ankommen, daß sie „jene, oft latenten, systematischen Zentren heraushebt, in denen Gedanken ursprünglich auftraten und aus denen sie später herausgehoben wurden, um in neuen sy-

---

[55] Vgl. auch C. GEERTZ, Ethos 141: „the relation between ethos and world view is circular“. Wenn er a.a.O. 130 schreibt: „In itself, either side, the normative or the metaphysical, is arbitrary, but taken together they form a gestalt with a peculiar kind of inevitability“, dann beschreibt das eher die Perspektive des Betrachters, denn der Entwicklungsprozeß, in dem sich beides aufeinander bezogen herausbildet, ist ja gerade nicht willkürlich. Der Betrachter aber muß beides zusammen sehen, um die Legitimation beider Teile zu erkennen.

[56] Diese Doppelheit betont dann auch C. GEERTZ, Ethos 127: Ethos „is the underlying attitude toward themselves and their world that life reflects.“

stematischen Zusammenhängen weiterzuleben."[57] Bei solch einem Übertritt erfahren die Denkinhalte einen zweifachen Wandel: einen Funktions- und einen Bedeutungswandel. Einen Funktionswandel gibt es wiederum auf zweierlei Art: als einen „immanenten" und einen „soziologischen Funktionswandel"[58]. Unter ersterem versteht Mannheim den Übergang eines Denkinhaltes von einem Denksystem in ein anderes, unter letzterem den Übergang von einem sozialen Seinszusammenhang in einen anderen. Funktions- und Bedeutungswandel gehören eng zusammen, denn „der bloße Funktionswandel eines Sinnzusammenhanges bedeutet bereits einen Bedeutungswandel",[59] und „wachsen neue Schichten in Ideengehalte von bereits vorhandenen Schichten hinein, so wird es sich immer zeigen lassen, daß dieselben Worte für sie etwas anderes bedeuten werden, weil die Strebungsrichtung und der Existenzzusammenhang, aus dem heraus diese neuen Schichten denken, auch ein anderer ist."[60]

„Gegengesellschaften" setzen den Legitimationsapparat der Gesamt- oder Muttergesellschaft unter Druck. Und sind erst einmal die Legitimationen fragwürdig geworden, so gilt dies auch bald für die durch sie gestützten Institutionen. Auch wenn es durch den Prozeß der erneuten Legitimierung der symbolischen Sinnwelten zu Modifikationen eben dieser Sinnwelten kommt, muß das ihre Legitimationsfähigkeit nicht beeinträchtigen.[61]

K. Mannheim hat auf die „Konkurrenz im Gebiete des Geistigen"[62] als Motor für Um- und Weiterbildungen von Sinngehalten hingewiesen und betont, „daß im Elemente des theoretischen Gegeneinanders auch das Allgemein-

---

[57] K. MANNHEIM, Das Problem einer Soziologie des Wissens, in: Wissenssoziologie, 308-387, S. 373. Vgl. dazu K. BERGER, Wissenssoziologie und Exegese des Neuen Testaments, Kairos 19 (1977) 124-133, S. 131: Das „Neue liegt nun in der Tat wohl weniger in einzelnen Ideen, sondern in deren pragmatischem Bezug, darin, daß sie Manifestationen eines je neuen Lebenszentrums sind und einer neuen Geschichte zugehören." Berger verweist auf die Idee des verfolgten Propheten und ihre Übernahme in die Erklärung des Geschickes der Gemeinde.

[58] K. MANNHEIM, Problem 383.

[59] A.a.O. 383.

[60] A.a.O. 384. Vgl. dazu auch die in der Forschungsgeschichte vorgestellten Gedanken zur Leib-Metaphorik von G. THEISSEN (s.o. S. 34).

[61] BERGER/LUCKMANN führen als Beispiel die Auseinandersetzung zwischen Orthodoxie und Häresie in der Alten Kirche an. In deren Verlauf erhielt die symbolische Sinnwelt der Orthodoxie die Trinitätslehre, die ursprünglich nicht in ihr enthalten war.

[62] K. MANNHEIM, Die Bedeutung der Konkurrenz im Gebiete des Geistigen, in: Streit (hg. v. V. Meja/N. Stehr), Bd. 1, 325-370.

Gesellschaftliche pulsiert."[63] Dieses Gegeneinander ist ein Ringen „um die öffentliche Auslegung des Seins."[64]
Wenn ich hier den Begriff des Öffentlichen oder des Allgemein-Gesellschaftlichen zitiere, so geht es in dieser Arbeit natürlich nicht darum zu fragen, ob sich die frühe Kirche in den ersten zwei Jahrhunderten mit ihrer Weltauslegung gesamtgesellschaftlich durchsetzen wollte. Aber mit ihrem eigenen Deutungsmuster greift sie dennoch so in die Diskussion ein, daß sie sich zu der Übermacht staatlicher und gesamtgesellschaftlich akzeptierter Weltauslegung(en) in Distanz setzt. Zudem kann das Ringen um die „Auslegung des Seins" auch ein innergemeindliches sein. Spätestens seit dem Aufsatz von K. Berger über die impliziten Gegner[65] muß man damit rechnen, daß Konflikte nicht nur zwischen profilierten und nach innen und außen zu scheidenden Parteien stattgefunden haben, sondern daß sich in den Texten schlicht inhaltliche Richtungsdebatten widerspiegeln.

Wenn nun eine Sinnwelt in Frage gestellt worden ist, haben ihre Legitimatoren prinzipiell zwei Möglichkeiten, darauf zu reagieren, nämlich einerseits mit Therapie, andererseits mit Nihilierung.[66] Therapie soll ein Abweichen verhindern oder beenden, denn ein Abweichler stellt „kognitive und normative Verfahrensweisen" (121) in Frage. Da diese Verfahrensweisen durch die symbolischen Sinnwelten gedeckt werden, die zum Beispiel behaupten, diese Verfahrensweisen spiegelten das Verhalten der Götter wider, beleidigt der Abweichler also in diesem Falle letztlich die Götter. Die Therapie braucht nun eine „Pathologie" (eine „Theorie der Abweichung"), eine Diagnostik und eine Therapeutik. Dies System muß von allen internalisiert sein, damit ein Abweichen sofort durch Schuldgefühle problematisiert und eingedämmt wird.
Ist die Therapie, mit der versucht wird, alle „innerhalb einer Sinnwelt zu halten" (123), erfolglos, steht einem noch das zweite Mittel zur Verfügung - die Nihilierung. Mit ihrer Hilfe sollen andere Sinnwelten zumindest theoretisch für erledigt erklärt werden. Dies kann in dreifacher Form geschehen: Man kann erstens die konkurrierende Sinnwelt, genauer: ihre Bewohner vernichten.[67] Man kann sie sich zweitens auch einverleiben, sie in die eigene Sinnwelt integrieren. Dazu wird die andere Sinnwelt in

---

[63] A.a.O. 333.

[64] A.a.O. 334.

[65] K. BERGER, Die impliziten Gegner. Zur Methode des Erschließens von „Gegnern" in neutestamentlichen Texten, in: Kirche, FS G. Bornkamm (hg. v. D. Lührmann/G. Strecker), Tübingen 1980, 373-400.

[66] Vgl. P.L. BERGER/T. LUCKMANN, Konstruktion 121ff.

[67] Wir können auf Christen- oder später auf Häretikerverfolgungen verweisen.

Begriffe der eigenen übersetzt und unterstellt, der Andere wüßte nur noch nicht, daß seine Sinnwelt im Grunde dasselbe meine wie die eigene.[68] Ist beides, Vernichtung und Integration, nicht möglich, so bleibt als drittes noch der Ausweg der Segregation, das heißt der Versuch, die Bewohner der eigenen Sinnwelt vom Kontakt mit der anderen abzuhalten.[69] Subsinnwelten haben ihrerseits ihre eigenen Schwierigkeiten. Oft ergibt sich das Problem, eine exklusive Subsinnwelt bleiben, gleichzeitig aber ein Mindestmaß an gesellschaftlicher Anerkennung erhalten zu wollen. Ich verweise hier auf das Beispiel der altkirchlichen Apologetik. Ein anderes Problem ergibt sich aus der Notwendigkeit, gleichzeitig den Bestand der eigenen Welt zu erhalten und ein Ausbrechen einzelner Mitglieder zu verhindern.

Dazu sind auch hier Legitimationsprozesse notwendig. Sie sind aber sehr viel aufwendiger, da die Subsinnwelt sich gegenüber der „obersten Wirklichkeit“ behaupten muß. Oder anders: In die oberste Wirklichkeit führt mich die primäre Sozialisation ein. Jede Subsinnwelt tritt dazu in eine gewisse Konkurrenz. Diese Konkurrenz ergibt sich aus dem Unterschied zwischen primärer und sekundärer Sozialisation. Ist der Unterschied zwischen Sinnwelt und Subsinnwelt nicht nur einer der Modifikation oder Erweiterung, sondern liegt hier ein Bruch vor, dann verschärft sich das Problem, indem nun nicht eine sekundäre Sozialisation zur primären hinzukommt, sondern eine „Neusozialisation“ stattfinden muß.[70]

Damit bekommen unsere Gedanken eine perspektivische Wende. Alle bisherigen Überlegungen gingen im großen und ganzen von der Gesellschaft aus. Wenden wir uns dem Phänomen nun aus der Perspektive des Individuums zu, so kommen wir in den Bereich der Sozialisation. Wie

---

[68] Das ist etwas anderes als die Okkupierung vorgegebener Denkinhalte und ihrer Ausdrucksweisen, wie Mannheim es mit dem Modell des Funktions- und Bedeutungswandel beschreibt (s.o.). Kirchengeschichtliche Beispiele liefern die Übergänge des Christentums in andere Kulturen und ihre jeweiligen Sinnwelten. Aus dem Bereich des Neuen Testaments lassen sich aber auch alttestamentliche Schriftbeweise wie die Sarah-Hagar-Typologie in Gal 4 anführen.

[69] Im Urchristentum wird zwar nicht der Kontakt mit der Außenwelt verboten, wohl aber vor Umgang mit innergemeindlichen Abweichlern gewarnt (vgl. 1Kor 5,9-11 oder 2Joh 10f).

[70] BERGER/LUCKMANN haben hier den Begriff der „Resozialisation“. Das ist aber insofern mißverständlich, als damit eher die Erneuerung einer vorherigen Sozialisation konnotiert ist.

lassen sich in diesem Zusammenhang die Unterscheidungen von primärer, sekundärer und Neusozialisation beschreiben?
In der primären Sozialisation geht es darum, Mitglied der Gesellschaft zu werden. Für gewöhnlich findet dies im Kindesalter statt. Für die primäre Sozialisation sind entscheidend die „signifikanten Anderen". Das Verhältnis zu diesen signifikanten Anderen ist gekennzeichnet von Emotionalität, konstanter Interaktion und Machtgefälle.[71] Die signifikanten Anderen vermitteln dem „Sozialisanden"[72] die Welt. Der Sozialisand internalisiert sie, indem er sich mit den signifikanten Anderen identifiziert. Dabei eignet er sich die Welt in der Perspektive der signifikanten Anderen durch einen zweifachen Filter an: Der erste Filter wird gebildet durch die Position der signifikanten Anderen in der Gesellschaft, von der aus sie die Gesellschaft sehen. Der andere Filter ist ihre Bewertung dieser Position, die sich unterscheiden kann von der Bewertung durch andere in derselben Situation. So können sich Nachbarskinder aus gleichem Milieu eine ganz unterschiedliche Weltsicht und damit eine unterschiedliche Identität aneignen.

Dies bezeichnet auch die Richtung der Kritik Theodor Geigers an den Gedanken Karl Mannheims. Mannheim hatte von dem Hineinragen der Realfaktoren in den Denkprozeß gesprochen.[73] Das bezeichnet Geiger als „reine Mystik".[74] In den Denkprozeß, so Geiger, ragen nicht Realfaktoren hinein, sondern die „Mentalität",[75] „Gefühlsverhältnisse".[76] Zwischen Wirklichkeit und sie erfassende Theorie steht das Innere des Menschen, das zwar seinerseits nicht von der Wirklichkeit unabhängig ist, aber doch so verschieden ausfallen kann, daß eine einlinige Umsetzung der Wirlichkeit in Theorie nicht erwartet werden kann.[77]

---

[71] Vgl. H. REIMANN u.a., Basale Soziologie: Hauptprobleme, Opladen [4]1991, 144.

[72] A.a.O. 140.

[73] Vgl. K. MANNHEIM, Wissenssoziologie 230: Es kann gezeigt werden, „daß diese das Entstehen der konkreten Wissensgehalte bestimmenden Seinsfaktoren [...] in Inhalt und Form, in Gehalt und Formulierungsweise hineinragen".

[74] T. GEIGER, Kritische Bemerkungen zum Begriff der Ideologie, in: Gegenwartsprobleme der Soziologie, FS A. Vierkandt (hg. v. G. Eisermann), Potsdam 1949, 141-156, S. 144.

[75] Ebd.

[76] A.a.O. 148.

[77] Dieser Einwand ist verschiedentlich erhoben worden. Auch K. BERGER, Wissenssoziologie, verweist auf dieses Defizit in den Äußerungen Mannheims (die folgenden Zitate auf den S. 126 bzw. 128): „Die Bindung an das Sein ist von

Weitet sich der Horizont des Sozialisanden und erfährt er, daß auch andere dieselbe Weltsicht haben wie die signifikanten Anderen, so generalisiert er seine Erfahrungen und abstrahiert den signifikanten Anderen zum „generalisierten Anderen" (143).[78] Mit der primären Sozialisation werden so auch die „Ansatzpunkte für den Legitimationsapparat internalisiert" (146). Sie erweisen sich als außerordentlich stabil, auch wenn später einmal Zweifel kommen sollten, denn die primäre Sozialisation wird immer wieder, dies ist dann die dritte Kategorie von Anderen, durch „sonstige Andere" (160) gestützt. Diese sonstigen Anderen brauche ich nicht einmal zu kennen, es können all die sein, die durch ihre Routine (ihr „Allerweltsbenehmen", 160) die Gesetzmäßigkeiten der Alltagswelt fortschreiben und dadurch bestätigen.
Die sekundäre Sozialisation führt einen Menschen „in neue Ausschnitte der objektiven Welt [der] Gesellschaft" (141) ein. Sekundäre Sozialisation muß sich mit einem „schon geprägten Selbst und einer schon internalisierten Welt" (150) auseinandersetzen.[79] Unproblematisch ist der Fall dort, wo die Welt der sekundären Sozialisation sich leicht integrieren läßt. Tauchen Elemente auf, die zwar die primäre Sozialisation nicht negieren, aber mit ihr nicht in Einklang stehen, „benötigt die sekundäre Sozialisation theoretische Konstruktionen, mit deren Hilfe isolierte Wissensbestände integriert werden können" (151).[80] Je ausgeprägter die Di-

---

verschiedener Art und Intensität." „Zwischen Realunterlage und Ideologie steht die Mentalität." F.H. BLUM, Bewußtseinsentfaltung 279, betont, er könne nur von der „Teilnahme" des Individuums an den gesellschaftlichen Prozessen sprechen, da diese nicht „blinde Kollektivkräfte" seien, sondern der Einzelne zu ihnen in bewußte Beziehung treten könne. Kollektivität ist das Unvermögen, „die innere Erfahrung und die äußeren Ereignisse" (a.a.O. 281) zu unterscheiden, dem der Einzelne durch Differenzierung seines Ichs entkommen könne.

[78] Aus dem „Papa will nicht, daß ich dies tue" wird „Man tut das nicht".

[79] Das kann zu Spannungen führen, deren Intensität von dem Grade abhängt, in dem die hinzugewonnenen Welten mit der der primären Sozialisation übereinstimmen oder von ihr abweichen. Diese Spannungen relativieren sich zwar dadurch, daß in der Regel sekundäre Sozialisation nur für die „rollenspezifische Situation relevant" (153) und als Teil des Selbst aus dem Ganzen ausblendbar ist. Dennoch drängen wir auf Harmonisierung unserer Welt(en).

[80] Dies ist zum Beispiel der Fall, wenn Verhaltensweisen innerhalb der Armee, der Geschäftswelt oder der Schulclique sich mit solchen, die allgemeingesellschaftlich gelten, beißen. Im Beispiel der Armee tritt allerdings der Fall ein, daß es sich hier, wenn wir es nicht mit Berufssoldaten zu tun haben, nur um temporär eingenommene Rollen handelt, nach deren Ablegung man in die Alltags-

vergenzen sind, desto mehr muß die sekundäre Sozialisation den Charakter der primären annehmen. In der Regel handelt es sich zum Beispiel bei den Vermittlern der sekundären Sozialisation nicht um signifikante Andere, deren Verhältnis zum Sozialisanden die entsprechenden Merkmale aufwiese. Sie weisen mich in spezifische Rollen ein und sind austauschbare Funktionäre. Bei starken Divergenzen aber muß das Verhältnis z.B. zunehmend gefühlsbetont sein, damit eine sekundäre Sozialisation Erfolg hat.

Die extremste Form der sekundären Sozialisation stellt die Neusozialisation dar. Sie will in eine Sinnwelt einführen, die radikal unterschieden ist von der, die mit der primären Sozialisation vermittelt wurde. Aus der Transformation der Wirklichkeit durch die sekundäre Sozialisation wird so deren „Verwandlung" (168).[81] Will die Neusozialisation genauso wie die primäre Sozialisation die grundlegende Sinnwelt internalisieren, so hat sie die Schwierigkeit, sich gegen eine schon gegebene Sinnwelt durchsetzen zu müssen. Dazu muß sie sich derselben Mittel bedienen (emotionale Beziehung zu den neuen signifikanten Anderen, kontinuierlicher Kontakt, Machtgefälle), muß diese aber intensiver bedienen und nötigenfalls noch andere Mittel dazunehmen. Dazu gehören etwa die Scheidung der Sozialisanden von der dominanten Alltagswelt oder ein Instrumentarium zur Nihilierung anderer, schon vorhandener Sinnwelten. Der Prozeß von Therapie und Nihilierung ist hier weitaus aufwendiger als in dem umgekehrten Fall, in dem die Grundwelt der primären Sozialisation vor anderen Sinnwelten geschützt werden soll.

Wird bei der Neusozialisation die Vergangenheit nicht einfach abgekoppelt, so besteht auch hier das Bedürfnis, biographische Abschnitte zu harmonisieren. Da die neue Sinnwelt sich nicht in die alte integrieren läßt, müssen Vergangenheit und Gegenwart so harmonisiert werden, daß die Vergangenheit im Extremfall neu geschaffen wird. Dies kann zum Beispiel so geschehen, daß vergangenes Denken und Tun als Vorwegnahme und unbewußter Ausdruck gegenwärtiger Erkenntnis gedeutet wird.

Die verschiedenen Sozialisationen werden mir durch die Außenwelt vermittelt und durch sie aufrechterhalten. Für die eigene Identität ist die

---

welt zurückkehrt. Durch die von vornherein gewußte zeitliche Begrenzung verlieren etwaige Spannungen an Konfliktträchtigkeit.

[81] Anders: „die Wirklichkeitsgrundlage für Resozialisationen [in meiner Terminologie: Neusozialisationen; MW] ist die Gegenwart, für sekundäre Sozialisationen die Vergangenheit" (P.L. BERGER/T. LUCKMANN, Konstruktion 174).

„Organisation von wirklichkeitssichernden Beziehungen" (161) entscheidend, zumal in einer pluralistischen Gesellschaft, in der meine „Sekundärgruppen-Beziehungen" in starke „Primärgruppen-Beziehungen" (163) eingebettet sein müssen.[82] Formal ist in diesen Beziehungen der verbale Kontakt das entscheidende Medium der Identitätsbildung und -sicherung. „Das Alltagsleben ist wie das Rattern einer Konversationsmaschine, die ihm (sc. dem Sozialisanden) unentwegt seine subjektive Wirklichkeit garantiert, modifiziert und rekonstruiert" (163). Diese „wirklichkeitsstiftende Macht des Gesprächs ist mit der Tatsache der Objektivation durch die Sprache bereits vorgegeben" (164). Dabei produziert diese Konversationsmaschine vor allem routinemäßige Kommunikation. In den wenigsten Fällen unterhalten wir uns über den Sinn der Welt, sondern setzen ihn in der Regel voraus. Was so in der Alltagskommunikation implizit an Sinn- und Identitätssicherung abläuft, ist mindestens ebenso wichtig, wie die metasprachliche Sinngebung dieser Alltagswelt. Diese Implizität stellt das sprachliche Analogon zu dem „Alltagsbenehmen" der „sonstigen Anderen" (s.o.) dar.

Zum Abschluß noch einige Bemerkungen zu konkreten methodischen Arbeitsschritten. Eine erste Vorgehensweise läßt sich als Umkehrprozeß der eben geschilderten Sozialisationsformen darstellen. Steht am Ende der Sozialisation die Identifikation des Einzelnen mit seiner Sinnwelt, so beginnt das wissenssoziologische Arbeiten mit einer erneuten Distanzierung. Die zu untersuchenden Äußerungen (in diesem Falle: die urchristlichen Texte) werden zu diesem Zwecke, wie bei jeder historischen Forschung, ihrer „Appelle an das Gefühl des Erkennenden entkleidet".[83] Aus der Distanz entdeckt man dann, daß und wie der so betrachtete Sinn tatsächlich Teil einer ganzen Sinnwelt, einschließlich der dazugehörigen Sozialstrukturen ist. Mannheim nennt dies das „Relationieren".[84] Hat

[82] Primärgruppe und Sekundärgruppe verstehe ich nicht unbedingt in Analogie zur primären und sekundären Sozialisation. Nach erfolgter Neusozialisation nämlich ist die dazugehörige Gruppe die neue Primärgruppe, ihre Welt in der Regel die neue Alltagswelt. Das verdeutlicht noch einmal den radikalen Eingriff der Neusozialisation.

[83] T. GEIGER, Bemerkungen 188, der sich hier ausdrücklich auf Mannheim beruft (auch wenn ihm prinzipiell die „Konzeption einer Wissenssoziologie als besonderer Disziplin von Grund auf verfehlt erscheint" [a.a.O. 156 Anm. 8]). Mannheim verdeutlicht diesen Prozeß an dem Beispiel eines sich aus seiner dörflichen Umgebung herauslösenden Menschen.

[84] K. MANNHEIM, Wissenssoziologie 242.

man diesen Sinn als Teil einer Sinnwelt erkannt, so wird man ihn isolieren und dann in Beziehung setzen zu anderen Sinnwelten - man „partikularisiert“[85] Sinnwelten.
Wie kann nun die Analyse des jeweiligen Gedankens geschehen? Jedes Denken hat Teil an einer bestimmten „Aspektstruktur“.[86] Diese Aspektstruktur konstituiert sich v.a. aus den drei Elementen Begriff, Kategorie und Denkmodell. Hat man so die Äußerung untersucht, versucht man dann, Trägerkreise und ihre Interessen zu bestimmen. Mannheim formuliert abschließend: Jede „Denkleistung“ wird „in ihrer Aspektstruktur fixiert“ und „mit Gedankenströmungen (als deren Teil) in Zusammenhang“ gebracht, die wiederum mit bestimmten Sozialkräften als den „verschiedenen Sichtorten“[87] verbunden werden. Wichtig ist, daß Mannheim hier vor übereilten Schlüssen warnt. Hat man eine Denkleistung einer Gedankenströmung, einem „Weltanschauungszentrum“ oder „Lebensgefühl“ zugeordnet (die „sinngemäße Zurechnung“), so bedarf es immer noch eines dezidiert zweiten Schrittes: Es muß untersucht werden, wie und von welchen Kreisen diese Gedankenströmung tatsächlich vertreten und verwirklicht wurde (die „Faktizitätszurechnung“).[88] Die Untersuchung darüber, wie ein Wandel des Denkens aus dem Wandel der Sozialstrukturen der jeweiligen Vertreter zu erklären ist, nennt Mannheim schließlich die „soziologische Zurechnung“.[89]

3.3. Ausblick

Die Soziologie im allgemeinen und die Wissenssoziologie im besonderen stehen immer wieder in dem Ruf, das kreativ-eigenständige Schaffen eines unverwechselbaren Subjekts als mögliche Ursache für das Zustandekommen von Gedanken und Wirklichkeiten zu leugnen. In der Pionierzeit dieser Forschungsrichtung, den zwanziger Jahren dieses Jahrhunderts, protestierten diejenigen, die sich dem romantischen Ideal des un-

---

[85] Ebd.

[86] A.a.O. 233. Zum folgenden vgl. a.a.O. 234-237.

[87] A.a.O. 264.

[88] Die Zitate a.a.O. 264. Ein liberales Denken zum Beispiel muß bei Liberalen auch tatsächlich nachgewiesen werden.

[89] A.a.O. 265. Erinnert sei an Mannheims Unterscheidung von „immanentem“ und „soziologischem Funktionswandel“. Für den Wandel gilt bei Mannheim, daß „es äußerst wahrscheinlich ist, daß einem jeden immenanten Funktionswandel ein soziologischer Funktionswandel vorangeht“ (Problem 385).

abhängigen und aus sich heraus schaffenden Genies verpflichtet sahen.[90] Man befürchtete den Triumph marxistisch-materialistischer Theorien.[91] In Theologie und Alltagsglauben sehen viele die Souveränität Gottes in Gefahr.

Es verwundert also nicht, daß, wer wissenssoziologisch arbeitet, häufig sein Tun legitimiert. Bereits Karl Manheim selber antwortet (durchaus kritisch gegenüber der eigenen Zunft) auf diese Vorwürfe:

> „Es gehört zu den landläufigen Mißverständnissen der Soziologie, zu meinen, sie müsse das Schöpfertum des Individuums leugnen. Ganz im Gegenteil, wo sollte denn das Neue entstehen, wenn nicht in dem neuartigen 'charismatischen', den bestehenden Seinsstatus durchbrechenden Bewußtsein des einzelnen? Was die Soziologie aber stets nachzuweisen hat, ist, daß der Ansatzpunkt des Neuen [...] gerade an dem Bestehenden orientiert ist".[92] Und weiter, im Bilde gesprochen: Es gilt, „daß das Neue an der Leistung des 'charismatischen' Individuums sich nur dann für den Strom retten läßt, wenn

---

[90] Als in jener Zeit die Quantenmechanik entdeckt und formuliert wurde und man sehr schnell ihre Prinzipien (1) der Ungültigkeit des Kausalitätsgesetzes, (2) der Aufhebung der Bestimmbarkeit von Individualität, sowie (3) ihre Unanschaulichkeit auf die Beschreibung allgemein menschlichen Wollens und Handelns übertrug, ging man erstaunlich selektiv vor: Die Aufhebung der Kausalität war hochwillkommen; die Undefinierbarkeit von individuellen Qualitäten aber widersprach zutiefst dem Ideal des genialen Forschers und Künstlers, so daß in diesem Punkte die Ergebnisse der Quantenmechanik ignoriert oder in ihr Gegenteil verkehrt wurden. Vgl. dazu P. FORMAN, Kausalität, Anschaulichkeit und Individualität oder Wie Wesen und Thesen, die der Quantenmechanik zugeschrieben, durch kulturelle Werte vorgeschrieben wurden, in: Wissenssoziologie (hg. v. V. Meja/N. Stehr), KZS.S 22, Opladen 1981, 393-406.

[91] Nach dem Referat K. Mannheims über „Die Bedeutung der Konkurrenz im Gebiete des Geistigen" auf dem 6. Deutschen Soziologentag 1928 antwortete in der anschließenden Diskussion ALFRED WEBER: „Was ich in Ihren Ausführungen vermisse, ist die Anerkennung des geistig Schöpferischen als Unterlage des Handelns [...] Was ich ablehne: die Reduzierung aller dieser Dinge letzten Endes auf intellektuelle Kategorien mit Hinzunahme einiger - entschuldigen Sie - der alten materialistischen Geschichtsbetrachtung zugehörigen soziologischen Kategorien." Vgl. die Auszüge aus den Diskussionsbeiträgen in V. MEJA/N. STEHR (Hg.), Streit, Bd. 1, 371-401; das Zitat S. 376.

[92] K. MANNHEIM, Das utopische Bewußtsein, in: Ideologie und Utopie, 169-225, S. 180.

dieses schon im Ansatz seiner Leistung eine Berührung mit irgendeiner Strömung [...] hat."[93]

G. Theißen umschreibt das wissenssoziologische Arbeiten in der Theologie als die Suche nach der „'Plausibilitätsbasis' religiöser Überzeugungen"[94] und hält fest, daß dies erstens keinen Reduktionismus bedeutet und zweitens Plausibilität „nicht mit Wahrheit identisch" ist.[95] So kann die Soziologie bei ihrer Sache belassen und als *ancilla theologiae* in den Dienst genommen werden.[96]

---

[93] Ebd. Die aquatische Welt scheint als Bildspender in diesem Bereich eine gewisse Anziehungskraft zu haben: G. THEISSEN, Christologie 318 Anm. 1, etwa zitiert L.L. SCHÜCKING: „Der Schlamm bringt nicht den Aal hervor, wie Aristoteles meinte, aber die Auffassung, wo kein Schlamm, da auch kein Aal, käme der Wahrheit schon näher."

[94] A.a.O. 318. P. LAMPE, Wissenssoziologische Annäherung an das Neue Testament, NTS 43 (1997) 347-366, S. 353, redet von „Evidenzquellen", betont aber mehr emotional-kognitive Elemente, die zur Konstruktion von Sinn führen.

[95] A.a.O. 318 Anm. 2. Dieser Hinweis findet sich bereits bei K. MANNHEIM, und zwar dort, wo er über den Prozeß von Distanzieren, Relationieren und Partikularisieren spricht (s.o.): „Die wissenssoziologischen Analysen bereiten die direkte Diskussion [um die Geltung; MW] erst vor" (Wissenssoziologie 244). Gleichwohl weist Mannheim darauf hin, daß der selbstverständliche und absolute Geltungsanspruch eines Denkinhaltes dann nicht mehr diskussionslos aufrechterhalten werden kann. Nach P. LAMPE, Annäherung 355, verbessert das jedoch sogar die Gesprächssituation der christlichen Sinnwelt, denn der Konstruktivismus, die Wissenssoziologie behaupten nicht, „es gäbe in der ontischen Realität keinen Gott. Weder diese noch die gegenteilige Aussage über die ontische Realität ist aus konstruktivistischer Sicht überhaupt möglich."

[96] Eine evangelikale Apologie der Soziologie findet sich bei J.P. DEVER, Sociology and Theology: Enemies or Companions in Theological Education?, RExp 93 (1996) 279-291. Vgl. v.a. a.a.O. 290 sein Plädoyer für einen (immer auch reflexiv gewandten) „'value-committed' approach", nachdem auch die säkulare Soziologie anerkannt habe, daß es Wertfreiheit in der Forschung nicht gibt. Vgl. auch die (allerdings nicht die Exegese berührende) Aufsatzsammlung The Sociological Perspective: A Value Committed Introduction (hg. v. M.R. Leming/R.G. DeVries/B.F.J. Furnish), Grand Rapids 1989, und hier etwa die Einleitung von R.G. DEVRIES (Christian Sociology: Consciousness with Conscience, a.a.O. 11-13). DeVries nennt drei christlich-wertorientierte Herangehensweisen an die Soziologie: (1) „Compartmentalization" wendet die soziologischen Methoden unverändert an, richtet resultierende Konsequenzen aber am christlichen Ethos aus; (2) Die „complementary" Strategie will in mit soziologischer Methodik gewonnenen Erkenntnissen Gottes allgemeine Offenbarung sehen; (3)

Kritik, die in eine andere ganz andere Richtung zielt, äußert David Horrell in seinem Aufsatz „Converging Ideologies: Berger and Luckmann and the Pastoral Epistles".[97] Er befürchtet, z.B. im Hinblick auf die Pastoralbriefe könnte der Berger/Luckmannsche Ansatz zur „confirmation of the ideology of the Pastoral Epistles"[98] führen. Dabei unterliegt Horrell aber einem grundlegenden Mißverständnis: Wenn Berger und Luckmann soziale Vorgänge aus der Perspektive irgendwie Beteiligter beschreiben, dann vermutet Horrell, eben diese Vorgänge und Einschätzungen würden von dem Autorenpaar gebilligt oder gar propagiert.

Die Befürchtungen Horrells sind dreierlei: (1) Wenn Berger und Luckmann sagen, die gesellschaftlichen Strukturen werden von dem Individuum als objektiv vorgegeben erlebt, dann meint Horrell, Berger und Luckmann verschleierten die Tatsache, daß diese auch gesellschaftlich produziert werden.[99] (2) Wenn Berger und Luckmann sagen, die Hüter der Ordnung befürchteten die Infragestellung der Legitimationen und sähen eine solche Infragestellung als Bedrohung für die gesellschaftliche Stabilität, dann meint Horrell, Berger und Luckmann warnten vor gesellschaftlichen Veränderungen.[100] (3) Schließlich vermißt Horrell bei Berger und Luckmann Ideologiekritik.[101]

„Conspiracy" plädiert dafür, daß sich Theologie und Soziologie gegenseitig inhaltlich infrage stellen und gegebenenfalls modifizieren.

[97] JSNT 50 (1993) 85-103

[98] A.a.O. 87.

[99] Vgl. a.a.O. 90: „In my opinion, this formulation obscures the extent to which social order is continually reproduced only in and through the activities of human subjects, and hence neglects the important relationship between reproduction and transformation."

[100] Vgl. a.a.O. 91: „Such a theory can easily form a legitimation of the status quo, suggesting that its maintenance and continuation are essential for human wellbeing. Challenges to the social order are portrayed as marginal activities which threaten to cause chaos, and increase the need for legitimation."

[101] Vgl. a.a.O. 92: „The danger that Berger and Luckmann's work may be taken as offering theoretical legitimation of the status quo is furthered by their insufficient critical attention to issues of ideology and interests [...] In other words, there is no adequate consideration of the ideological dimensions of the construction of the social reality". Und bezüglich der Anwendung des Berger/Luckmannschen Ansatzes auf die Pastoralbriefe glaubt Horrell warnen zu müssen (a.a.O. 102): Kritiklosigkeit ist besonders dann eine Gefahr, „when the object of study is texts like the Pastoral Epistles, whose ideology converges so closely with that of Berger and Luckmann's theory. To interpret the Pastorals from the perspective of Berger and Luckmann's theory is to use a theoretical

Die Kritik sagt mehr über den Kritiker als über die Kritisierten. Horrell überhört die ständigen ironischen Distanzierungen, wie sie z.B. gerade Berger und Luckmanns Beispiele bieten. Seine implizite Forderung, die Darstellung der gesellschaftlichen Strukturen (der Horrell im übrigen zustimmt) mit einem erhobenen Zeigefinger zu kommentieren, läßt seinen Aufsatz sehr nach Besorgtheit um *political correctness* klingen und verkennt den Unterschied von Verstehen und Bewerten.

Im folgenden will ich nun versuchen, aus dem Dargelegten im Hinblick auf die von mir in Angriff genommene Arbeit einige Fragestellungen zu entwickeln. Im wesentlichen geht es um folgendes: Die Konversion zur christlichen Gemeinde stellt, auch für Berger/Luckmann, eine Neusozialisation dar.[102] Die intensiven Gemeinschaftsformen der Urchristen sind auch in diesem Zusammenhang zu sehen, da zu einer der primären Sozialisation vergleichbaren Neusozialisation eben auch die kontinuierliche Interaktion mit den signifikanten Anderen gehört.

Die neue Sinnwelt will erklärt und muß legitimiert werden, zunächst mittels der Sprache. Innerhalb dieses Mediums spielt die Metapher aufgrund ihrer pragmasemantischen Funktionen eine hervorragende Rolle, denn sie vereint durch ihren Sinnüberschuß in besonderer Weise heuristische und appellativ-emotionale Aspekte, die sie ihrer sozialen Funktion dienstbar machen kann.

Im Blick auf die Leib-Metaphorik heißt das: Das Bildfeld des Gemeindeleibes ist eingebettet in das übergeordnete Bildfeld des Leibes bezüglich sozialer Strukturen (Bildfeld vom „Sozialleib"). Dieses Bildfeld ist den Konvertiten bekannt gewesen aus der Welt ihrer primären und/oder sekundären Sozialisation. Wenn nun urchristliche Autoren Leib-Metaphorik verwenden, so wird dieser Denkinhalt von einem „systematischen Zentrum" in ein anderes versetzt. In welchen Zentren, so ist demnach zu fragen, lebte Leib-Metaphorik in der antiken Umwelt (vor der Exegese der christlichen Texte steht also notwendigerweise die Darstellung des antiken paganen und jüdischen Hintergrundes[103])? Mit wel-

---

framework which easily reiterates and legitimates the perspective of the epistles, and thus fails to penetrate them critically."

[102] Vgl. dies., Konstruktion 169.

[103] Vgl. INGO MÖRTH, Zur Konstitutionsanalyse religiöser Phänomene. Kontingenz und Konsistenz der Lebenswelt, in: Religionssoziologie als Wissenssoziologie (hg. v. W. Fischer/W. Marhold), 21-37, S. 25: „Religiöse Symbolisierungen bleiben an die Grundstruktur der Lebenswelt gebunden."

chen Mitteln arbeiten urchristliche Legitimatoren, um dieses bekannte Bildfeld ihrer konkurrierenden Sinnwelt nutzbar zu machen?

4. LEIB-METAPHORIK IN DER ANTIKE

Leib-Metaphorik findet sich in der Antike in verschiedenen Bereichen. Zum einen ist dies der Bereich der philosophischen und historiographischen Schriften, zum anderen der der Verwaltungssprache. Beide Bereiche werden den urchristlichen Sprachgebrauch beeinflußt haben und sollen im folgenden auf ihre Verwendung von Leib-Metaphorik untersucht werden. Dabei wird es zunächst um die erste Textgruppe gehen.
Die Texte kommen in ihrer chronologischen Reihenfolge zur Sprache. So kommen Vielfalt und Kontinuität des Sprachgebrauchs am besten zur Geltung. Dieses Vorgehen bevorzugt, in der Terminologie des vorangegangenen Kapitels gesprochen, den Aspekt des paradigmatischen Kontextes. Es wird daher Aufgabe der Zusammenfassung sein, auch andere Ordnungsschemata zur Geltung zu bringen. Vom bildspendenden Bereich ausgehend könnte man (1.) den Aspekt des Medizinischen zum Ordnungsschema machen, vom bildempfangenden Bereich ausgehend (2.) verschiedene Geltungs- und Anwendungsbereiche, von der kommunikativen Intention ausgehend (3.) verschiedene soziale Funktionen.
(1.) Dieter Peil greift den mit der Leib-Metaphorik gegebenen Aspekt des Medizinischen auf und gliedert seine Quellensammlung in Anatomie (Aufbau des Leibes und Zusammenspiel der Glieder), Pathologie (krankhafte, das Funktionieren des Leibes beeinträchtigende Veränderungen und Fehlhaltungen) und Therapeutik (Mittel zur Wiederherstellung von Ordnung und Funktionstüchtigkeit).[1]
Dies scheint ein sinnvolles Raster zu sein, da wir im wissenssoziologischen Teil der methodologischen Einleitung ähnliche Begriffe bereits eingeführt haben und sich hiermit auch pragmasemantische Aspekte verknüpfen ließen. Man wird aber nicht umhin kommen, kurze Hinweise darauf zu geben, wo ein Autor die Leib-Metaphorik in unterschiedlichen Zusammenhängen (also etwa in Anatomie und Therapeutik) verwendet.
(2.) Darüber hinaus könnte man daran denken, die Texte nach Geltungsbereichen zu ordnen - also etwa gesellschaftlich-politische, kosmologische oder individual-ethische Texte je gesondert aufzuführen.
Und schließlich könnte man (3.) versuchen, herrschaftsstabilisierende oder -kritische Texte einander zuzuordnen. Zur Klassifizierung der unterschiedlichen Aussageintentionen kann man sich der Terminologie des

---

[1] D. PEIL, Untersuchungen zur Staats- und Herrschaftsmetaphorik in literarischen Zeugnissen von der Antike bis zur Gegenwart, München 1983.

Anthropologen Christian Sigrist bedienen. Er spricht von *kephalen* und *akephalen* Gesellschaften. Eine akephale Gesellschaft ist eine „politisch nicht durch eine Zentralinstanz organisierte“ Gesellschaft, das Gegenteil gilt für eine kephale Gesellschaft.[2] Diese Klassifizierung soll hier in ihrer heuristischen Funktion auf die Klassifizierung von Texten beschränkt, eine Aussage über die jeweiligen gesellschaftlichen Verhältnisse damit nicht verbunden sein. Es geht um die Terminologie, die sich bei den hier untersuchten Texten besonders nahelegt. Kephale Texte etwa wären dann solche, die ein bestimmtes Körperglied hervorheben. Gerade ein pragmasemantischer Ansatz könnte eine solche Einteilung legitimieren.
Zunächst gilt es aber, im Blick auf die Quellen einen Einwand vorwegzunehmen. Nicht alle Belege liefern uns Beispiele für Leib-*Metaphorik*. Oft bleiben Bild- und Sachhälfte geschieden, handelt es sich also nicht um Metaphern, sondern um Vergleiche. Wenn ich dennoch auch Vergleiche in meine Darstellung aufnehme, so geschieht das aus folgendem Grund: Die Unterscheidung von Vergleich und Metapher ist vor allem für die Intensität der „eidetischen Erfahrung“[3] von Bedeutung, der Frage nach der Verwendung einer der beiden Formen hat sich also der Textverfasser zu stellen, will er verschiedene Effekte erzielen. In einer Untersuchung von Texten muß daher auf die jeweilige Form hingewiesen werden, um „Bilder“ im weitesten Sinne handelt es sich jedoch in beiden Fällen, so daß beide „Bildformen“ einbezogen werden können. Von Leib-*Metaphorik* rede ich trotz dieser Einschränkung deswegen, weil einerseits (soviel sei an dieser Stelle bereits gesagt) die urchristlichen Texte so gut wie ausschließlich Metaphorik aufweisen[4] und andererseits die sprachwissenschaftlichen Methoden größtenteils aus der Metaphernforschung stammen.

---

[2] C. SIGRIST, Regulierte Anarchie. Untersuchungen zum Fehlen und zur Entstehung politischer Herrschaft in segmentären Gesellschaften Afrikas, Hamburg 1994.

[3] W. SEIFERT, Didaktik 136 (vgl. o. S. 45 Anm. 25).

[4] Das hatte ja auch schon A. WIKENHAUSER, Kirche 142, im Blick auf die paganen Parallelen festgestellt: „Es ist aber sehr zu beachten, daß die Gemeinschaft wohl mit einem menschlichen Leib verglichen, aber nur ganz vereinzelt wirklich auch als Leib bezeichnet wird“. Dieser Befund ändert sich erst mit den Apologeten. Zu den Folgerungen aus dieser Beobachtung, z.B. im Hinblick auf die Frage nach Mythos und Metapher in der Rede vom Leib-Christi, muß am Ende der Untersuchung Stellung genommen werden.

4.1. Pagane philosophische und historiographische Texte

Zur Heimat des Bildfeldes bemerkt Ruth I. Hicks, daß es vermutlich außerhalb Griechenlands liegt.[5] Sie erwähnt den Fund eines altägyptischen Textes, der wahrscheinlich dem Schulbetrieb entstammt und die Überschrift „Der Streit des Leibes und des Hauptes" trägt. Natürlich können hier nicht alle Belege für Leib-Metaphorik dargestellt werden. Ich hoffe aber, mit der folgenden Auswahl ihre repräsentativen Formen und Funktionen in den Blick zu bekommen.[6]

4.1.1. Platon, Pol 4.5; Leg 12; Tim 30-34

In Platons *Politeia* geht es weniger um den Entwurf eines real vorstellbaren Gemeinwesens (Platon selbst hält seinen Entwurf für schwer realisierbar),[7] sondern um die Frage nach der Gerechtigkeit und den Bedingungen, die das Tun der Gerechtigkeit begünstigen.[8]
Platon entwirft ein Staatsmodell, das in seiner darin erscheinenden Leib-Metaphorik sowohl „psychomorph" als auch „organologisch"[9] ist. In *Pol* 4,440e und 441a wird, nachdem vorher lange über die Seele und ihre Teile geredet wurde, zur Begründung der Dreiteilung der Seele in Vernunft, Mut und Begehren die Analogie zum Staat hergestellt: Auch die

---

[5] R.I. HICKS, Aesop and the Organic Analogy. The Body Political and the Body Ecclesiastical, JBR 31 (1963) 29-35, vgl. a.a.O. 29.

[6] Ausführliche Quellensammlungen finden sich in E. SCHWEIZER, Art. σῶμα, ThWNT 7 (1964) 1024-1091, und M.M. MITCHELL, Paul and the Rhetoric of Reconciliation. An Exegetical Investigation of the Language and Composition of 1 Corinthians, HUTh 28, Tübingen 1991, 157-164.

[7] Platon unterbrach seine Lehrtätigkeit zweimal, um als Berater des Dionysios II. von Syrakus in die Politik zu gehen (vgl. H. DÖRRIE, Art. Platon, KP 4 [1979] 894-905, S. 895). Er sah das als Chance, seine staatstheoretischen Ideen zu realisieren. Beide Versuche wurden aber zu herben Enttäuschungen. Dazu paßt die Auskunft des Polybios, Hist 6,47, daß der platonische Staat bislang ein Theoretikum geblieben sei, weswegen er ihn auch nicht in seinem Vergleich der Verfassungen berücksichtigt habe, denn das hätte geheißen, einen Athleten in den Wettkampf zu lassen, der sich nicht vorher qualifiziert habe oder eine Statue mit einem lebenden Menschen zu vergleichen. Vgl. auch Marc Aurel 9,29: „Hoffe nicht auf Platons Staat (μὴ τὴν Πλάτωνος πολιτείαν ἔλπιζε), sondern gib dich damit zufrieden, wenn auch nur in den geringsten Kleinigkeiten etwas vorankommt, und betrachte dieses Resultat nicht als unwesentlich!" (Übers. R. Nickel).

[8] Vgl. W. ENSSLIN, Art. Platon, PRE 20/2 (1950) 2342-2544, S. 2455.

[9] Diese Termini stammen von D. PEIL, Untersuchungen 314. Vgl. dort auch zum folgenden.

Polis wird von drei Teilen zusammengehalten, nämlich von dem erwerbenden, dem helfenden und dem beratenden Teil (καθάπερ ἐν τῇ πόλει ξυνεῖχεν αὐτὴν τρία ὄντα γένη, χρηματιστικόν, ἐπικουρητικόν, βουλευτικόν), womit Bauern und Handwerker, Wächter und Ratsherren gemeint sind. Dies ist zwar im Verlaufe des Kontextes nicht der Zielpunkt der Aussage, sondern nur eine verdeutlichende Analogie, die aber dennoch für die platonische Staatsauffassung kennzeichnend ist. Gleichwohl denkt sich Platon den Staat nicht ohne Hierarchie. In seiner Analogie weist er der Vernunft die herrschende Position zu, da sie weise ist und Vorsorge für die ganze Seele treffen kann. Entsprechend bekommen die anderen Teile den gehorchend-mitarbeitenden Part zugeteilt (441e: τῷ μὲν λογιστικῷ ἄρχειν προσήκει, σοφῷ ὄντι καὶ ἔχοντι τὴν ὑπὲρ ἁπάσης τῆς ψυχῆς προμήθειαν, τῷ δὲ θυμοειδεῖ ὑπηκόῳ εἶναι καὶ ξυμμάχῳ τούτου). Und der Gesprächspartner Glaukon konstatiert zustimmend, daß dies die Besonnenheit (σωφροσύνη) nicht nur des Einzelnen, sondern auch des Staates kennzeichne (442d: ἦ δ' ὅς, οὐκ ἄλλο τί ἐστιν ἢ τοῦτο, πόλεώς τε καὶ ἰδιώτου).

In den *Gesetzen* benutzt Platon eine Mischform mit psychomorphen und organologischen Anteilen. Den Erhalt des Menschen besorgen Seele und Kopf, da in ihnen einerseits die Vernunft, andererseits die Sinne zu finden sind (in der ψυχή der νοῦς, in der κεφαλή die αἰσθήσεις, Leg 12,961d). Ist die Vernunft mit den Sinnen eins geworden (γενόμενός τε εἰς ἕν), erhält sie jedes Wesen (trotz der Einheit bleibt aber offensichtlich eine Verschiedenheit: Es ist die Vernunft, die erhält, und sich dabei der Sinne bedient; darauf läuft auch die Applikation hinaus). Die staatstheoretische Anwendung erfolgt in 964e. Der Staat ist der Rumpf (κύτος), auf der „Höhe des Kopfes" (ἐν ἄκρᾳ κορυφῇ) sitzen die Wächter, die das, was sie (als die Sinne) wahrnehmen, weitergeben, damit der Rat (als die Vernunft) daraufhin die nötigen Beschlüsse faßt.[10]

Eine andere Textstelle beschäftigt sich in ihrem weiteren Kontext näherhin mit dem Stand der Wächter (*Pol* ab 5,457). Ihn gilt es reinzuhalten, er soll nur aus den Besten bestehen. Deswegen sollen die Archonten eine Auslese der edelsten Männer und Frauen vornehmen, von deren Kindern wiederum die besten ausgewählt und kollektiv zu erziehen sind. Da nun keiner mehr weiß, mit wem er verwandt ist, hält auch niemand

---

[10] Daß Platon sich übrigens, wenn es ihm im den Staat geht, nicht auf Leib-Metaphorik beschränkt, zeigen die direkt benachbarte Stellen in Pol 4,440d und Leg 12,961e, wo uns hier das Bildfeld von Hirt und Herde, dort das des Staatsschiffes begegnet.

jemanden für einen Fremden, sondern stets für einen potentiellen Verwandten. Und da das eigene Schicksal immer mit dem der Verwandten verwoben ist, sind unter solchen Umständen die Schicksale aller miteinander verwoben. Also kann niemand jemanden schädigen (Abschaffung der Kriminalität), sondern alle fühlen und handeln solidarisch. Obwohl es hier konkret um die Wächter geht, ist doch in 462b die Rede davon, daß alle Bürger (πάντες οἱ πολῖται) in diese Gesellschaftsstruktur integriert sein sollen. Mit einem solchen idealen Gemeinwesen verhält es sich wie mit einem Körper, denn der ganze Körper leidet, wenn auch nur ein Glied leidet. Schmerzt der Finger, so wird gesagt, der Mensch (der *ganze* Mensch) hat Schmerzen am Finger (καὶ οὕτω δὴ λέγομεν ὅτι ὁ ἄνθρωπος τὸν δάκτυλον ἀλγεῖ, 462d).[11]
In Platons Schrift *Timaios* finden wir in 30b-34b einen Textabschnitt über die Kosmogonie. Hier beschreibt Platon den Kosmos als Lebewesen (ζῷον, 30b) mit Seele und Verstand. Dieses Lebewesen umfaßt alle anderen (also etwa die Planeten) in sich und hat darum die vollendete Form, nämlich die runde. Da es außerhalb seiner selbst nichts gibt, braucht es keine Hände (es muß ja nichts greifen oder abwehren), keine Sinne (es gibt nichts wahrzunehmen), keine Atmungs- und Verdauungsorgane (es gibt nichts aufzunehmen und also auch nichts auszuscheiden) und natürlich auch keine Füße (es gibt kein „Anderswo“, wo es hingehen könnte). In 34b erfolgt dann die Bezeichnung des Kosmos als Körper (ἐκ τελέων σωμάτων σῶμα ἐποίησεν), in dessen Mitte die von Gott eingegebene Seele ihren Sitz hat.[12] Allerdings ist der Kosmos ein Körper, der weder Hände noch Füße braucht, da seine einzige Bewegung die um sich selbst kreisende ist.

> Nur exkursartig sei hier auch auf die Vorstellung des Menschen als eines Mikrokosmos hingewiesen. Das Thema der *pseudohippokratischen Schrift* Περὶ ἑβδομάδων (ca. 5. Jh. v.Chr.) ist die Herrschaft der Siebenzahl im Kosmos wie auch im Körper. „Es werden hier [in Kap. 6 der Schrift; MW] zunächst folgende Teile des Kosmos und des menschlich(-tierisch)en Körpers paarweise ausgewählt und verglichen: steinige Erde=Knochen, weiche Erde=Fleisch,

---

[11] Ein persönliches Beispiel mag die Natürlichkeit dieses Empfindens unterstreichen: Mit meiner verschnupften dreijährigen Tochter spielte ich ein Spiel, in dem sich unser beider Füße miteinander unterhielten. Auf die Frage meiner Füße, wie es den ihrigen gehe, ließ sie sie antworten: „Nicht so gut - wir haben Schnupfen.“

[12] Cleanthes (ca. 3. Jh. v.Chr.) hingegen denkt sich Gott selbst als Seele des Kosmos (vgl. V. ARNIM, Stoische Fragmente I, fr 532, S.120).

warmes Feuchtes (oder feuchtes Warmes) in der Erde=Mark, Gehirn, Same; Wasser der Flüsse=Blut, Wasser der Sümpfe=Blase, Mastdarm, Meer='Eingeweidefeuchtigkeit'; Luft=Atem; Mond=Zwerchfell".[13] Der Grundgedanke der ganzen Schrift lautet: „Kosmos und Mensch sind eine Einheit; der Arzt kann daher nur dann wahrhaft heilen, wenn er den Blick zugleich auf das Ganze der Natur richtet".[14]

4.1.2. Isokrates, Or 7

Das fast durchgängige Thema des Isokrates war die Einigung Hellas zur Verteidigung gegen Persien.[15] Rückschläge Athens in den 50er Jahren des vierten vorchristlichen Jahrhunderts führten bei ihm zu konservativ-oligarchischen Tendenzen.[16]
Unsere Schrift, als Rede an den Areopag verfaßt, hat als Hauptaussage die These, daß die Stärke eines Staates nicht in militärischer Kraft, sondern in der Qualität seiner Bürger und des Geistes, der die Politik beseelt, liegt. Isokrates schreibt hier dementsprechend die Malaise Athens nicht zum Beispiel militärischer Schwäche, sondern einem exzessiven Freiheitsverständnis zu. Das Ziel der ganzen Rede stellt Isokrates in 7,15 selbst als ein konservatives dar, nämlich die Rückkehr zu der Demokratie der Väter Solon und Kleisthenes.
Erfolg hat nur der Staat, der weise geführt wird, und dazu gehört eine gute Verfassung, denn sie ist die Seele des Staates und entscheidend für sein Handeln (ἔστι γὰρ ψυχὴ πόλεως οὐδὲν ἕτερον ἢ πολιτεία. τοσαύτην ἔχουσα δύναμιν ὅσην περ ἐν σώματι φρόνησις. αὕτη γάρ ἐστιν ἡ βουλευομένη περὶ ἁπάντων, 7,14). Die Verfassung als Seele des Staates will erhalten, was gut ist, und abwehren, was zerstörend wirkt.[17]

---

[13] W. KRANZ, Kosmos und Mensch in der Vorstellung des frühen Griechentums, NGG NF 2 (1938) 121-161, S. 123.
[14] A.a.O. 130.
[15] Vgl. H. GÄRTNER, Art. Isokrates, KP 2 (1979) 1467-1472, S. 1469.
[16] Vgl. ebd.
[17] Das Verhältnis von Seele und Leib ist häufig zu finden, wenn beschrieben werden soll, wie sich Einstellung und Verhalten aufeinander beziehen. In 4Makk 14,6 ist davon berichtet, daß die sieben Brüder in völliger Übereinstimmung gemeinsam um der Frömmigkeit willen in den Tod gehen, so wie sich Hände und Füße im Einklang mit den Anweisungen der Seele bewegen (καθάπερ αἱ χεῖρες καὶ οἱ πόδες συμφώνως τοῖς τῆς ψυχῆς ἀφηγήμασιν κινοῦνται).

4.1.3. Aristoteles, Pol 1,2; 2,2; 6,3[18]

Ein Zentralgedanke innerhalb Aristoteles' Untersuchungen zum Staat ist der, daß der staatliche Verband dem Einzelnen naturgemäß vorausgeht (πρότερος). Dies gilt natürlich nur in einer wesensmäßigen Hierarchie, denn Aristoteles beschreibt gleichzeitig die chronologische Entwicklung der Gemeinschaften als eine Folge von personaler Zweierbeziehung und folgender Haus- und Dorfgemeinschaft, die in eine staatliche Gemeinschaft mündet. Ziel dieser Entwicklung ist die Autarkie, die nur im Staat verwirklicht werden kann, da ein Einzelner nicht autark ist. In diesem Sinne ist also der Staat früher als der Einzelne: Die Polis liegt den früheren Gemeinschaften schon als Endziel zugrunde. Anlaß dieser Erörterungen ist die Frage, ob der Staat in der Natur angelegt sei (also φύσει bestehe), oder ob er nur aufgrund einer menschlichen Übereinkunft besteht (also νόμῳ). Letzteres behaupteten zum Beispiel die Kyniker, um die Autorität des Staates über das Individuum zu schwächen, da er ja lediglich νόμῳ bestehe. Aristoteles bindet mit seiner Position, der Staat bestehe φύσει, den Menschen wesensmäßig in den Staat ein.

Zur Begründung der wesensmäßigen Priorität des Staates führt Aristoteles an dieser Stelle die Leib-Metapher ein. In *Pol 1,2,1253a 18-29* sagt er, daß, wenn das Ganze zerstört ist, auch kein Teil mehr bleibt, es sei denn, nur dem Namen nach. So kann zwar eine Steinhand, die ohne Körper existiert, auch als Hand bezeichnet werden. Für Aristoteles ist aber alles durch seine Leistung und Funktion bestimmt (δύναμις, ἔργον) - und die kann eine Hand eben nur als Teil eines Körpers erfüllen. Nur die Götter *brauchen* nicht in Gemeinschaft zu leben, denn sie sind autark, die Tiere hingegen *können* es nicht (ὁ δὲ μὴ δυνάμενος κοινωνεῖν, ἢ μηδὲν δεόμενος δι' αὐτάρκειαν, οὐδὲν μέρος πόλεως, ὥστε ἤ θηρίον ἢ θεός, 27-29). Der Mensch allerdings braucht die Gemeinschaft, und nur im Staatsverband wird gewährleistet, daß er nicht zum Tier wird (38ff).

Kern der Aussage ist also zum einen, daß der Mensch wegen seiner fehlenden Autarkie in Gemeinschaft gehört (er ist *animal sociale*), zum anderen, daß er eine spezielle Aufgabe hat, die er nur dort erfüllen kann. Aristoteles setzt sich insofern von seinem Lehrer Platon ab, als es ihm nicht darum geht, daß jeder in der Polis seine Aufgabe verrichten soll, sondern daß umgekehrt die Menschen je eigene Aufgaben haben, die sie

---

[18] W.L. NEWMAN, dessen Ausgabe hier ich verwende, zählt die letztgenannte Stelle zu Buch 6, andere zu Buch 5, zum Beispiel BAW.GR.

ausschließlich im Staat wahrnehmen können. Der Gedankengang ist also nicht staatstheoretisch begründet, sondern ein anthropologischer.
Um das Umfeld noch deutlicher werden zu lassen, sei noch ein Blick auf eine weitere Stelle getan, auch wenn dort nicht metaphorisch geredet wird. In Pol 2,2,1261a 10 - 1261b 15 geht es Aristoteles um den Unterschied zwischen Einssein und Einheitlichsein. Wer den Staat vereinheitlichen will, zerstört ihn (ἀναιρήσει γὰρ τὴν πόλιν). Hier besteht ein Unterschied zwischen einem Heer, bei dem es nur auf eine möglichst große Zahl von gleichen Elementen ankommt, und einem Staat, der die Unterschiedenheit seiner Bürger braucht. Diese müssen der Art nach verschieden sein (ἐξ εἴδει διαφερόντων, 1261a 23), damit die Polis funktionieren kann. Auch die Notwendigkeit der Unterschiedenheit der Bürger eines Staates ist nach Aristoteles in dem Prinzip der Autarkie begründet: Das Größere besitzt zwar eben wegen seiner Größe weniger Einheitlichkeit, hat aber mehr Autarkie als das Kleinere und ist deswegen vorzuziehen.
In einem gänzlich anderen Zusammenhang begegnet uns Leib-Metaphorik in *Pol 6,3,1302b 34 - 1303a 13*. Im Kapitel 6,3 beschäftigt sich Aristoteles mit Verfassungsänderungen und ihren Entstehungsbedingungen. Nicht nur Revolutionen o.ä. (allerdings geht es ihm hier in erster Linie um diese gewaltsamen Umbrüche) können zu einer Verfassungsänderung führen, sondern auch eine ungleichförmige Bevölkerungsentwicklung. Auch im Körper müssen alle Teile gleichmäßig wachsen (σῶμα ἐκ μερῶν σύγκειται καὶ δεῖ αὐξάνεσθαι ἀνάλογον, ἵνα μένῃ συμμετρία; er beschreibt als Gegenbeispiel ein unförmiges Gebilde mit Füßen von vier Ellen und einem restlichen Körper von nur zwei Spannen), andernfalls geht entweder das Wesen zugrunde oder es entsteht ein neues (1302b 34).

4.1.4. Demosthenes, Olynth B 20f

Demosthenes, dessen Lebensdaten sich mit denen des Aristoteles decken, galt in der späteren Antike als der größte Redner, den der griechische Sprachraum hervorgebracht hat. Seine politischen Reden hielt er vor dem Hintergrund der Bedrohung Athens durch den makedonischen König Philipp II. Demosthenes ruft zur aktiven und militärischen Verteidigungsbereitschaft Athens auf und prangert eine Haltung unter seinen Landsleuten an, die entweder auf ein Stillhalteabkommen, wenn nicht gar einen Friedensschluß mit Philipp hinausliefe, was in den Augen des Demosthenes wegen des Machtwillens Philipps eine fatale Selbsttäuschung wäre, oder die schlicht abwarten will, ob sich die Gefahr nicht von selber verzieht. In der Zweiten Olynthischen Rede charakterisiert Demosthenes Philipp als einen kulturell zwar nicht sehr hochstehenden, aber skrupellosen und machtbesessenen Herrscher, dessen Makel nur durch seine kriegerischen Erfolge verdeckt würden. Das aber, so Demosthenes in 20f in Sätzen zeitloser Gültigkeit, ist eine politische Regel: Innenpolitische Schwächen, seien es die einer freiheitlichen Stadt oder die einer Tyrannis, werden von außenpolitischen Erfolgen überdeckt. Erst der Krieg an der eigenen Grenze läßt sie hervortreten. Das sei so wie in einem Körper: Ist man gesund, spürt man nichts; stellt sich aber eine Krankheit ein, wird die Funktionstüchtigkeit des Körpers eingeschränkt und alles in Mitleidenschaft gezogen, indem man sich zum Beispiel einen Bruch oder eine Verrenkung zuzieht (ὥσπερ γὰρ ἐν τοῖς σώμασι, τέως μὲν ἂν ἐρρωμένος ᾖ τις, οὐδὲν ἐπαισθάνεται, ἐπὰν δ' ἀρρώστημά τι συμβῇ, πάντα κινεῖται, κἂν ῥῆγμα κἂν στρέμμα κἂν ἄλλο τι τῶν ὑπαρχόντων σαθρῶν ᾖ, οὕτω ...; 21). Wie hier die Vergleichspunkte anzusetzen sind, ist nicht ganz deutlich. Dem Krieg an der eigenen Grenze entspricht wohl die Krankheit. In der Sachhälfte werden nun die im Verborgenen liegenden Schwächen zutage gefördert. In der Bildhälfte gewinnt man aber eher den Eindruck, daß die akute Bedrängnis die anderen Phänomene erst und ursächlich zur Folge hat.

4.1.5. Diodorus Siculus 11,86,4

Der aus Sizilien stammende Diodor war Historiograph und verfaßte um die Mitte des 1. Jh. v.Chr. eine Universalgeschichte, von der gut ein Drittel erhalten ist. In deren 11. Buch berichtet er von einem gewissen Tyndarides, der in einem Ort auf Sizilien eine Gefolgschaft aus Habenichtsen um sich schart, aus ihnen eine Art Leibgarde macht, mit deren gewaltsamer Hilfe er eine Tyrannis zu errichten gedenkt. Sein Plan mißlingt, und er und seine Truppe werden hingerichtet. Die Rekrutierung schildert Diodor mit den folgenden Worten: Τυνδαρίδης γὰρ [...] τὸ μεν πρῶτον πολλοὺς τῶν πενήτων ἀνελάμβανε, καὶ σωματοποιῶν τούτους ἑαυτῷ πρὸς τυραννίδα ἑτοῖμους ἐποίει δορυφόρους. Die Einsatztruppe des Tyndarides ist also ein σῶμα, das er sich zusammenstellt.

Dazu zwei Beobachtungen: Σῶμα begegnet uns hier in einem verbalen Kompositum (σωματοποιῶν). Die Verbalisierung eines Substantives zeugt davon, daß das betreffende Substantiv ein zentraler Begriff für die zu beschreibende Sache oder den zu beschreibenden Vorgang ist.[19] Gleichzeitig bedeutet dies, das dieser Begriff eben schon eher ein Begriff als noch eine Metapher ist. Σῶμα hat hier den Charakter einer usuellen Metapher. Die zweite Beobachtung, die der ersten ein wenig konträr läuft: Dieses Kompositum entnimmt seine Teile aus zwei gegensätzlichen Bereichen. σῶμα ist dem Bereich der Natur entnommen, ποιεῖν stammt aus dem Bereich des menschlich Geschaffenen, der Kultur. Die Armen in Tyndarides' Gefolge bilden nicht natürlicherweise eine Einheit, sondern ein Zweckbündnis, das auf die Initiative eines Führers zustandegekommen ist. Es wird, jedenfalls nach Ausweis der Quelle, auch nicht nachträglich durch den Verweis auf eine natürliche Ordnung legitimiert. Mit dieser „pragmatischen" Darstellung steht Diodors Bericht in unserer Sammlung einzig da. Zudem wird, ebenso nur hier, der Leib nicht nur als ein Ideal dargestellt, sondern von seiner „Herstellung" berichtet.[20]

4.1.6. Cicero, De off 1,85; 3,22.32

Cicero, dessen Schaffenszeit in die erste Hälfte des ersten vorchristlichen Jahrhunderts fällt, erlebte ein Leben von extremen Höhen und Tiefen.

---

[19] Vgl. im Englischen die Verwendung des Staubsauger-Markennamens *Hoover* in dem Verb *to hoover* für das Staubsaugen schlechthin. Gleichwohl wäre die Analogie natürlich einleuchtender, wenn es statt des Kompositums σωματοποιεῖν etwa σωμάζειν geheißen hätte. Aber auch das finden wir, allerdings nicht im Zusammenhang mit einem Kollektiv oder einer aus Vielen bestehenden Einheit: Johannes Chrysostomos, 12,568A (zit. nach ThLG): Σωματοῦται μὲν ὁ λόγος διὰ τοῦ γράμματος, οὐ περικλείεται δὲ τῷ γράμματι. Σωματοῦσθαι meint hier die Gestaltwerdung.

[20] E. SCHWEIZER, Art. σῶμα 1034, zitiert zu σωματοποιεῖν Polybios 2,45,6 und meint dazu: „Bemerkenswert ist der Gebrauch von σωματοποιέω für die organisatorische Einigung eines Volkes". Bei Polybios geht es an dieser Stelle zwar tatsächlich um die Stärke des achaischen Bundes unter Aratos angesichts der Gefahr, die von der gemeinsamen Front von Aitoliern, Makedoniern und anderen ausgeht. Das ἔθνος wird aber nicht *geeint*, sondern *gestärkt*. Die Feinde haben nämlich durch ihr Bündnis τὸν Ἄρατον καὶ τὸ ἔθνος ἐσωματοποίησαν. Mit demselben Begriff beschreibt Polybios, wie Pferde gekräftigt (ἐσωματοποίησε τοὺς ἵππους; 3,87,3) oder Soldaten ermutigt werden (τὰς τῶν ἰδίων δυνάμεων ψυχὰς σωματοποιεῖν; 3,90,4). Auch LIDDELL-SCOTT schlagen zu Polybios 2,45,6 die Übersetzung „organize as a body" vor, während sie die beiden anderen Stellen richtig mit „provide with bodily strength" bzw. „revive, refresh" wiedergeben.

Durch Geburt der Stadtaristokratie des Ortes Arpinum angehörig, hielt er später verschiedene Ämter inne, wurde im Jahre 63 zum Konsul gewählt. Hier mußte er jedoch vor den skrupellosen Machenschaften und Intrigen seiner Feinde kapitulieren. Er wurde verbannt, erlebte aber eine triumphale Rückkehr. Im Bürgerkrieg gelang es ihm nicht zu schlichten, und im Jahre 43 wurde er im Laufe der Auseinandersetzungen zwischen Antonius und Octavian von Gefolgsleuten des Antonius ermordet.[21]

Iuris consensus und *utilitatis communio* gelten ihm als die tragenden Prinzipien des Staates.[22] Vor dem Hintergrund der Werbung für dieses, nicht nur in seiner eigenen Vita als immer wieder nicht beachtet erlebtes Prinzip ist auch seine Schrift *De officio* zu verstehen. Sie ist seinem Sohn und damit allen politischen Nachwuchskräften Roms gewidmet.[23]

Die das Gemeinwesen Leitenden, so schreibt er in 1,85, müssen zwei Lehren Platos festhalten: zunächst das eigene Interesse zurückstellen, dann dem ganzen Körper des Gemeinwesens nützen, um nicht einem Teil zu nützen und den anderen zu vernachlässigen (*totum corpus rei publicae curent, ne, dum partem aliquam tuentur, reliquas deserant*). Die Verwendung von *pars* statt *membrum* könnte darauf hindeuten, daß sich *corpus* hier der Verwendung als terminus technicus der Verwaltungssprache, zumindest des politischen Jargons annähert.

In De off 3,22 stellt Cicero fest, daß kein Teil (*membrum*) eines Körpers die Kraft eines anderen Teiles auf sich ziehen darf, das heißt kein Teil auf Kosten eines anderen wachsen kann. Denn daran würde der ganze Körper (*corpus*) sterben. In 3,32 expliziert er diese Aussage, indem er sagt, daß Menschen, die der Gemeinschaft zuwiderhandeln, entfernt werden müssen, so wie auch blut- oder leblose Glieder eines Körpers amputiert werden, um nicht den ganzen Körper zu gefährden. Cicero denkt dabei an den Tyrannenmord, den er damit legitimiert. Tyrannen besitzen die „Ungeheuerlichkeit einer Bestie", die aus „aus der gemeinsamen Menschlichkeit des Körpers […] auszuscheiden" ist (*a communi tamquam humanitate corporis segreganda est*; dt. K. Büchner). Indem er das Wohl der Gemeinschaft obenan stellt, entscheidet er so den Konflikt zwischen Nutzen und Tugend, um den es in 3,21-33 geht. Denn obwohl

---

[21] Für die biographischen Angaben vgl. K. BÜCHNER, Art. Cicero, KP 1 (1979) 1174-1186.

[22] Vgl. a.a.O. 1180

[23] Vgl. K. BRINGMANN, Untersuchungen zum späten Cicero, Hyp. 29, Göttingen 1971, 230.

Mord der Tugend widerspricht, ist der Tyrannenmord zum Wohl der Gemeinschaft erlaubt.

4.1.7. Livius 2,32 (mit Parallelen bei Dionysios v. Halicarnassus und Plutarch)

Livius, 16 Jahre alt, als Cicero 43 v.Chr. ermordet wird, schreibt nach den Wirren des 20jährigen römischen Bürgerkriegs zwischen Caesarianern und Republikanern, in den ersten Jahren des Octavian, des späteren Augustus (unser Text wurde zwischen 27 und 25 v.Chr. veröffentlicht). Nach den schrecklichen Wirren blickt er hoffnungsvoll in eine ruhigere Zukunft, das Thema der Einheit drängt sich ihm so förmlich auf.

Livius ist einer der wichtigen Zeugen der Fabel des Menenius Agrippa, der Fabel von den Gliedern und dem Magen. Sie spielt im Jahre 494 v.Chr., kurz nachdem das Königtum durch die Republik abgelöst wurde. Livius berichtet zuvor vom Beginn des großen Ständekampfes im Jahre 495, der die innere und äußere Sicherheit der jungen Republik gefährden und viel Unruhe bringen sollte. Der Fabel gehen Schilderungen unterdrückerischer Maßnahmen der Patrizier gegen die Plebejer voraus, wobei es vor allem um die Frage der Schuldknechtschaft ging. Es war vorgekommen, daß die Plebejer nur mit dem Versprechen des Schuldenerlasses zum Kriegsdienst überredet werden konnten. Nachdem mehrere Angriffe der Sabiner, Volsker und Auruniter binnen kürzester Zeit abgewehrt werden konnten, wurde jedoch das Versprechen des Schuldenerlasses gebrochen, und die alten bedrückenden Verhältnisse blieben weiter bestehen. Als der Senat daraufhin noch einmal die Wehrwilligkeit der Plebejer testen will und zum Schein einen Angriff meldet, ziehen die Plebejer auf den Heiligen Berg vor Rom und weigern sich zurückzukehren. Dieser Auszug hat auch gravierende wirtschaftliche Folgen. 2,34,5 berichtet von Versorgungsengpässen in der Stadt, nachdem die Felder lange nicht bestellt wurden.

In der Stadt selbst herrscht großer Schrecken (*pavor ingens*, 2,32,5). Die in der Stadt verbliebenen Plebejer haben Angst vor Übergriffen der Patrizier und vice versa. Außerdem schreckt den Senat die Wehrlosigkeit angesichts möglicher Angriffe von außen. In dieser Situation wird Menenius Agrippa, bei den Plebejern wegen seiner eigenen plebejischen Abstammung beliebt, als Unterhändler zu den Aufständischen geschickt und erzählt ihnen die Fabel vom Aufstand der Glieder gegen den Magen: Die Glieder beschweren sich, daß sie Tag für Tag schufteten und zum Erhalt des Ganzen beitrügen, während der Magen sich passiv verhalte

und das ihm Gereichte nur einfach konsumiere, ohne irgend etwas zum Ganzen beizutragen. Der Magen aber, so die Fabel weiter, verarbeite alles und leite die Nährstoffe durch das Blut an alle Glieder wieder zurück, die diese zum Leben bräuchten. Somit sei er nicht nur nicht überflüssig, sondern das entscheidende Teil des Körpers.
Diese Erzählung bewirkt zwar noch nicht Reue, aber immerhin Verhandlungsbereitschaft seitens der Plebejer. Es wird den Plebejern die Einrichtung des Volkstribunats zugestanden, ohne daß es aber zu grundlegenden Veränderungen in der Gesellschaft gekommen wäre. Wie in der Fabel der Magen, so bleiben auch in Rom die Patrizier dominierend.
Als zwei weitere Beispiele für den Gebrauch der Fabel seien noch genannt Dion Hal 6 und Plutarch, Cor 6.[24] Beide bringen die Fabel in demselben Zusammenhang wie Livius.
Dionysius von Halicarnassus, der etwas später als Livius lebte, schildert ausführlicher als die anderen Tradenten die im Senat und auf dem Berg gehaltenen Reden. Zu dieser größeren Ausführlichkeit paßt, daß Menenius bei Dion der Fabel eine ausführliche Deutung folgen läßt. Menenius, so leitet Dion ein, habe eine bewegende Rede gehalten, an deren Ende er so etwas wie eine Fabel (μῦθόν τινα) im Stile Äsops folgen ließ, die ausschlaggebend gewesen ist für den Erfolg seiner Bemühungen. Menenius gibt als das Ziel seiner Mission explizit an, die frühere Ordnung wiederherstellen zu wollen (καταστήσοντες εἰς τὸν ἐξ ἀρχῆς κόσμον τὴν πολιτεῖαν, 85,3). Das Prinzip, so verspricht Menenius, werde das des gemeinsamen Nutzen (συμφέρον κοινόν, 85,1) sein. Aber es sei nun einmal so, daß das ungebildete Volk immer eine verständige Führung brauche (δεήσεται γὰρ ἀεὶ καὶ οὐδέποτε παύσεται δεόμενον τὸ μὲν ἀμαθὲς πλῆθος ἔμφρονος ἡγεμονίας, 85,1). Zur Illustration dieser Aussagen folgt dann die Fabel vom Magen und den Gliedern (86,2). Nur bei Dion lassen sich in der Fabel bereits Anspielungen auf bestimmte Berufsgruppen erkennen. So sagen zum Beispiel die Hände in ihrer Protestrede, sie würden die Künste und Techniken ausführen, Feinde abwehren usw. Neu sind hier die Schultern (οἱ ὦμοι), die meinen, sie trügen die ganze Last.

---

[24] Diese Beispiele erschöpfen aber noch nicht das gesamte Vorkommen. Weitere Belege finden sich bei D. PEIL, Der Streit der Glieder mit dem Magen. Studien zur Überlieferungs- und Deutungsgeschichte der Fabel des Menenius Agrippa von der Antike bis ins 20. Jahrhundert, Mikrokosmos 16, Frankfurt (Main)/Bern/New York 1985, 8ff.

Es ist bei Dion eine gewisse herablassende Haltung gegenüber dem Volk zu spüren: Er betont, es sei vor allem die Fabel gewesen, die den Erfolg gebracht habe. Nur bei ihm scheint das Volk eine Erläuterung der Fabel zu bedürfen. Es scheint dem Volk auch nichts auszumachen, als ungebildet und führungsbedürftig bezeichnet zu werden. Auch das Ziel der Rückkehr zur alten Ordnung findet es akzeptabel. Darüber hinaus beschreibt Dion das Volk als äußerst manipulierbar (87f): Es ist von der Fabel derart angesprochen und zu Tränen gerührt (nach all dem, was es zuvor zu hören bekommen hat!), daß es den Berg fast verlassen hätte, ohne konkrete Forderungen zu stellen. Als aber einer der plebejischen Führer daran erinnert und das Volkstribunat fordert, wird auch das vom Volk überschwenglich bejubelt. Zu dem konservativen Impetus, den die Fabel ohnehin schon hat, kommt bei Dion also eine Grundhaltung und entsprechende Ausgestaltung dazu, die den konservativen Eindruck noch verstärkt.[25]

Die Einheit fordernde Fabel findet sich auch bei *Plutarch, Cor 6*, an einer Stelle also, deren größerer Rahmen eben dieses Thema der Einheit ist. Cor 6 ist Teil seiner Doppelbiographien. Vermutlich wollte er mit ihnen das Bemühen Kaiser Trajans, Römer und Griechen im Reich einander näherzubringen und Vorurteile abzubauen, nach Möglichkeit sogar beider Wesen zu verschmelzen, unterstützen. Plutarchs Version der Fabel weist eine Besonderheit auf: Bei ihm spricht der Magen die Moral selber aus und und ist belustigt über die Einfalt der Glieder. Ob dies allerdings Plutarchs eigene Auffassung gegenüber den Plebejern widerspiegelt (die dann der des Dion ähnelte), oder ob es sich hier nur um Ausschmückung der Vorlage handelt, sei dahingestellt.

4.1.8. Seneca, De ira 2,31; Ep 95,52; De clem 2,2

Zwei Generationen nach Livius schreibt Seneca, zeitweise einer der mächtigsten und reichsten Männer des Reiches, was ihn allerdings nicht davor bewahrt, einmal in die Verbannung zu müssen, und am Ende von

---

[25] Dazu paßt eine Bemerkung bei Quintilian, Institutio Oratoria 5,11,17-19: Fabeln sind zwar zur Überzeugung weniger wirkungsvoll als faktische Beweise, sie sind aber besonders attraktiv für ungeschlachte und ungelehrte Menschen, die sie weniger kritisch aufnehmen. Wenn sie ihnen gefallen, stimmen sie der Lehre zu. So soll Menenius Agrippa mit der Fabel vom Magen und den Gliedern die Plebejer mit den Patriziern versöhnt haben (*siquidem et Menenius Agrippa plebem cum patribus in gratiam traditur reduxisse nota illa de membris humanis adversus ventrem discordantibus fabula*).

Nero wegen seiner Verwicklung in eine Verschwörung zum Selbstmord gezwungen zu werden. Im Jahre 49 wird Seneca Erzieher des elfjährigen Nero, und vermutlich im selben Jahr verfaßt er seine Schrift De ira, eine der Erziehungsschriften für Nero.
Unser Abschnitt *De ira 2,31* hat zum Thema den Zorn, den man wegen erlittenen Unrechts empfindet. Dabei geht es Seneca zum einen darum, nicht naiv zu sein, sondern mit den bösen Gedanken seiner Feinde und der eigenen Verletzlichkeit zu rechnen. Deswegen soll man wachsam sein. Wenn man mit der Ungerechtigkeit anderer rechnet, gerät man nicht in affektiven, blinden Zorn, wie es der Fall wäre, wenn man davon überrascht würde. Die Gegenmaßnahmen, die man dann aus nüchternem Verstand wählen soll, dienen der Erziehung, nicht der Schädigung des anderen. Überhaupt ist es dem Wesen des Menschen fremd, Gewalt zum Schaden anderer auszuüben, wo er sie doch auch, wie bei der Zähmung von Tieren, zur Besserung des anderen einsetzen könnte. Und nicht nur widerspricht es der Natur des Menschen, es ist sogar ein Frevel (*nefas*), dem einzelnen zu schaden, denn damit schadet man auch der Gesamtheit, dem Vaterland. Der Mensch ist zur Gemeinschaft geboren, die durch gegenseitige Obhut (*custodia*) und Liebe (*amor*) erhalten wird. Somit verhält es sich so wie im Körper: Damit es dem Ganzen gut gehe, seien alle Glieder eines Sinnes (*omnia membra consentiunt*).
In *Ep 95,52* nimmt Seneca diesen Gedanken auf und erweitert ihn noch. Hier ist alles Göttliche und Menschliche eine Einheit, alle sind *membra corporis magni*. Deswegen ist es besser, Schaden zu erleiden als zuzufügen, und es ergeht die Aufforderung: *Cohaereamus*, „Seien wir solidarisch“, wie Rosenbach übersetzt. Dieser Gedanke ist für Seneca zentral, wenn es um das Miteinander in einer Gemeinschaft geht, es ist für ihn die eine *formula humani officii*, die einzelne Ermahnungen und Vorschriften zusammenfaßt, wenn nicht unnötig macht. Deren Befolgung wird dadurch ermöglicht, daß die Natur uns gegenseitige Liebe eingegeben und uns gemeinschaftsfähig gemacht hat (*nobis amorem indidit mutuum et sociabiles fecit*).
In *De clem 2,1* schildert Seneca eine Episode aus dem Leben Neros, in der Nero Skrupel zeigt, einen Haftbefehl gegen Straßenräuber zu erlassen („Ich wollte, ich könnte nicht schreiben!“). Davon, so Seneca, sollen alle Völker hören. Denn hier sieht er die Wiederauferstehung von Pflichtgefühl (*pietas*) und Redlichkeit (*integritas*), Zuverlässigkeit (*fides*) und Mäßigung (*modestia*). In 2,2,1 sagt Seneca, diese Tugenden Neros würden von ihm aus auf den Leib des Reiches (*imperii corpus*) übergehen.

Und weiter im Bilde gesprochen: Die Qualität des Hauptes wird sich auf den Leib übertragen (*a capite bona valetudo in omnes corporis partes exit*). Der Zustand des Leibes hängt von dem des Geistes ab: Alles ist entweder lebendig oder aber erschlafft (*prout animus eorum vivit aut marcet*).

4.1.9. Plutarch, Galba 1.4; Solon 18; Praecepta Gerendae Reipublicae 15 (812D); De Fraterno Amore

Plutarch (ca. 45-120) soll uns, nach der kurzen Erwähnung des Abschnittes Cor 6 weiter oben, noch mit drei weiteren Textstellen beschäftigen.
In der Biographie König *Galbas* begegnet uns die Metapher des Leibes einmal auf das Heer bezogen. In dieser Biographie spielen undisziplinierte Heere in der Schilderung der Thronwirren eine Rolle, und so verwundert es nicht, daß die Biographie mit der Beschreibung eines idealen Heeres und dessen Gegenteiles beginnt. Ein Heer, so schreibt Plutarch, muß beschaffen sein wie ein ἐρρωμένον σῶμα (1,1) - nicht triebhaft wie die Söldnerheere, sondern von oben her, das heißt vom Heerführer, gesteuert. Im Verlauf der Schilderung der Konflikte um die Nachfolge König Neros berichtet Plutarch dann in 4,3, daß Vindex, der Statthalter von Gallien, an Galba geschrieben habe, er möge die kaiserliche Macht annehmen. Dazu könne er sich der Gallier und somit eines kräftigen Leibes bedienen, der ein Haupt suche (παρασχεῖν ἑαυτὸν ἰσχυρῷ σώματι ζητοῦντι κεφαλὴν).[26]
Einen anderen Kontext betreten wir mit dem 18. Kapitel der Biographie des athenischen Gesetzgebers *Solon*. Hier befinden wir uns mitten in der Schilderung der Reform der allzu drastischen Gesetze Drakons. Es geht

---

[26] Vgl. auch Plutarch, Cicero 14,6: In einem Rededuell fordert Cicero Catilina auf, zu Gerüchten, er (Catilina) betreibe einen Umsturz, Stellung zu beziehen. Catilina antwortet, auf Senat und Volk anspielend: „Was tue ich denn Schlimmes, wenn ich, wo zwei Körper da sind (δυοῖν σωμάτων ὄντων), ein magerer und abgezehrter, der einen Kopf hat (ἔχοντος δὲ κεφαλήν), und ein kopfloser (ἀκεφάλου), der aber groß und stark ist (ἰσχυροῦ δὲ καὶ μεγάλου), diesem selber einen Kopf aufsetze (κεφαλὴν [...] ἐπιτίθημι)?“ (dt. K. Ziegler/W.Wuhrmann, in: Plutarch, Fünf Doppelbiographien, Bd. 2, Tusc., Zürich 1994). Derselbe Vorgang wird von Cicero selbst in seiner Rede für Murena (51) beschrieben, allerdings mit dem kleinen Unterschied, daß beim gebrechlichen (*debile*) Körper auch das Haupt als schwach bezeichnet wird (*infirmo capite*) (Cicero, Die politischen Reden, Bd. 1 [hg. v. M. Fuhrmann], Tusc., München 1993).

hier um die Mitbeteiligung des Volkes an den Regierungsgeschäften und der Verwaltung. Dazu wurden drei Klassen gebildet, in die sich die Bürger Athens gemäß ihrer Besitzverhältnisse einzuordnen hatten. Wer zu wenig hatte, um zu einer der drei Klassen gehören zu können, besaß aber immer noch die Möglichkeit, an der ἐκκλησία teilzunehmen und Richter zu werden. Die Richter jedoch wurden später sehr wichtig. Es wurde gemunkelt, Solon habe Gesetze bewußt unklar formuliert, damit die Gerichte häufiger angerufen werden müßten. Auf diese Weise hätten die armen Schichten, denen andere öffentliche Ämter verwehrt geblieben waren, doch noch viel Einfluß gewonnen. Solon selbst sagt, er hätte damit nur das Gleichgewicht in der Stadt wieder herstellen wollen.[27]
Damit noch nicht zufrieden, ermöglichte Solon es, daß einer für den anderen vor Gericht klagen konnte. Alle sollten sich als Teile eines Körpers fühlen und mitleiden (ὥσπερ ἑνὸς μέρη σώματος συναισθάνεσθαι καὶ συναλγεῖν ἀλλήλοις, 18,5). Diejenige Stadt, so wird Solon zitiert, ist die beste, in der die, die nicht unter den Übeltätern gelitten haben, sie genauso vor Gericht bringen wollen wie die, die direkt davon betroffen gewesen sind.
Sodann sei von Plutarch zitiert *Praecepta gerendae reipublicae 15 (812D)*. Die ganze Schrift, deren griechischer Titel Πολιτικὰ παραγγέλματα lautet, ist gestaltet als Antwort auf die Anfrage eines gewissen Menemachus nach Dingen der Staatsführung. Nach verschiedenen anderen Ratschlägen kommt Plutarch darauf zu sprechen, daß man Ämterhäufung vermeiden und Aufgaben delegieren soll. Dies hat keinerlei Auswirkungen auf die eigene Machtposition, sondern erhöht lediglich die Effektivität der Amtsführung. Denn auch die Aufteilung der Hand in Finger führt nicht zu ihrer Schwächung, sondern erhöht ihren Nutzwert (ὡς γὰρ ὁ τῆς χειρὸς εἰς δακτύλους μερισμὸς οὐκ ἀσθενῆ πεποίηκεν ἀλλὰ τεχνικὴν καὶ ὀργανικὴν αὐτῆς τὴν χρῆσιν).
Anders als die drei bislang besprochenen Schriften Plutarchs berührt das letzte Beispiel, *De fraterno amore*, den Bereich des Privaten, genauer: das Verhältnis unter Brüdern. Dieser Essay ist durch eine Zäsur in 9 (482 D) deutlich in zwei Teile geteilt: Ταυτὶ μὲν οὖν ἔστω προοίμα τοῦ λογοῦ παντός. ἀρχὴν δὲ τῆς διδασκαλίας κτλ. Der erste Teil bildet die Einleitung, in der die Naturgemäßheit der brüderlichen Liebe begründet wird. Im zweiten Teil finden sich dann, neben geschichtlichen

---

[27] Zur Bedeutung des Kräftegleichgewichts in der antiken Polis vgl. W. RÜEGG, Antike Geisteswelt, Zürich ^{2}1964, 599.

Beispielen, praktische Verhaltensanweisungen. Leibmetaphorik findet sich fast ausschließlich in dem ersten Teil und über ihn verstreut, nur einen Beleg finden wir in dem zweiten.
Zunächst schildert Plutarch den beklagenswerten Zustand, daß brüderliche Liebe, vor Zeiten noch die Regel, inzwischen zu einer Seltenheit geworden ist - genauso bestaunt wie siamesische Zwillinge und für genauso ungewöhnlich gehalten wie eine Seele, die zwei Körper lenkt (ὡς τὸ χρῆσθαι μίαν ψυχὴν δυεῖν σωμάτων χερσὶ καὶ ποσὶ καὶ ὀφθαλμοῖς, 1 [478D]). Die Natur hat jedoch auch Beispiele für die Natürlichkeit der brüderlichen Liebe gegeben: Die meisten notwendigen Teile des Körpers gibt es zweimal, als Brüder und Zwillinge, als da sind Hände, Füße, Augen, Ohren und Nasenlöcher (ἐν αὐτῷ τῷ σώματι τὰ πλεῖστα τῶν ἀναγκαίων διττὰ καὶ ἀδελφὰ καὶ δίδυμα μηχανησαμένη, χεῖρας πόδας ὄμματ᾽ ὦτα ῥῖνας). Darin liegt das Muster für gegenseitige Bewahrung und Unterstützung (ἐδίδαξεν [sc. ἡ φύσις] ὅτι ταῦτα σωτηρίας ἕνεκα καὶ συμπράξεως κοινῆς, 2 [478D]). Und mit einem Beispiel, das wir bereits von ihm kennen, argumentiert Plutarch weiter: Die Aufteilung der Hand in Finger verschafft dem Menschen ein höchst effektives Werkzeug (ebd.). Brüder, die nicht kooperieren und sich nicht unterstützen, sind wie übereinander stolpernde Füße und unnatürlich ineinander verschränkte Finger (ποδῶν οὐθέν, οἶμαι, διοίσουσιν ἀλλήλους ὑποσκελιζόντων καὶ δακτύλων ἐμπλεκομένων καὶ διαστρεφομένων παρὰ φύσιν ὑπ᾽ ἀλλήλων, 2 [478F]). Sich mit seinem Bruder zu zerstreiten und sich stattdessen mit einem Fremden zu verbünden ist nichts anderes, als sich selbst zu amputieren und das fehlende Glied durch ein fremdes zu ersetzen (οὐθὲν ἔοικεν ἄλλο ποιεῖν ἢ σάρκινον καὶ συμφυὲς ἑκουσίως ἀποκόψας μέλος ἀλλότριον προστίθεσθαι καὶ προσαρμόττειν, 3 [479B]). Zudem ist eine Versöhnung unter Brüdern schwerer zu bewerkstelligen als unter Freunden, denn Dinge, die erst nachträglich zusammengefügt worden sind, lassen sich auch ein zweites Mal verbinden; wenn aber ein gewachsener Körper entzwei geht, ist die Wiederherstellung ungleich schwieriger (συμφυοῦς δὲ σώματος ῥαγέντος ἢ σχισθέντος ἔργον ἐστὶ κόλλησιν εὑρεῖν καὶ σύμφυσιν, 7 [481C]). Und man muß sich vor Augen führen, daß man einen Bruder nicht einfach durch einen anderen ersetzen kann - so wenig wie man bei Verlust einer Hand oder eines Auges sich ein entsprechendes neues Glied verschaffen kann (ἀδελφοῦ δ᾽ ἀντίκτησις οὐκ ἔστιν, ὥσπερ οὐδὲ χειρὸς ἀφαιρεθείσης οὐδ᾽

ὄψεως ἐκκοπείσης, 7 [481E]).[28] - Im zweiten Teil der Schrift setzt Plutarch Leibmetaphorik noch an einer Stelle ein, um dem geringeren Bruder (τῷ δὲ λειπομένῳ, 14 [485C]) zu verdeutlichen, daß die Ungleichheit zwischen ihm und seinem überlegenen Bruder gewollt und gerade dadurch ein Zusammenwirken sinnvoll ist. Denn auch die Finger, die nicht musizieren oder schreiben, tragen zum Gelingen bei (ἀλλὰ συγκινοῦνται καὶ συνεργοῦσιν ἅπαντες ἀμωσγέπως ἀλλήλοις, 15 [485F-486]). Und schließlich kann auch der größte und stärkste der Finger, der Daumen, nur greifen, weil die anderen ihm gegenüber sind.

4.1.10. Epiktet, Diatr 2,5

Bei Epiktet, dem stoischen Philosophen und Lehrer, einem Zeitgenossen Plutarchs, finden wir Leib-Metaphorik in einer Ausführung über den Unterschied zwischen den Adiaphora und den wirklich wichtigen Dingen. Er stellt fest, daß wir uns gegen die (unveränderlichen) Äußerlichkeiten nicht wehren können, es aber darauf ankommt, wie wir uns zu ihnen verhalten.

Da Gott die Äußerlichkeiten gibt und nimmt, sind sie als natürlich anzusehen - auch dann, wenn sie uns unangenehm sind, wie zum Beispiel alles Leiden. Auch das muß hingenommen werden. Der Protest ist aber verständlich, denn auch für einen Fuß scheint es natürlich, sauber zu sein. Sieht man aber den Fuß als einen Teil des Körpers und nicht als etwas vom ihm als dem Ganzen Geschiedenes (ἂν αὐτὸν ὡς πόδα λάβῃς καὶ ὡς μὴ ἀπόλυτον), so ist es für ihn natürlicher, durch Dreck und Dornen zu gehen, und manchmal sogar abgeschnitten zu werden, wenn dadurch der Rest des Körpers gerettet werden kann (ἀποκοπῆναι ὑπὲρ τοῦ ὅλου). So verhält es sich auch mit den Menschen: Sehen wir uns losgelöst von unserer Umgebung, so scheint es natürlich, alt zu werden, reich und gesund zu sein. Da wir aber Teil des Ganzen sind, ist es für uns eben natürlicher, zuweilen krank zu sein, auf Reisen zu gehen, Risiken in Kauf zu nehmen und auch eventuell vor unserer Zeit zu sterben. Das müssen wir erdulden, denn von unserer Umwelt isoliert, wären wir keine Menschen mehr, wie ein losgelöster Fuß kein wirklicher Fuß mehr ist. Wir sind Teil des Ganzen des Universums, der göttlich-menschlichen Gemeinschaft, wie auch des kleinen Universums, der Ge-

[28] Deswegen ist auch der persischen Frau zuzustimmen, die in Gefahr sich entschied, ihren Bruder statt ihrer Kinder zu retten, weil sie sich sagte, einen anderen Bruder könne sie, da ihre Eltern bereits tot waren, nicht mehr bekommen, wohl aber andere Kinder (ebd.).

sellschaft, die ein Abbild des großen Kosmos ist. Wir können andere nicht für uns leiden, reisen usw. lassen. All das müssen wir erleben, daran können wir nichts ändern. Es kommt nur darauf an, wie wir uns zu all dem verhalten.[29]

4.1.11. Dio Chrysostomos, Or 39,5

In einer Rede zum Ende des Bürgerkriegs in Nicäa erläutert Dio Chrysostomos den Nutzen eines friedlich-geeinten Zusammenlebens der Bürger u.a. damit, daß, soviele Bürger es gibt, es auch Augen gibt, die auf das gemeinsame Interesse sehen, es Ohren gibt und Zungen, die ratschlagen. Es ist dann, wie wenn Gott einer so großen Stadt eine einzige Seele gegeben hätte (ὁπόσοι γὰρ ἂν ὦσι πολῖται τῆς ὁμοούσης πόλεως, τοσοῦτοι μὲν ὀφθαλμοὶ ὁρῶσι τὸ ἐκείνης συμφέρον, τοσαῦται δὲ ἀκοαὶ ἀκούουσι, τοσαῦται δὲ γλῶτται παραινοῦσι, τοσαῦται δὲ διάνοιαι φροντίζουσιν· διαφέρουσι γὰρ οὐδὲν ἢ εἴ τις θεῶν οὕτως μεγάλης καὶ πολυανθρώπου πόλεως μίαν ψυχὴν ἐποίησεν).

4.1.12. Curtius Rufus 10,9,1-6

Quintus Curtius Rufus, dessen genaue Lebensdaten umstritten sind,[30] schreibt im letzten Kapitel seiner Alexander-Biographie von Unstimmigkeiten zwischen Verbündeten, die das makedonische Reich gefährdeten, hier speziell von dem Zerfall des griechisch-babylonischen Bündnisses. Er schreibt: Ein Reich, das von einem geführt wird, kann Lasten auf sich nehmen, unter dem ein von vielen (widerstreitenden) Führern geleitetes Volk zusammenbräche, das heißt hier: zerfiele. Das ist so wie bei einem Leib, dem zuviel aufgelastet wird, und dessen Glieder (*membra*) darauf-

---

[29] Die Frage, die sich an dieser Stelle ergibt, ist, wie weit Epiktet sein Bild vom Fuß als Teil des Leibes übertragen sehen wollte. Hieße zum Beispiel das Abtrennen des Fußes um des Leibes willen, den freiwilligen oder erzwungenen Ausschluß eines Einzelnen aus der Gemeinschaft (in welcher Form auch immer) gutheißen? Dann ließe sich diese Aussage mit der Ciceros über die Legitimation des Tyrannenmordes vergleichen (s.o.). Vielleicht ist hier aber auch an etwas anderes gedacht, etwa an den heldenhaften Tod als Soldat.

[30] G. WIRTH, Art. Curtius, KP 1 (1979) 1349-1350, vermutet, er habe ab der Mitte des 2. Jh. n.Chr. leben können, J.C. ROLFE schlägt in der Einleitung zu seiner Textausgabe (Bd. 1, S. xx) die Regierungszeit des Claudius in der Mitte des 1. Jh. n.Chr. vor.

hin zu ermatten (*deficere*) beginnen.[31] Deswegen, so folgert Curtius in einer Art Exkurs, denkt das römische Volk zurecht, es verdanke seine Sicherheit einem starken Prinzeps. Dieser ist in der Nacht Roms[32] zur Rettung erschienen, denn ohne ein Haupt geraten die Glieder in Verwirrung (*sine suo capite discordia membra trepidarent*, 4).[33]

4.1.13. Plinius, Ep 4,22

Plinius, Beamter in verschiedenen hohen staatlichen Stellungen, hat eine um Ende des 1., Anfang des 2. Jh. n.Chr. entstandene Briefsammlung hinterlassen, die einen Einblick gibt in das Leben und Denken der römischen *upper class*. Sie tut das zum einen durch die Schilderung der verschiedensten Begebenheiten, zum anderen aber auch durch die Form der Darstellung. Nicht selten reflektiert Plinius in seinen Briefen über die Form, die er ihnen gibt. Man hat deshalb vermutet, die Briefe seien zumindest zu einem Teil fiktive Briefe, die den literarischen Anspruch des Plinius begründen sollen.[34]
In 4,22 berichtet Plinius über einen Prozeß, der gegen den Bürgermeister (*duumvir*) der Stadt Vienne angestrengt wurde, weil er in seiner Stadt einen Wettkampf (*agon*) untersagt hatte. Plinius lobt diese Entscheidung des Bürgermeisters und merkt an, daß die Spiele in Vienne in ihrem Einfluß immerhin auf die Stadt beschränkt blieben. Die Wettkämpfe in Rom aber hätten einen verderblichen Einfluß auf das ganze Imperium, „denn wie für den Körper, so ist auch für ein Imperium die schwerste Krankheit die, die sich vom Kopfe aus verbreitet" (*utque in corporibus sic in imperio gravissimus est morbus, qui a capite diffunditur*).[35]

---

[31] *Deficere* ließe sich auch mit „verlassen" übersetzen. So paßte es besser zum Bildempfänger (dem zerfallenden Reich), sperrt sich aber gegen die Möglichkeiten des Bildspenders. Der Doppelsinn kann durchaus gewollt sein.

[32] Ist der römische Bürgerkrieg gemeint, der von dem Prinzipat gefolgt wurde?

[33] In demselben Zusammenhang benutzt Velleius Paterculus (hg. von K. HALM, Leipzig 1876) die Leib-Metapher. Er schreibt 2,90,1, nach dem Bürgerkrieg seien die Glieder des Reiches wieder zusammengewachsen (*coalescentibusque rei publicae membris*).

[34] Vgl. H. KASTEN in der Einführung des Quellenbandes, S. 667.

[35] Übersetzung H. KASTEN. Der Vollständigkeit halber sei der Vergleich eines Buches und seiner Einleitung oder eines anderen Teiles mit einer Statue und deren einzelner Glieder (membra) in 2,5 erwähnt (ähnlich auch 7,9: beim Überarbeiten eines Werkes werden einem Leibe neue Glieder angefügt, ohne die vorhandenen zu stören).

4.1.14. Marc Aurel

Marc Aurel, der Philosophenkaiser aus der zweiten Hälfte des 2. Jh. n.Chr., benutzt die Leib-Metaphorik mit für ein einzelnes, zudem recht überschaubares Werk ungewöhnlich vielen verschiedenen Bildstellen. Sie sollen hier vollständig dargestellt werden.

Die Aphorismen und Reflexionen Marc Aurels gehen vor allem der Frage nach, wie das Individuum seine Seele in den Geschäften des Alltags reinhält und seinen Platz im Weltganzen einzunehmen und auszufüllen hat. Das Konzept des Weltganzen steht hinter allen seinen Ausführungen, dementsprechend bewegt sich auch die Leib-Metaphorik in diesem Bereich. Sie benutzt er für solche Fälle, in denen mit der Mühsal des Lebens zu ringen ist, sei es hervorgerufen durch Schicksalhaftes, sei es durch das ungerechte Verhalten der Mitmenschen. Dieses Ringen, das sich hier in den Texten widerspiegelt, spielt sich nicht vor dem Hintergrund eines beschaulichen Landsitzes ab. Marc Aurel verfaßt seine Texte, die wohl zu seiner eigenen Selbstvergewisserung verfaßt sind,[36] mitten in kriegerischen Auseinandersetzungen zur Sicherung der Grenzen des Reiches, die auch noch von einer Verschwörung gegen ihn begleitet sind.[37]

Den Kosmos als Weltganzes kann Marc Aurel zum einen als ein Staatswesen bezeichnen (πολίτευμα, 4,4), in dem die Menschen Bürger sind (πολῖταί ἐσμεν, ebd.). Wer das Wesen der Welt nicht erkennt, ist ein Fremder (ξένος, 4,29). Im selben Buch nennt er dann den Kosmos aber auch ein Lebewesen, und zwar ein ungeteiltes (ἕν ζῷον, 4,40), das nur ein Sein, eine Seele, ein Bewußtsein hat (μία οὐσία, μία ψυχή, μία αἴσθησις, ebd.). Alles, was geschieht, widerfährt gleichsam nur einem Körper (πάντα ὡς ἑνὶ σώματι ἐπισυμβαίνει, 9,39). Und alle sind miteinander verbunden wie die Teile unseres Körpers (ὡς τὰ ἡμέτερα μέρη ἀλλήλοις, 7,19).

Gegen das, was einem in der Welt widerfährt, darf man sich nicht auflehnen. Tut man es doch, indem man sich über ein Ereignis ärgert, einen Menschen schädigt, der Lust nachgibt, unehrlich ist oder plan- und ziellos vor sich hin lebt, dann wird die eigene Seele zu einem Geschwür, zu einem Auswuchs am Kosmos (ἀπόστημα καὶ οἷον φῦμα τοῦ κοσμοῦ,

---

[36] Deswegen wird der Titel seiner Sammlung ΤΑ ΕΙΣ ΕΑΥΤΟΝ in der zugrundegelegten Textausgabe von R. NICKEL auch mit „Wege zu sich selbst" wiedergegeben (zu Alternativen und Begründung vgl. a.a.O. 379).

[37] Vgl. R. NICKEL, im Anhang zum Quellenband, S. 380f.

2,16). Diese „Pathologie“ kann auch so gewendet werden, daß nicht die Seele den Kosmos erkranken läßt, sondern ihrerseits Eiterherde und Verunreinigungen hat (οὐδὲν ἂν ἐν τῇ διανοίᾳ τοῦ κεκολασμένου καὶ ἐκκεκαθαρμένου πυῶδες οὐδὲ μὴν μεμολυσμένον οὐδὲ ὕπουλον εὕροις, 3,8). Eine weitere Variante der Pathologie begegnet uns dort, wo es darum geht, daß man durch seine Auflehnung gegen den Lauf der Welt das Ganze, den harmonischen Zusammenhang zerstört. Das Lebewesen, der Körper der Welt wird durch den Ausstieg eines Einzelnen aus dem Sinnzusammenhang verstümmelt (πηροῦται, 5,8). Und auch dieser pathologische Ausdruck kann, wie wir es schon bei der Seele gesehen haben, so gewendet werden, daß nicht das Ganze geschädigt wird, sondern der sich gegen den Weltlauf Auflehnende: Es ist gleichsam eine Selbstamputation, mit der man sich in dieselbe Lage versetzt, in der sich eine abgeschlagene Hand, ein Fuß oder ein abgetrennter Kopf befindet (χείρ ἀποκεκομμένη ἤ πούς ἤ κεφαλὴ ἀποτετμημένη, 8,34).[38]
Spricht Marc Aurel von zwischenmenschlichen und gesellschaftlichen Fragestellungen, so bedient er sich „anatomischer“ Bildstellen. Die Menschen sind dazu da, um gemeinsam zu arbeiten, so wie Füße, Hände, Augenlider und obere und untere Zahnreihe (ὡς πόδες, ὡς χεῖρες, ὡς βλέφαρα, ὡς οἱ στοῖχοι τῶν ἄνω καὶ κάτω ὀδόντων, 2,1).[39] Weil dem so ist, soll man von sich auch nicht nur als ein Teil, sondern als ein Glied des Ganzen denken (μέλος statt μέρος, 7,13).[40] Mit der Wendung vom Teil zum Glied bedeutet das gesellschaftliche Miteinander für Marc Aurel nicht nur lästige Pflicht.

Dagegen diskutiert er die Mühsal des (zwischen-)menschlichen Seins ausführlicher an vier weiteren Stellen. Pflichterfüllung widerspricht, trotz der damit verbundenen Plage, nicht der Natur, denn auch Hand oder Fuß vollziehen nicht widernatürliche Anstrengungen, solange sie bei ihrer Sache bleiben (οὐκ ἔστιν ὁ πόνος τῇ χειρὶ οὐδὲ τῷ ποδὶ παρὰ φύσιν, μέχρις ἂν ποιῇ ὁ ποὺς τὰ τοῦ ποδὸς καὶ ἡ χεὶρ τὰ τῆς χειρός, 6,33). Besondere Beachtung finden zu wollen für das, was man tut, das wäre so,

[38] In 11,8 findet sich derselbe Gedanke mit einem anderen Bildspender kombiniert: Wer sich von seinem Mitmenschen löst, gleicht einem Zweig, der von einem Ast getrennt ist und damit vom ganzen Baum.

[39] Dies ist immerhin die erste Reflexion der gesammten Sammlung, nachdem er in Buch 1 eine Ahnengalerie derer vorgelegt hat, die ihn in seinem Denken beeinflußt haben.

[40] Hier wird also einmal die sonst häufig zu findende Synonymität beider Begriffe reflektiert und aufgehoben.

wie wenn das Auge für's Sehen oder der Fuß für's Gehen einen Lohn verlangten (ὡς εἰ ὁ ὀφθαλμὸς ἀμοιβὴν ἀπῄτει, ὅτι βλέπει, ἢ οἱ πόδες, ὅτι βαδίζουσιν, 9,42).
Plage und Schmerz sind unausweichlich. Lob zu erwarten oder auch nichts Böses wahrnehmen zu wollen, das wäre so, als wollten Auge, Geruch und Gehör (ἀκοή und ὄσφρησις, 10,35) nur Angenehmes wahrnehmen. Nur ein krankes Auge will bloß das Grüne sehen (τοῦτο γὰρ ὀφθαλμιῶντός ἐστιν, ebd.), Zähne können nicht nur Weiches wollen (ὀδόντες τὰ ἁπαλά ζητῶν, ebd.), und der gesunde Magen muß alles verdauen können (τὸν ὑγιαίνοντα στόμαχον πρὸς πάντα τὰ τρόφιμα ὁμοίως ἔχειν, ebd.). Darüber gibt es nichts zu diskutieren - und wenn wir es wollten, wären wir unterlegen. Also bleibt uns selbst bei mangelnder Anerkenntnis der Gegebenheiten doch nichts übrig als uns daran zu gewöhnen. Auch die linke Hand, die sonst nichts kann, kann doch den Zügel besser halten als die rechte es kann, weil sie das gewöhnt ist (ἡ χεὶρ ἡ ἀριστερὰ πρὸς τὰ ἄλλα διὰ τὸ ἀνέθιστον ἀργὸς οὖσα τοῦ χαλινοῦ ἐρρωμενέστερον ἢ ἡ δεξιὰ· τοῦτο γὰρ εἴθισται, 12,6).

4.2. Jüdisch-hellenistische Texte

Innerhalb des Judentums sind es die hellenistischen Autoren Philo und Josephus, bei denen wir fündig werden.

4.2.1. Philo, Q in Ex 2, Spec leg 1.3, Praem poen 125

Mit Philo betreten wir einen anderen Kulturkreis und -raum, nämlich den des hellenistischen Judentums der nordafrikanischen Stadt Alexandria. Und auch hier begegnet uns Leib-Metaphorik, sowohl bezogen auf menschliche Gemeinschaften wie auch auf den Kosmos.
In *Q in Ex* 2,117 verhandelt Philo Exodus 28,27 LXX. Es geht dabei um die symbolische Bedeutung, die er den einzelnen Teilen des priesterlichen Gewandes zumißt. Sie stellen die Elemente der Erde und der Luft dar. Daran schließt sich eine kurze Ausführung darüber an, was, da sich die Symbole auf der Brust des Priesters befinden, das Haupt aller Dinge sei. Philo antwortet, das Haupt aller Dinge sei der ewige Logos des ewigen Gottes. Die Welt unter ihm stellt seine Füße oder Hände dar.
In *Spec leg 1,199ff* geht es um das Brandopfer. Philo beschreibt, wie das Opfertier zerlegt wird und anschließend seine Teile auf einem Altar verbrannt werden. Der gemeinsame Ursprung und das gemeinsame Ziel der Teile lehrt, daß sowohl aus Einem Viele werden, wie auch aus Vielen Eines (καὶ ἐξ ἑνὸς πολλὰ καὶ ἐκ πολλῶν ἕν) wird. Die Absicht Phi-

los könnte sein, den philosophischen Gedanken des gegenseitigen Aufeinanderangewiesenseins schon im Alten Testament nachzuweisen. Weiter unten (210) rät er, wenn man Gott für die Schöpfung danken wolle, solle man auch für ihre einzelnen Teile danken ὡς ἄν ζῴου τελειοτάτου μελῶν.

In *Spec leg 3,131* beschäftigt Philo sich mit der Frage nach den Totschlägern und ihren Asylstädten. Sie dürfen nicht vor dem Tode des Hohenpriesters zurückkehren, da er als Anwalt des Volkes die Anwesenheit eines Totschlägers nicht dulden kann. Die Rolle des Hohenpriesters wird in diesem Zusammenhang so beschrieben, daß Philo ein Gebet zitiert, das jener wohl regelmäßig sprach. Er betete nämlich, daß alle Teile (πάντα μέρη) des Volkes, die er als einen Leib (ἕν σῶμα) versteht, eine Gemeinschaft (κοινωνία) bilden mögen, die nach Frieden und guter Ordnung streben solle. Offensichtlich würde die Anwesenheit eines Totschlägers kurz nach der Tat dieses verunmöglichen.

Zuletzt sei noch auf *Praem poen 125* hingewiesen. Dieser Abschnitt geht über die Segnungen, die dem Gerechten widerfahren, hier speziell nicht die äußeren Segnungen (Sieg über Feinde, Wohlergehen, Ansehen; 118), sondern die den eigenen Körper betreffenden. Der muß nämlich in guter Verfassung sein, damit die Seele sich ungehindert der Führung des Lebens widmen kann.[41] Dabei kommt dem Haupt eine besondere Rolle zu, denn es ist Ort der διάνοια (123). Vom Haupt her kommt das Leben. Und dieser Umstand läßt sich auch übertragen auf menschliche Gemeinschaften: Der eifrige (σπουδαῖος) Mensch oder das tugendhafte Volk wird als das Haupt die Führung anderer Menschen oder Völker übernehmen (κεφαλή τοῦ ἀνθρωπείου γένους), die wiederum als die μέρη σώματος von diesem Haupt ihr Leben beziehen werden (125). Hier ist also das tugendhafte Leben nicht nur Selbstzweck, sondern befördert in gesellschaftliche oder politische Führungspositionen.

4.2.2. Josephus, Bell 2.3.5; Ant 7

Neben Philo ist Josephus der andere wichtige Zeuge für das Judentum in neutestamentlicher Zeit. Seine wechselvolle Geschichte ließ ihn erst eine führende Rolle im jüdischen Aufstand der 60er Jahre spielen, bevor er in römische Gefangenschaft geriet. Dort prophezeite er Vespasian die Kai-

---

[41] Nach B. SCHALLER, Art. Philon, KP 4 (1979) 772-776, S. 774, ist neben der Gotteserkenntnis das Hauptziel Philos, den Weg zu einem tugendhaften Leben zu weisen.

serwürde, was ihm eine schonende Behandlung und später, er lebte dann in Rom, unter anderem die Privilegien von Bürgerrecht und Jahrespension einbrachte.[42] Der „Jüdische Krieg", im Laufe der siebziger Jahre des ersten Jahrhunderts erschienen, hat die Tendenz, einer römisch-hellenistischen Öffentlichkeit die Zeloten als die Hauptverantwortlichen für den Jüdischen Krieg darzustellen und das jüdische Volk und seine Aristokratie zu entlasten.[43]
In *Bell 2,264* vergleicht Josephus die Unruhen im jüdischen Volk mit einer Entzündung, die, wie in einem kranken Körper (ὥσπερ ἐν νοσοῦντι σώματι), immer wieder eine andere Stelle befällt (ἕτερον μέρος ἐφλέγμαινεν), nachdem sie an einer gestoppt worden war. Dabei hat es immer wieder Provokateure gegeben, die dieses neue Aufbrechen verursacht haben. An unserer Stelle ist es der falsche Prophet aus Ägypten, der mit 30000 Anhängern erfolglos versuchte, Jerusalem zu stürmen.[44] In 5,279 ist der Zwist zwischen den Verteidigern Jerusalems, Simon und Johannes, eine Krankheit. Simon hält Ober- und Unterstadt und die Mauer, Johannes hat sich im Tempel verschanzt. Ihr Streit spielt aber nur den römischen Belagerern in die Hände. Als Titus endgültig durchzubrechen droht, besinnen sich beide Parteien: „Die beiden Parteien stellten ihren Haß und ihre eigenen Streitigkeiten der Vergessenheit anheim und wurden so ein Leib" (οἱ δὲ τοῦ μίσους καὶ τῶν ἰδίων διαφόρων λάβοντες ἀμνηστίαν ἓν σῶμα γίνονται; 5,279).
Ein anderer Zusammenhang findet sich in *Bell 3,54*, einem Abschnitt über die palästinische Topographie. Judaea, so Josephus, ist aufgeteilt (μερίζεται) in elf Bezirke, Jerusalem als Hauptstadt erhebt sich (προανίσχουσα) über die anderen wie das Haupt (κεφαλή) über den Leib (σῶμα). Und in *Ant 7,66* schließt Josephus den Bericht über die städtebaulichen Maßnahmen Davids, der Jerusalems Unterstadt mit der Zitadelle verbindet: ἐποίησεν ἓν σῶμα.

4.3. Zusammenfassung[45]

Leib-Metaphorik weist nach den hier zitierten Quellen eine hohe Beständigkeit durch einen langen Zeitraum auf und besaß eine hohe Plau-

---

[42] Vgl. B. SCHALLER, Art. Josephos, KP 2 (1979) 1440-1444, S. 1441.
[43] Vgl. ebd.
[44] Auch 4,406 u.ö. begegnet Leib-Metaphorik im Zusammenhang von Aufrührern, die als Entzündungsherde bezeichnet werden.
[45] Vgl. hierzu auch die tabellarische Übersicht im Anhang dieser Arbeit.

sibilität. Das dürfte mit ihrem unmittelbar erfahrbaren und zeitbeständigen Bezugspunkt zusammenhängen - der Mensch konnte sich selbst immer als Leib erleben. Das war eine anthropologische Konstante.
Die überwältigende Mehrzahl der Belege wendet Leib-Metaphorik auf den Bereich der menschlichen Gemeinschaft an. Sie beschwört zumeist die Solidarität des Volkes, kann aber auch die Herrschenden anreden. Bei ersterem begründet Leib-Metaphorik die naturgegebene Kollektivität des Menschen und veranschaulicht und legitimiert das solidarische Verhalten. Hier kommen die unterschiedlichsten Bildstellen zur Sprache: Glieder, die den Schmerz der anderen mitfühlen und füreinander eintreten; Hände, die nur am Leib ihre Funktion erfüllen können; Glieder, die eines Sinnes sein müssen. Geht es um Hierarchien, wird von den Autoren ein Körperteil hervorgehoben. Es ist zumeist das Haupt, das den Leib leitet oder für dessen Wohlbefinden sorgt, kann aber auch der Magen sein, der die Funktionstüchtigkeit des Ganzen gewährleistet. Der Magen jedoch beschreibt als Führungsorgan ein Kollektiv (hier: die Patrizier), das Haupt wird fast durchgängig mit einem Individuum in Verbindung gebracht.[46] Geht es um leitende Prinzipien, nicht um Personen, dominiert die Seele.[47]
Neben der herrschaftslegitimierenden Intention gibt es als Ausnahme bei Cicero eine herrschaftskritische Stelle. Hatten sich die bislang anvisierten Stellen an die anatomische Beschreibung des Leibes gehalten, spricht Cicero vom parasitären Glied, das um der Gesundheit des Leibes willen zu amputieren ist. Den Ruf zur Verantwortung, wie er sich bei Seneca findet (das Haupt überträgt seine Qualität auf das Reich), wird man noch nicht herrschaftskritisch nennen können. Einen neutralen (also weder herrschaftslegitimierenden noch -kritischen) Rat gibt auch Plutarch, indem er vor Ämterkumulation mit dem Hinweis auf die die Hand nicht schwächende Aufteilung in mehrere Finger warnt.
Es sind die jüngeren Texte, die den Bezugspunkt, der vom griechischen Stadtstaat sich zur *res publica* geweitet hatte, wieder auf kleinere Einheiten verengen. Philo (spec leg) spricht vom jüdischen Volk, für das der Hohepriester im Rahmen eines städtischen Themas bittet. Für Plutarch ist ein Heer ein Leib, wie zuvor für Diodor eine Gruppe von Unruhestiftern.

---

[46] Ausnahmen: Bei Philo, Praem poen, ist das Haupt wahlweise auch ein Volk, das ein anderes führt, und Plinius bezeichnet die Stadt Rom als Haupt, dessen Schlechtigkeit das ganze Reich infiziert.

[47] Vgl. etwa die Verfassung bei Isokrates.

Der Bezugspunkt des Leibes kann sich auch über die menschliche Welt hinaus ausdehnen. Dann ist der Kosmos ein Leib, wie bei Platon, Philo, Seneca und Marc Aurel. Selten werden jedoch kosmologische und soziale Aussagen nebeneinander gestellt. Nur Seneca begründet seinen Aufruf zur Solidarität explizit mit der Zusammengehörigkeit des göttlichen Kosmos und der menschlichen Welt. Marc Aurel hingegen verbindet an verschiedenen Stellen Kosmologie mit der *individuellen* Haltung gegenüber dem Ganzen. Es ist dies die Kehrseite des Solidaritätsaufrufs: Wer ihm nicht folgt, aber auch, wer sich gegen seinen ihm bestimmten Platz im Weltganzen sträubt, ist ein Geschwür bzw. amputiert sich selbst.
Die Metaphorik ist im großen und ganzen eine statische. Die Glieder ordnen sich ein und wirken an ihrem Platz. Dies ist jedoch gewissermaßen eine interne Dynamik. Muß ein Teil amputiert werden, ist das die notwendige Therapie zur Rettung des ganzen Leibes (Cicero). Das gilt auch für den Fall, daß ein Glied sich selbst für das Wohl des Leibes amputieren läßt (Epiktet). Dynamik, die den jeweiligen Gesamtkörper betrifft, ist dagegen negativ. Entwickelt sich eine Gemeinschaft ungleichmäßig, wird ihr Leib monsterähnlich (Aristoteles). Die positive Würdigung eines organischen Wachstums findet sich nicht.[48]
Bei der Häufigkeit ihres Vorkommens überrascht es nicht, auch Ansätze zu entdecken, die für eine Konventionalisierung der Leib-Metaphorik bzw. für ihren Übergang in den Zustand einer Exmetapher sprechen. Dafür spricht zweierlei: Zunächst ist σῶμα auch die Gemeinschaft, die nicht natürlicherweise besteht, sondern durch menschliche Bemühungen hergestellt wird (die Aufständischen bei Diodor und die zuvor zerstrittenen Verteidiger bei Josephus). Das spricht v.a. dafür, hier keine überweltliche Legitimitation zu sehen. Fener wird das Nomen σῶμα verbalisiert zu σωματοποιεῖν, ebenfalls bei Diodor. Jedoch kann man über das Ausmaß der Entwicklung zur Exmetapher nur *per analogiam* eine Aussage machen, denn letztlich ist es das Sprachempfinden der Adressaten, das darüber entscheidet, und das ist uns bei antiken Kommunikationsvorgängen nicht unmittelbar zugänglich. Die Frage nach dem Leib als Exmetapher muß auch, wenn nicht vor allem, vor dem Hintergrund des nächsten Abschnitts über die Verwaltungssprache gesehen werden.

---

[48] Auch Velleius Paterculus (s.o. S. 90 Anm. 33) bildet keine wirkliche Ausnahme, denn bei ihm wächst zusammen, was vorher schon ein Ganzes war, stellt das Wachstum also den Status quo ante her.

Wer hat Leib-Metaphorik verwendet, wen konnte sie ansprechen? Sie war, wie Theißen bemerkt hat,[49] als kosmopolitische Metapher sicher besonders plausibel für Menschen mit kosmopolitischem Selbstbewußtsein, also für die herrschende Oberschicht. Gleichzeitig begründet dies aber auch ihre kritische Kraft, indem mit ihr auch Gegenwelten legitimiert oder Erwartungen ausgedrückt werden konnten, von solchen etwa, die vom politischen Kosmopolitismus nicht profitierten.[50]

4.4. Corpus/Σῶμα als verwaltungstechnischer Begriff

Wir haben gesehen, daß das Bildfeld des Sozialleibes in philosophischen und historiographischen Schriften häufig zu finden ist. So nimmt es nicht wunder, daß sich in deren Gefolge auch die Verwaltungssprache dieser Terminologie bediente und gleichzeitig den Prozeß der Konventionalisierung der Metapher vorantrieb. Dem soll nun noch nachgegangen werden. Es geht dabei zunächst um die Titulierung von innerstädtischen Genossenschaften und Vereinen. Der griechische Sprachgebrauch weist diesbezüglich eine große Bandbreite terminologischer Variationen auf.

> F. Poland führt auf: σπεῖρα, τάξις, φυλή, αἵρεσις, διάζωσμα, πυξίον, στέμμα, κολλήγιον, συναγωγή, σύλλογος, συντέλεια, συνέδριον, σύστημα, σύνοδος, κοινόν, κοινεῖον, πλῆθος, ὄχλος (unsicher).[51] J.S. Kloppenborg ergänzt θίασος, ἔρανος und ἐκκλησία.[52] Die Liste ließe sich verlängern, wenn wir Gattungsbezeichnungen und die Benennungen der einzelnen Mitglieder hinzunähmen.[53]

Aber auch eine längere Liste ließe uns immer noch einen Terminus vermissen: σῶμα.[54] Offensichtlich war σῶμα im Griechischen kein Begriff, mit dem lokale Körperschaften bezeichnet wurden. Das verweist uns auf den Gebrauch im Lateinischen.

Hier findet sich *corpus* für solche Zusammenschlüsse umso häufiger. Gleichzeitig zeigt sich hier, wie im Griechischen, eine große Vielfalt im

---

[49] Vgl. o. S. 34.

[50] Vgl. o. S. 35 zu T. Söding.

[51] F. POLAND, Geschichte des griechischen Vereinswesens, Preisschriften der Fürstlich Jablonowskischen Gesellschaft 38, Leipzig 1909, 152-168.

[52] J.S. KLOPPENBORG, Hatch 231.

[53] Vgl. dazu F. POLAND, Geschichte 8-56; J.S. KLOPPENBORG, Hatch 231.

[54] Nur das abgeleitete σωμάτειον führt F. POLAND, Geschichte 155, auf, und auch das erst aus Kaiser Justinians Zeiten.

Sprachgebrauch. Private Vereine, kommerzielle Genossenschaften, religiöse Vereinigungen bedienten sich verschiedenster Bezeichnungen.

> „Für die römischen Vereine sind rund fünfzig verschiedene Bezeichnungen überliefert", schreibt F.M. Ausbüttel.[55] Der Sprachgebrauch war fließend, und erst in der Spätantike könne man vom Verein als einer juristischen Person reden.[56] Zuvor jedoch scheinen sich schon die Begriffe *collegium* und *corpus* als die dominanten herausgebildet zu haben, die aber immer noch synonym verwandt werden konnten. Ausbüttel zitiert a.a.O. 16 Gaius, Dig. 3,4,1: *neque societas neque collegium neque huiusmodi corpus passim omnibus habere conceditur.*[57] Hier jedoch scheint *huiusmodi corpus* darüber hinaus anzudeuten, daß *corpus* gleichzeitig auch als übergeordneter, sozusagen als Gattungsbegriff dienen konnte.

Man kann also festhalten: *Corpus* war ein Terminus zur Bezeichnung lokaler Vereinigungen. Gleichwohl stammt der Großteil der Belege erst aus der Zeit ab dem 2. Jh. n.Chr. Wir werden also mit rein *terminologischen* Analogien zwischen antiken Vereinen und neutestamentlichen Gemeinden, nach deren Möglichkeit unsere Darstellung ja fragt, zurückhaltend sein müssen.
Die antiken Vereine gehörten zu den prägnantesten Formen städtischen Lebens. „Sie bildeten die Kernzellen des gesellschaftlichen Lebens der Massen, die nicht den oberen Ständen angehörten." Für sie waren Kaiser, Reich, Nation oder Stadt zur „Selbstidentifikation ungeeignet", denn politische Mitbestimmung war ihnen größtenteils verwehrt.[58] Gleichzeitig imitierten die Vereinsmitglieder nicht selten städtische Strukturen und verteilten untereinander entsprechende Ehrentitel.[59] Daß jedoch nicht nur „kleine" Leute den Vereinen angehörten (den kommerziellen Genossen-

---

[55] F.M. AUSBÜTTEL, Untersuchungen zu den Vereinen im Westen des Römischen Reiches, FAS 11, Kallmünz 1982, 17.

[56] Vgl. a.a.O. 12.

[57] Nur *collegium* und *corpus* „werden im Zusammenhang mit Senatsbeschlüssen erwähnt, welche die Gründung von Vereinen gestatteten", so F.M. AUSBÜTTEL, Untersuchungen 17, der daraus folgert: „Es liegt daher die Vermutung nahe, in ihnen die Bezeichnung von legitimierten Kollegien zu sehen."

[58] Die Zitate bei J. BLEICKEN, Verfassungs- und Sozialgeschichte des Römischen Kaiserreiches Bd. 2, Paderborn/München/Wien/Zürich [3]1994, 27.

[59] F. POLAND, Geschichte 411, nennt u.a. ἄρχων, βασιλεύς, πολέμαρχος, στρατηγός. Dabei dürfte es sich in den Augen der Vereinsmitgliedern jedoch um mehr als um „Äußerungen kindischer Prahlsucht" (ebd.) gehandelt haben.

schaften wohl ohnehin nicht), zeigen Zeugnisse von Bauten, Stiftungen, Schenkungen und Vereinsbeiträgen.[60]
Vereine waren städtische Phänomene und entsprachen so dem allgemeinen Lebensgefühl.[61] Nur wenige Menschen dachten über ihre lokalen Verhältnisse hinaus. Zu diesen gehörten solche, die mit dem römischen Bürgerrecht geehrt waren. So gab es etwa regelmäßig einberufene Provinzialversammlungen römischer Bürger in Kleinasien (*conventus civium Romanorum*).[62]

> E. Herrmann vermutet „bei ethnischen Gruppen […] Anzeichen provinzialer Zusammenschlüsse“[63] und referiert a.a.O. 59: „Es ist ein provinzialer Zusammenschluß möglich, wie er vielleicht in der Inschrift der οἱ ἐπὶ τῆς ᾽Ασίας ῾Ρωμαῖοι zum Ausdruck kommt, die zusammen mit den οἱ ῞Ελληνες und dem δῆμος ὁ Λαοδικέων Q. Pomponius Flaccus in Laodicea ehren.“[64]

Daß römische Bürger (auch) eine überregional verwurzelte Identität besaßen, ist gut vorstellbar und war wohl zumindest bezweckt. Ob man hier jedoch von einer „ethnischen Gruppe“ sprechen kann, ist zu bezweifeln, der Begriff der Landsmannschaft scheint mir zutreffender. Es dürfte eher der Fall sein, daß ursprünglich ethnische Kategorien mit der Verleihung des römischen Bürgerrechts aufgeweicht und in eine gesamtrömische Identität überführt werden sollten.[65]

---

[60] Ausführlich dokumentiert bei F.M. AUSBÜTTEL, Untersuchungen 42-48. Ausbüttel rechnet vor, daß im 1. Jh. n.Chr. ein Lohnarbeiter oder ein Soldat im Monat durchschnittlich rund 120 Sesterzen verdiente. Wenn manche Vereine ein Eintrittsgeld von 100 Sesterzen plus eine Amphore guten Weines zu 12 bis 54 Sesterzen verlangten, war das keine Kleinigkeit.

[61] Vgl. J. BLEICKEN, Sozialgeschichte 34: „Der antike Mensch betrachtete die Stadt als seinen Lebensraum.“

[62] Vgl. J. BLEICKEN, Sozialgeschichte 34.

[63] E. HERRMANN, Ecclesia in Re Publica. Die Entwicklung der Kirche von pseudostaatlicher zu staatlich inkorporierter Existenz, Europäisches Forum 2, Frankfurt (Main)/Bern/Cirencester 1980, 58.

[64] Die Quelle in IGRR IV, 860.

[65] Gerade das 1. Jh. n.Chr. ist damit beschäftigt, eine „Reichs-Identität“ aufzubauen. Schon von Augustus wird erzählt, er habe einmal seine Gäste aufgefordert, Toga und griechischen Mantel miteinander zu tauschen, und die Lateiner sollten Griechisch reden und vice versa (Sueton, Augustus 98, vgl. dazu D. KIENAST, Augustus. Prinzeps und Monarch, Darmstadt 1982, 370-386). Ein anderes Beispiel sind die Doppelbiographien Plutarchs, in denen er Griechen und Römer einander näherbringen will.

Jedoch ist uns mit dem Stichwort des ἔθνος der Übergang gegeben zu einem weiteren Beleg innerhalb unserer Untersuchung. 1936 wies T.W. Manson die theologische Öffentlichkeit auf die Kyrenaika-Edikte von Kaiser Augustus aus dem Jahre 7/6 v.Chr. hin, in denen, so seine Mitteilung, von einem σῶμα Ἑλλήνων die Rede ist.[66] In dem dritten Edikt geht es nach A. v. Premerstein, auf dessen Veröffentlichung sich Manson bezog, um die „Beitragspflicht der römischen Neubürger zu den kommunalen Lasten".[67] Sie werden darin aufgefordert, auch weiterhin den Städten der Kyrenaika Dienste und Abgaben zu leisten, die, so v. Premerstein, in diesem Falle der Körperschaft der Hellenen zugute kommen sollten. Das Edikt lautet:

> Εἴ τινες ἐκ τῆς Κυρηναικῆς ἐπαρχήας πολιτήαι τετείμηνται, τούτους λειτουργεῖν οὐδὲν ἔλασον ἐμ μέρει τῷ τῶν Ἑλλήνων σώματι κελεύω ἐκτὸς τ[ο]ύτ[[ι]]ων, οἷς κατὰ νόμον ἢ δόγμα συγκλή(του ἢ) τῶι τοῦ πατρός μου ἐπικρίματι ἢ τῶι ἐμῶι ἀνεισφορία ὁμοῦ σὺν τῆι πολειτήαι δέδοται.
>
> *Wenn welche aus der Provinz Kyrenaika mit dem Bürgerrecht geehrt sind, diesen befehle ich, nichts destoweniger der Körperschaft der Hellenen (oder: mit der Körperschaft/Zahl der Hellenen) Dienste (oder: körperliche Dienste) abzuleisten, außer denen, denen per Gesetz oder Senatsbeschluß oder durch ein Dekret meines Vaters oder von mir selbst mit dem Bürgerrecht zugleich Abgabenfreiheit gewährt worden ist.*[68]

Die Stadtgemeinden in der Kyrenaika „zerfielen anscheinend in Unterabteilungen verschiedenen Volkstums bzw. verschiedener Rechtsstellung",[69] für die der Begriff des σῶμα bzw. des *corpus* offensichtlich eine gebräuchliche Bezeichnung war - jedenfalls dann, wenn der Text so zu lesen ist, wie A. v. Premerstein und T.W. Manson vorschlagen. Das ist unter Theologen wie unter Althistorikern jedoch nicht unumstritten, wie die Übersetzungsvarianten in den Klammern zum Ausdruck bringen.

---

[66] T.W. MANSON, A Parallel to the N.T. Use of σῶμα, JThSt 37 (1936) 385.

[67] A. v. PREMERSTEIN, Die fünf neugefundenen Edikte des Augustus aus Cyrene, ZSRG.R 48 (1928) 419-531, S. 435.

[68] Den Text hat u.a. A. V. PREMERSTEIN, Edikte 426. Die Übersetzung geht zunächst ebenfalls von der A. v. Premersteins aus (vgl. a.a.O. 427).

[69] A.a.O. 468. Nach K.L. NOETHLICHS, Das Judentum und der römische Staat. Minderheitenpolitik im antiken Rom, Darmstadt 1996, 34, „läßt sich die städtische Bevölkerung rechtlich in drei Grundkategorien gliedern: 1. Vollbürger, 2. Bürger ethnischer Gruppen mit eigenständiger Organisation [...] 3. Fremde".

Theologen haben sich allerdings schon länger nicht mehr ausführlich mit dieser Frage beschäftigt. H. Schlier erledigt die Quelle mit der durch keine weiteren Angaben unterlegten Bemerkung, es sei „sehr umstritten", ob τῷ τῶν Ἑλλήνων σώματι tatsächlich die „societas der Griechen meint".[70] Wer sich auf die Suche nach dieser Diskussion begibt, stößt auf die Bemerkung bei J.J. Meuzelaar, Leib 169, eine „Terminologie wie 'Leib der Christen' fällt aus dem Rahmen der Metapher und wäre dem griechischen Sprachgebrauch durchaus fremd gewesen." Das Edikt sei deswegen als Analogie nicht zu gebrauchen. Meuzelaar beruft sich auf A. Oepke, bei dem zu lesen ist, daß „nach der neuesten Erklärung [...] hier nicht von einer Körperschaft der Hellenen die Rede" ist, „sondern die Worte ἐμ μέρει sind mit den drei folgenden zu verbinden 'in der Abteilung der Hellenen', und λειτουργεῖν (τῷ) σώματι heißt im Gegensatz zu λειτουργεῖν τοῖς χρήμασι 'körperliche Dienstleistungen verrichten'."[71] Oepke gibt damit das Ergebnis von F. de Visscher wieder.[72] Gegen diese Lösung hatte aber bereits A. v. Premerstein, Edikte 472, auf das Ende der augusteischen Verordnung verwiesen. Dort wird spezifiziert, daß Abgabenfreiheit nur für die *Dinge* gilt, die die Betreffenden vor der Verleihung des römischen Bürgerrechts besaßen (τούτων τῶν *πραγμάτων* εἶναι ἀτελεῖς, ὧν τότε εἶχον). Die *munera personalia* sind nicht im Blick.[73] Ein weiterer, sprachlicher Einwand gegen de Visschers Interpretation ergibt sich aus dem Numerus von σῶμα. Die Dienste der römi-

---

[70] H. SCHLIER, Art. Corpus Christi, RAC 3 (1957) 437-453, S. 441.

[71] A. OEPKE, Das neue Gottesvolk in Schrifttum, Schauspiel, bildender Kunst und Weltgestaltung, Gütersloh 1950, 224.

[72] F. DE VISSCHER, Les Édits d'Auguste découverts à Cyrène, RTHP 3/1, Louvain 1940, argumentiert: „Σῶμα indique une unité, un tout, jamais une collectivité" (a.a.O. 91). Für letzteres kenne das Griechische eher die Begriffe πολίτευμα und κοινόν. Wolle man σῶμα als Wiedergabe von *corpus Graecorum* interpretieren, so wäre von einer Übersetzung aus dem Lateinischen auszugehen. Für de Visscher aber sind die Edikte „directement rédigés en grec" (a.a.O. 92). Jedoch: Auch wenn Augustus griechisch diktiert haben sollte, so hätte er doch vorher lateinisch gedacht. De Visschers „véritable objection" ist dann aber: Da corpus/σῶμα Einheit und nicht Kollektivität bezeichnet, kann kein Genitiv Plural folgen (τῶν Ἑλλήνων). Das „semble étrangère à la langue classique" (ebd.). Stattdessen werde *corpus* eher durch *populi*, *senatus* usw., ergänzt. Einen Gen. Pl. könne man erst mit dem 4. Jh. feststellen (vgl. 93).

[73] Dagegen F. DE VISSCHER, Édicts 100: Das Edikt „concerne exclusivement [...] les liturgies personnelles." So auch R. JEWETT, Terms 229, der damit seine Auffassung aufrechterhält, vor Paulus und Seneca sei eine Reduzierung des Leib-Bildes auf eine einzelne Gruppe nicht zu finden. - Zu den *munera personalia* und *patrimoniorum* vgl. J. BLEICKEN, Sozialgeschichte 24.

schen Bürger müßten nämlich im Plural mit σώμασι statt singularisch mit σώματι bezeichnet werden.[74]
Oepke hatte sich jedoch bereits dadurch gegen alle Eventualitäten immunisiert, daß er a.a.O 224 Anm. 4 erklärte: Sollte hier doch von einer Körperschaft der Hellenen die Rede sein, „so handelt es sich um einen Latinismus. Für unseren Gegenstand besagt in jedem Falle die Inschrift nichts."[75] Aber auch ein „Latinismus" muß einen Anhalt in der jeweils anderen Sprache haben, sonst macht er für die Adressaten keinen Sinn. Und gerade ein Edikt sollte doch wohl auf Verständlichkeit angelegt sein. Man wird also statt von einem Latinismus eher von einer Übersetzung reden müssen.
Einen weiteren Erklärungsversuch startete A.N. Sherwin-White, Citizenship 335: „The simplest solution is that σώματι represents the not unfamiliar phrase *in numero*, used by Gaius and others in a precisely apposite sense to indicate a category of persons to whom a different category is being assimilated without total identification." „Here the externs are to perform duties *in numero Graecorum* though they are not *Graeci*." Hinter σῶμα als Äquivalent für *numerus* stünde so eine eher mathematische Vorstellung.[76] Mit dieser Interpretation wäre gesagt, die Hellenen wären nicht mehr Adressaten der Dienste, sondern Dienstleister, denen sich, wenn sie an der Reihe sind, die mit dem römischen Bürgerrecht Geehrten anschließen sollen. Dies hat gegenüber der Lösung v. Premersteins den Vorzug, daß man nicht annehmen müßte, bestimmte Dienste innerhalb eines Gemeinwesens kämen nur einer bestimmten Gruppe, hier: den Hellenen, zugute. Jedoch ließe sich nun auch ein Kompromiß zwischen v. Premerstein und Sherwin-White formulieren: Die römischen Bürger der Kyrenaika sollten sich den Dienstleistungen der Hellenen anschließen, das scheint festzustehen. Das Edikt hätte aber auch dann sinngemäß dieselbe Bedeutung, wenn man hinter τῷ σώματι nicht das lateinische *in numero* vermutet, sondern von einer „Körperschaft der Hellenen" ausgeht.

Die Frage muß offenbleiben.[77] Abzulehnen ist auf jeden Fall der Bezug auf die *munera personalia*. Gemeinsam ist den Vorschlägen v. Premer-

[74] Vgl. Demosthenes 21,165: ἐνταῦθα τοῖς σώμασιν αὐτοὶ λειτουργεῖν ἠξίουν; Lysias dagegen verteidigt seinen Vater mit den Worten: πεντήκοντα γὰρ ἔτη ἐστίν ὅσα ὁ πατὴρ καὶ τοῖς χρήμασι καὶ τῷ σώματι τῇ πόλει ἐλῃτούργει (diese und weitere Belege bei J. OEHLER, Art. Leiturgie, RE 12/2 [1925] 1871-1879, S. 1873).

[75] Auch T.W. MANSON, Parallel, beeilte sich an seine kleine Mitteilung anzufügen: „The uniqueness of the N.T. phrase resides not in the word σῶμα but in the qualifying genitive […] τοῦ Χριστοῦ."

[76] Zu σῶμα als „Zählbegriff" vgl. E. SCHWEIZER, Art. σῶμα 1030.1034.

[77] D. KIENAST, Augustus 380 Anm. 56, referiert die Diskussion, schlägt jedoch keine eigene Lösung vor.

steins und Sherwin-Whites der Bezug auf bestimmte Bevölkerungsgruppen, von denen zumindest eine, die der Hellenen, ethnisch definiert wird, wenn auch der Bezug von σῶμα undeutlich bleibt.[78]

Fassen wir zusammen: Die terminologischen Verhältnisse sind innerhalb des Korporationswesens des 1. Jh. n.Chr. schwierig zu bestimmen. Das liegt weniger an der Quellenlage (auch wenn das Klaudiusedikt ein solcher Fall ist), sondern daran, daß eben Sprachgewohnheiten und Rechtslage selber in dieser Hinsicht noch nicht festgelegt waren. Diese Ausgangslage gilt es zu berücksichtigen, wenn man versucht, Analogien unter den frühen Christen zu entdecken. Sie setzt Grenzen, gewährt aber auch Spielräume. Ein Versuch dazu soll im weiteren Verlauf der Arbeit unternommen werden, und zwar im Anschluß an die Untersuchung des paulinischen Gebrauch von Leib-Metaphorik.

---

[78] Der Begriff „Hellene" beschränkt sich jedoch nicht auf den ethnischen Aspekt. Mit ihm hängt auch die Vorstellung eines kultivierten Menschen zusammen, und D. KIENAST, Augustus 379 Anm. 55, definiert sogar: Hellene war, wer „das Gymnasium durchlaufen hatte." Vgl. auch G.W. BOWERSOCK, Augustus and the Greek World, Oxford 1965, 90: Hellenen waren οἱ ἀπὸ γυμνασίου „with satisfactory claims to Greek education and origin", aber auch „hellenized residents of the metropoleis".

5. PAULUS

Bei Paulus nimmt die Untersuchung der frühchristlichen Leib-Metaphorik ihren Ausgang. Sein erster Brief an die Korinther und der an die Römer sind die frühesten literarischen Zeugen für die Verwendung des Bildfelds in den Gemeinden des Neuen Testaments.[1]

5.1. 1. Korintherbrief

Paulus schreibt das, was wir den 1. Korintherbrief nennen, um das Jahr 55 von Ephesus aus. Korinth, als römische Veteranenkolonie neu gegründet in der Mitte des 1. Jh. v.Chr., beherbergte eine Christenheit mit einer Vielzahl von Problemen. Oder besser: Bei keiner anderen Gemeinde sind wir über ihre Probleme so gut informiert wie bei der korinthischen. Soziale und religiöse Unterschiede machten ihr zu schaffen, und die Streitfragen wurden nicht (nur) von Einzelnen diskutiert, sondern man hatte sich bereits in Lager geteilt. Dabei war die Gemeinde mit Gaben reich gesegnet, aber auch diese Gaben haben für Irritationen gesorgt. Gründe genug also für apostolische Briefe.

Die literarische Integrität des 1. Korintherbriefes ist heftig umstritten, und ein Konsens scheint in weiter Ferne.[2] Solange dem so ist, scheint es angebracht, von der uns vorliegenden Textgestalt auszugehen. Entwicklungsgeschichtliche Überlegungen innerhalb dieses Abschnittes müssen dann im Horizont dieser Entscheidung gesehen werden.

Leib und Leiblichkeit spielen in 1Kor eine beträchtliche Rolle. Daß sich kulturanthropologische Studien aus diesem Grunde gerne mit dem Brief beschäftigen, verwundert von daher nicht. Wir bleiben jedoch bei unserer wissenssoziologischen Metaphernanalyse und ziehen dazu die folgenden Passagen heran: 1Kor 6,15; 10,16-17; 11,3(.4.5); 11,29 und 12,12-27.[3]

---

[1] Ob er tatsächlich auch der erste gewesen ist, der die Gemeinschaften der Christusgläubigen mit diesem Bildfeld zu umschreiben versucht hat, soll am Ende des Abschnitts zu 1Kor kurz erwogen werden. Gesicherten Boden betreten wir jedoch erst mit dem 1. Korintherbrief.

[2] Zu Darstellung und Kritik verschiedener Teilungshypothesen vgl. U. SCHNELLE, Einleitung in das Neue Testament, Göttingen ²1996, 83-86.

[3] Ich nehme 1Kor 1,13 (μεμέρισται ὁ Χριστός) aus phänomenologischen Gründen nicht in die Untersuchung auf. Gleichwohl ist es möglich, daß hinter diesem Vers ein der Leib-Metaphorik verwandter Gedanke stehen könnte. Vgl. aus der Diskussion S.J. KISTEMAKER, Exposition of the First Epistle to the Co-

5.1.1. Kollektive Identität und außergemeindliches Verhalten: 6,15

Die Kapitel 1Kor 5-7 beschäftigen sich mit der Sexualität der Christen, genauer: mit dessen illegitimen und legitimen Formen. Es geht um die familiäre Unzucht (Kap. 5), um den Umgang mit Prostituierten, also die öffentliche Unzucht (6,12-20), und schließlich um die Ehe (Kap. 7). Innerhalb dieses Blockes bilden 6,1-11 und 7,17-24 exkursartige Einschübe.[4]

Leib-Metaphorik setzt Paulus in dem Abschnitt über die Prostitution in 6,12-20 ein. In diesen Versen begründet er die Mahnung φεύγετε τὴν πορνείαν (V. 18) in verschiedenen Anläufen, die zwar ein gedankliches Grundmuster erkennen lassen, die aber nicht direkt aufeinander aufbauen, sondern in sich relativ geschlossen sind.[5] Die Verse lassen sich wie folgt gliedern:

12: „Motto“ und Kommentar - Alles ist erlaubt!
- 13-14: 1. Argument - Der Bauch für die Speise, der Leib für den Herrn
- 15-17: 2. Argument - Gemeinschaft mit Christus schließt Gemeinschaft mit der Hure aus

18a: Zentrale Mahnung - Flieht die Hurerei!
- 18b: 3. Argument - Unterscheidung von Sünden außerhalb und innerhalb des Leibes

---

rinthians, NTC 18, Grand Rapids 1993, 48f („With the question ‘Is Christ divided?’ Paul directed attention to the head of the body, honored Christ, and promoted the unity of the church“); G. FRIEDRICH, Christus, Einheit und Norm der Christen. Das Grundmotiv des 1. Korintherbriefes, in: Auf das Wort kommt es an. Ges. Aufs. (hg. v. J.H. Friedrich), Göttingen 1978, 147-170, S. 153 („Die Gemeinde als σῶμα Χριστοῦ fällt mit Christus zusammen“); H.-J. KLAUCK, Herrenmahl und hellenistischer Kult. Eine religionsgeschichtliche Untersuchung zum 1. Korintherbrief, NTA 15, Münster 1982, 333. Dagegen meint H. MERKLEIN, Entstehung 327: Es geht um die Unmöglichkeit, „das Heil, das Christus *allein* vermittelt, mit der σοφία λόγου der Verkündiger bzw. mit der eigenen Erfahrung zu verquicken“ (Hervorhebung vom Autor).

[4] 6,1-11 legitimieren das vorgeschlagene Gemeindezucht-Verfahren von Kap. 5, die Verse 7,17-24 reflektieren die sich in den Ehefragen zu Wort meldenden Gedanken über die Statusrelevanz des Glaubens.

[5] H. LIETZMANN, An die Korinther I/II (erg. v. W.G. Kümmel), HNT 9, Tübingen [5]1969, 27, spricht von einer „ruckweise[n]“ Argumentation. Anders R. JEWETT, Terms 282, der hier eine zusammenhängende Durchführung erkennen will, die auf die Auferstehung und Gen 1 rekurriert. So kann er die Vorstellung von der Gemeinde als Leib an dieser Stelle ausschließen.

19-20: Soteriologisch-anthropologische Grundlegung - Ihr seid teuer erkauft und gehört euch nicht selbst.

Dem Motto πάντα μοι ἔξεστιν stellt Paulus zwei Einschränkungen an die Seite: Erstens nützt nicht alles, was erlaubt ist, und zweitens besteht die Gefahr, daß sich die Machtverhältnisse subtil umkehren, so daß das, worüber ich in meiner Freiheit souverän zu verfügen meine, Gewalt über mich gewinnt. Ersteres entspringt einer offensiv-konstruktiven Haltung, die sich nicht damit zufrieden gibt, daß etwas nicht schadet, sondern nach dem fragt, was nützt.[6] Der Nutzen, den Paulus hier voranstellt, entspricht dem συμφέρον aus 12,7 und dürfte hier wie dort kollektiv verstanden sein. Die Mahnung zur Vorsicht, sich nicht von etwas anderem in die Gewalt bekommen zu lassen, bewegt sich dagegen auf der individuellen Ebene.

Die Verse 13-14 und 18b, der erste und der dritte Argumentationsgang also, weisen einen gemeinsamen Grundgedanken auf, nämlich die Unterscheidung zwischen zwei Bereichen ethischen Verhaltens. Paulus unterscheidet zwischen dem, was nur einen Teil der menschlichen Existenz, und dem, was den Menschen als ganzen und damit auch seine Christusbeziehung betrifft. Als Beispiel für ersteres dient ihm, vielleicht in Vorwegnahme der Thematik von Kap. 8-10, die Speise, die zusammen mit dem Magen sozusagen einen geschlossenen Kreislauf bildet, der weder jetzt noch im Eschaton die Christusbeziehung tangiert (τὰ βρώματα τῇ κοιλίᾳ, καὶ ἡ κοιλία τοῖς βρώμασιν, V. 13a). Mit dem Leib als ganzem ist es anders. Er steht in einer ausschließlichen Beziehung zum Herrn, der sich seinerseits ihm gegenüber (in der Auferstehung, V. 14) als treu erweisen wird (τὸ δὲ σῶμα τῷ κυρίῳ, καὶ ὁ κύριος τῷ σώματι, V. 13b).[7] Diese Relevanz des Leibes wird von der Beziehung zur Prostituierten berührt. Paulus sieht in der geschlechtlichen Beziehung den ganzen Menschen tangiert, wozu er begründend in V. 16 aus dem biblischen Schöpfungsbericht das Ein-Fleisch-Sein von Mann und Frau zitiert. Σῶμα meint mehr als nur den Leib des Menschen.

---

[6] Diese Einstellung läßt Paulus immer wieder erkennen. In 14,3 etwa ist das Ziel des gottesdienstlichen Verhaltens nicht das bloße Vermeiden von Ärgernis, sondern die gegenseitige οἰκοδομή. Die Parallele in 10,23 bestätigt diese gedankliche Verbindung: πάντα ἔξεστιν ἀλλ᾽ οὐ πάντα οἰκοδομεῖ.

[7] Daß βρῶμα und σῶμα durch Assonanz und κοιλία und κύριος immerhin noch per Alliteration phonetisch eng verwandt sind, sei hier nur am Rande erwähnt.

Diese Grundlagen spiegeln sich auch in den Versen 15-17 wider und werden weiter ausgebaut. Hier wird nun vollends deutlich, daß σῶμα für den ganzen Menschen steht: οὐκ οἴδατε ὅτι τὰ σώματα ὑμῶν μέλη Χριστοῦ ἐστιν; Σῶμα ist nicht etwas, womit der Mensch nur in Teilen seiner selbst mit Christus in Verbindung stünde.
Weil das σῶμα für den ganzen Menschen steht, ist auch die leibliche Vereinigung mit der Prostituierten eine totale: τὰ μέλη τοῦ Χριστοῦ ποιήσω πόρνης μέλη.[8] Sie widerspricht der totalen und deswegen exklusiven Einheit mit Christus.[9] Nachdem er die Christen als μέλη τοῦ Χριστοῦ beschrieben hatte,[10] konnte Paulus diese exklusive Einheit in einer nun plausiblen Analogie ausdrücken (V. 16b):

κολλώμενος τῇ πόρνῃ → ἕν σῶμα,
κολλώμενος τῷ κυρίῳ → ἕν πνεῦμα.

Weil πνεῦμα und σῶμα nicht zu trennen sind und Paulus sie nur zur Verdeutlichung differenziert, und weil die pneumatische Verbindung mit Christus eine exklusive ist, deswegen bedeutet die somatische Verbindung mit der Prostituierten einen Bruch in der Verbindung zu Christus.[11]

Natürlich wäre nun zu fragen, ob dies nicht jede fleischliche Beziehung betrifft, also auch die eheliche. Ich vermute, Paulus hat das so gesehen. Nicht von ungefähr fallen ja seine Äußerungen zur Ehe in Kap. 7,1-7 nicht so aus, daß man sie als deren Legitimation ansehen könnte: Besser, so Paulus, wäre es, alle wären wie er selbst unverheiratet. Dagegen steht aber die starke Kraft der satanischen Versuchung, die bei der menschlichen ἀκρασία zu oft leichtes Spiel hat. Um ihr zu entgehen, soll heiraten, wer nicht das Charisma

---

[8] A. LINDEMANN, Kirche 157, meint, μέλη Χριστοῦ sei nicht metaphorisch, da V. 15b „höchst konkret" von μέλος πόρνης redet. Aber erstens können metaphorische und „konkrete" Redeweisen nebeneinanderstehen (das ist im Gegenteil sogar eine hervorragende Form, den pragmatischen Gehalt einer Metapher zum Ausdruck zu bringen), und zweitens ist zu fragen, warum μέλος πόρνης konkreter ist als μέλος Χριστοῦ.

[9] Um das zu sagen, muß man nicht die Frage beantworten, ob die Prostituierte hier eine Tempelprostituierte ist und Vereinigung mit ihr Vereinigung mit der Gottheit, in dessen Dienst sie steht, bedeutet (so z.B. W.F. ORR/J.A. WALTHER, I Corinthians, AncB 32, New York 1976, 203).

[10] J.J. MEUZELAAR, Leib 148, irrt also, wenn er meint: „Von den Gliedern im Leibe des Messias sagt er (sc. Paulus) nie, dass sie Glieder des Messias seien, sondern nur, dass sie Glieder untereinander sein sollen."

[11] Anders H. MERKLEIN, Entstehung 332, der von einer „Antithetik von σῶμα und πνεῦμα" redet, die zwei „gegensätzliche Existenzweisen" bezeichnen.

der Enthaltsamkeit hat. Denen, die verheiratet sind, wird jedoch zeitweilige Enthaltsamkeit empfohlen.[12]

---

[12] Vgl. auch u. Kap. 7.1.9. Es sind überraschenderweise die älteren Kommentare, die ebenfalls eine solche Konsequenz andeuten. W. BOUSSET, Der erste Brief an die Korinther, in: Die Schriften des Neuen Testaments. Bd. 2: Die Briefe, Die johanneischen Schriften (hg. v. J. Weiß), Göttingen 1907, 64-141, S. 85, überlegt: „Die Argumentation kann [...] etwas Bedenkliches haben. Denn man könnte aus ihr die Folgerung ziehen, daß das g a n z e Geschlechtsleben etwas sei, was eigentlich unter der Würde der Gläubigen liege, und was sich mit der Heiligkeit des Christus geweihten Leibes nicht vertrage. Daß Paulus diesem gefährlichen Schluß nicht ganz fern gestanden hat, zeigt die Behandlung der Ehefrage im nächsten Kapitel" (Hervorhebung vom Autor). Auch J. WEISS, Der erste Korintherbrief, KEK 5, Göttingen [9]1910 (1. Aufl. dieser Ausg.) 164, erwägt dies und ist darüber „nicht gerade glücklich." Vgl. jetzt aber auch K. NIEDERWIMMER, Askese und Martyrium. Über Ehe, Ehescheidung und Eheverzicht in den Anfängen des christlichen Glaubens, FRLANT 113, Göttingen 1975, 124 (die Ehe „wird nicht in das neue Sein integriert, sondern - trotz des neuen Seins - konzediert" [im Original kursiv]); G. ORTWEIN, Status und Statusverzicht im Neuen Testament und seiner Umwelt, Diss. Heidelberg 1997, 262f; U. LUZ, Epheser 171. Anders urteilt W. SCHRAGE, Der erste Brief an die Korinther (1Kor 6,12-11,16), EKK 7/2, Zürich/Neukirchen 1995, 28, der Paulus „fern aller Konsequenzmacherei" sieht und vermutet, daß Paulus „offenbar ein ἓν σῶμα-Sein auf verschiedenen Ebenen, die sich nicht gegenseitig ausschließen", kennt. F. LANG, Die Briefe an die Korinther, NTD 7, Göttingen [16]1986 (1. Aufl. dieser Ausg.), dagegen betreibt neuzeitliche Apologie: Paulus wende sich hier dagegen, daß man „die göttliche Schöpfungsordnung der Ehe mißachtet und die Personwürde verletzt" (a.a.O. 83). In einem anschließenden Exkurs zur „Stellung des Paulus zu Leiblichkeit und Sexualität" formuliert er: „Leiblichkeit und Sexualität sind positiv gewertete und mit Dank empfangene Gottesgaben" (a.a.O. 85). Zumindest an 1Kor 6 geht diese Einschätzung vorbei. Vermutlich will Lang festhalten, was auch A. STROBEL, Der erste Brief an die Korinther, ZBK 6.1, Zürich 1989, 111, betont, daß nämlich Paulus „keineswegs komplexbehaftet" ist. Auch Strobel bezieht seine Interpretation zu eng auf den Text, wenn er die Ansicht des Paulus so wiedergibt: „Er verurteilt die Unzucht, weil dadurch das Leben überhaupt auf Abwege gerät und Schaden leidet." Daß Paulus in 1Kor 6,12-20 der Prostitution die eheliche Verbindung als einzig legitime gegenüberstellt, vermutet M. MIGUENS, Christ's 'Members' and Sex (1 Cor 6,12-20), Thom. 39 (1975) 24-48, S. 40f passim. Er beruft sich dafür auf das Stichwort der ἐξουσία, die nach 7,4 eine gegenseitige sein soll, nach 6,12 aber in der Prostitution eine einseitige ist. 6,19 (οὐκ ἐστὲ ἑαυτῶν) spiele darauf an. Das Sich-nicht-selber-gehören bezieht sich jedoch auf V. 20: Wir sind von Christus teuer erkauft und gehören nun also ihm. Und die ἐξουσία in 6,12 ist zu allgemein formuliert, um sich direkt auf das

Von der Beobachtung, daß Paulus hier den Menschen in seiner Ganzheit und den Christen in der exklusiven Beziehung zu Christus sieht, läßt sich die Frage beantworten, wie sich 6,15a zur Leib-Metaphorik etwa in Kap. 12 verhält. Zunächst ist logisch festzuhalten: Vom Glied Christi zu sprechen, macht eher Sinn, wenn es nicht nur *ein* Glied Christi gibt. Diese Redeweise ist plausibler, wenn sie in ein Bildfeld eingebettet ist, das sich auf ein Kollektiv bezieht.

Zudem könnte das in V. 12 vorangestellte Kriterium des Nutzens, den ich als *gemeinsamen* Nutzen definiert hatte, dafür sprechen, daß Paulus ein ursprünglich kollektives Bild auf das individuelle Verhalten anwendet. Durch das „Motto" und seine Kommentierung kommt von Anfang an die Gemeinschaft der ganzen Gemeinde in den Blick. Ein rein individuelles Verhalten ohne kollektive Konsequenzen gibt es für Paulus offensichtlich nicht. Man darf also das individuelle Verhalten auch dort, wo es nicht unmittelbar auf die Gemeinschaft gerichtet ist, nicht von Konsequenzen für diese Gemeinschaft trennen.[13]

Es ist aber v.a. die Identität von Mensch und Leib, die eine Verknüpfung von 1Kor 6,15a und etwa 12,27 („Ihr aber seid Christi Leib und einzeln Glieder") nahelegt: Τὰ σώματα ὑμῶν μέλη Χριστοῦ ἐστιν (6,15a) ist gleichbedeutend mit ὑμεῖς δέ ἐστε [...] μέλη [Χριστοῦ] in 12,27.[14] Der Gedanke ist hier lediglich auf den pragmatischen Kontext zugeschnitten. In Kap. 6 ist daher nicht die Gemeinschaft der Glieder angesprochen, sondern das Individuum. Σῶμα meint hier den Einzelnen. Da es um ei-

Geschlechterverhältnis zu beziehen und ausschließlich in Analogie zu 7,4 verstanden werden zu können.

[13] Deswegen sind Erklärungen, die ohne den kollektiven Gedanken auskommen, nicht falsch. Vgl. etwa A. SCHLATTER, Erläuterungen zum Neuen Testament, Bd. 2: Die Briefe des Paulus, Calw/Stuttgart 1909, 53 (zu 1Kor): „Weil unser Leib, wenn wir mit Christus verbunden sind, seinem Willen gehorcht, darum nennt ihn Paulus ein Glied des Christus, über das er nun verfügt und durch das er seinen Willen vollstreckt." Ähnlich auch C.K. BARRETT, A Commentary on the First Epistle to the Corinthians, BNTC, London 1968, 149. G.D. FEE, The First Epistle to the Corinthians, NICNT, Grand Rapids 1987, 258, erklärt den Ausdruck mit dem Mithineingenommensein in die leibliche Auferstehung. Vgl. aber oben meine Einbettung von V. 14 in den Kontext. Gänzlich falsch erfaßt C. WOLFF, Der erste Brief des Paulus an die Korinther, ThHK 7, Leipzig 1996, 127, den Inhalt, wenn er hier unter Rekurs auf Röm 6,12f „sämtliche Glieder des Christen" gemeint sieht, die „im Dienste des Heilsbringers" stehen.

[14] So auch schon J. WEISS, Korintherbrief 162; F.W. GROSHEIDE, Commentary on the First Epistle to the Corinthians, NIC, Grand Rapids ^{2}1955, 148.

nen Aspekt der menschlichen Geschlechtlichkeit geht, ist die Modifikation von μέλος (Kap. 12) zu σῶμα leicht hergestellt. Wir haben es also in 6,15a mit der ekklesialen Leib-Metaphorik zu tun.[15]
Es zeigt sich jedoch bereits hier die Weite der potentiellen pragmatischen Kontexte, die für den Rekurs auf Leib-Metaphorik sinnvoll scheinen konnten. Die kollektive Metaphorik wird auch für einen pragmatischen Kontext fruchtbar gemacht, der vordergründig keine kollektive Dimension hat. Das ist keine Ausnahme. Auch die Metapher von der Gemeinde als Tempel in 1Kor 3,16f, die dort zur verantwortlichen Arbeit an der Gemeinde mahnen soll, kann Paulus, und zwar in dem hier besprochenen Abschnitt in 6,19, individualisieren. Er formuliert ganz parallel zur Leib-Metaphorik:

> 6,15: οὐκ οἴδατε ὅτι τὰ σώματα ὑμῶν μέλη Χριστοῦ ἐστιν;
> 6,19: οὐκ οἴδατε ὅτι τὸ σῶμα ὑμῶν ναὸς τοῦ ἐν ὑμῖν ἁγίου πνεύματός ἐστιν [...];[16]

Aus der Beobachtung, daß in 6,15 die kollektive Dimension nicht angesprochen ist, darf man also nicht folgern, daß es nicht um dasselbe Bildfeld geht.[17]

---

[15] Vgl. auch M. MIGUENS, „Members" 28 passim. H.-J. KLAUCK, 1. Korintherbrief, NEB 7, Würzburg 1984, 48, spricht von einer „krassen Ausdeutung" der ekklesialen Leib-Metaphorik: Wer Geschlechtsverkehr mit der Prostituierten hat, „schändet so im eigenen Leib den Leib Christi."

[16] Der Unterschied von Plural (τὰ σώματα ὑμῶν) und Singular (τὸ σῶμα ὑμῶν) liegt in der Bildhälfte begründet: Es kann viele Glieder geben, aber (für einen Juden) nicht viele Tempel. Dem hat Paulus auch die Sachhälfte angeglichen. Σῶμα meint in 6,19 also nicht die Gemeinde als Leib (gegen P.S. MINEAR, Bilder der Gemeinde. Eine Studie über das Selbstverständnis der Gemeinde anhand von 96 Bildbegriffen des Neuen Testaments, Kassel 1964, 186).

[17] Wer dies tut, arbeitet zumeist nicht mit metaphorologischen Konzepten (vgl. etwa A.J.M. WEDDERBURN, The Body of Christ and Related Concepts in 1 Corinthians, SJTh 24 (1971) 74-96, S. 75, der jedoch zusätzlich die Stelle mißversteht, indem er meint, Paulus „can speak of his own body as 'limbs (plural) of Christ'", was Wedderburn an Röm 6,12f erinnert, und es ist zu vermuten, daß die Verse aus dem Römerbrief ihn zu dieser falschen Wahrnehmung verleitet haben). Aber auch H. MERKLEIN, Entstehung 328, meint, wer hier die kollektive Metaphorik im Hintergrund sieht, „setzt freilich eine Semantik voraus, derzufolge 'Leib' und 'Glieder' notwendigerweise die Korrelate einer einheitlichen Vorstellung sind." Auch Merklein gegenüber gilt es festzuhalten: Die Rede vom Bildfeld anstatt von einer Vorstellung erlaubt hier Zusammenhänge zu sehen, die im Text selbst nur virtuell angelegt sind.

5.1.2. Die Exklusivität der Gemeinschaft: 10,16-17

Mit dieser Belegstelle befinden wir uns in dem zweiten großen paränetischen Block (Kap. 8-10), in dem es um das Götzenopfer(fleisch) geht. Zwei Exkurse unterbrechen die direkte Erörterung. In Kap. 9 bekräftigt Paulus seine eigene Freiheit und Souveränität (war ihm seine Forderung zur Rücksichtnahme als eigene Unfreiheit ausgelegt worden?), und in 10,1-13 warnt er mit einem Beispiel aus der Geschichte Israels davor, die Kraft der Versuchung zu gering einzuschätzen. Mit 10,14 kehrt er zum Thema zurück, das er, die Konsequenz aus dem zuletzt Gesagten ziehend, ohne Umschweife mit dem Imperativ φεύγετε ἀπὸ τῆς εἰδωλολατρίας aufnimmt. Oder anders: Nachdem Paulus in Kap. 8 im wesentlichen den Aspekt der Rücksichtnahme auf den individuell verschiedenen Erkenntnisstand betont und mit 10,1-13 davor gewarnt hatte, die Frage nach dem Götzenopferfleisch auf die leichte Schulter zu nehmen, bringt er nun in 10,14-22 die eigentlich theologische Begründung für seine Mahnung, den Götzendienst zu fliehen.
Zweimal redet Paulus in diesen Versen in der 2. Pers. Pl. In V. 14 ist es der bereits zitierte Imperativ. In V. 21 zieht er die Schlußfolgerung aus seiner Argumentation: „Ihr könnt nicht den Kelch des Herrn trinken und den Kelch der Dämonen. Ihr könnt nicht am Tisch des Herrn teilhaben und am Tisch der Dämonen.“ Damit eng verbunden ist V. 20a: „Ich will nicht, daß ihr κοινωνοὺς τῶν δαιμονίων werdet.“ Aus formalen Gründen (direkte Anrede nach allgemeiner Erörterung) darf man V. 20a-21 als die Klimax dieses paränetischen Abschnittes ansehen. Hier macht Paulus deutlich, worum es in der Frage nach Götzenopferfleisch (und Götzendienst) eigentlich geht. Und wieder, wie in Kap. 6 (s.o.), betont Paulus die Exklusivität der Christusbeziehung. Von ihr her entscheidet er die Frage nach dem Götzenopfer(fleisch). Der Aspekt der Anteilhabe und der Gemeinschaft ist der durchgängige Argumentationshintergrund.
Worin sieht Paulus die Gefahr? Er argumentiert mit dem Stichwort der κοινωνία, die man entweder mit den Götzen oder mit Christus haben kann. Lehnt er ersteres mit V. 20f ab, so beschreibt er das Geschehen im Herrenmahl in V. 16 in der für uns relevanten Begrifflichkeit:

τὸ ποτήριον τῆς εὐλογίας ὃ εὐλογοῦμεν,
οὐχὶ κοινωνία ἐστὶν τοῦ αἵματος τοῦ Χριστοῦ;
τὸν ἄρτον ὃν κλῶμεν,
οὐχὶ κοινωνία τοῦ σώματος τοῦ Χριστοῦ ἐστιν;

Es stellt sich sofort die Frage nach der Bedeutung von κοινωνία τοῦ σώματος τοῦ Χριστοῦ. Ist es die Anteilhabe am (physischen) Leib Christi, oder ist es die Anteilhabe an der Gemeinschaft derer, die an dem Brot = Leib teilhaben? Im ersten Falle müßte σῶμα Χριστοῦ den gekreuzigten Körper Jesu meinen. Dafür spricht die Parallelität von 16bβ zu 16aβ, so daß αἷμα und σῶμα sich in V. 16 auf Christus, den gekreuzigten (Χριστὸς ἐσταυρωμένος; 2,2), beziehen dürften.
Eine andere Nuance findet sich aber in V. 17:

> ὅτι εἷς ἄρτος, ἓν σῶμα οἱ πολλοί ἐσμεν,
> οἱ γὰρ πάντες ἐκ τοῦ ἑνὸς ἄρτου μετέχομεν.

Dem einen Brot, an dem alle *Anteil haben* wird in Analogie der eine Leib an die Seite gestellt, den „wir, die vielen" *bilden*. Damit ist die Verbindung des Einzelnen mit Christus eng, um nicht zu sagen: unlösbar mit der Gemeinschaft derer verbunden, die wie der Einzelne ebenfalls in Verbindung mit Christus stehen.[18]
Der σῶμα-Begriff oszilliert in 10,16f also semantisch zwischen realer und metaphorischer Bedeutung.[19] Vor diesem facettierenden Hintergrund läßt sich desweiteren in unserem Abschnitt die Alternative von κοινωνοὶ τῶν δαιμονίων εἶναι (V. 20) und κοινωνία τοῦ (σώματος τοῦ) Χριστοῦ (V.16) erklären. Daß hier ein Gemeinschaftsaspekt zum Tragen kommt, der nicht nur die individuelle Gemeinschaft des Einzelnen mit dem Transzendenten, sondern die Kultgemeinschaft betrifft, macht vollends die zweite Analogie der jüdischen Altargemeinschaft deutlich. Dort werden die Einzelnen nicht κοινωνοὶ τοῦ θεοῦ, sondern τοῦ θυσιαστηρίου. Und schließlich geht es in der Erörterung im ganzen ja

---

[18] Vgl. Did 9,4, wo die Vereinigung der Körner von den Bergen zu dem einen Brot die eschatologische Sammlung des Gottesvolkes präfiguriert. - J. HAINZ, KOINONIA. „Kirche" als Gemeinschaft bei Paulus, BU 16, Regensburg 1982, 19, definiert: „'Gemeinschaft' (mit jemandem) entsteht durch gemeinsame 'Teilhabe' (an etwas)." Vgl. so auch H.-J. KLAUCK, Korintherbrief 73; J. KREMER, Der Erste Brief an die Korinther, RNT, Regensburg 1997, 212.

[19] Aus dieser metaphorischen Wende erklärt sich, wie H. CONZELMANN, Der erste Brief an die Korinther, KEK 5, Göttingen [11]1969 (1. Aufl. dieser Ausg.), 134, u.a. richtig gesehen haben, die Umstellung von Kelch und Brot gegenüber den traditionellen Formeln. - H. CONZELMANN, Korinther 203, überspringt dieses Oszillierende, wenn er schon in V. 16 die Kirche gemeint sieht (vgl. auch G. FRIEDRICH, Christus 162 [„Paulus macht keinen Unterschied zwischen dem Christusleib des Herrenmahles und dem Christusleib der Kirche"]; J. HAINZ, KOINONIA 45; G.D. FEE, Epistle 469).

um die gemeinsame kultische Mahlzeit. Sie, das ist die Aussage, verschafft Gemeinschaft mit dem Transzendenten, die den Einzelnen betrifft, die aber gleichzeitig in einen Sozialzusammenhang integriert und sich in der erlebten Gemeinschaft noch verstärkt. Der Sozialzusammenhang der Götzenopfer aber entspricht einer symbolischen Sinnwelt, die mit der der Christen nicht harmonisierbar ist (δαιμόνια vs. κύριος). Deswegen schließen sich auch die beiden entsprechenden Sozialzusammenhänge aus.[20]

5.1.3. Die Weite des Bildfelds: 11,3(.4.5)

„Jedes Mannes κεφαλή ist Christus, κεφαλή der Frau aber [ist] der Mann, κεφαλή Christi aber [ist] Gott." Dies (V. 3) ist die Grundlage für Pauli Argumentation, mit der er die Korinther überzeugen will, daß in den Gottesdiensten[21] die Männer unbedeckten, die Frauen aber bedeckten Hauptes beten und prophezeien sollen.[22] Der Beleg fällt im Zusammen-

---

[20] Es ist also der Meinung von N.M. WATSON, The First Epistle to the Corinthians, Epworth Commentaries, London 1992, 103, zu widersprechen, der Hinweis „on the unity of those who participate in the sacrament does not seem relevant to the immediate context". So auch J. KREMER, Brief 212: V. 17 ist eine „Erläuterung, die vom eigentlichen Thema (Meiden von Götzenopfern) etwas wegführt". C. WOLFF, Brief 231, sieht hier zwar auch das Bild vom Leib Christi, seine theologische Prämisse lautet aber, Paulus verwendet „das Bild vom Leib sonst nicht abgrenzend, sondern zur Veranschaulichung der innergemeindlichen Einheit in aller Vielfalt." Deswegen geht es s.E. hier nicht um die Unvereinbarkeit der Gemeinschaften, sondern um die Einheit und das Füreinander-Dasein (so auch G.L.O.R. YORKE, Church 39). Wie die diesbezügliche Aussage in 10,12-20 lauten soll, verrät er jedoch nicht. Auch J. ROLOFF, Die Kirche im Neuen Testament, GNT 10, Göttingen 1993, ist nicht eindeutig: Einerseits entsteht für ihn im Herrenmahl eine „exklusive Verbindlichkeit" (a.a.O. 104), andererseits steht σῶμα in 10,17 „für die *funktionale* Einheit" (a.a.O. 101; Hervorhebung von mir) bzw. ist das Organismus-Modell hier doch wenigstens „als Komponente vorhanden" (a.a.O. 107).

[21] H.R. HOLMYARD III, Does 1 Corinthians 11:2-16 Refer to Women Praying and Prophesying in Church, BS 154 (1997) 461-472, versucht, das hier nicht infrage gestellte Reden von Frauen mit dem Redeverbot in 1Kor 14,33b-36 zu harmonisieren, indem er in Kap. 11 ein außergottesdienstliches Reden gemeint sieht.

[22] Nach der rhetorischen Analyse von A.C. WIRE, The Corinthian Women Prophets. A Reconstruction Through Paul's Rhetoric, Minneapolis 1990, 37, ist dies eines der diachronen Argumentationsmuster in 1Kor („Argument by Analogy to Christ's Subordination to God"), das sich auch in 3,21-23 und 15,23-28

hang der Leib-Metaphorik in 1Kor insofern aus dem Rahmen, als er weder eine kollektive Dimension hat noch christologisch begründet ist. 1Kor 11,3 ist nicht Teil der ekklesialen Leib-Metaphorik.
Eine genaue Analyse des ganzen Abschnittes ist für unsere Fragestellung nicht notwendig. Uns interessiert der direkte Kontext nur insoweit, als er Aufschluß gibt über die Bedeutung von κεφαλή. Zunächst fällt auf, daß, wie in Kap. 10 der σῶμα-Begriff, hier auch der der κεφαλή zwischen literalem und metaphorischem Gebrauch hin- und herwechselt. Ist V. 3 noch eindeutig als metaphorisch zu charakterisieren, so ist dies in den Versen 4 und 5 schon nicht mehr offensichtlich.

> V. 4: Ein Mann, der κατὰ κεφαλῆς ἔχων betet und prophezeit schändet/entehrt sein Haupt (καταισχύνει τὴν κεφαλὴν αὐτοῦ), und dasselbe gilt (mit derselben Formulierung) für die Frau, wenn sie ἀκατακαλύπτῳ τῇ κεφαλῃ betet oder prophezeit.

Das bedeckte bzw. unbedeckte Haupt ist natürlich der reale Kopf der Betenden und Prophezeienden (wie auch in V. 7 und in V. 10). Aber über welche κεφαλή bringen Mann und Frau Schande? Das jeweilige Possessivpronomen (καταισχύνει τὴν κεφαλὴν αὐτοῦ/αὐτήν) wird auf V. 3 verweisen, wo Paulus possessiv von Christus als dem Haupt des Mannes und vom Mann als Haupt der Frau spricht. Der Mann bringt also Schande über Christus, wenn er bedeckten, die Frau bringt Schande über den Mann, wenn sie unbedeckten Hauptes betet und prophezeit.[23]
Worin besteht nun der metaphorische Gehalt des κεφαλή-Begriffs? Die Forschung hat dazu zum Teil erhitzte Diskussionen geführt. Nicht immer scheint es dabei nur um exegetische Fragen gegangen zu sein.

---

findet. - Ob es sich bei der Kopf-„Bedeckung" um hochgesteckte Haare (W. SCHRAGE, Brief, 507) oder um ein Kleidungsstück handelt (G. THEISSEN, Psychologische Aspekte paulinischer Theologie, FRLANT 131, Göttingen 1983, 163: „ein über den Kopf geschobenes Himation"), muß hier nicht entschieden werden.

[23] Ohne eine eigenen Vorschlag zu formulieren, verneint J. WEISS, Korintherbrief 270, diese Interpretation, weil das Possessivpronomen auf einen Ehepartner verweisen müßte, was eine unzulässige Einschränkung des Geltungsbereichs dieser Aussagen bedeutete. Das Possessivpronomen befindet sich jedoch im Bereich der Metapher und kann so das generelle Geschlechterverhältnis meinen.

Die ausführlichste einzelne Debatte ist die zwischen Wayne Grudem und Richard S. Cervin im Trinity Journal.[24] Der Streit geht um die Frage, ob κεφαλή im bildlichen Sinne mit „Quelle“ oder mit „Autorität“ zu übersetzen ist. Die Befürworter der letzteren Option haben die griechischen Belege auf ihrer Seite.[25] Lediglich in Herodot 4,91,2, einer Beschreibung der Quellen des Flusses Tearos, läßt sich κεφαλή relativ eindeutig als „Quelle“ widergeben: Τεάρου ποταμοῦ κεφαλαὶ ὕδωρ ἄριστόν τε καὶ κάλλιστον παρέχονται πάντων ποταμῶν.[26]

---

[24] W. GRUDEM, Does κεφαλή ('Head') Mean 'Source' or 'Authority Over' in Greek Literature? A Survey of 2,336 Examples, Trinity Journal 6 (1985) 38-59; R.S. CERVIN, Does κεφαλή Mean 'Source' or 'Authority Over' in Greek Literature? A Rebuttal, Trinity Journal 10 (1989) 85-112; W. GRUDEM, The Meaning of κεφαλή ('Head'): A response to recent studies, Trinity Journal 11 (1990) 3-72. Die Debatte ist im nicht geringen Umfang von gegenseitigen Vorwürfen über mangelhafte Methodik und falsche Quellenlektüre geprägt. Vgl. auch die hermeneutischen Einwürfe zu 1Kor 11,3 bei R.S. CERVIN, κεφαλή 112, und W. GRUDEM, Meaning 39, in denen es um die heutige Bestimmung des Geschlechterverhältnisses und der Rolle von Frauen in der Kirche geht.

[25] Vgl. etwa o. zu Plutarch (S. 85 mit Anm. 26) und Philo (S. 94). Daß Plutarch von Ereignissen aus der lateinischsprachigen Welt berichtet und also an dieser Stelle kein Gewährsmann für gängigen griechischen Sprachgebrauch sein kann, sondern von lateinischen Termini beeinflußt ist (so R.S. CERVIN, Κεφαλή 102f, der a.a.O. 112 gegen die Vorstellung von Autorität die der „preeminence“ stellt), ist natürlich kein Gegenargument. Plutarch wollte von griechischsprachigen Lesern verstanden werden (vgl. auch W. GRUDEM, Meaning 26). Zudem ist davon auszugehen, daß antike Historiographen wörtliche Rede selbst entworfen haben. Zu der Diskussion um Latinismen vgl. auch o. S. 103 mit Anm. 72.

[26] S. BEDALE, The Meaning of kephale in the Pauline Epistles, JTS 5 (1954) 211-215, argumentiert von der LXX her gegen eine einfache Gleichsetzung von κεφαλή und Führer, Autorität. Im klassischen Griechisch gebe es die Bedeutung von Herrscher für κεφαλή nicht. Nur die LXX gebe das hebräische *rosh* mit κεφαλή wieder. Andererseits begegnet aber v.a. ἀρχή oder eins seiner Derivate. Das heißt für Paulus (der auch Autor von Kol und Eph ist): Wenn er im bildlichen Sine von κεφαλή spricht, meint er zumindest auch und v.a. „the 'beginning' of something. [...] in St. Paul's usage, κεφαλή may very well approximate in meaning to ἀρχή“ (a.a.O. 213). Für eine Übersetzungsmöglichkeit mit „Autorität“, „Herrscher“ plädiert auch J.A. FITZMYER, Another Look at ΚΕΦΑΛΗ in 1 Corinthians 11.3, NTS 35 (1989) 503-511. V. HASLER, Die Gleichstellung der Gattin. Situationskritische Reflexionen zu I Kor 11,2-16, ThZ 50 (1994) 189-200, 193, will in 1Kor 11 ausschließlich die Übersetzung mit „Oberhaupt“ gelten lassen.

Die ganze Debatte arbeitet jedoch mit falschen Alternativen. Es gehört gerade zum Wesen der Metapher, ihren Sinn nicht exakt abgrenzen zu können. Natürlich ist es wichtig, antike Parallelen für eine Bedeutungsnuance anführen zu können. Und da ist, vorsichtig ausgedrückt, die Übersetzung mit „Quelle“ eher schlecht gesichert.[27] Aber dennoch liegt in dieser Metapher vom Haupt auch davon etwas: Führung, Autorität, Ursprung, Ansehen und Status - all diese Nuancen lassen sich in der Regel immer in irgendeiner Art und Anzahl miteinander verbinden. Der semantische und pragmatische Kontext muß klären helfen, welche Aspekte jeweils impliziert sind. Dies gilt auch für 1Kor 11.

Daß einer des anderen κεφαλή ist, ist eine Aussage auf der Beziehungsebene. Zur Klärung dieses Bildes macht es Sinn, andere Aussagen auf der Beziehungsebene zu suchen. Wir haben nach Beziehungsaussagen zu suchen, die mit der Metapher von der κεφαλή zu vergleichen sind, d.h. nach Aussagen, die erstens ein Gefälle ausdrücken und zweitens interpretierend über die unmittelbare Alltagswirklichkeit hinausweisen. Folgende Aussagen kommen in Betracht (für den Gesamteindruck ist die Haupt-Metapher vorangestellt):

(1) Der Mann ist das Haupt der Frau (V. 3).
(2) Die Frau ist die δόξα des Mannes (V. 7).
(3) Die Frau bringt Schande über ihren Mann (καταισχύνει), wenn sie „unbedeckten“ Hauptes redet (V. 5).
(4) Protologisch ist die Frau aus dem Mann (γυνὴ ἐξ ἀνδρός) und um des Mannes Willen geschaffen (διὰ τὸν ἄνδρα, V. 8f).[28]

Die ersten beiden Aussagen sind in ihrer formalen Reziprozität aufeinander bezogen. Es handelt sich bei der Vorordnung des Mannes um eine ontologische, die v.a. protologisch begründet ist.[29] Die funktionale Kon-

---

[27] Trotzdem entscheiden sich z.B. C.K. BARRETT, Corinthians 248 (wegen V. 8 „strongly suggested“); G.D. FEE, Epistle 503; N.M. WATSON, Epistle 112; K. QUAST, Correspondence 68, für diese Übersetzung. H.-J. KLAUCK, Korintherbrief 78, hält sie immerhin für möglich.

[28] Andere Aussagen sind: (1) Mann und Frau können ohne einander nicht sein (V. 11). (2) Biologisch ist der Mann aus der Frau (V. 12). Es hat den Anschein, als wolle Paulus sein eigenes Argument abschwächen oder vor Fehlinterpretationen schützen.

[29] Christologie und Soteriologie, die sonst bei Paulus für seine anthropologischen und ekklesial-paränetischen Aussagen eine entscheidende Rolle spielen, sind hier ausgeblendet. Das allein schon deutet auf eine Ausnahmeposition dieses Textes innerhalb paulinischer Äußerungen hin und erklärt auch die Schwäche der

sequenz (Kopf-„Bedeckung") betrifft hier die Haltung der Frau gegenüber dem Mann, die sich in einer an sich gar nicht auf den Mann gerichteten Handlung ausdrückt. Sie betrifft nicht ein bestimmtes Verhalten zueinander. Von Führung und Autorität ist nicht die Rede, sondern von Ehre und Achtung.[30]

Das, so m.E. überzeugend M.D. Hooker, hängt mit der Vorstellung der δόξα zusammen. Der Mann widerspiegelt die δόξα Gottes, die Frau die des Mannes (V. 7), wie Paulus protologisch mit Gen 1f begründet. Er assoziiert diesen Rekurs wohl mit Vorstellungen, wie sie in der Erzählung von Moses' gewandelter, strahlender Erscheinung nach der Gottesbegegnung am Sinai aufleuchten. Diese δόξα soll der Mann nicht verdecken. Andererseits soll die Frau ihr Haupt verhüllen, um nicht mit der δόξα des Mannes von Gott und seiner δόξα abzulenken.[31]

Argumentation, die Paulus wohl selbst empfunden hat (vgl. seine abschließenden Hinweise auf Natur und Sitte [φύσις und συνήθεια] in V. 14-16). Dagegen meint J. MURPHY-O'CONNOR, 1 Corinthians 11:2-16 Once Again, CBQ 50 (1988) 265-274, S. 270, die protologische Ordnung werde hier durch Christus modifiziert. Pointierter vertritt dies noch V. HASLER, Gleichstellung 194: Gemeint ist hier nicht der Mann an sich, sondern „der vom Geiste bewegte Mann", der, Hasler verweist auf 2Kor 3,18, die Herrlichkeit Gottes widerspiegelt und in sie verwandelt wird. „Paulus blickt nicht auf die alte Schöpfungsgeschichte zurück, sondern vorwärts auf die καινὴ κτίσις (II Kor 5,17; Gal 6,15)." Aber von diesen Zusammenhängen ist in 11,2-16 nichts zu lesen, von der „alten Schöpfungsgeschichte" jedoch sehr viel. Zudem: Sollte dieser menschliche Zustand in der neuen Schöpfung nur auf den Mann beschränkt sein? Nicht deutlich wird bei Hasler, wieso, was er ebd. behauptet, nicht die Verse 7-9, sondern V. 11 den „Schlüssel zum rechten Verständnis" liefert.

[30] Vgl. auch G.D. FEE, Epistle 502.504; A.C. PERRIMAN, The Head of the Woman: The Meaning of κεφαλή in I Cor. 11:3, JThS 45 (1994) 602-622, S. 620. Wie ließe sich auch aus der Aussage, der Mann habe Autorität über die Frau, logisch ableiten, daß die Frau beim gottesdienstlichen Reden ihr Haupt „bedecken" soll? Obwohl also die Bedeutungsnuance „Autorität" mit der Metapher vom Haupt per se möglich ist, schließt sie der direkte Kontext von 1Kor 11 aus.

[31] M.D. HOOKER, Authority on Her Head: An Examination of 1 Cor XI.10, in: From Adam to Christ. Essays on Paul, Cambridge 1990, 113-120, S. 119. Falsch ist die Ansicht von V. HASLER, Gleichstellung 200, Paulus warne vor der „Demonstration einer eigenen Herrlichkeit." - Ob es konkret nicht eher darum geht, daß die Männer durch die „uncovered locks" der Frauen abgelenkt werden, überlegen M.D. HOOKER, Authority 119, und G. THEISSEN, Aspekte 177 (dabei werden „sexuelle Impulse [...] auf dämonische Mächte projiziert"). Zur konkre-

Es bleibt noch zu klären, wie sich zu diesem Befund die christusbezogenen Aussagen verhalten: Christus ist des Mannes κεφαλή und Gott die Christi (V. 3). Die Aussage über das Hauptsein des Mannes bezüglich der Frau ist in diese beiden Relationen eingebettet. Für die Argumentation hätte der Hinweis auf das Verhältnis Mann - Christus ausgereicht. So wäre eine Linie geschaffen, die die alltagswirklichen Beziehungen in einen logischen Zusammenhang mit der außeralltäglichen, symbolischen Wirklichkeit stellt. Warum aber noch der Rekurs auf die Beziehung Christus - Gott, und was sagt er aus?
Für letzteres müssen wir nicht in christologische oder trinitätstheologische Diskussionen einsteigen (Subordinationismus? Modalismus?), sondern können auf 1Kor 15,24.28 verweisen. Dort hat Paulus keine Schwierigkeiten davon zu reden, daß Christus am Ende Gott das Reich übergibt (παραδιδῷ τὴν βασιλείαν) und ihm untergeordnet sein wird (αὐτὸς ὁ υἱὸς ὑποταγήσεται). Es besteht also, das läßt sich mindestens sagen, ein irgendwie geartetes Gefälle zwischen Gott und Christus. Aufgrund des Futurs ist es möglich, daß Paulus es für die Gegenwart als ein

---

ten Situation wird man gesichert nicht mehr sagen können, als daß in enthusiastischer Freiheit Frauen gegen einen bestimmten gesellschaftlichen, das Geschlechterverhältnis betreffenden Verhaltenskodex verstoßen und damit zumindest Konflikt*potential* mit außergemeindlichen Ansichten geschaffen haben. Ob nur Paulus, ein Teil der Gemeinde oder die Umwelt Schwierigkeiten mit diesem Verhalten hatten oder befürchteten, muß hier offenbleiben. V. HASLER, Gleichstellung 195, behauptet, Paulus bringe die Ehefrau, die sich aufgrund der paulinischen ἐν Χριστῷ-Aussagen als „enthusiastische Ausreisserin" autonom fühle, wieder „unter die Schirmgewalt des Kyrios" und an die Seite ihres Mannes „in die heilschaffende Kephale-Reihe zurück" (vgl. auch G.P. CORRINGTON, The 'Headless Woman': Paul and the Language of the Body in 1 Cor 11:2-6, PRSt 18 [1991] 223-231, S. 225). Eine Reduzierung auf die Ehefrauen ist aber im Text nicht erkennbar. Der allgemeine protologische Bezug in den V. 7-9, v.a. aber die Betonung von πᾶς ἀνήρ und πᾶσα γύνη in V. 4f sprechen dagegen. Der Hinweis auf die Kopfbedeckung als Ehesymbol, wie sie G.P. CORRINGTON, Woman 225, versteht, ist noch zu unspezifisch - zumal, wenn man in 1Kor 11 an die Haartracht denkt. - Inwieweit auch Männer angesprochen sind, ist umstritten. D.W.J. GILL, In Search of the Social Elite in the Corinthian Church, TynB 44 (1993) 323-337, S. 331, vermutet, in der sich römisch gebenden Kolonie Korinth haben Männer aus der Elite durchgesetzt, daß man als Mann nach römischer Sitte im Gottesdienst nur mit bedecktem Kopf beten darf (vgl. auch G. THEISSEN, Aspekte 164; J. MURPHY-O'CONNOR, Corinthians 266-269).

lediglich latentes gedacht hat. Aber auch damit bliebe es real und Teil der symbolischen Sinnwelt, auf die er in 1Kor 11 rekurriert.
Und der Rekurs auf die symbolische Sinnwelt ist m.E. der Sinn dieser christologischen Aussage. Mit ihm begründet Paulus, daß das Verhältnis zwischen Mann und Frau und die dazugehörige Haltung den Verhältnissen korrelieren, wie sie in der übergeordneten Realität, aus der die Gemeinde ihr Dasein und ihre Legitimation bezieht, herrschen. Das ist noch mehr als die Verbindung der Alltags- mit der Symbolwelt, die mit dem Hauptsein Christi gegenüber dem Mann gegeben ist. Die Beziehung Christus - Gott spielt sich vollständig in der symbolischen Welt ab und wird so alltagsweltlicher Diskussion enthoben und in ihrer Absolutheit unangreifbar.[32] Paulus begründet damit seine Auffassung, daß es in der egalitären Gemeinde von Gal 3,28 und 1Kor 12 immer noch graduelle Unterschiede geben kann, die ein Mindestmaß an „Umweltverträglichkeit“ für die Gemeinde sichern: Wenn es schon bei Gott und Christus einen Unterschied gibt, dann sollte es den Korinthern nicht schwerfallen, in der äußeren Erscheinung beim Gottesdienst dieses Zugeständnis an Natur und Sitte zu machen.[33]

---

[32] Vgl. auch A.C. WIRE, Women Prophets 37: Paulus stellt einem möglichen „suggestive parallel case“ einen noch wirkungsvolleren „authoritative divine case“ gegenüber.

[33] Vgl. auch A.C. WIRE, Women Prophets 37, zur Gedankenstruktur: „Christ is being subordinated to God as an argument to confirm a distinctive ordering of two other terms.“ Und J. KREMER, Brief 227, paraphrasiert: „Selbst Christus [...] hat [...] sein ‘Haupt’“, damit ist die Unterordnung unter ein Haupt nichts Ehrenrühriges. - Mit all dem ist gesagt, daß Paulus hier konzessiv gegenüber seiner eigenen egalitär-freiheitlichen Ansicht argumentiert (so u.a. auch J. WEISS, Korintherbrief 270; J. ROLOFF, Kirche 95; J.D.G. DUNN, I Corinthians, New Testament Guides, Sheffield 1995, 70: „the impression that Paul basically reaffirmed female subordination to male is hard to avoid“). G.P. CORRINGTON, Woman 224, vermutet „that Paul’s attempt to regulate the behavior of the ‘spiritual’ women of Corinth in 1 Cor 11:2-16 arises fom his fear that these women are ‘out of control’ and in fact have metaphorically ‘lost their heads’ (the males who normally would ‘control’ them), thereby creating a dangerous opportunity for subversion of ‘order’ in the congregation and in society, a subversion that in Paul’s view reaches to the ‘natural’ order and even to heaven itself.“ Dagegen meint S.E. MCGINN, ἐξουσίαν ἔχειν ἐπὶ τῆς κεφαλῆς: 1 Cor 10:11 and the Ecclesial Authority of Women, Listening 31 (1996) 91-104, Paulus argumentiere implizit gerade *mit* den egalitären Aussagen etwa aus Gal 3,28 (vgl. so auch V. HASLER, Gleichstellung 200). Nach MCGINN meint Paulus, die christologische Gleichstel-

5.1.4. Die Gemeinschaft feiert ihren Urheber: 11,29

In 11,17-34 rekurriert Paulus zum zweiten Mal auf das Herrenmahl. Ging es in Kap. 10 um die Unvereinbarkeit der Teilnahme sowohl an paganen Kultmahlen als auch am Herrenmahl, also um außergemeindliche Kontakte, so behandelt er nun die innergemeindlichen Zu- bzw. Mißstände bei den Mahlzusammenkünften. Die Probleme zeigen sich darin, daß einige schon satt sind, während andere noch hungern. Mitgebrachte Speisen werden nicht allen zur Verfügung gestellt, sei es durch unmittelbare Bevorzugung, sei es dadurch, daß nicht aufeinander gewartet wird (V. 33: ἀλλήλους ἐκδέχεσθε).

G. Theißen und P. Lampe haben bei dem Versuch, den sozialgeschichtlichen Hintergrund dieses Phänomens zu erhellen, Antworten gefunden, die sich gegenseitig ergänzen. Theißen vermutet seitens der wohlhabenden Gemeindeglieder ein Verhaftetsein in ihren sozialen Strukturen, das sie auch in der Gemeinde eher zu sozial Gleichrangigen tendieren läßt, denen gegenüber sie ihre Loyalität erweisen. Damit reagieren sie auf soziale Erwartungen, die jedoch konträr zu den innergemeindlichen Erwartungen stehen, wie Paulus sie hier thematisiert. Es ist dies also als ein „Konflikt zwischen verschiedenen Verhaltensmustern zu verstehen, die beide als sozial fundierte Erwartungen an die reicheren Christen herangetragen wurden“.[34] Auch Lampe vermutet einen Rollenkonflikt und vergleicht das Verhalten der wohlhabenden Gemeindeglieder mit dem, das in den Gastmählern ihrer paganen Umwelt üblich ist. Dabei entprechen sich die korinthische Herrenmahlsfeier und der hellenistische ἔρανος strukturell: Beim paganen Festmahl gab es eine ähnliche Abfolge von Opfer, Essen, Libation, informellem Zusammensein (letzterem entspricht in den christlichen Gemeinde das, was in 1Kor 14 beschrieben ist). Vor dem allen fand das eigentliche Hauptmahl statt, das Essen zwischen Opfer und Libation fiel bescheidener aus. Oft kamen Gäste erst zu diesem zwei-

---

lung der Geschlechter mache ein Insistieren auf Äußerlichkeiten unnötig. Paulus stütze hier „the authority of prophetic women *as women*“ (a.a.O. 99, Hervorhebung von der Autorin). Daß von einer christologisch-soteriologischen Argumentation in 1Kor 11,2-16 jedoch nicht geredet werden kann, habe ich bereits gesagt. Zudem fehlt in der Einheitsformel in 12,13 im Gegensatz zu Gal 3,28 gerade das Paar ἄρσεν καὶ θῆλυ! Auch die Argumentation bei F. LANG, Briefe 139, weil beide, Mann und Frau, ein Haupt über sich hätten, seien sie „formal [...] gleichgestellt“ (identisch so auch H.-W. PARK, Kirche 236), geht ins Leere, denn es ist eben nicht einerlei, was für ein Haupt man über sich hat.

[34] G. THEISSEN, Soziale Integration und sakramentales Handeln. Eine Analyse von 1 Cor. XI 17-34, in: Studien zur Soziologie des Urchristentums, WUNT 19, Tübingen [3]1989, 290-318, S. 309.

> ten Essen, wohl wissend, daß es nicht so üppig ausfiel wie das erste. Dieses Muster haben die reicheren Korinther unreflektiert auf das Herrenmahl übertragen. Das verweist auf eine anhaltend starke Verwurzelung in ihrem paganen Kontext. „Looking back at the Corinthian scenario, one can see that the inconsiderate behavior of the richer Corinthians was the result of their unreflected prolongation of their prebaptismal behavior“.[35]

Das Herrenmahl, das nach 10,16f die Geschlossenheit der Gemeinde begründen soll, bringt realiter ihre Desintegration zum Vorschein. Hervorgerufen ist dies durch die anhaltend starke Orientierung reicherer Christen an ihren (ehemaligen) paganen Kontexten, deren Erwartungshaltungen sie sich immer noch ausgesetzt sehen bzw. deren Verhaltensstrukturen sie unreflektiert auf die Gemeinde übertragen. Die alte Alltagswirklichkeit reicht in die neue, in die Gemeinschaft der Konvertiten hinein, und verursacht aufgrund ihrer Inkompatibilität Konflikte. Die Konversion scheint eher von einer sekundären statt von einer Neusozialisierung begleitet gewesen zu sein.

Die Konflikte entzünden sich daran, daß die Ärmeren in diesem Oberschichtmodell von gemeinsamen Mahlzeiten nicht vorkamen. Paulus versucht nun mit diesen Versen eine Lösung. Dabei ist wieder, wie in Kap. 10, vom σῶμα die Rede (V. 24.27.29), wieder scheint es innerhalb der Argumentation eine tragende Rolle zu spielen - und wieder scheint zumindest an einer Stelle die semantische Gehalt von σῶμα zwischen verschiedenen Bedeutungen zu oszillieren:

---

[35] P. LAMPE, The Eucharist. Identifying with Christ on the Cross, Interpr. 48 (1994) 36-49, S. 40. A.a.O 40f plädiert Lampe dafür, statt theologischer Entwürfe (Libertinismus usw.) dieses Verhaftetsein in der Vergangenheit als Ursache für die vielen Probleme in der Gemeinde Korinths anzusehen (vgl. auch B.F. MEYER, Church 16 und o. S. 50 Anm. 37). Als Beispiel einer Darstellung von auf Umwelteinflüsse zurückgehenden theologischen Auseinandersetzungen sei H.-J. KLAUCK, Herrenmahl 331, zitiert: „Zwischen Paulus und den Korinthern ist eine Auseinandersetzung über das Wesen des Sakraments entbrannt [...] Bei den Korinthern ist mit massivem Einfluß aus der Umwelt zu rechnen. Sie verstehen Christus als ihren Kultheros, der Anteil gibt an seinem unzerstörbaren Leben [...] Die Erwartung der Wiederkunft des Herrn wird verdrängt durch die Gewißheit seiner kultischen Epiphanie [...] Das Mißverständnis des Herrenmahls verhindert, daß es lebensgestaltend wirkt, und führt notwendig zu schweren Mißständen bei seiner Feier [...] Gegen allen Überschwang unterstreicht er (sc. Paulus) den Ernst des Kreuzestodes, der Inhalt der Feier sein soll.“

V. 29 spricht davon, daß der sich zum Gericht ißt und trinkt, der nicht den Leib unterscheidet, richtig einschätzt: μὴ διακρίνων τὸ σῶμα.

Paulus qualifiziert σῶμα in diesem Vers nicht näher, anders als in der Abendmahlsparadosis in V. 24 (μού ἐστιν τὸ σῶμα) und in seiner Schlußfolgerung zum unwürdigen Essen und Trinken der Elemente in V. 27 (ἔνοχος ἔσται τοῦ σώματος καὶ τοῦ αἵματος τοῦ κυρίου). Beides meint den Leib Jesu. Hielt Paulus es nun einfach nicht mehr für notwendig, σῶμα noch einmal in derselben Weise näher zu qualifizieren?[36] Gegen die Identifizierung mit dem Leib Jesu spricht aber die hier fehlende Erwähnung des αἷμα, die neben der ausgelassenen Qualifizierung durch τοῦ κυρίου die andere Besonderheit in V. 29 gegenüber den Versen 24f und 27 darstellt. Entscheidend ist jedoch der Zusammenhang der Verse 29 und 31 (V. 30 kann als Einschub unberücksichtigt bleiben):

V. 29: ὁ γὰρ ἐσθίων καὶ πίνων κρίμα ἑαυτῷ ἐσθίει καὶ πίνει μὴ διακρίνων τὸ σῶμα.
V. 31: εἰ δὲ ἑαυτοὺς διεκρίνομεν, οὐκ ἂν ἐκρινόμεθα·

Die Aussagen verlaufen parallel, was sich folgendermaßen darstellen läßt:

Wer den Leib nicht richtig einschätzt (διακρίνων),	ißt sich zum Gericht (κρίμα).
Wenn wir uns richtig einschätzen (διεκρίνομεν),	werden wir nicht gerichtet (ἐκρινόμεθα).[37]

In beiden Versen geht es um das Verhältnis von Beurteilung oder Einschätzung und Gericht. V. 31 hat eine sachliche Parallele in V. 28: δοκιμαζέτω δὲ ἄνθρωπος ἑαυτόν. Auch dort geht es um die richtige Selbsteinschätzung, und auch dort geht es um die Folgen, auch wenn diese in V. 27 vorangestellt und als Konsequenz aus dem falschen Verhalten formuliert sind: ἔνοχος ἔσται τοῦ σώματος καὶ τοῦ αἵματος τοῦ κυρίου. Aber in V. 28 formuliert Paulus im Singular, in V. 31 dagegen im Plural. Das läßt m.E. folgenden Schluß zu: Paulus will zunächst

[36] Das scheint H. CONZELMANN, Korinther 239, vorauszusetzen, wenn er V. 29 als eine „Variation" zu V. 27 versteht.

[37] Im Sinne von „müssen wir nicht gerichtet werden", denn das Gericht an den Christen ist nach V. 32 dazu da, sie durch rechtzeitige Erziehung vor der Verurteilung mit der Welt zu bewahren. Das haben sie bei richtiger Selbsteinschätzung nicht mehr nötig.

sich dem Einzelnen zuwenden und zur Reflektion über sein Verhalten auffordern. Der Orientierungspunkt für den Einzelnen ist dabei Leib und Blut Christi, also gewissermaßen ebenfalls eine individuelle Größe. Damit ist Paulus aber noch nicht am Ende, denn nun bringt er zusätzlich einen kollektiven Aspekt ins Spiel: Wenn *wir uns* richtig einschätzen, brauchen wir das Gericht nicht mehr zu fürchten. Das ist keine bloße Dopplung, sondern auf dem Plural liegt Gewicht: Nicht nur, wer und was der Einzelne im Verhältnis zu Christus ist, ist richtig einzuschätzen, sondern auch um was für eine Art Gemeinschaft es sich bei der ἐκκλησία handelt (V. 31). V. 29 steht zwischen diesen beiden Gedankengängen, dem individuellen und dem kollektiven, und läßt sich nach beiden Richtungen interpretieren. Dann ist σῶμα einmal der Kreuzesleib Jesu, wie ihn das Brot darstellt, das andere Mal σῶμα als Leib Christi, wie es die Gemeinde ist. Nach 10,16f ist diese Doppeldeutung möglich.
Sollte dies zutreffen, dann bekäme der der ganze Abschnitt zusätzlich dadurch Struktur, daß sich V. 29 auf V. 22 beziehen ließe. Dort ist gegenüber V. 18 betont von der ἐκκλησία *τοῦ θεοῦ* die Rede, und Paulus warnt davor, diese gering-, also falsch einzuschätzen (καταφρονεῖν): Es handelt sich nicht um irgendeine Versammlung, sondern um die Gemeinde *Gottes*![38]

Hier nun schließt sich der Kreis, indem ich noch einmal an die Ergebnisse bei Theißen und Lampe erinnere: Die reicheren Christen waren in ihrem Denken und Tun noch stark in ihrer paganen Vergangenheit und deren Konzepten verhaftet. Nach 1Kor 8,27f waren auch die realen Kontakte aus der Vergangenheit nicht abgebrochen (und Paulus fordert auch nicht auf, dies nachzuholen!). Gleichzeitig aber mußte das Verständnis dafür entwickelt und gestärkt werden, „that the church was a new cultural setting where new customs and habits needed to be developed in some areas."[39]

---

[38] Zu einfach macht es sich F. HAHN, Das Herrenmahl bei Paulus, in: Paulus, Apostel Jesu Christi, FS G. Klein (hg. v. M. Trowitzsch), Tübingen 1998, 23-33, S. 27 Anm. 11, der schlicht behauptet: „Die ekklesiologische Komponente [...] ist [...] für Paulus vorauszusetzen, zumal er in 11,22 von der ἐκκλησία τοῦ θεοῦ spricht." Worin er den Konnex der Verse 22 und 29 sieht, sagt er nicht. Die bloße Koinzidenz ist nicht entscheidend. Besser H.-J. KLAUCK, Herrenmahl 327 (auch wenn ich seine Einschätzung von σῶμα an dieser Stelle nicht teile): „Die mangelnde Unterscheidungsgabe gegenüber dem eucharistischen Leib in V. 29 und die Mißachtung der Gemeinde Gottes in V. 22 haben eine Wurzel" (vgl. zu Klaucks Verständnis von V. 29 jedoch auch u. S. 125 Anm. 41).

[39] P. LAMPE, Eucharist 41.

Es handelt sich hier also um das Bemühen einer Vervollständigung der gemeindlichen Sozialisation. Σῶμα in seiner Doppelbedeutung könnte von Paulus diesem Zweck dienstbar gemacht worden sein. Wir hatten zu 10,16f gesehen, daß Gemeinde dort nicht nur im Lichte des Christusgeschehens, sondern im Bezug auf den *sich dahingebenden* Christus gedeutet wurde. Das tut Paulus auch hier. Er rahmt die Herrenmahlsüberlieferung der Verse 23b-25 mit dem Hinweis auf den Überlieferungscharakter als Autoritätsbeweis (V. 23a) und mit einer Interpretation der Worte und des entsprechenden gemeindlichen Geschehens in V. 26.[40] Diese Interpretation nun zielt auf den Tod Jesu, der erinnert und verkündet werden soll. Damit wird betont, daß dieses Mahl aufgrund der Hingabe Jesu gefeiert wird und in dieser Gemeinschaft nur deswegen gefeiert werden kann (sonst gäbe sie es nicht). Daß Jesus selber zu Wort kommt, verstärkt diesen Impetus. Die Gemeinde verdankt sich der Hingabe Jesu, und sie erinnert daran nicht nur, indem sie sich verbal auf Christus beruft, sondern ihre Gemeinschaft auch nach dessen Handlungsprinzip der Hingabe lebt. Darum ist die ἐκκλησία του θεοῦ auch σῶμα, und zwar σῶμα Χριστοῦ,[41] in der das Verhalten der reicheren Christen beim Herrenmahl

[40] Es könnte auch sein, daß V. 26 noch zur geprägten Formulierung gehört. Die 2. Pers. Pl. spricht dafür, da Paulus sonst in der allgemeinen 3. Pers. Sing. (V. 27-29) oder in der inklusiven 1. Pers. Pl. formuliert. Wie dem auch sei: Er hätte dieses Traditionsstück auch gar nicht zu zitieren brauchen. Indem er es doch tut, will er dessen Aussagen seiner Argumentation nutzbar machen. Der pragmatische Gehalt wird von der Zuordnung des Textstücks zu Paulus oder zur Tradition nicht berührt.

[41] G. THEISSEN, Integration 306f, interpretiert σῶμα in V. 29 anders. Er vermutet (a.a.O. 307: „Hypothese"), daß ein Problem beim korinthischen Herrenmahl die unterschiedliche Qualität der Speisen war (einige konnten sich Fleisch leisten), versteht σῶμα als Hinweis auf das Brot und zieht die Linie weiter aus in Richtung feste Speise, und zwar als „Anspielung auf die σώματα von Tieren" (a.a.O. 306). Damit wäre m.E. aber ein Unteraspekt des Problems mit einem potentiell zu bedeutungsvollen Begriff verbunden worden. - Auch A. STROBEL, Brief 180 (die „abgekürzte Redeweise zielt in besonderer Weise auf die Einhaltung der gemeinschaftlichen Grundverhaltensweisen"); H.-J. KLAUCK, Korintherbrief 84; G.L.O.R. YORKE, Church 41, und J. ROLOFF, Kirche 105, verstehen in 11,29 σῶμα als die Gemeinde. Präziser sprach H.-J. KLAUCK in Herrenmahl 327, noch von der „Möglichkeit schillernder Übergänge".

dem Handlungsvorbild des sich hingebenden Christus widerspricht.[42] Der nächste Abschnitt setzt diesen Gedanken fort.

5.1.5. Gemeinschaft im Sinne des Urhebers: 12,12-27

In 1Kor 12, dem zentralen Abschnitt über das paulinisch-charismatische Gemeindeverständnis, sind es die Verse 12-27, die unmittelbar für unsere Fragestellung relevant sind. Weil das ganze Kapitel aber einen zusammenhängenden Aufbau aufweist, soll dieser als syntagmatischer Kontext zunächst dargestellt werden.

Deutlich sind zwei Teile zu erkennen: 1-11 bilden die theoretische (und in den Versen 8-11 auch praktische) Grundlegung der ekklesiologischen Verfahrensweisen, wie sie Paulus auf den einen Geist zurückführt. Die Verse 14-30 bilden den anderen großen Abschnitt, der sich des Vergleichs bzw. der Metapher bedient, um den Umgang mit diesem charismatischen Gemeindemodell zu erläutern. Die Verse 12 und 13 bilden die Schnittstelle zwischen beiden Blöcken, in der Paulus über das Zustandekommen der christlichen Gemeinde grundsätzlich christologisch-pneumatisch reflektiert.

Inhaltlich beschreiben die Verse 1-11 eher die *Einheit* der Gemeinde, die Verse 14-30 eher die *Vielfalt* innerhalb der Gemeinde.[43] Beide Blöcke schließen jeweils mit einer Liste von Tätigkeiten bzw. Aufgaben („Ämtern") ab, die den jeweiligen Impetus widerspiegeln. Die erste Liste V. 8-11 betont, daß der Geist die eine ermöglichende Ursache für die unterschiedlichen Beteiligungsformen am Gemeindeleben ist. Die andere Liste V. 28-30 hebt hervor, daß Gott innerhalb der Gemeinde eine Vielzahl von Aufgaben vorgesehen hat. Beide Listen formulieren so, wie es dem jeweiligen Abschnitt entspricht: Die Gaben sind durch den Geist und nach seinem Gutdünken gegeben (διὰ τοῦ πνεύματος δίδοται [...] καθὼς βούλεται, V. 8.11), bzw. Gott hat die jeweiligen Glieder in ihre Aufgaben gesetzt (ἔθετο ὁ θεός, V. 28). Die Ordnung an sich entspringt

[42] Man muß bei all dem sehen, daß Paulus hier zu nichts Spektakulärem aufruft. Seine Mahnung, aufeinander zu warten, ist bescheiden genug. Sein Gedankengang nach der Regel qal wachomer lautet: Wenn Christus sein Leben gelassen hat für uns, dann werden wir doch wohl noch aufeinander warten können.

[43] Damit sind grobe Tendenzen beschrieben. Auch den Versen 14-30 geht es natürlich, wie wir v.a. in den Versen 19-24 sehen werden, um die Einheit. Sie heben dabei aber den Aspekt der *notwendigen* Vielfalt stärker hervor als die Verse 1-11.

also unmittelbar der symbolischen Sinnwelt, die gleichzeitig auch ihre konkrete Ausformung gestaltet hat.[44]
Sind die Verse 1-11 eher pneumatisch, die Verse 14-30 eher theologisch(-christologisch) ausgerichtet, so wird auch von daher die Schnittstellen-Funktion der Verse 12f deutlich, in denen die Einheit in Vielfalt mit Christus analogisiert (was auf V. 3.5 zurück- und auf V. 27 vorverweist) und das Zustandekommen der (Einheit in der) Gemeinde als Werk des Geistes beschrieben wird. Gleichzeitig geben die beiden Verse aber auch das Argumentationsschema für die folgenden Verse vor, indem sie zunächst die Vielfalt innerhalb und dann die Einheit des Leibes ansprechen.
Die Verse 14-27[45] problematisieren die Konflikfälle innerhalb einer „charismatischen Gemeindeordnung" und sind in drei Einheiten zu unterteilen: 14-18 entwerfen das Bild von Gliedern mit Minderwertigkeitsgefühlen, die sich aufgrund ihrer Selbsteinschätzung als inferior und für nicht zum Leib gehörig halten,[46] 19-24 beschreiben solche Glieder, die

---

[44] Dieser Beobachtung zur Makrostruktur des Kapitels entspricht, daß in dem zweiten Abschnitt V. 14-27 an entscheidender Stelle (V. 18.24.27) Hinweise auf die symbolische Sinnwelt den Text gliedern. S. dazu im folgenden.

[45] Die Verse 28-30 bleiben unberücksichtigt, da sie, obschon syntaktisch an V. 27 angeschlossen, die in den V. 14-27 entworfene Bilderwelt wieder verlassen. Sie vermeiden es zudem, die vorangegangenen Verse allegorisierend auszudeuten.

[46] Vgl. auch T. SÖDING, Leib 280. Andere Ausleger verneinen, daß hier Minderwertigkeitsgefühle angesprochen sind, sondern sehen auch hier die „Starken" angeredet (vgl. etwa H. CONZELMANN, Korinther 250; B.-B. BUKAS-YAKABUUL, Pauline Use of the Metaphor of the Body in 1 Corinthians 12-14: A Paradigm Study in the New Testament Use of Metaphor, Diss. Atlanta 1986, 139; A. LINDEMANN, Kirche 149). Für meine Einschätzung spricht aber, daß sich die angesprochenen Glieder hier negativ definieren über etwas, das sie nicht sind, anstatt hervorzuheben, was sie sind und was sich daraus ergibt, wie dies in V. 19ff geschieht. G. ORTWEIN, Status 252 Anm. 1049, schlägt einen Kompromiß vor: „Paulus betont [...] das Bewußtsein der eigenen Identität und den daraus folgenden Isolationswunsch. Daraus läßt sich ein Minderwertigkeitsgefühl erschließen und mit gleichem Recht ein Überlegenheitsgefühl." Ich bleibe bei meiner Einschätzung, stimme aber dem Tenor „Identität und Isolation" zu. - CONZELMANN fügt ebd. das Urteil an, daß die „Ausführung des Bildes [...] nicht glücklich" sei, denn für Unzufriedenheit gebe es keinen Anlaß (ähnlich schon H. LIETZMANN, Korinther 63). H.-D. WENDLAND, Die Briefe an die Korinther, NTD 7, Göttingen [4]1946, 74, meint zum ganzen Abschnitt: „Für Paulus ist bezeichnend, nach wie vielen Seiten hin er das Bild auswertet" - was positiv beeindruckt

sich selbst ideell aus dem Leib-Verband lösen, weil sie sich für autark halten; 25-26 schließlich stellen die gegenseitige Solidarität, die dem Leib wesensmäßig eigen ist, heraus, und V. 27 faßt den Gedankengang noch einmal zusammen. Diese Gliederung soll im folgenden näher begründet werden.[47]

---

klingt, offenbart sich jedoch im Nachsatz auch bei ihm als Kritik: „und wie gewaltsam er dabei verfährt". Vom „unbildlich" denkenden Paulus, bei dem „Differenzen zwischen Sach- und Bildhälfte [...] keine Seltenheit" sind, spricht auch H. LÖWE, Christus und die Christen. Untersuchungen zum Verständnis der Kirche in den großen Paulusbriefen und im Kolosser- und Epheserbrief, Diss. Heidelberg 1965, 63. Ob da nicht eher der Exeget unbildlich denkt? Diese Frage stellt sich auch bei Bemerkungen wie denen von H. LIETZMANN, Korinther 63, Paulus „konstruiert sein Bild [...] von der Anwendung aus", oder U. BROCKHAUS, Charisma und Amt. Die paulinische Charismenlehre auf dem Hintergrund der frühchristlichen Gemeindefunktionen, Wuppertal 1972, 174: Vergleicht man Livius und Paulus, „dann steht ein ausgewogenes, in sich verständliches Gleichnis einem sprunghaft durchgeführten, unter ausgefallenen Aspekten betrachteten und mit eigenartigen Akzenten versehenen Vergleich gegenüber." Wenn Brockhaus ebd. betont, daß die Aussage, der Leib sei nicht nur ein Glied, „für sich betrachtet sinnlos" ist, dann kann man nur festhalten, daß er Paulus verstanden hat, nicht aber, daß Paulus ungeschickt formuliert. Hier spiegelt sich ein mangelhaftes Verständnis für metaphorische Sprache. Man kann aus einem Text wie 1Kor 12 nicht ein Element isolieren, es außerhalb seines konstitutiven Kontextes betrachten und dann von Sinnlosigkeit reden! Und daß eine Metapher von ihrer Anwendung her formuliert ist (Brockhaus greift a.a.O. 175 diesen Vorwurf Lietzmanns auf; vgl. auch H.-J. KLAUCK, Herrenmahl 335f), war auch bei Livius der Fall und ist auch gar nicht anders möglich. Metaphern haben in der hier betrachteten Literatur keine vorrangig ästhetische, sondern eine primär pragmatische Funktion. J. GNILKA, Paulus von Tarsus. Apostel und Zeuge, HThK.Suppl. 6, Freiburg/Basel/Wien 1996, 269, vergleicht Paulus und Livius zutreffender und ohne Wertung der paulinischen Sprachfähigkeit: „Der paränetische Akzent tritt bei Paulus vielleicht noch ungestümer hervor als in der berühmten Fabel des Menenius Agrippa. Sein Zugriff, der vor Überheblichkeit und Abkapselung warnt, führt den Bildgebrauch fast in das Groteske."

[47] Viele Ausleger gliedern (meist ohne Begründung) anders, indem sie den ersten Abschnitt von 14 bis V. 20 reichen lassen. Vgl. etwa E. BEST, Body 101; G.D. FEE, Epistle 609; C. WOLFF, Brief 297; J. KREMER, Brief 271, die in den V. 18-20 eine Einheit sehen. FEE genügt dazu der den Versen gemeinsame Bezug auf den menschlichen Leib. Daß hier jedoch inhaltlich zu differenzieren ist, zeige ich im folgenden. A. LINDEMANN, Kirche 148, sieht erst in V. 15 einen neuen Abschnitt eröffnet und meint, man müsse die Verse 13 und 14 parallel lesen.

Die ersten beiden Abschnitte (14-18 und 19-24) sind jeweils parallel aufgebaut: Es wird zunächst der Vergleichspunkt im menschlichen Leib angegeben (V. 14 bzw. 19-20), dann, im Stile einer Fabel, ein Verhalten einzelner Glieder zitiert, das dieser im Vergleichspunkt aufgestellten Norm widerspricht (V. 15-16 bzw. 21), und schließlich dieser Widerspruch explizit gemacht (V. 17 durch eine abstruse Konsequenz, V. 22-24a durch eine reale Alternative).

Beide Teile münden jeweils in einen Hinweis auf die symbolische Sinnwelt, der die Aussage der vorangegangenen Verse unterstreicht und sinnweltlich legitimiert. V. 18: Das Minderwertigkeitsgefühl einiger Glieder ist grundlos, denn Gott hat die Glieder, betont jedes einzelne (ἓν ἕκαστον αὐτῶν), gesetzt, wie es seinem Willen entsprach (ὁ θεὸς ἔθετο τὰ μέλη [...] καθὼς ἠθέλησεν). V. 24b: Gott hat den Leib gemischt (ὁ θεὸς συνεκέρασεν τὸ σῶμα), was bedeutet, daß Statusunterschiede, wie sie sich aus unterschiedlichen Funktionen nahelegen könnten, ausgeglichen werden. De facto resultiert dies in der Aufwertung derer, die für minder wichtig und ansehnlich gehalten werden (τῷ ὑστερουμένῳ περισσοτέραν δοὺς τιμήν, V. 24bβ).

Dieser Hinweis auf die „Vermischung" des Leibes leitet über in den dritten Teil, der von der gegenseitigen Solidarität und Sympathie spricht und den Einheitsgedanken prägnant und abschließend formuliert (wieder mit einem sinnweltlichen Hinweis): Ὑμεῖς δέ ἐστε σῶμα Χριστοῦ (V. 27a).

Wie die ersten beide Teile in sich aufgebaut und miteinander verknüpft sind, soll noch einmal die folgende Übersicht verdeutlichen:

	V. 14-18	V. 19-24
Metaphorische Aussage	καὶ γὰρ τὸ σῶμα οὐκ ἔστιν ἓν μέλος ἀλλὰ πολλά.	εἰ δὲ ἦν τὰ πάντα ἓν μέλος, ποῦ τὸ σῶμα; νῦν δὲ πολλὰ μὲν μέλη, ἓν δὲ σῶμα.
Fabelartiger „Dialog“	ἐὰν εἴπῃ ὁ πούς· ὅτι οὐκ εἰμὶ χείρ, οὐκ εἰμὶ ἐκ τοῦ σώματος, οὐ παρὰ τοῦτο οὐκ ἔστιν ἐκ τοῦ σώματος; καὶ ἐὰν εἴπῃ τὸ οὖς κτλ.	οὐ δύναται δὲ ὁ ὀφθαλμὸς εἰπεῖν τῇ χειρί· χρείαν σου οὐκ ἔχω, ἢ πάλιν ἡ κεφαλὴ τοῖς ποσίν· χρείαν ὑμῶν οὐκ ἔχω·
Theologische Aussage	νυνὶ δὲ ὁ θεὸς ἔθετο τὰ μέλη, ἓν ἕκαστον αὐτῶν, ἐν τῷ σώματι καθὼς ἠθέλησεν.	ἀλλὰ ὁ θεὸς συνεκέρασεν τὸ σῶμα, τῷ ὑστερουμένῳ περισσοτέραν δοὺς τιμήν.

Die Aussagen auf der jeweils metaphorischen Ebene (oben links und rechts) bilden für sich eine logische Einheit,[48] ebenso wie dies die beiden theologischen Aussagen (unten links und rechts) tun. Zum anderen ergänzen sich innerhalb der beiden Teile die metaphorische und die theologische Aussage. Die „fabelartigen Dialoge“, die jeweils zwischengeschaltet sind, sind für die unmittelbare Aussage unnötig und haben demonstrierenden Charakter.

Aus diesen ersten Beobachtungen wird bereits der Impetus ersichtlich, den Paulus mit seinen Ausführungen verbindet: Es ist deutlich seine Kritik an denen zu hören, die anderen das Gefühl vermitteln, aufgrund ihrer innergemeindlichen Tätigkeiten und Aufgaben nicht in vollem Sinne „dazuzugehören“ - wozu, muß zunächst offenbleiben. Es ist ja durchaus möglich, daß die „Pneumatiker“ ihr Verhalten gar nicht als unmittelbar ekklesiologisch relevant gesehen haben, wie Paulus dies tut. Es könnte durchaus sein, daß sie pneumatische Individualisten waren, denen gesagt werden muß, daß Gott mit den Charismen auch und in erster Linie einen neuen Sozialzusammenhang geschaffen hat, der den unerläßlichen Rahmen für pneumatisch-charismatische Aktivitäten bildet.
Nach diesem Überblick wenden wir uns nun der genaueren Untersuchung der einzelnen Einheiten zu.

---

48 Vgl. ähnlich auch J. WEISS, Korintherbrief 304.

V. 12-13

Wie bereits angedeutet, geben diese beiden Verse das Argumentationsmuster für die folgenden Sinnabschnitte vor: „Der Leib ist einer, hat aber viele Glieder" (τὸ σῶμα ἕν ἐστιν καὶ μέλη πολλὰ ἔχει) betont die wesensmäßige und damit legitime Vielfalt der Glieder eines Leibes. Dies wird in den Versen 14-18 entfaltet. „Aber obwohl die Glieder des Leibes viele sind, ist der Leib doch einer" (πάντα δὲ τὰ μέλη τοῦ σώματος πολλὰ ὄντα ἕν ἐστιν σῶμα) hebt die Zusammengehörigkeit der Glieder hervor, was wiederum die Verse 19-24 bestimmt.
Der Grundgedanke bildet also eine Ellipse, deren zwei Pole je nach Bedarf aktiviert werden können, und die beide jeweils aufeinander verweisen:

Formuliert ist der Bezug auf den Leib nicht als Metapher, sondern als Vergleich: καθάπερ γὰρ τὸ σῶμα ... Der Vergleich fügt sich unter dem Aspekt der Sprachebene besser in den argumentativen Zusammenhang, an den er mit γάρ anschließt, als eine unmittelbar und unvermittelt einsetzende Metapher dies täte. Erst mit V. 13 spricht Paulus metaphorisch. Der Vergleich bildet eine Vermittlung zwischen unmittelbarer und metaphorischer Redeweise.[49]
Der Vergleich, den Paulus mit καθάπερ γὰρ τὸ σῶμα einleitet, wird fortgesetzt mit οὕτως καὶ ὁ Χριστός. Daß hier eine verkürzte Formulierung vorliegt, ist immer wieder vermutet worden, aber wie sie zu vervollständigen ist, ist umstritten.[50] Die einfachste und m.E. zutreffende Lösung ist die Ergänzung durch Verb und Objekt aus dem Vorsatz, und

[49] B.-B. BUKAS-YAKABUUL, Use 141, begründet den gleitenden Übergang zur Metaphorik mit einer Rücksichtnahme auf die Hörer, denen so zunächst noch eine gewisse Distanz zwischen ihnen und der paulinischen Aussage zu ihrer Problematik zugestanden wird. Aber mit den Versen 1-11 war Paulus ja bereits *in medias res*.

[50] Vgl. H.-J. KLAUCK, Herrenmahl 335: „verblüffendes Kürzel". C. WOLFF, Brief 298, etwa paraphrasiert „so steht es dort, wo Christus durch den Geist heilschaffend wirkt". J.D.G. DUNN, Body of Christ 151, übersetzt unpräzise mit „so also *is* the Christ" (kursiv von mir). Dadurch wird die Frage in der Tat „further complicated".

zwar durch μέλη πολλὰ ἔχει aus 12aα.[51] Daß „Christus viele Glieder hat“ stimmt mit 1Kor 6,15 τὰ σώματα ὑμῶν μέλη Χριστοῦ ἐστιν überein. Wir hatten zu diesem Vers festgehalten, daß die Vorstellung, die Leiber der Einzelnen seien Glieder Christi, nur verständlich ist, wenn die Sicht der Gemeinde als Leib Christi bereits dort im Hintergrund steht, Paulus sie also nicht erst im Laufe des Briefes entwickelt. Hier in 12,12 nun kann er auf diese bekannte Vorstellung rekurrieren und spricht also für die Korinther vollkommen verständlich. Das heißt gleichzeitig: Was formal die zweite Hälfte eines Vergleichs ist (οὕτως), rekurriert inhaltlich bereits auf eine Metapher.[52]

Diese Metapher wird mit V. 13 vervollständigt. Durch einen Geist nämlich sind „wir alle zu einem Leib getauft“ (εἰς ἓν σῶμα ἐβαπτίσθημεν). Die Taufe fügt die Einzelnen zu einem neuen Sozialgefüge zusammen.[53] Die Übereignung des Einzelnen an Christus, wie sie mit der Taufe dramatisiert wird, ist nicht ein Geschehen, das nur das Individuum selbst betrifft, sondern das es zugleich in einen Sozialzusammenhang integriert. Damit entspricht diese Argumentation der anhand des Herrenmahles in den Kap. 10 und 11.

Weil dies dem Impetus des ganzen Kapitels 1Kor 12 entspricht, übersetze ich εἰς konsekutiv („zu einem Leib“) und nicht lokal („in den Leib = Christus hineingetauft“)[54] oder als Anspielung auf die Übereignungsformel εἰς τὸ

---

[51] Vgl. ähnlich auch J. KREMER, Brief 270, der allerdings systematisch und nicht mit Hinweis auf den syntagmatischen Kontext argumentiert. Auch H. MERKLEIN, Entstehung 338, ergänzt „so ist auch der Christus einer und hat viele Glieder“, jedoch sieht er darin noch nicht die ekklesiologische Leib-Metaphorik (vgl. o. S. 111 Anm. 17). - Mit der vorgeschlagenen Ergänzung bleibt der Satz metaphorisch, und Einwände wie die bei R. JEWETT, Terms 286f, werden gegenstandslos: „In a sentence beginning with the typical introduction for a metaphor (καθάπερ) and continuing in typical metaphorical fashion through clauses (a) and (b), the expression οὕτως καὶ ὁ Χριστός is an unexpected insertion which destroys the rhythm, breaks up the metaphor, and turns the train of thought into a new realistic direction.“

[52] Dasselbe werden wir zu Röm 12,4f feststellen.

[53] A.J.M. WEDDERBURN, Body 79, versteht σῶμα hier als den Kreuzesleib Jesu. Dann machte aber das ἕν keinen Sinn mehr.

[54] A.E.J. RAWLINSON, Corpus 286, formuliert widersprüchlich: „‘In einem Geiste’ schreibt Paulus, ‘sind wir alle zu einem Leibe getauft und sind alle mit einem Geiste getränkt worden’. Wir drücken Pauli Gedanken ganz exakt aus, wenn wir mit vollem Bewußtsein dessen, was die Worte buchstäblich bedeuten,

ὄνομα. So kommt m.E. die Entsprechung von ἡμεῖς πάντες und ἓν σῶμα besser zum Tragen. Die lokale Übersetzung impliziert einen individuellen Aspekt des Taufgeschehens, der hier nicht Thema ist. Nicht, daß es bereits eine Einheit gibt, in der der Einzelne hineingetauft wird, will Paulus sagen, sondern daß alle zusammen nun einen Zusammenhang bilden, der unauflöslich ist. Sicher ist im Ergebnis der Unterschied nur ein gradueller, aber er hat darüber hinaus Konsequenzen für die religionsgeschichtliche Ableitung der Leib-Christi-Vorstellung. Oder besser: Die Entscheidung zwischen lokaler und konsekutiver Interpretation ist ihrerseits abhängig von zuvor getroffenen religionsgeschichtlichen Entscheidungen. Wer in Christus den Ur-Erlöser sieht, der die Seinen sammelt, wird zur lokalen Übersetzung tendieren. Wer eher die politisch-philosophische Leib-Metaphorik als Erklärungshintergrund vermutet, kann der konsekutiven Übersetzung mehr abgewinnen.[55]

M.E. spricht wie gesagt, abgesehen von diesen Prämissen, der pragmatische Kontext eher für letzteres. Zudem bleibt V. 13 so innerhalb des metaphorischen Duktus der nachfolgenden Verse, den er gleichzeitig vorgibt.

V. 14-18

In deutlicher Anlehnung greift V. 14 die Formulierung von V. 12aα auf:

> V. 12aα: τὸ σῶμα ἕν ἐστιν καὶ μέλη πολλὰ ἔχει,
> V. 14: τὸ σῶμα οὐκ ἔστιν ἓν μέλος ἀλλὰ πολλά.

V. 14 definiert so den Blickwinkel des ersten Argumentationsganges. Der Leib ist der, der aus vielen Gliedern besteht. Diese Aussage richtet sich an diejenigen, die sich aufgrund der gemeindlichen Wertung ihrer innergemeindlichen (Auf-)Gaben nicht als gleichbegabte und vollwertige Teile der Gemeinde sehen. Auf der metaphorischen Ebene, die hier jedoch einen eher fabelmäßigen Charakter annimmt,[56] meinen der Fuß,

---

sagen, daß wir durch die Taufe Christo *einverleibt* sind" (Hervorhebung vom Autor). Er übersetzt konsekutiv und deutet lokal.

[55] Wie dem auch sei: Gewahrt bleibt in beiden Fällen die Abhängigkeit der Gemeinde vom Christuswirken (vgl. C. WOLFF, Brief 298). Die Kritik, mit der konsekutiven Übersetzung werde die Gemeinde eine rein menschliche Übereinkunft, übersieht, daß sich die Gemeinschaft der Gläubigen in der Taufe konstituiert und gleichzeitig in V. 13 auf das Wirken des Geistes (ἐν ἑνὶ πνεύματι) zurückgeführt wird.

[56] Nicht den der Allegorie, wie M. BARTH, A Chapter on the Church - The Body of Christ. Interpretation of I Corinthians, Interpr. 12 (1958) 131-156, S. 132, auch für möglich hält.

weil er nicht Hand sei, und das Ohr, weil es nicht Auge ist, nicht zum Leib zu gehören.[57] Gegen diese Selbsteinschätzung setzt Paulus zwei Argumente. Erstens das der Faktizität: Das Glied, das *meint*, nicht zum Leib zu gehören, hat damit nicht aufgehört, tatsächlich immer noch Teil des Leibes zu *sein* (οὐ παρὰ τοῦτο οὐκ ἔστιν ἐκ τοῦ σώματος). Die Selbsteinschätzung setzt die Realität nicht außer Kraft. Das zweite Argument ist das der Norm, begründet in der Notwendigkeit: Gleichheit der Funktion bedeutet Funktionsausfall, der, das ist impliziert, dem Leib schadet (ποῦ ἡ ἀκοή; ποῦ ἡ ὄσφρησις;).

Paulus nutzt die Möglichkeiten metaphorischer Redeweise noch auf eine zweite, subtilere Art. Die Glieder, die er je paarweise zusammenstellt, sind nicht wirklich gravierend unterschiedlich: Der Fuß beklagt sich, daß er nicht Hand, das Ohr, daß es nicht Auge ist. Das erste Paar bildet gemeinsam die Extremitäten, das zweite Paar gehört zu den Sinnen. Ein echtes Gefälle ist so verhindert, die jeweiligen Gemeinsamkeiten sind größer als die Unterschiede. In einem realen Gespräch hätte man sich den Einwand der betroffenen Gemeindemitglieder etwa so vorstellen können: „Wenn ich denn Fuß, wenn ich denn Ohr wäre, aber ich bin ja nur ...". Paulus verneint also nicht nur mit der Gesamtaussage, sondern auch mit der konkreten Ausgestaltung der Metaphorik diese Selbsteinschätzung, indem er jedem Glied die gleiche Wichtigkeit zuschreibt.[58]

Den ersten Teil beschließt in V. 18 ein Hinweis auf Gott als den, der den Leib souverän und bewußt so zusammengesetzt hat, wie er es wollte.[59]

---

[57] A. LINDEMANN, Kirche 149, begründet seine Meinung, hier handele es sich nicht um die Stimmen von Gliedern mit Minderwertigkeitsgefühlen, damit, daß der metaphorische Ausdruck einen möglichen Selbstausschluß aus der Gemeinde andeute - „eine überaus unwahrscheinliche Vermutung". In der Tat. Möglich wäre jedoch auch die innere Emigration.

[58] „Nicht unüberlegt sind die einzelnen Körperteile einander zugeordnet", betont auch A. STROBEL, Brief 195, interpretiert aber diametral entgegengesetzt, Paulus wolle die Unterschiedlichkeit herausstellen: „Hat es die Hand nicht einfacher als der Fuß? [...] Ist das Auge nicht kostbarer? [...] Muß die Nase nicht oft Unangenehmes verspüren?" Die Statusunterschiede wirken hier doch sehr konstruiert. Daß Paulus einander vergleichbare Glieder nebeneinanderstellt, sieht auch G.D. FEE, Epistle 610, versteht dies aber nicht als rhetorischen Kniff, sondern als die *Abbildung der realen Konfliktfälle* und folgert, daß es in den V. 15f nicht um Minderwertigkeitsgefühle gehen kann.

[59] H. CONZELMANN, Korinther 252, folgert zuviel, wenn er sagt: „Es ist G o t t, der ausgleicht, also faktisch: die Natur" (Hervorhebung vom Autor). Paulus meint Gott, der Ausgleich schafft. Besser trifft den Sachverhalt G.D. FEE,

Paulus verläßt also die metaphorische Ebene und bringt seine Aussageabsicht in diesem ersten Durchgang mit einem Rekurs auf die symbolische Sinnwelt zusammenfassend zur Sprache. Nicht nur die Tatsache, daß die Gemeinde einen Leib bildet, sondern auch dessen konkrete Zusammensetzung entspringt dem göttlichen Willen.[60]

V. 19-24

Auch der zweite Durchgang beginnt mit einem Bezug auf V. 12:

V. 12aβ: πάντα δὲ τὰ μέλη τοῦ σώματος πολλὰ ὄντα ἕν ἐστιν σῶμα,
V. 20: νῦν δὲ πολλὰ μὲν μέλη, ἓν δὲ σῶμα.[61]

Wir befinden uns an dem anderen Scheitelpunkt der oben dargestellten Ellipse, und zwar auf der Seite der Einheit. Daß der Leib eine integrale Einheit bildet, wird denen gesagt, die die Verbindung zu den anderen Gliedern auflösen wollen. Das Auge sagt zur Hand, der Kopf zu den Füßen: Χρείαν σου/ὑμῶν οὐκ ἔχω. Paulus spricht jetzt also die an, die sich ihrerseits selbst, wieder aus falscher Selbsteinschätzung, aus dem Verband lösen wollen.

Daß es nicht darum geht, daß diese Glieder andere aus dem Verband ausschließen wollen, sondern selber die Solidarität aufkündigen, macht die 1. Pers. Sing. deutlich: χρείαν οὐκ ἔχω. Auge und Kopf reden nicht für den ganzen Leib, der etwa beschlossen hätte, sich von einzelnen Gliedern zu tren-

---

Epistle 609: „indicating the true nature of the body as it was divinely ordained" (vgl. auch W.F. ORR/J.A. WALTHER, I Corinthians 286: „arrangement is by divine appointment"). Auch M. BARTH, Chapter 132, hatte schon festgehalten: „Explanatory sentences are interspersed (vss. 18,24,27) which show that Paul does not draw conclusions regarding the church from nature, but that he considers all natural relations a consequence of the special will, institution, and arrangement of God."

[60] H. CONZELMANN, Korinther 251, vermißt hier einen Hinweis auf die Funktionalität, der s.E. nach hätte erfolgen müssen. Aus diesem Defizit folgert er, daß das Bild für Paulus kein eigenes Gewicht hat. Abgesehen von der zu formalistisch erwarteten Ausprägung der Metaphorik, die Conzelmann erkennen läßt, hatte Paulus den Aspekt der Funktionalität bereits mit den beiden ποῦ-Fragen ins Spiel gebracht.

[61] T. SÖDING, Leib 279, läßt aufgrund dieses Bezuges zu V. 12 den zweiten Abschnitt mit V. 20 beginnen. Ich bleibe bei meiner Gliederung (Teil 2 ab V. 19), denn formal bilden die Verse 19-20 in ihrem neuerlichen Bezug auf den menschlichen Leib nach V. 18 eine Einheit.

nen, sondern sie haben für sich beschlossen, für ihre jeweilige Funktion andere Glieder nicht zu benötigen.[62]

Die Absurdität dieser übersteigerten Selbsteinschätzung betont zusätzlich wieder die geschickte Auswahl der Bildstellen: Das Auge spricht zur Hand, der Kopf zu den Füßen. Hier ist es gerade die Unterschiedlichkeit der Glieder, die das Anliegen des Paulus betont: Was wäre das Auge ohne die Hand, die dem Sinneneindruck die Tat folgen läßt? Was wäre der Kopf ohne die Füße, die ihn erst dorthin tragen, wohin er will? Soll heißen: Es ist die nur gemeinsam zu erreichende Funktionsfähigkeit, die entscheidend ist. Selbstgefälligkeit ist fehl am Platze.
Eine erste Antwort gibt Paulus also wieder implizit über die Auswahl der Bildstellen. Die zweite, in den Versen 22-24a entfaltet, betrifft „unseren" Umgang mit vermeintlich schwächeren und unehrenhafteren, mit unanständigen Gliedern des Körpers. Dabei verläßt Paulus schließlich die metaphorische Rede und formuliert wieder analogisch.[63] V. 22 bildet einen Übergang. Das Fabelmäßige, das die Verse 15-16 und 21 mit den sprechenden Körperteilen geprägt hatte, klingt hier aus: Gerade die schwächer scheinenden Glieder sind notwendig (πολλῷ μᾶλλον τὰ δοκοῦντα μέλη τοῦ σώματος ἀσθενέστερα ὑπάρχειν ἀναγκαῖά ἐστιν). Mit V. 23 formuliert Paulus in der 1. Pers. Pl. (ἃ δοκοῦμεν, περιτίθεμεν, τὰ ἀσχήμονα ἡμῶν und τὰ εὐσχήμονα ἡμῶν). Seine Analogie besagt, daß wir das an unserem Körper, was uns unehrenhaft erscheint, mit besonderer Ehre umgeben. Unsere Schamteile (τὰ ἀσχήμονα) bedecken wir mit besonderem Anstand, die anständigen Glieder haben dies nicht nötig (τὰ εὐσχήμονα ἡμῶν οὐ χρείαν ἔχει).[64]
Die bloße Länge der gesamten Begründung, sowie der formale Wechsel von der Metaphorik zum Vergleich machen deutlich, daß Paulus hier sehr viel ausführlicher argumentieren zu müssen glaubt. Das wird damit zusammenhängen, daß hier, bei den sich selbst überschätzenden Glie-

---

[62] Daß sie einen Ausschluß der anderen bewirken wollen, hält A. LINDEMANN, Kirche 150, für möglich. Hatte er aber zu V. 15f einen Selbstausschluß ausgeschlossen, so ist auch dies eine „unwahrscheinliche Vermutung" (vgl. o. S. 134 Anm. 57).

[63] Das ist aber kein „considerable change of metaphors", wie G.D. FEE, Epistle 613, meint.

[64] Daß Paulus die Charakterisierung der Schamteile als unanständig übernimmt und auch ohne Einschränkung von den anständigen Gliedern spricht, während er die Beschreibung von schwächeren und unehrenhafteren Gliedern durch ein „scheinbar" (τὰ δοκοῦντα) relativiert, sei hier nur am Rande vermerkt.

dern, die Ursache des korinthischen Problems mit den Charismen liegt. Paulus wechselt in diesem zweiten Durchgang zudem von dem Begründungszusammenhang der Funktionalität zu dem des Status', des Ansehens. Das entscheidende Stichwort ist das der τιμή. Wir finden es in dem Komparativ ἃ δοκοῦμεν ἀτιμότερα, in der Handlungsbeschreibung τιμὴν περισσοτέραν περιτίθεμεν (V. 23), sowie in V. 24 in der Beschreibung des Handelns Gottes (s. folgenden Absatz).
Auch dieser Teil schließt (in V. 24b) mit einem Hinweis auf Gott als den, der für die Zusammensetzung und Erscheinung des Körpers verantwortlich ist, und der damit dem Ganzen eine symbolisch-sinnweltlich begründete Legitimität verleiht: Gott hat den Körper so gemischt, daß er dem geringeren Glied größere Ehre gibt (τῷ ὑστερουμένῳ περισσοτέραν δοὺς τιμήν). Paulus redet wieder metaphorisch vom Leib der Gemeinde.[65] Damit entspricht Gottes Handeln an dem gemeindlichen Leib dem des Menschen an seinem physischen Körper. Beides zusammen bildet den Argumentations- und Plausibilitätshintergrund für die Weisung, in der Gemeinde allen dieselbe Ehre zukommen zu lassen.
Die metaphorisch-sinnweltliche Begründung ὁ θεὸς συνεκέρασεν τὸ σῶμα verdient noch eine gesonderte Beachtung. συνεκέρασεν und τὸ σῶμα lassen sich nämlich nicht unmittelbar in einem Bildfeld unterbringen.

Συγκεράννυμι meint zunächst das Mischen von Flüssigkeiten. In 2Makk 15,39 beschließt der Schreiber seinen Bericht mit der Bitte um Nachsicht für mangelhafte Stilistik und meint, immer nur Wein oder immer nur Wasser zu trinken, wird einem zuwider (πολέμιον). Erst Wein mit Wasser zu mischen dagegen, so sein merkwürdiger Schluß, vollendet den Genuß (ὃν δὲ τρόπον οἶνος ὕδατι συγκερασθεὶς ἡδὺς καὶ ἐπιτερπῆ τὴν χάριν ἀποτελεῖ ...). J. Weiss, Korintherbrief 306, verweist auf Mark Aurel 7,67: Der Philosophen-Kaiser hält fest, daß die Natur den Menschen nicht so mit dem Ganzen vermischt hätte, daß man als Person darin vollkommen aufginge (ἡ φύσις οὐχ οὕτως συνεκέρασε τῷ συγκρίματι ὡς μὴ ἐφεῖσθαι περιορίζειν ἑαυτόν κτλ.).

Im wörtlichen Sinne ist das Mischen also etwas, das die Eigenschaften des einzelnen Elementes in der neuen Eigenschaft des ganzen aufgehen läßt. Wenn die Vorstellung des Mischens auf die Stellung des Einzelnen im Ganzen übertragen wird, konnte man dies einschränken. Beides findet

---

[65] Daß er nicht mehr vom menschlichen Leib redet, wird schon daraus deutlich, daß, wenn Gott so an unserem Leib gehandelt hätte, unsere in den Versen 23-24a beschriebene Tätigkeit nicht mehr notwendig wäre.

sich bei Paulus. Der Kontext schließt aus, daß der Einzelne nach Paulus nicht mehr erkennbar sein soll im Ganzen. Gerade seine Betonung der Funktionalität widerspricht einer solchen Deutung. Aber vom Mischen ist hier nicht im Zusammenhang von Funktionalität, sondern in dem von Ehre, also des Status' die Rede. Das soll heißen: Jedes einzelne Glied am Leib (der Gemeinde) erhält mit seiner Eingliederung einen neuen Status, und alle denselben, nämlich den, Glied am Leibe Christi zu sein.[66] Das bedeutet in concretu natürlich eine Aufwertung derer, die außerhalb dieses Kontextes einen geringeren Status als andere hätten, wie der Nachsatz τῷ ὑστερουμένῳ περισσοτέραν δοὺς τιμήν verdeutlicht.[67]
Paulus ergänzt hier also die Leib-Metaphorik um das Element des Mischens von Flüssigkeiten. Offensichtlich sah er Leib-Metaphorik nicht in der Lage, diesen Gedanken adäquat ausdrücken zu können. Ganz verlassen aber wollte er das einmal begonnene Bildfeld auch nicht. Er stellt beide Metaphernbereiche nebeneinander. Ein erster Hinweis darauf, daß ein „Konzept" mit eigenem theologischen Gewicht bei ihm noch nicht vorliegt?

V. 24b-27

Durch den Anschluß von V. 25 an 24b mit ἵνα weist letzterer nach hinten als Abschluß der Verse 19-24 und gleichzeitig nach vorne als Grundlegung für V. 25-27. Nachdem V. 14-18 die Vielfalt legitimiert und V. 19-24 die Einheit begründet haben, runden V. 25-27 das Thema ab mit dem Hinweis auf die Solidarität und die wesensmäßige Sympathie, die die einzelnen Glieder am Leib miteinander verbinden.
Der gleiche Status aller Glieder am Leib dient der Verhinderung von Spaltung (ἵνα μὴ ᾖ σχίσμα ἐν τῷ σώματι). Der Abschluß dieses Kapitels nimmt damit das Stichwort auf, mit dem der ganze Brief begann (vgl. 1,10: μὴ ᾖ ἐν ὑμῖν σχίσματα).

Dem wird in V. 25b zunächst das gegenseitige μεριμνᾶν gegenübergestellt. Daß die einzelnen Glieder füreinander sorgen, berührt zwar die Grenzen des metaphorisch Plausiblen, ist aber lediglich die aktive Kehrseite der passiven

---

[66] Spätestens jetzt ist auch deutlich, daß dieser Vers mehr ist als „wieder nur eine Selbstverständlichkeit" (so A. LINDEMANN, Kirche 151 Anm. 41).

[67] So können bei Paulus etwa die zunächst ja nicht unmittelbar als Auswirkungen des Geistes erkennbaren „Hilfeleistungen" (ἀντιλήμψεις, V. 28) denselben Rang einnehmen wie Heilungen, Leitungsfunktionen und die Zungenrede, und wer Hilfeleistungen ausübt, steht auf einer Ebene mit Aposteln, Propheten und Lehrern.

Sympathie, die V. 26 beschreibt: καὶ εἴτε πάσχει ἓν μέλος, συμπάσχει πάντα τὰ μέλη· εἴτε δοξάζεται (ἓν) μέλος, συγχαίρει πάντα τὰ μέλη.

Mit δοξάζεται greift Paulus die besondere Fürsorge für die geringeren Glieder auf. Sie werden geehrt, weil Gott ihnen beim Mischen des Leibes besondere τιμή zuteil werden ließ.[68] Zusammen mit der Erwähnung der leidenden Glieder ergibt sich damit auch hier eine Perspektive „von unten". Innerhalb von Kap. 12 spricht V. 26 von denen, die leiden, weil sie von anderen Gliedern der Gemeinde herabgestuft, und von denen, die von Gott zum Zwecke der Aufwertung und des Statusausgleichs besonders geehrt werden. Den „geistlich Starken" wird aufgetragen, mit ihnen mitzuempfinden. Standen sie bereits hinter den Fabel-Abschnitten als die Handelnden (als die, die andere geringschätzen), so spricht auch V. 26 sie an und fordert die Umkehrung ihres Handelns, indem Paulus sie zu Empathie und Achtung auffordert.

Den ganzen argumentativen Abschnitt ab V. 12 beschließt V. 27: Ὑμεῖς δέ ἐστε σῶμα Χριστοῦ, καὶ μέλη ἐκ μέρους. Vielfalt innerhalb und Einheit des Leibes sind darin zusammengefaßt, wenn auch in umgekehrter Reihenfolge, die zunächst das unmittelbar Vorangegangene aufnimmt und am Ende auf den Anfang weist.[69] Der Hinweis auf V. 12 macht auch

---

[68] J. WEISS, Korintherbrief 307, und C.K. BARRETT, Corinthians 292, beziehen δοξασθῆναι auf die Verleihung eines besonderen Charisma, auf das die anderen nicht neidisch sein sollen. Daß ein bestimmtes Charisma eine besondere Ehre bedeutet, hatte Paulus aber gerade ausgeschlossen! Deswegen ist auch der Zusammenfassung bei T. SOIRON, Die Kirche als der Leib Christi. Nach der Lehre des hl. Paulus exegetisch, systematisch und in der theologischen Bedeutung dargestellt, Düsseldorf 1951, 186, nicht zuzustimmen: „Es ist kein Zweifel, daß Paulus hier den nicht zu Ämtern berufenen Gliedern der Gemeinde die Unterordnung unter die Amtsträger zum Bewußtsein bringen und zur Pflicht machen will." Soiron sieht ebd. den Hinweis auf die Liebe in Kapitel 13 als Paradigma für die Amtsführung. Kap. 13 spricht jedoch alle Gemeindeglieder an. Die Ausgestaltung der Funktionen in der Gemeinde gibt Kap. 12 vor. Etwas anderes ist es, hinter der Durchnumerierung der ersten Gaben/Ämter in V. 28 die „acceptance of a hierarchy of roles in the congregation" zu vermuten, „though perhaps not the same as that prized by the glossolalists of Corinth" (W.A. MEEKS, The First Urban Christians. The Social World of the Apostle Paul, New Haven/London 1983, 89).

[69] Die Struktur des Rahmens, wie er durch V. 12 und V. 27 gebildet wird, ist also:

Καθάπερ γὰρ τὸ σῶμα ἕν ἐστιν καὶ μέλη πολλὰ ἔχει
πάντα δὲ τὰ μέλη τοῦ σώματος πολλὰ ὄντα ἕν ἐστιν σῶμα.

die Erwähnung Christi plausibel, die nach der theozentrischen Argumentation von V. 14-26 unvermittelt begegnet.
Was genau aber besagt die Formulierung ὑμεῖς δέ ἐστε σῶμα Χριστοῦ? Die einfachste Antwort ist: Die korinthische Gemeinde ist ein Leib, der Christus gehört, so wie schon der Einzelne ein μέλος Χριστοῦ ist.[70] Die Verbindung, die zwischen den einzelnen Christen und Christinnen als μέλη Χριστοῦ besteht, entspricht konsequent der von Gliedern eines Leibes. Nicht nur der Einzelne weiß sich in seiner Existenz von Christus abhängig, sondern auch die Gemeinde als ganze. Das Leben des Einzelnen als ein Leben ἐν Χριστῷ findet seine Fortsetzung im Gemeindeleben, das wiederum nicht weniger von Christus abhängt und geprägt sein soll als das individuelle. V. 13 hatte deutlich gemacht, daß das Heilsgeschehen nicht nur ein individuelles ist, sondern eine kollektive Dimension hat. Das Heilsgeschehen aber ist christologisch begründet, und zwar nicht nur in seiner Ermöglichung, sondern auch in seiner existentiellen Fortführung.[71]

Ὑμεῖς δέ ἐστε σῶμα Χριστοῦ,
καὶ μέλη ἐκ μέρους.

[70] Wer den Ausdruck nicht ontisch-realistisch versteht, tendiert meist zu diesem possessiven Verständnis (so polemisch bei L. DEIMEL, Leib 40; W. KRAUS, Das Volk Gottes. Zur Grundlegung der Ekklesiologie bei Paulus, WUNT 85, Tübingen 1996, 182, kann beides miteinander verbinden). Keinen Sinn macht die Paraphrase bei E. BEST, Body 105, Kirche „is like the Body of Christ", denn so wird σῶμα wieder etwas, was Christus, aber nicht die Kirche beschreibt. Und wo das tertium comparationis liegen könnte, verschweigt Best zudem. Zuletzt hat W. KRAUS, Volk 117, gemeint, der Vergleich werde mit V. 27 „überführt [...] in eine direkte Identifikation".

[71] Ob Paulus die Formulierung „Leib Christi" erst jetzt eingefallen ist, mag dahingestellt bleiben. Falsch ist es aber zu meinen, daß er deswegen nicht zu erwarten gewesen wäre, weil in den Versen 15-26 ein religiöser Gedanke nicht „auch nur angeklungen" (A. LINDEMANN, Kirche 152) sei. Lindemann hatte ja eine wesentlich religiöse Bedeutung der Verse 18 und 24 abgelehnt. Aber auch in dem ganzen Verlauf von V. 14-26 wird den Korinthern wohl klar gewesen sein, daß es hier nicht um einen menschlichen Leib geht. Zudem darf man diese Verse nicht von den einleitenden Versen 12 und 13 und überhaupt von der Leib-Metaphorik in dem bisherigen Brief trennen. All das bildet ja einen bestimmten Verstehenshorizont.

5.1.6. Anklänge an die antike Leib-Metaphorik

Die fabelmäßigen Ausmalungen in 1Kor 12,15f.21 erinnern am ehesten an die Fabel des Menenius Agrippa, wie sie etwa von Livius, Plutarch und Dion Hal überliefert ist. Hier gründet Paulus in der politischen Metaphorik seiner Zeit. Immer jedoch, wenn Leib-Metaphorik für größere Sozialzusammenhänge mit mehreren betroffenen Akteuren verwandt wird, ist der Impetus der, eine hierarchische Ordnung zu legitimieren (Dion Hal läßt Menenius das sogar explizit sagen).[72] Paulus dagegen fordert die gegenseitige Unterordnung, ohne daß erkennbar wäre, daß jemand Drittes davon profitieren würde. Zudem spricht er aus der Perspektive „von unten“:[73] Es geht ihm um die Stärkung derer, die nach herkömmlichen Kriterien nicht zu den tragenden Säulen des Gemeinwesens gehören. Nicht wie bei Menenius Agrippa wird den Kleinen die auch für sie sinnvolle Struktur der bestehenden Ordnung erläutert, sondern die Großen werden kritisiert, weil sie andere zu Gemeindegliedern zweiter Klasse machen. Dabei relativiert Paulus nicht einfach die verschiedenen Positionen, sondern er wertet die „Niedrigen“ auf. Nicht alle werden gleich*niedrig* gemacht, wie es z.B. mit einem Vergleich zum überragenden Christus möglich gewesen wäre, sondern Paulus macht alle gleich*hoch*. Der Ausgleich geschieht durch Gott. Er füllt das Ehrdefizit auf. Die auch in der Stoa gesehene, prinzipielle Gleichwertigkeit, wenigstens jedoch Zusammengehörigkeit aller Menschen als Teile eines großen Leibes wird zugespitzt: Sie hat sich auch in den realen Verhältnissen untereinander zu zeigen.

Das deutet auf ein bestimmtes Selbstbewußtsein bzw. ein bestimmtes Gemeindeverständnis bei Paulus: Eine bestehende Ordnung kann gar nicht legitimiert werden, denn die Strukturen müssen ja erst noch geschaffen werden. Die ersten Gemeinden hatten den Vorteil, daß sie sich von Grund auf unabhängig definieren und organisieren konnten. Daß sie sich dabei vorgegebener Deutungsmuster wie z.B. der Leib-Metaphorik bedienten, ist kein Widerspruch. Christliches Selbstbewußtsein könnte damit behauptet haben, die implizit etwa in der Leib-Metaphorik enthal-

---

[72] Vgl. o. S. 82. Wo dies in den antiken Parallelen anders ist, ist auch der Skopus ein anderer: Dann geht es nicht mehr um Sozialzusammenhänge, innerhalb derer die Rollen verschiedener Akteure definiert werden sollen, sondern um das Verhalten des Einzelnen zur Gemeinschaft. Aber auch das kann als Stabilisierung einer Ordnung verstanden werden.

[73] Das betont auch T. SÖDING, Leib 291.

tenen Ansprüche an eine Gemeinschaft besser zu erfüllen als andere, die hinter ihren eigenen Idealen zurückbleiben. Der folgende Gedankengang soll diese Vermutung stützen helfen.
Die Verwendung der Bildstelle des Hauptes fällt aus dem antiken Rahmen. Nirgendwo in den oben ausführlich zitierten Parallelen ist das Haupt ein Glied unter vielen. Immer ist es Führer oder für Wohl und Wehe des Leibes entscheidendes Organ. Dieser Befund ist so auffällig, daß es mir schwerfällt, an eine zufällige Abweichung bei Paulus zu glauben. Hier scheint eine bewußte Pointe zu liegen. Paulus hätte, wenn er vom Haupt denn überhaupt reden wollte, an sich nur die Möglichkeit gehabt, Christus mit dem Haupt zu identifizieren. Da Christus aber der Dienende und sich Hingebende ist, der als solcher im Herrenmahl gefeiert wird (s.u.), will Paulus diese seine Position nicht durch eine Identifizierung Christi mit dem Haupt des Gemeindeleibes konterkarieren. Er hätte nun die Bildstelle des Hauptes ganz auslassen können. Daß er es nicht tut, betont nur noch stärker seinen Impetus, die „Starken“ zur Demut aufzufordern. Die Metapher der Dominanz mit neuen pragmatischen Inhalten zu belegen, wirkt stärker, als sie ganz wegzulassen.
1Kor 12,26 weist auch auf den z.B. von Plato betonten Sympathie-Gedanken innerhalb seiner Darstellung der idealen Polis.[74] Freud und Leid werden miteinander geteilt, gemeinsam erlebt. Gleichzeitig ist aber der platonische Kontext zu beachten: Es geht Plato letztlich um eine Möglichkeit, die Position der Wächter innerhalb der städtischen Hierarchie zu stärken. Ein solcher Impetus fehlt bei Paulus. In seinem Gemeindeideal finden wir eine Solidarität, die niemandes Interessen zuspielt. Ist es zuviel gesagt, wenn ich behaupte, Paulus radikalisiere damit noch das politische Ideal Platos, das seinerseits bereits, wie wir in der Kritik bei Polybios gesehen haben,[75] antiken Beobachtern als unrealistisch erschien?[76]

---

[74] Nach A. LINDEMANN, Kirche 153 Anm. 51, rekurriert Paulus *ausschließlich* auf Plato und hat die Menenius-Fabel „gar nicht im Blick“. Aber allein die formale Analogie des Fabel-Charakters, der sonst in den Parallelen nicht zu entdecken ist, macht eine solche Isolierung unwahrscheinlich. Sollte zudem, wie R.I. HICKS, Aesop 31, vermutet, diese Fabel fester Bestandteil des zeitgenössischen rhetorischen Schulbetriebs sein, wird Lindemanns Vermutung auch von daher in Frage gestellt.

[75] Vgl. o. S. 72 Anm. 7.

[76] Das ginge noch über das hinaus, was M.M. MITCHELL, Paul 300, festhält: „This means that Paul in 1 Corinthians presents a viewpoint on the church as *a*

5.1.7. Zusammenfassung

Leib-Metaphorik scheint ein rhetorisches Mittel zu sein, das Paulus bereits in sein Repertoire aufgenommen hatte, bevor er 1Kor verfaßte. Hinter 6,15 steht bereits latent das Bildfeld, das in Kap. 12 anschaulich aktualisiert wird. Man kann also nicht davon reden, daß Paulus *für sich* die Leib-Metaphorik erst im Laufe des Schreibens entwickelt hat. Mehr noch: Vermutlich waren auch die Korinther schon mit der allgemeinen konventionalisierten Leib-Metaphorik und deren Applikation auf die christliche Gemeinde vertraut.[77] Paulus erinnert in 6,15 an Bekanntes, auch wenn der individual-paränetische Kontext möglicherweise für die Korinther überraschend neu war.[78] Dasselbe gilt wohl auch für 1Kor 12. Wenn wir davon ausgehen, daß die Metaphorik, so wie Paulus sie in 1Kor 12 ausführt, durch ihre Neuheit wirken soll, dann ist wahrscheinlich, daß Leib-Metaphorik in der Gemeinde bis dahin ein Gemeinplatz war, wie er in der Antike oft begegnet: eine usuelle Metapher, zitiert, ohne aber wirklich fruchtbar gemacht zu werden. Das tut für die Korinther erst Paulus.[79]

---

real political body to which some Greco-Roman political lore, especially the call for concord, is directly applicable“ (Hervorhebung der Autorin; vgl. so auch A. LINDEMANN, Kirche 163).

[77] Anders E. BEST, Body 85.

[78] Gegen R. JEWETT, Terms 283f, der beides nicht nebeneinander gelten lassen will: Οὐκ οἴδατε beziehe sich, da der Begriff Leib Christi nicht begegne und σῶμα durchgängig individuell gemeint sei, allgemein auf die Vorstellung von ἐν Χριστῷ, und es sei unwahrscheinlich, „that the Corinthians had ever heard the ἕν σῶμα applied to the relationship of sexual intercourse.“ Jedoch findet sich, wenn man denn nach wörtlichen Zitaten sucht, ἐν Χριστῷ in 6,12-20 noch weniger als das Bild vom Leib Christi, und zweitens ist das ja eben der Sinn dieser Verse, dem bekannten kollektiven Bildfeld individual-ethische Bildstellen zu entnehmen. Dies jedoch eine „christliche Grundthese“ zu nennen (so H.W. PARK, Kirche 210), ist ein Anachronismus.

[79] Diametral entgegengesetzt urteilt A. LINDEMANN, Kirche 155: „Nach der Meinung des Apostels war sich die korinthische Gemeinde der Möglichkeit, sich als ‘Leib’ bzw. sogar explizit als ‘Leib Christi’ zu sehen, nicht bewußt gewesen - andernfalls hätte er das Bild nicht so eingehend entfaltet.“ Das soll vermutlich heißen: Das Bild vom Leib Christi hat eine fixe Ausprägung, die entweder bekannt ist oder nicht. Lindemann verkennt dabei, daß es einen Unterschied gibt zwischen „ein Bild entfalten“ und „Bildstellen verwenden“. Es gab nicht das fertige Bild, das nur noch entfaltet werden mußte, sondern ein Bildfeld, daß zur kreativ-überraschenden Invention von Bildstellen einlud. Daß die Korinther

Wie ordnet Paulus Leib-Metaphorik theologisch ein? Eine Antwort kann von 1Kor 10 ausgehen. Dort hatten wir gesagt, daß im Herrenmahl der Verbindung des Einzelnen mit Christus die mit der Gemeinde untrennbar an die Seite gestellt wird. Wenn wir nun diese Verbindung mit Christus mit dem paulinischen ἐν Χριστῷ umschreiben, dann läßt sich der Konnex zu Gal 3,28 (εἷς ἐστε ἐν Χριστῷ) herstellen.[80] Dort wird das ἐν Χριστῷ kollektiv gefaßt. Der Gedanke von der Gemeinschaft der Christen als dem Leib Christi gründet theologisch also in der Beschreibung der christlichen Existenz mit ἐν Χριστῷ.[81] Durch die Verknüpfung des neuen Status' der Christen mit dem Herrenmahl kommt diesem die Aufgabe zu, die christliche Existenz in dem Sterben Christi ὑπὲρ ἡμῶν zu gründen. War dies geschehen, konnte nun semantisch und pragmatisch die Konsequenz für die Gemeinschaft gezogen werden. Dabei ist der pragmatische Aspekt der entscheidende: Die Existenz des Einzelnen verdankt sich der Selbsthingabe des Einen. Das setzt ein entsprechendes Vorzeichen vor das „neue Leben".[82]

> F. Lang hat hier Richtiges gesehen, wenn er festhält: „In der Hingabe des *einen* (Christus) für *alle* (2.Kor 5,14) liegt m.E. die entscheidende Wurzel für die paulinische Vorstellung von der Kirche als dem Leib Christi." In der Interpretation bleibt Lang aber zu blaß: „Kirche ist verstanden als der Segensbereich [...] und zugleich als der Herrschaftsbereich", in ihr ist eine „neue

---

gleich das ganze „concept of Body of Christ" kannten, und das aus der mündlichen Lehre des Apostels, wie G.J.C. MARCHANT, Body of Christ, EvQ 30 (1958) 3-17, S. 3, und A.E.J. RAWLINSON, Corpus 277, vermuten, muß man jedoch nicht annehmen, zumal, noch einmal, eine Metaphorik kein Konzept darstellt.

[80] Dies ist für J. ROLOFF, Kirche 91, eine „Schlüsselstelle paulinischer Ekklesiologie".

[81] Für H. MERKLEIN, Entstehung 339, bedeutet dementsprechend der in 1Kor 12,13 ausgedrückte Gedanke die „(leib-hafte) Interpretation des Identitätsgedankens", also der ἐν Χριστῷ-Vorstellung (vgl. auch die folgende Fußnote). Gegen F. HAHN, Herrenmahl 33 Anm. 25, muß jedoch festgehalten werden, daß ἐν Χριστῷ damit nicht „in der Regel [...] eine ekklesiologische Bedeutung als Kurzform für ἐν τῷ σώματι Χριστοῦ" hat.

[82] Insofern ist H. MERKLEIN, Entstehung 340, zuzustimmen: „Mit 'Leib Christi' interpretiert demnach Paulus nicht die Christologie, sondern die christliche Existenz: Christliche Existenz ist wesentlich *ekklesiologische* Existenz" (Hervorhebung vom Autor).

Gemeinschaft mit Gott eröffnet."[83] Man kann und muß dies m.E. noch konkreter fassen, um nicht nur an der Oberfläche zu bleiben.[84]

Die Selbsthingabe Christi konnte in paränetischer Hinsicht mit Modellfunktion versehen werden (vgl. Phil 2,5-11; Röm 15,2f). Auch dem Einzelnen ist die ταπεινοφροσύνη aufgegeben, die das Wohl des Anderen sucht und damit das Ganze fördert (vgl. Röm 12,16). Vor diesem theologischen Hintergrund, wie er im Herrenmahl aktualisiert wird, fiel dann die semantische Verbindung zu einer der gängigsten und naheliegendsten Gemeinschafts-Metaphern nicht schwer.[85] Das metaphorische Überraschungselement liegt in dem Genitiv σῶμα *τοῦ Χριστοῦ*. Mit ihm remetaphorisiert Paulus die in der Antike oft usuell gewordene Leib-Metapher. Was Christus an/mit seinem σῶμα, neben der soteriologischen Bedeutung seines Todes, als ethische Vorgabe präfiguriert, soll sich in der Gemeinschaft derer, die sich darauf berufen, im gemeinschaftlichen „Alltag" realisieren.[86] Im Herrenmahl wird dieser Zusammenhang dramatisch und begrifflich in Erinnerung gerufen.[87]

---

[83] F. LANG, Briefe 179 (Hervorhebungen vom Autor).

[84] Auch W. KLAIBER, Rechtfertigung, der so deutlich wie wenige für eine „Funktionsanalyse" (a.a.O. 46) des Leib-Christi-Gedankens plädiert, bleibt mit dem Hinweis, die „Proexistenz des Christus gründet und schafft die communio der Gemeinde" (a.a.O. 44), die „die von ihm heraufgeführte neue Menschheit" (a.a.O. 191) repräsentiert, noch zu blaß. J. HAINZ, Volk 156, bemängelt ebenfalls diese Vagheit Klaibers, bleibt seinerseits aber hinter Klaiber zurück: „Man muß schon deutlicher schlußfolgern: Der Gekreuzigte und Erhöhte gibt in Taufe und Herrenmahl Anteil an seinem für uns hingegebenen Leib und stiftet so Gemeinschaft zwischen sich und den Getauften bzw. den Gemeinde als seiner irdischen Verleiblichung" (ähnlich auch H. V. LIPS, Neutestamentliche Aspekte zur Ekklesiologie, BThZ 13 [1996] 60-70, S. 65). Tatsächlich deutlicher wird E. BRANDENBURGER, Leib-Christi-Gedanke 363, indem er konkret in dem Protest gegen eine Werthierarchie den „Impuls seiner (sc. Pauli) theologia crucis ekklesiologisch zum Vorschein" kommen sieht (so auch T. SÖDING, Leib 282).

[85] W.A. MEEKS, Christians 89, gibt zu bedenken: „It is not easy, however, to decide whether readers would have recognized overtones of that particular reference [sc. auf den gekreuzigten und auferstandenen Leib Jesu] in passages in the letters that sound like the ordinary figurative usage." Vielleicht haben es nicht alle sofort begriffen, aber spätestens bei nochmaliger Lektüre oder im Gespräch wird man sich über den Sinn klargeworden sein.

[86] Vgl. auch R. BANKS, Paul's Idea of Community Grand Rapids/Exeter ^{2}1994, 190: „Paul's understanding of community is nothing less than the gospel itself in corporate form." Auf die Diskussion, ob es das Evangelium überhaupt

anders gibt als in einer „corporate form", sei hier kurz hingewiesen. Vgl. dazu K. STENDAHL, The Apostle Paul and the Introspective Conscience of the West, HThR 25 (1963) 199-215 = in: Paul Among Jews and Gentiles and Other Essays, Philadelphia 1976, 78-96; die Entgegnung von E. KÄSEMANN, Rechtfertigung und Heilsgeschichte im Römerbrief, in: Paulinische Perspektiven 1969 ([2]1972), 108-139, die Antwort von K. STENDAHL in der erwähnten Aufsatzsammlung 129-133. Stendahl hatte behauptet, in einer Linie Augustin - Luther - Bultmann sei die Rechtfertigungslehre fälschlicherweise individualisiert worden. Exegetisch sei es bezüglich des Römerbriefes so, daß Röm 9-11 „is not an appendix to chs. 1-8, but the climax of the letter" (Apostle 85). Die Diskussion zeigte zumindest im deutschsprachigen Raum keine längere Wirkung (abgesehen von der intrinsischen Affinität zu Stendahls Grundgedanken im Rahmen der sozialgeschichtlichen Exegese). Der Name Stendahls fehlt im Register der umfangreichen Festschrift für E. Käsemann (Rechtfertigung [hg. v. J. Friedrich/W. Pöhlmann/P. Stuhlmacher], Tübingen/Göttingen 1976). Die deutsche Übersetzung des Stendahlschen Aufsatzbandes (Der Jude Paulus und wir Heiden. Anfragen an das abendländische Christentum, München 1978) verzichtet ohne Erklärung auf den betreffenden Aufsatz, und das, obwohl sie andererseits die Antwort Stendahls an Käsemann betreffs dieses Artikel wiedergibt (a.a.O. 139-144)! K. KERTELGE, Art. Rechtfertigung II, TRE 28 (1997) 286-307, führt Stendahls Arbeiten zwar in der Bibliographie, erwähnt ihn sonst aber nicht (auch nicht im forschungsgeschichtlichen Überblick „Die exegetische Diskussion des 20. Jahrhunderts", a.a.O. 299-304). Immerhin stellt P.F.M. ZAHL, Die Rechtfertigungslehre Ernst Käsemanns, CThM.ST 13, Stuttgart 1996, 189-191, kurz die Diskussion zwischen Stendahl und Käsemann dar. B.J. MALINA, The Individual and the Community. Personality in the Social World of Early Christianity, BTB 9 (1979) 126-138, greift dagegen die Thesen Stendahls zustimmend und weiterführend auf (der antike Mensch definiert sich ausschließlich durch Gruppenzugehörigkeit). Und kategorisch erklärt jetzt S.K. STOWERS, A Rereading of Romans. Justice, Jews, and Gentiles, New Haven/London 1994, 329: „Paul's gospel never addressed the abstract problem of the human plight"; der Römerbrief, den Stowers neu zu lesen wünscht, handelt von dem „sociological problem of Jews relating to non-Jews in the highly interactive polyethnic environment of the early empire" (a.a.O. 328; vgl. auch J.C. WALTERS, Ethnic Issues in Paul's Letter to the Romans. Changing Self-Definitions in Earliest Roman Christianity, Valley Forge 1993, 68-77). Hatte die Linie Augustin - Luther - Bultmann die kollektiven Dimensionen des Evangeliums tatsächlich vernachlässigt, scheint mir dies nun jedoch auf der anderen Seite hinunterzufallen.

[87] Im Abendmahl „fand die Identität der ἐκκλησία τοῦ θεοῦ ihre Sozialgestalt" (M. WOLTER, Ethos und Identität in paulinischen Gemeinden, NTS 43 [1997] 430-444, S. 434). Daß Paulus in Röm 12,5 mit οἱ πολλοὶ ἓν σῶμά ἐσμεν parallel zu 1Kor 10,17 (ἓν σῶμα οἱ πολλοί ἐσμεν) formuliert, könnte

Leib-Metaphorik ist für Paulus in 1Kor ein paränetisches Werkzeug. Sie soll Solidarität untereinander bewirken und greift dazu auf die Selbsthingabe Christi „für uns" zurück. Dadurch wird sie eng mit der symbolischen Sinnwelt verknüpft. Sie macht die Geschehnisse dieser symbolischen Sinnwelt für die Gemeindewirklichkeit transparent. Damit leistet sie Großes, ist gleichzeitig aber auch auf diesen funktionalen Aspekt beschränkt. Hier eine „mystische" Wahrheit oder eine rein theologische Aussage sehen zu wollen, überfrachtet sie und wird ihrer Funktion nicht gerecht. Für diese Charakterisierung spricht auch ihre semantische Ausarbeitung. Wäre nämlich die Vorstellung von der Gemeinde als Leib Christi ein theologisch eigenständiges Theorem, ließe sich zum einen nur schwer damit in Einklang bringen, daß Paulus in 1Kor 11 in einem gänzlich anderen Kontext als dem der Einheit von Gott, Christus bzw. dem Mann als κεφαλή reden, also dieses Bildfeld aktivieren kann. Leib-Metaphorik war nicht so ausschließlich auf die in 1Kor 12 verhandelte Thematik konzentriert, wie dies in der Literatur, in der 1Kor 11 zur Leib-Metaphorik in den wenigsten Fällen zitiert wird, zumeist gesehen wird. Zum anderen wäre es verwunderlich, wenn innerhalb der Leib-Metaphorik als einem theologisch hochbedeutsamen Konzept die κεφαλή wie in Kap. 12 ein Glied unter vielen und nicht mit Christus besetzt ist, wie dies etwa von der antiken Kaiserideologie her zu erwarten gewesen wäre, und vor allem dieser innerhalb des Bildfeldes wichtige Begriff von einem Kapitel aufs andere gänzlich unterschiedlich gefüllt werden kann.

5.2. Römerbrief

Paulus schreibt seinen Brief an die römischen Christen vermutlich in der Mitte der 50er Jahre von Korinth aus. Rom soll eine seiner nächsten Stationen sein, Sprungbrett in den Westen des Reichs. Zuvor jedoch gilt es, die in den Gemeinden gesammelte Kollekte den Christen in Jerusalem zu überbringen. Aufgrund der Lage in Jerusalem ist sich Paulus nicht sicher, wie diese Reise enden wird. Einen freudigen Empfang erwartet er nicht. Dasselbe könnte für Rom gelten. Die Christen dort befinden sich nach dem Klaudiusedikt in einer schwierigen Lage. Ihr Verhältnis zur Synagoge war endgültig fraglich geworden, und aus politischen Gründen

---

auf die Zentralität des Herrenmahlkontextes deuten, könnte jedoch auch schlicht die von Paulus empfundene Eingängigkeit der Ausdrucksweise belegen.

dürften sie um Unauffälligkeit bemüht gewesen sein.[88] Ging andererseits Paulus nicht der Ruf voraus, eine Spur von Tumulten hinter sich her zu ziehen?

Gleichzeitig scheint der Römerbrief von all dem wenig widerzuspiegeln. Er ist der „theologischste" aller Paulus-Briefe. Das hat die Forschung immer wieder irritiert. Sie kam denn auch zu den unterschiedlichsten Charakterisierungen des Schreibens, von „Testament" bis „Friedensmemorandum".[89] Eine Lösung wird auch das folgende Kapitel nicht finden. Gleichwohl versucht es, einen Textabschnitt vor einem bestimmten historischen Hintergrund plausibel werden zu lassen.

5.2.1. Die Identität der Christen: 12,4-6

Leib-Metaphorik finden wir im Römerbrief nur in 12,4ff.[90] Diese Stelle wird zumeist als Variante von 1Kor gesehen. Es wird auf die unterschiedliche Phänomenologie verwiesen und zuweilen auch gefolgert, Paulus sei noch „nicht festgelegt"[91] auf ein „Konzept". Inhaltlich wird meist kein Unterschied zwischen der Leib-Metaphorik des 1. Korinther- und der des Römerbriefs gemacht. Ist das aber angesichts der besonderen

---

[88] Vgl. dazu u. S. 159ff Anm. 119-121.

[89] Die wichtigsten Beiträge von 1962 bis 1988 sind zusammengestellt in K.P. DONFRIED (Hg.), The Romans Debate, Edinburgh ^{2}1991. Von neueren Arbeiten werden einige im Laufe dieses Kapitels erwähnt. Immerhin ist, abgesehen von Kap. 16, die literarische Integrität des Röm so gut wie unbestritten (m.W. urteilt anders nur W. SCHMITHALS, Der Römerbrief. Ein Kommentar, Gütersloh 1988; vgl. dazu u. S. 153 Anm. 104).

[90] Gelegentlich wird auch 7,4 (ὑμεῖς ἐθανατώθητε τῷ νόμῳ διὰ τοῦ σώματος τοῦ Χριστοῦ, εἰς τὸ γενέσθαι ὑμᾶς ἑτέρῳ, τῷ ἐκ νεκρῶν ἐγερθέντι) ekklesial gedeutet (vgl. besonders C.H. DODD, The Epistle of Paul to the Romans, MNTC, London ^{13}1954, 102; J.J. MEUZELAAR, Leib 57f, aber auch C.K. BARRETT, A Commentary on the Epistle to the Romans, BNTC, London 1957, 136; K. BERGER, Theologiegeschichte 464). Dies geht m.E. jedoch nur unter unzulässiger Eintragung systematisch-theologischer Bindeglieder (vgl. E. KÄSEMANN, An die Römer, HNT 8a, Tübingen ^{3}1974, 181: „willkürlich").

[91] H. MERKLEIN, Entstehung 323; vgl. auch J.D.G. DUNN, Body of Christ 151: „such variation strongly suggest that the point being made is not one of dogmatic precision, but one of metaphoriacal imprecision, calculated more to stir the heart than to instruct the mind." Für E. BRANDENBURGER, Leib-Christi-Gedanke 361, vollzieht sich hier immerhin eine „auffallende Wendung", die er jedoch nicht auswertet.

römischen Situation gerechtfertigt?[92] Und ist das angesichts des unterschiedlichen literarischen Charakters des 1. Korinther- und des Römerbriefs gerechtfertigt?
Es fehlt bislang an einer eigenständigen Würdigung von Röm 12,4f. Wenn dies hier nachgeholt wird, dann soll die Fragestellung eine zweifache sein: (1) Wie ist der phänomenologische Unterschied zu 1Kor inhaltlich zu erklären? (2) Welche Aussage trifft Röm 12,4ff in seinem brieflichen und situativen Kontext?
Zunächst also zum Text. Leib-Metaphorik findet sich in Röm 12 in den Versen 4-5. Der Gedanke findet jedoch erst in V. 6a seinen logischen Abschluß, weswegen dieser noch zu den Versen 4f hinzuziehen ist:[93]

> 4 καθάπερ γὰρ ἐν ἑνὶ σώματι πολλὰ μέλη ἔχομεν,
> τὰ δὲ μέλη πάντα οὐ τὴν αὐτὴν ἔχει πρᾶξιν,
> 5 οὕτως οἱ πολλοὶ ἓν σῶμά ἐσμεν ἐν Χριστῷ,
> τὸ δὲ καθ' εἷς ἀλλήλων μέλη,
> 6a ἔχοντες δὲ χαρίσματα κατὰ τὴν χάριν τὴν δοθεῖσαν ἡμῖν διάφορα

Wie in 1Kor 12,12 formuliert Paulus in Form eines Vergleichs. Das zweite Glied des Vergleichs ist, wie dort auch, metaphorisch gefaßt: οὕτως οἱ πολλοί *ἓν σῶμά ἐσμεν* ἐν Χριστῷ.[94] Der Vergleich, die Metapher und die Anwendung haben ihren Schwerpunkt in Aussagen über das Individuum: Es gibt am Leib viele Glieder (πολλὰ μέλη ἔχομεν), nicht alle Glieder haben dieselbe Tätigkeit (οὐ τὴν αὐτὴν ἔχει

---

[92] Für die Paränese in Röm 14-15 wird der besondere Bezug zur römischen Situation zugestanden. Warum nicht für die Kap. 12-13? Auch die Allgemeinheit des Materials spricht nicht von vornherein dagegen. Für die Leib-Metaphorik wird das noch plausibler, wenn man die aus 1Kor gewonnenen Ergebnisse bedenkt, nach denen von einer fixen Leib-Christi-Ekklesiologie nicht geredet werden kann.

[93] So auch TH. ZAHN, Der Brief des Paulus an die Römer, KNT 6, Leipzig [1/2]1910, 543; J.D.G. DUNN, Romans 9-16, WBC 38B, Dallas 1988, 725; anders etwa E. KÄSEMANN, Römer 327: „3-5 waren Grundlegung, deren entscheidenden Sachverhalt 6a, ohne daß Abhängigkeit von 4 vorläge, […] nochmals herausstellt." Wenn aus diesem Grunde nach V. 5 kein Punkt zu setzen ist, so beginnt in V. 6a auch kein neuer Satz, und der läuft dann auch nicht mehr „in einem Anakoluth aus", wie H. LIETZMANN, An die Römer, HNT 8, Tübingen [3]1928, 109, anmerkte.

[94] Wenn W. SCHMITHALS, Römerbrief 439, moniert, Paulus halte hier unrichtigerweise an der Metapher fest, so denkt er zu formalistisch. Zudem unterscheidet er nicht zwischen Vergleich und Metapher.

πρᾶξιν), so wie „wir“ auch nicht alle dieselben Charismen haben (ἔχοντες δὲ χαρίσματα κατὰ τὴν χάριν). Die Charismen sind ganz von ihrer praktischen Seite her gesehen (das χάρισμα entspricht der πρᾶξις der Glieder). Zudem werden Glieder, Praxis und Charismen „gehabt“ (dreimaliges ἔχειν). Das läßt eine nüchterne Betrachtungsweise der innerkirchlichen Aufgaben erkennen. Der Rahmen in den Versen 3 und 6b-8 bestätigt dies: In V. 3 ruft Paulus wortspielerisch zur Besonnenheit auf: μὴ ὑπερφρονεῖν παρ᾽ ὃ δεῖ φρονεῖν, ἀλλὰ φρονεῖν εἰς τὸ σωφρονεῖν. Maßstab dieser Besonnenheit ist die von Gott verliehene Gnade (χάρις). Sie ist hier in einem kausalen Zusammenhang gesehen mit den χαρίσματα: Zur Berufung gehört eine Befähigung und Beauftragung zu einem Dienst innerhalb der Gemeinde (V. 6a: κατὰ τὴν χάριν τὴν δοθεῖσαν ἡμῖν). Die Berufung verbindet sich mit einer Platzanweisung innerhalb des neuen Sozialzusammenhanges. Diese Platzanweisungen organisieren das Ganze: In den Versen 6b-8 weist Paulus jeden an, den Platz einzunehmen, der ihm zugedacht war, und ihn gewissenhaft auszufüllen.[95]

> Paulus formuliert inhaltlich analog zu 1Kor 7,17-24: εἰ μὴ ἑκάστῳ *ὡς ἐμέρισεν ὁ κύριος*, ἕκαστον *ὡς κέκληκεν ὁ θεός*, οὕτως περιπατείτω (1Kor 7,17) entspricht λέγω παντὶ σωφρονεῖν, ἑκάστῳ *ὡς ὁ θεός ἐμέρισεν* μέτρον πίστεως (Röm 12,3). Was für den „bürgerlichen“ Stand gilt, gilt auch für den innergemeindlichen. Der Unterschied ist, daß innerhalb der Gemeinde der Platz von Gott neu zugewiesen ist. Bleibt für Paulus die reale außergemeindliche Position des Christen/der Christin unberührt von der Heilswende,[96] so schafft sich Gott einen neuen Sozialkörper, innerhalb dessen er die einzelnen Positionen souverän zuteilt (und in dem nach Gal 3,28 die weltlichen Differenzierungen keine Rolle mehr spielen[97]).[98]

Die Gemeinde verdankt sich der χάρις Gottes, und organisiert sich dementsprechend. Dieser Sozialkörper ist σῶμα ἐν Χριστῷ. Der Unter-

---

[95] Paulus geht mit gutem Beispiel voran: Er mahnt die römischen Christen διὰ τῆς χάριτος τῆς δοθείσης μοι (V. 3), die ihn zum ἀπόστολος τῶν ἐθνῶν gemacht hat (vgl. 11,13).

[96] Paulus formuliert in 1Kor 7,17 jedoch ambivalent: Zunächst spricht er von der Zuteilung der sozialen Position durch den Herrn (ὡς ἐμέρισεν ὁ κύριος), dann neutraler davon, daß die Berufung in einem bestimmten Stand erfolgte (ὡς κέκληκεν ὁ θεός). Hat Paulus sich korrigiert? Es spielt in den Versen 18-24 nur noch die Berufung eine Rolle.

[97] Jedoch spricht auch 1Kor 7,22 schon vom Rollenwechsel.

[98] Vgl. dagegen u. S. 252 zu 1Klem 37f.

schied zu σῶμα Χριστοῦ als Formulierung in 1Kor 12,27 ist bedeutungsvoll[99] und zeigt mehr als nur die Flexibilität der Begriffs, die von der Variabilität auch des sogenannten Konzepts bei Paulus zeugt. Beide Varianten haben einen unterschiedlichen Schwerpunkt. Σῶμα Χριστοῦ betont den Genitiv. Die Gemeinde wird damit auf den gekreuzigten Christus verwiesen, der nicht nur durch seine Hingabe Gemeinde erst ermöglicht hat, sondern dessen Hingabe gleichzeitig die ethische Vorgabe setzt für die Ausgestaltung des innergemeindlichen Miteinanders, das im Absehen von der eigenen Person von der Solidarität gerade mit den Schwachen geprägt sein soll. Σῶμα ἐν Χριστῷ behält dagegen einen starken Impetus auf dem ersten Begriff, dem des σῶμα. Es geht weniger (auch wenn es *auch* darum geht) um die Tatsache, wie die Glieder der Gemeinde miteinander umgehen, als eher darum, daß die Gemeinde im Miteinander der In-Christus-Seienden einen Leib bildet, eben ἓν σῶμα ἐν Χριστῷ.[100] Darzulegen, wie dieser Gemeindeleib zu strukturieren ist, ist dann die zweite Aussageintention von Röm 12,3-8. Diese Verse sind integraler Bestandteil des ganzen Gedankengangs, denn die neue Identität der Christen fordert auch eine neue Sozialstruktur.[101] Es überwiegt also gegenüber 1Kor 12 in Röm 12 der körperschaftliche Aspekt.[102]

---

[99] Er wird jedoch z.B. von H. LIETZMANN, Römer 109, geleugnet („genaue Parallele in I Kor 12 12 ff"); vgl. etwa noch C.H. DODD, Epistle 194; J.A. FITZMYER, Romans, AncB 33, New York 1993, 646; vorsichtiger D. ZELLER, Der Brief an die Römer, RNT, Regensburg 1985, 208. Aber noch nicht einmal um ein „basic issue" (D.J. MOO, The Epistle to the Romans, NIC, Grand Rapids 1996, 762) geht es in beiden Stellen. Andererseits kann man auch nicht mit A. LINDEMANN, Kirche 162, behaupten, in Röm 12 beschreibe Paulus die Einheit der Vielen als einen Sachverhalt, der „durch Christus bestimmt wird", und aufgrund dieser terminologischen Trennung könne man nicht mehr vom Leib Christi „im Sinne einer ekklesiologischen Metapher" wie in 1Kor 12 reden. „Leib in Christus" ist ebenso eine ekklesiologische Metapher wie „Leib Christi" (vgl. auch u. S. 257 Anm. 32).

[100] Das gilt überall, wo sich Gemeinde bildet, worauf die 1. Pers. Pl. in V. 5 (ἐσμέν) hinweist.

[101] Vgl. H. MOXNES, The Quest for Honor and the Unity of the Community in Romans 12 and in the Orations of Dio Chrysostom, in: Paul in His Hellenistic Context (hg. v. T. Engberg-Pedersen), Minneapolis 1995, 203-230, S. 216.

[102] Einen Unterschied zwischen Röm 12 und 1Kor 12 sieht auch E. KÄSEMANN, Römer 323, der jedoch in Röm 12 ein Defizit im Bereich der Christologie entdecken will: „Der Unterschied beider Stellen liegt darin, daß hier nicht so deutlich das christologische Anliegen des Motivs und damit das Spezifikum

Diese Überlegungen werden durch den unmittelbaren und weiteren Kontext bestätigt. Die Verse 12,1-2 bilden die Programmatik nicht nur für 12,3-8, sondern für die gesamte folgende Paränese. Zwei Aspekte sind dabei m.E. entscheidend: Zum einen ist der christliche Kult eine λογικὴ λατρεία, die die blutigen Opfer ablöst. Gleichzeitig ist er nicht vergeistigt, denn er besteht darin, daß die Christen ihre eigenen σώματα als Opfer darbringen. Es ist ein Gottesdienst, dessen Schauplatz das Leben ist: das innergemeindliche, wie die Verse 3-8 für die eher formellen Rollen und die Verse 9-16 für informellen Kontakte darlegen, sowie das außergemeindliche der Privatsphäre (12,17-21) und der politischen Existenz (13,1-7).[103] Der andere Aspekt von 12,1-2 liegt in der Unterscheidung von diesem Äon (μὴ συσχηματίζεσθε τῷ αἰῶνι τούτῳ). Die

---

paulinischer Ekklesiologie heraustritt." Vgl. dagegen J. HORST, Art. μέλος, ThWNT 4 (1942) 559-572, S. 568: „Die Zugehörigkeit ist also nur im Glaubensverhältnis zu Christus da, nicht in der Zugehörigkeit zu einem corpus sociale besteht hier die Gliedschaft" (unbefangener spricht dagegen E. SCHWEIZER, Art. σῶμα 1067, von der horizontalen Dimension). R. JEWETT, Terms 303, sieht ebenfalls „a decisive shift in Rom. 12 away from the identification of the ecclesiastical body with Christi himself." Da ich jedoch auch in 1Kor 12 keine „identification" vermute, liegt der Umschwung m.E. entsprechend woanders. Davon abgesehen ist die Begründung, die Jewett für diesen Umschwung gibt, rein spekulativ: Jewett vermutet, Paulus wolle einer inzwischen eingetretenen pneumatischen Überinterpretation des Leib-Christi-Gedankens wehren (vgl. auch T. SÖDING, Leib 289; W. SCHMITHALS, Theologiegeschichte des Urchristentums. Eine problemgeschichtliche Darstellung, Stuttgart/Berlin/Köln 1994, 161: Paulus verhindert die Gleichsetzung von Christus und Gemeinde). Die Christologie bleibt jedoch auch in meiner Interpretation das entscheidende Movens. Was O. MICHEL, Der Brief an die Römer, KEK 4, Göttingen [14]1978 (5., bearb. Aufl. dieser Ausg.), 376, mit seiner Unterscheidung meint, ist mir nicht deutlich: „Das Motiv des σῶμα ist durch eine gegebene theologische Vorstellung vom σῶμα Χριστοῦ geprägt, wird aber hier durch das Bild von der Vielheit der μέλη und der Einheit des σῶμα ausgelegt." Gegen welche andere „Auslegung" grenzt er dies ab?

[103] Eine solche Gliederung aufgrund unterschiedlicher sozialer Bezugssysteme favorisieren auch A.J.M. WEDDERBURN, The Reasons for Romans, Edinburgh 1988, 76 (die Verse 3 und 16 bilden eine „sort of 'ring-composition'"), und H. MOXNES, Quest 219. Gegen H. LIETZMANN, Römer 107 („ein Prinzip der Disposition ist nicht zu sehen"; ähnlich auch H.W. SCHMIDT, Der Brief des Paulus an die Römer, ThHK 6, Berlin 1962, 206). O. MICHEL, Brief 366, bezeichnet Röm 13,1-7 als eine den Zusammenhang von 12,9-21 und 13,8-14 unterbrechende „Einlage".

Unterscheidung wurzelt darin, daß sich die Christen einen neuen νοῦς schenken lassen, mit dem sie den Willen Gottes erkennen können (εἰς τὸ δοκιμάζειν ὑμᾶς τί τὸ θέλημα τοῦ θεοῦ). Dabei bleibt gleichzeitig eine gewisse Analogie zur Welt gewahrt, denn der Wille Gottes wird in den herkömmlichen Termini τὸ ἀγαθὸν καὶ εὐάρεστον καὶ τέλειον ausgedrückt. Sieht Paulus die Erkenntnis des Gotteswillens als Möglichkeit, die auch von anderen angestrebten Güter zu erlangen, oder will er sie durch den Willen Gottes neu qualifiziert sehen?

Wie dem auch sei: Festzuhalten ist zu 12,1-2, daß nach Paulus der christliche Kult sich in der alltäglichen Lebensführung vollzieht, die davon geprägt sein soll, daß sie sich von dem sonst in der Welt Vorfindlichen unterscheidet.

Die Differenzierung von der Umwelt hat also eine definitorische Qualität für die christliche Gemeinde. „Umwelt" ist als „dieser Äon" sicher die pagane Umwelt. Aber in den unmittelbar voraufgehenden Kapiteln 9-11 ging es auch um das Verhältnis zwischen Christen und Juden, und das οὖν in 12,1 scheint schon formal einen sehr unmittelbaren Rückbezug anzudeuten. Er ist auch inhaltlich gegeben.[104]

In den Kapiteln 9-11 geht es Paulus um eine theologische Bewertung Israels angesichts der durch das Christusgeschehen initialisierten heilgeschichtlichen Wende zur Integration der Heiden in das Gottesvolk. Kap. 11 beschäftigt sich innerhalb dieses Themas u.a. mit der Frage nach dem konkreten Verhältnis von christlicher Gemeinde und Volk Israel. Paulus warnt vor einem schwerwiegenden Mißverständnis: Israel ist zwar, soweit es Christus nicht als Messias akzeptiert hat, als Zweig aus dem Ölbaum ausgebrochen worden, es ist aber nicht aufgegeben. Die christliche Gemeinde ist nur wegen ihres Glaubens als wilder Zweig (ἀγριέλαιος ὤν, V. 17) in den Ölbaum eingepfropft, nicht aber wegen eigener Vorzüge. Und wie leicht kann ein eingepfropfter Zweig wieder ausgerissen

---

[104] Οὖν ist nicht „nur äußerliche Überleitungspartikel" (H. LIETZMANN, Römer 107) oder schließt nur „locker" an (D. ZELLER, Brief 205), knüpft aber auch nicht der „Sache nach [...] besonders an Kap. 5-8" an (H. SCHLIER, Der Römerbrief, HThK 6, Freiburg/Basel/Wien [3]1987, 349). Weil für W. SCHMITHALS, Römerbrief 426, das οὖν „nach den Israel-Kapiteln 9-11 in keinem Fall einen Sinn" gibt, trennt er zwischen Kap. 11 und 12 literarkritisch in zwei Briefe A und B, erklärt οὖν zum Werk des Redaktors und postuliert, daß dieser „Anstoß [...] von den Auslegern, die an der Integrität des Römerbriefs festhalten, [...] ignoriert oder bagatellisiert werden" muß. Daß man hier jedoch erst gar keinen Anstoß nehmen muß, hofft die vorliegende Exegese zeigen zu können.

werden, wenn das schon dem eigentlichen Zweig widerfuhr! Deswegen ergeht an die christliche Gemeinde die Mahnung, auf ihren Glauben zu achten (V. 20): „Sei nicht stolz, sondern fürchte dich!“ Damit ist die konkrete Haltung der christlichen Gemeinde beschrieben, wie Paulus sie von ihr fordert. Im Hinblick auf sich selbst soll sie sich nicht rühmen (μὴ κατακαυχῶ, V. 18) und nicht hoch von sich denken (μὴ ὑψηλὰ φρόνει, V. 20),[105] im Hinblick auf Gott soll sie sich fürchten, wieder ausgerissen zu werden (ἀλλὰ φόβου, 20).[106]

Eine weitere Verbindung zwischen Kap. 9-11 und Kap. 12 stellt der Begriff des χάρισμα dar. Nach 11,29 sind die χαρίσματα, die Israel erhalten hat, unwiderruflich (ἀμεταμέλητον). Zu beziehen sind diese Charismen auf die Prärogative Israels, wie Paulus sie in 9,4f darlegt.[107] Zusammen mit der ebenfalls in 11,29 genannten κλῆσις konstituieren sie das Gottesvolk Israel, die Charismen bestätigen die Berufung. Das ist nach Kap. 12 beim neuen Gottesvolk nicht anders. Auch dessen Gemeinschaft wird durch die χαρίσματα, wie sie in V. 6b-8 beschrieben werden, geprägt. Anders als im alten Bund sind diese Charismen jedoch keine Attribute,[108] sondern Begabungen, die zum Dienst aneinander befähigen. Da sie der einen Gabe des ewigen Lebens in Jesus Christus zugeordnet sind,[109] ist ihr Dienstcharakter nur folgerichtig, entstand doch die neue Gemeinschaft der Christen durch die dienende Hingabe Jesu. Das hatte der voraufgegangene Abschnitt über den 1. Korintherbrief deutlich gemacht, und darauf ist hier zu rekurrieren.

Die christliche Gemeinde bezieht also ihr Selbstverständnis nach diesen Versen aus ihrem Verhältnis zu Israel. Es ist die Trauer um Israel, wie Paulus sie in 9,1-5 von sich selbst bezeugt, die sich mit der Dankbarkeit darüber verbindet, daß die Heiden eine Chance erhielten, zum Gottesvolk

---

[105] Vgl. 11,25: ἵνα μὴ ἦτε παρ' ἑαυτοῖς φρόνιμοι.

[106] Es geht also in Röm 9-11 nicht darum, die Diskriminierung der Heiden durch die Juden zu beenden, wie H. LICHTENBERGER, Jews and Christians in Rome in the Time of Nero: Josephus und Paul in Rome, ANRW II,26/3 (1996) 2142-2176, S. 2162, meint: „rights equal to those of the Jews and denied to them in the synagogue are awarded to them by Paul's Gospel; discrimination is ended.“

[107] Vgl. etwa U. WILCKENS, Der Brief an die Römer (Röm 6-11), EKK 6/2, Zürich/Neukirchen ^{2}1987, 258.

[108] Vgl. Röm 9,4f: υἱοθεσία, δόξα, διαθῆκαι usw.

[109] Vgl. Röm 6,23: τὸ δὲ χάρισμα τοῦ θεοῦ ζωὴ αἰώνιος ἐν Χριστῷ Ἰησοῦ τῷ κυρίῳ ἡμῶν.

dazuzustoßen,. Gleichzeitig weiß die Gemeinde, daß sie, da sie nur über den schmerzlichen, wenn auch temporären Ausschluß Israels in das Gottesvolk integriert wurde, keinen Grund zum Selbstruhm hat, sondern im Gegenteil ernsthaft darauf bedacht sein muß, den Glauben zu bewahren.[110]

Hier schließt inhaltlich nun Kap. 12 an. Den Glauben bewahrt die Gemeinde in ihrem täglichen Gottesdienst, in ihrer λογικῇ λατρείᾳ, mit der sie sich von der Welt unterscheidet. Damit nimmt der christliche Kult dieselbe Funktion ein wie der jüdische:[111] Er separiert die Gemeinde von der Welt, auch wenn sie ihren Gottesdienst durch das tägliche Leben, also mitten in der Welt, feiert.[112] Wie dies im Einzelnen aussieht, beschreibt Paulus in den genannten Differenzierungen in den Versen 12,3-13,10.[113]

---

[110] Ob über die Erwähnung des ἐχθρός, den es nach Röm 12,20 zu lieben gilt, noch einmal die Juden in den Blick kommen, die nach 11,28 ja κατὰ τὸ εὐαγγέλιον ἐχθροί der Gemeinde sind, kann zumindest nicht ausgeschlossen werden.

[111] Vgl. die jedenfalls grundsätzliche Hochachtung der jüdischen λατρεία in 9,4. P. STUHLMACHER, Der Brief an die Römer, NTD 6, Göttingen/Zürich [14]1989 (1. Aufl. dieser Ausg.), 168, schreibt: Es geht darum, die Gemeinden „zu ihrer eigenen Form des in den jüdischen Synagogen geübten 'vernünftigen' Gottesdienstes" aufzurufen. Man muß jedoch fragen, ob Stuhlmacher nicht in der Gefahr steht, (aus biblisch-theologischem Interesse?) zu sehr zu harmonisieren. Ist gerade der jüdische *Gottesdienst*, wo es doch um die Aktualisierung der für Paulus abgetanen Gerechtigkeit geht, für Paulus *in seiner aktuellen Form* genauso hochzuschätzen wie etwa die andauernde Kindschaft Israels? Stellt er eine λογικὴ λατρεία der anderen λογικὴ λατρεία gegenüber, oder unterscheidet nicht das λογική-Sein der christlichen λατρεία diese auch von der jüdischen? - W. SCHMITHALS, der, wie wir gesehen hatten, mit Röm 12 einen Brief B beginnen läßt und keine Verbindung zu den voraufgegangenen Kapiteln entdecken kann, kann sich gleichwohl ebenfalls vorstellen, daß der Begriff λατρεία in 12,1 aus der Synagoge stammt (vgl. Römerbrief 429).

[112] Vgl. auch H.D. BETZ, Christianity as Religion: Paul's Attempt at Definition in Romans, in: Paulinische Studien. Ges. Aufs. 3, Tübingen 1994, 206-239, S. 211: „λατρεία is a comprehensive concept comprising ritual worship and ethics."

[113] Am stärksten betont den Zusammenhang von Röm 9-11 mit Kap. 12 m.W. J.D.G. DUNN, The Theology of Paul the Apostle, Edinburgh 1998, 534: Mit Kap. 9-11 sei Paulus innerhalb des Römerbriefs übergegangen zu der Frage nach der „corporate identity of the people of God." Nachdem Israel als das erwählte Volk nicht mehr mit dem ethnischen Israel gleichgesetzt werden könne, suche Paulus

Zunächst geht es ihm um das innergemeindliche Leben, und da finden wir in V. 3 den Grundzug, der nach Kap. 11 das Verhältnis von Kirche und Israel bestimmen soll, aufgenommen in dem Wortspiel μὴ ὑπερφρονεῖν παρ' ὃ δεῖ φρονεῖν, ἀλλὰ φρονεῖν εἰς τὸ σωφρονεῖν. Es nimmt das μὴ ὑψηλὰ φρόνει von 11,20 auf und weist gleichzeitig voraus auf 12,16: μὴ τὰ ὑψηλὰ φρονοῦντες ἀλλὰ τοῖς ταπεινοῖς

---

nun nach anderen „defining features" (a.a.O. 535) des Volkes Gottes. Der Rückbezug von Kap. 12ff wird in der Literatur ansonsten meist formal oder dogmatisch als Kollektivierung der auf das Individuum bezogenen Aussagen der vorangegangenen Kapitel begründet und auf unterschiedliche Abschnitte des Briefes durchgeführt. B. WEISS, Der Brief an die Römer, KEK 4, Göttingen ^{8}1891 (1. Aufl. dieser Ausg.), 509f, betonte die Verbindung zu den Kapiteln 9-11 aufgrund semantischer Beobachtungen (das ἀδελφοί von 12,1 finde sich auch in 11,25, und die οἰκτιρμοί bezögen sich auf ἠλεήθητε in 11,30; die „mercies of God" sieht auch C.K. BARRETT, Romans 230, besonders in den Kap. 9-11 betont). Dieser Befund wird jedoch von C.E.B. CRANFIELD, The Epistle to the Romans Vol. 2, ICC, Edinburgh 1979, 596, dergestalt nivelliert, daß auch die Kap. 1-8 „concerned with the action of the merciful God" wären. A. SCHLATTER, Gottes Gerechtigkeit. Ein Kommentar zum Römerbrief, Stuttgart ^{3}1959, 331, und D. ZELLER, Brief 208, schlagen den Bogen zu Kap. 6-8, D.J. MOO, Epistle 748, ganz allgemein zu Kap. 1-11. U. WILCKENS, Der Brief an die Römer (Röm 12-16), EKK 6/3, Zürich/Braunschweig/Neukirchen-Vluyn ^{2}1989, 2, meint zwar auch, mit οἰκτιρμοί in 12,1 werde der „Zielgedanke von Röm 9-11" aufgenommen, fährt dann aber fort: „es geht im folgenden um die Konkretisierung dessen, was Paulus grundsätzlich über den christlichen Wandel in Röm 6-8 gesagt hat, im Blick auf das christliche Zusammenleben in der Gemeinde." S.K. STOWERS, Rereading 318, schließlich sieht in Kap. 1-11 „Christ's faithfulness as his generative adaptation to the needs of others", dem in den Kap. 12-15 eine „ethic of community based on the principle of faithfulness as adaptability to others", eine „exhortation to the practices of gentile renewal" (a.a.O. 40) entspricht. Das muß kurz erläutert werden. Nach Stowers wendet sich der Römerbrief an Griechen, die ihr Ideal von Selbstbeherrschung („self-mastery", ἐγκράτεια) mit Hilfe jüdischer Gebote zu verwirklichen suchen. Dem setzt Paulus das Evangelium von Christus entgegen. Die Passagen, in denen sich Paulus an einen jüdischen Gesprächspartner wendet, schildern fiktive Dialoge, die auf die Griechen als Zuhörer zielen (vgl. ähnlich P. LAMPE, Die stadtrömischen Christen in den ersten beiden Jahrhunderten, WUNT 2/18, Tübingen ^{2}1989, 55). Diese sollen miterleben, wie ihr jüdischer Lehrer der paulinischen Argumentation unterliegt. In Röm 2,17-4,22 die „readers thus overhear a debate between Paul and his Jewish competitors for gentile hearts and minds." Christus liefert ein „paradigm of adaptability as an alternative to an ethic of self-mastery" (a.a.O. 326).

συναπαγόμενοι.[114] Was für das Selbstverständnis der Gemeinde als ganzer zu Israel gilt, soll auch das innergemeindliche Miteinander bestimmen. Dabei formuliert Paulus so allgemein, daß man keine aktuellen Bezüge auf konkrete Mißstände vermuten muß (anders vielleicht in den Kapiteln 14 und 15).[115] Er legt das Prinzip dar, nach dem die sozialen Beziehungen sowohl im Rahmen formeller gegenseitiger Zuordnungen (12,3.6b-8) als auch in informellen Kontakten (V. 16) im Leib der Gemeinde gestaltet werden sollen.

Paulus hat also beschrieben, was die Gemeinde im Verhältnis zum Judentum wie auch zur paganen Umwelt sein, wie sie ihr Selbstverständnis ausrichten und ihr Miteinander gestalten soll. Sie hat sich von ihrer paganen Umwelt zu unterscheiden und bleibt weiter auf Israel verwiesen. Das ist jedoch für eine kollektive Identität noch zu vage: Die Gemeinde weiß so nur, was sie nicht ist, und wem sie verbunden bleiben soll. Diesem Defizit einer fehlenden positiven Bestimmung begegnet Paulus, indem er der Gemeinde als Identifikationsmöglichkeit den Begriff des σῶμα anbietet.[116]

---

[114] Gleichzeitig finden wir auch das ἵνα μὴ ἦτε παρ' ἑαυτοῖς φρόνιμοι von 11,25 in 12,16 mit μὴ γίνεσθε φρόνιμοι παρ' ἑαυτοῖς wiederholt.

[115] Schon gar nichts deutet auf Probleme mit Charismatikern hin (anders H. LIETZMANN, Römer 109; P. ALTHAUS, Der Brief an die Römer, NTD 8, Göttingen ²1933, 103; O. MICHEL, Brief 366; C.K. BARRETT, Romans 235; H.W. SCHMIDT, Brief 209; E. KÄSEMANN, Römer 320 [„die gesamte Paränese dieser Kapitel" ist „entscheidend gegen den Enthusiasmus gerichtet" und läßt „sich auch im Detail von da aus" erklären]; R. JEWETT, Terms 302; H. SCHLIER, Römerbrief 364; D. ZELLER, Brief 208). Richtiger hatte dagegen R.A. LIPSIUS, Briefe an die Galater, Römer, Philipper, HC 2/2, Freiburg ²1892, 179, geurteilt, die Mahnung richte sich allgemein an die Juden- wie an die Heidenchristen. W. SCHMITHALS, Römerbrief 439, verengt dies fälschlicherweise jedoch wieder auf den Konflikt zwischen den Starken und Schwachen. Das muß ihn notwendigerweise zu der Einschätzung führen, das Bild sei hier „nicht völlig kongruent" durchgeführt, denn in den Versen 6-8 gehe es nicht um die Glaubensstärke, sondern um die Charismen. Richtig sehen die Allgemeinheit der paulinischen Ausführungen T. SÖDING, Leib 282, und D.J. MOO, Epistle 759. Letzterer steht jedoch in der Gefahr, sie indivdualisierend darauf zu reduzieren, daß dies „was an important part of his (sc. Paulus') understanding of Christian behavior."

[116] Vgl. auch J.D.G. DUNN, Body of Christ 161: „The body of Christ as part of the solution to the problem of Israel in terms of social and corporate identity [...] is an aspect of the whole theme which deserves further study." Dazu soll im folgenden ein Beitrag geleistet werden.

Σῶμα, das hatte die Darstellung des paganen Vergleichmaterials gezeigt, konnte in philosophischen und historiographischen Zusammenhängen eine ideelle Zusammengehörigkeit verschiedener Personen ausdrücken. Darauf spielt Paulus hier meines Erachtens an. Ich halte es darüber hinaus nicht für ausgeschlossen, daß Paulus auch auf den administrativen Gebrauch von σῶμα rekurriert haben könnte. Dabei denke ich weniger an eine Analogie zu privaten oder Mysterien-Vereinen oder beruflichen Genossenschaften, sondern an die Möglichkeit einer Bezeichnung von ethnischen Gemeinschaften als *corpora* bzw. σώματα.[117] Dieser zweite Aspekt liegt deswegen näher, weil Paulus die Gemeinde auf das Volk Israel bezogen hatte. Das gibt der Gemeinde einen Charakter über den einer privaten Vereinigung, die aufgrund individueller Entscheidungen zusammenfindet, hinaus. Die Zugehörigkeit zu einer ethnischen Gruppe ist der Entscheidung des Individuums vorgeordnet - und im Falle der Christen vorgegeben durch das Kreuzesgeschehen und die Zugehörigkeit des Einzelnen zu Christus, die die Vielen zu einem Leib macht.

Die Vagheit der paganen Analogien bedeutet für einen Vergleich eher eine Chance als ein Hindernis. Die Termini zur Bezeichnung gesellschaftlicher Gruppen waren zur Zeit des Römerbriefs noch nicht festgelegt. Ebensowenig war es die christliche Identität.[118] Wenn hier von Analogien die Rede ist, dann darf das nicht so aufgefaßt werden, daß die Gemeinde eines der fertig ausgeformten pagan-antiken Konzepte auf sich anwandte und damit ihr eigenes fertig ausgeformtes Gemeindekonzept etikettierte oder bildete. Ethnische Kategorien und Leib-Metaphorik konnten sich verbinden, nicht zu einer geschlossenen ekklesiologischen Konzeption, sondern zu einem Identitätsangebot. Dabei werden ethnische Kategorien transformiert, denn sie werden bei Paulus auch entwertet (vgl. Gal 3,28; 1Kor 12,13); sie könnten sich ihm jedoch im besonderen Zusammenhang mit der Diskussion des Verhältnisses von Juden und Christen in Rom noch einmal nahegelegt haben, vielleicht als Zielvorstellung eines „Supra-Ethnos“, das die traditionellen Ethnien integriert.

Diese Möglichkeit gewinnt an Plausibilität, wenn wir auf die Situation der Gemeinde von Rom blicken. Auch wenn hier Vieles hypothetisch

---

[117] Zu dem möglichen ethnischen Kontext der Rede von einer Menschengruppe als einem σῶμα vgl. o. S. 101ff zum Augustus-Edikt von Cyrene. P. LAMPE, Christen 322 mit Anm. 65 und 66 auf S. 321, verweist auf christliche, jüdische und pagane landsmannschaftliche Organisationsformen, allerdings erst aus dem 2. Jh. n.Chr.

[118] Vgl. zu letzterem auch P. LAMPE, Christen 320.

bleiben muß, scheint sich doch ein gewisser Konsens herausgebildet zu haben. Auszugehen ist vom sog. Klaudiusedikt, wohl aus dem Jahre 49, das nach Unruhen innerhalb der Synagoge eine Anzahl von Juden(-Christen) aus Rom ausgewiesen hatte. Diese Unruhen, so ist der Bericht des Sueton zu interpretieren, wurden durch (juden-)christliche Aktivitäten und Spannungen in der jüdischen Gemeinschaft Roms aufgrund der Christus-Predigt ausgelöst.[119] Wir kennen unter den Ausgewiesenen Aquila und Priscilla mit Namen (vgl. Apg 18,2).

Vermutlich sahen sich nun die zurückgebliebenen (Heiden-)Christen Roms ihres organisatorischen synagogalen Überbaus weitgehend beraubt. Auch dürfte nach diesen Verwerfungen nicht mehr an ein gedeihliches oder auch nur erträgliches Miteinander von Juden und Christen zu denken gewesen sein. Die Christen mußten eigene Organisationsformen finden - und legitimieren. Sie kamen nicht um die Frage herum, wie sie sich zur Synagoge und damit zum Judentum stellen sollten. Bei diesem Prozeß der Identitätsfindung beteiligten sich nach einer gewissen Zeit wohl auch manche Judenchristen, und es ist nicht ausgeschlossen, daß dieser Prozeß dadurch nicht erleichtert wurde, denn mit der Ausweisung vieler Judenchristen war ihre theologische Stimme innerhalb der Christenheit Roms leiser geworden.

Paulus legt den römischen Christen in dieser Situation einen „Kompromißvorschlag" vor: Die Christen sind nicht mehr Teil der Syn-

---

[119] Das Klaudiusedikt und seine Einordnug in den Trennungsprozeß von Juden und Christen wurde zuletzt von H. BOTERMANN, Das Judenedikt des Kaisers Claudius. Römischer Staat und *Christiani* im 1. Jahrhundert, Hermes.E 71, Stuttgart 1996, ausführlich besprochen. Sie bestätigt den zumindest unter Theologen herrschenden Konsens (zur althistorischen Forschung vgl. a.a.O. 15-28), daß das Edikt Christus meint, auch wenn es bei Sueton, Claudius 25,4 *Iudaeos impulsore Chresto assidue tumultuantis Roma expulit* liest. In der Datierungsfrage ist Botermann zurückhaltend: „Das Jahr 49 halte ich zwar für das Resultat einer Rekonstruktion […], da aber kein anderes zur Verfügung steht, sollte man es vielleicht dabei lassen" (a.a.O. 135 Anm. 423). Ihre Reserve erklärt sich daraus, daß sie auch hinter dem Edikt von 41, von dem Cassius Dio 60,6,6 berichtet und das den Juden aufgrund von Unruhen ein Versammlungsverbot auferlegt, christliche Predigt (durch Petrus? vgl. a.a.O. 137-140) als Auslöser vermutet. Sie glaubt daher „nicht, daß die kaiserliche Verwaltung nach der bereits ausgesprochenen deutlichen Verwarnung 'dauernde Tumulte' acht Jahre lang toleriert hätte. Man müßte deshalb mit der Datierung wohl etwas weiter hinaufgehen" (ebd.).

agoge, bleiben aber auf Israel verwiesen.[120] Sie sind aber auch nicht paganen Strukturen zu subsumieren. Als *tertium genus* bilden sie eine Art gesonderter Ethnie,[121] für die die römische Amtssprache den Begriff des

---

[120] Der Römerbrief, geschrieben in der Mitte der 50er Jahre, steht zwischen Klaudiusedikt und Neros Christenverfolgung. Dürfte bei ersterem den Behörden noch nicht deutlich gewesen sein, daß die messianischen Juden mehr waren als eine innerjüdische Sekte, so nehmen Nero und seine Zeitgenossen sie als eigenständige Gruppe war. Spätestens hier, im Jahre 64 also, dürfen wir gesichert von „Christen" reden. Trennungs*prozesse* beginnen im Inneren jedoch schon bevor sie von außen wahrgenommen werden. Spätestens das Klaudiusedikt wird sowohl unter Juden wie auch unter „Christen" das Bewußtsein geweckt bzw. geschärft haben, daß ihre Zusammengehörigkeit nicht unausweichlich ist (daß dieses Problem für *beide* Seiten bestand, betonen auch J.C. WALTERS, Issues 61; H. LICHTENBERGER, Jews 2168). Dieses beiderseitige Bewußtsein dürfte die Trennung beschleunigt haben. Bis dahin ist es gut möglich, daß Paulus die „gegen ihn ergriffenen Maßnahmen [...] eher als Behinderungen denn als Trennungsgrößen" (B. WANDER, Trennungsprozesse zwischen Frühem Christentum und Judentum im 1.Jh.n.Chr. Datierbare Abfolgen zwischen der Hinrichtung Jesu und der Zerstörung des Jerusalemer Tempels, TANZ 16, Tübingen/Basel 1994, 254) begriffen hat. P. LAMPE, Christen 9, meint, mit dem Datum des Römerbrief „präsentiert sich die stadtrömische Christenheit losgelöst vom Synagogenverband."

[121] H. BOTERMANN, Judenedikt, bestreitet für die paulinische Generation ein solches Bewußtsein: „Wenn die Christen der ersten Generation eins nicht hatten, dann war es ein Bedürfnis nach einer eigenen Identität als drittem Geschlecht neben Juden und Heiden" (a.a.O. 167). Die Christen „waren und wollten nichts anderes sein als Juden" (a.a.O. 188). Von einem „Bedürfnis" braucht man in der Tat nicht zu reden. Die Fragen ergaben sich von alleine. Wie ist es z.B. zu bewerten, was W. WIEFEL, Erwägungen zur soziologischen Hermeneutik urchristlicher Gottesdienstformen, Kairos 14 (1972) 36-51, S. 46, zum charismatischen Gottesdienst in Korinth schreibt, in dem sich „das früheste, gleichsam experimentelle Stadium liturgischer Neuformung in den heidenchristlichen Gemeinden" zeige, die sich damit „vom Stil der Synagogenversammlung weit entfernt" hätten? G. THEISSEN, Judentum und Christentum bei Paulus. Sozialgeschichtliche Überlegungen zu einem beginnenden Schisma, in: Paulus und das antike Judentum (hg. v. M. Hengel/U. Heckel), WUNT 58, Tübingen 1991, 331-356, sieht in Paulus eine „entscheidende Gestalt beim Auseinandergehen der Wege von Juden und Christen" (a.a.O. 354). Im Kampf um die Tradition zwischen ihm und dem rabbinisch-pharisäischen Judentum unterscheidet beide Parteien ihre divergierende Autorisierungsstruktur. Paulus vertritt ein „personalcharismatisch transformiertes Judentum, das rabbinische Judentum dagegen ein legal-hermeneutisch weiterentwickeltes Judentum" (ebd.). Paulus gründet seine Bibelauslegung in der Beziehung zu Christus, die Rabbinen und Pharisäer suchten mit „Hilfe kontrollier-

corpus gebrauchen konnte, was in einem griechisch geschriebenen Brief (genauso wie in einem ursprünglich lateinisch geschriebenen und dann griechisch übersetzten Edikt) zu σῶμα wird.[122] Gleichzeitig ergibt das eine Analogie zur Leib-Metaphorik, wie sie Paulus schon gegenüber den Korinthern, aus deren Mitte er den Römerbrief schreibt, zu Gehör gebracht hatte. Die Bezeichnung der Gemeinde als σῶμα wird so bei Paulus zu einem tragfähigen Begriff für gemeindliche Identität. Gegenüber den Korinthern beschreibt er damit, wie das innergemeindliche Miteinander, die innergemeindlichen kommunikativen Strukturen auszusehen haben. Den römischen Christen bietet er damit eine Möglichkeit zur Bildung einer Gruppenidentität an, die sich von der paganen Umwelt abgrenzt, gleichzeitig auf das Volk Israel bezogen bleibt[123] und sich auf das Heilshandeln Christi gründet[124].

---

barer hermeneutischer Verfahren […] nach willkürfreien Regeln für ein Leben vor Gott" (a.a.O. 353). Paulus faßt diese Konstellation in die Antithese von νόμος und πίστις. BOTERMANN gründet ihre Einschätzung auf einer etwas unsicheren Einschätzung von der Zusammensetzung der ersten Gemeinden. Die Annahme einer mehrheitlich heidenchristlichen Gemeinde „ist eine Spekulation, die die Wahrscheinlichkeit gegen sich hat" (a.a.O. 165). Sie begründet: „Wenn Lukas (sc. in Apg 11,26) sagt, die Menge der bekehrten Griechen sei groß gewesen, dürfen wir dies nicht auf die Einwohnerzahl der Großstadt Antiochien beziehen. Die Bezugsgruppe ist die Gruppe der Juden, die sich zum Messias Jesus bekehrten. Die zählten […] allenfalls nach Hunderten. Noch kleiner war die Zahl der gewonnenen Heiden" (a.a.O. 164). Die Menge könnte aber genausogut im Gegensatz zu einer kleinen Anzahl Juden groß gewesen sein.

[122] Da bereits die Synagogen als *collegia* legalisiert waren, war für die christlichen Gruppen eine solche Selbstbeschreibung, die sich am Vereinswesen orientierte, mit der Gefahr verbunden, als Abspaltung vom Judentum in römischen Augen als *collegia illicita* zu gelten.

[123] Vgl. auch J.D.G. DUNN, Body of Christ 161: „the body of Christ is the Christian equivalent of ethnic or national Israel." Ganz anders E. BRANDENBURGER, Leib-Christi-Gedanke 361: Was er allgemein als Begründung für die Bedeutsamkeit der Leib-Metaphorik, trotz ihrer begrenzten Vorkommnis, innerhalb der paulinischen Ekklesiologie anführt, wird meines Erachtens von diesen Ergebnissen widerlegt: „Nirgends sonst hat sich Paulus bei ekklesiologischen Äußerungen derart stark von traditionellen israelitisch-jüdischen Vorgaben und deren Um- und Antibildungen *befreit*" (Hervorhebung von mir). Besonders im Römerbrief ist das Gegenteil der Fall. Wir stehen damit vor dem paulinischen Israel-Verständnis - ein weites Feld! Nur auf zwei exegetische Furchen sei hier hingewiesen. Beide treffen sich in etwa demselben Punkt. M. CRANFORD, Election and Ethnicity: Paul's View of Israel in Romans 9,1-13, JSNT 50 (1993) 27-

41, sieht richtig, daß Paulus in Röm 9-11 unterscheidet ohne zu trennen, „that the boundaries marking ethnic Israel and the people of God are distinct, though not disjunct" (a.a.O. 40; vgl. etwa Röm 11,28). Die Prärogative Israels von Röm 9,4f will Paulus dem „historic people of Israel" nicht absprechen, sondern er „disassociate[s] these elements from purely ethnic categories" (a.a.O. 31). Kontinuität gewährleistet ein gläubiger Rest innerhalb des ethnischen Israel. Dieser Gedanke dürfte, das sei ergänzt, auch Paulus in der Bewältigung seiner eigenen Existenz, von deren schmerzhaften Aspekten Röm 9,2f Zeugnis ablegen, eine Hilfe gewesen sein. Er ist ja Teil dieses Restes, in seiner Person zeigt sich die Treue Gottes zu seinem Volk. Auf diese allein kommt es an. J.C. WALTERS, Issues 82, schreibt: „In 9:30-10:21 Paul blatantly exposed the failure of the Jews because he knew it was irrelevant. Therefore, he took away from gentile Christians the foundation of their boasting against Israel by admitting it." Die andere Furche zieht G. THEISSEN, Judentum. Er sieht bei Paulus eine Entwicklung durch drei verschiedene Formen der Zuordnung von Israel und Kirche. Seine Bekehrungserfahrung führte ihn zu einer *Entschränkung* des Judentums, indem nun das Heil auch für die Heiden erreichbar war, und zwar ohne Beschneidung. Der zunehmende Widerstand der jüdischen Diasporagemeinden ließ ihn nun auch die Juden im Unheil sehen, der Ansatz der *Transformation* spielte ihnen die Rolle der Heiden zu. Am Ende jedoch sah Paulus beide Gruppen *parallel*: Wie bei der Entschränkung wird der Heilsgedanke universalisiert, nun aber so, daß er für zwei unterschiedene Gruppen gilt und sich auch unterschiedlich realisiert (für Israel nämlich in einem eschatologischen Handeln Christi; vgl. zum ganzen die Zusammenfassung a.a.O. 342). Nur für die ersten beiden Stadien reflektiert Theißen auf biographische Zusammenhänge (Bekehrung bzw. Widerstand). Was könnte hinter dem Übergang zu dem dritten Konzept der Parallelität stehen? Ist es die bevorstehende Jerusalemreise, die ihm den Gedanken einer bleibenden Verbindung von Kirche und Israel nahelegt? Oder die besondere Situation in Rom, in der er z.B. die Heidenchristen vor der Übernahme antijüdischer Polemik aus dem paganen Umfeld immunisieren will (so W. WIEFEL, Die jüdische Gemeinschaft im antiken Rom und die Anfänge des römischen Christentums. Bemerkungen zu Anlaß und Zweck des Römerbriefs, Jud 26 [1970] 65-88, S. 88)?

[124] C.E.B. CRANFIELD, Epistle 618, will das, ohne auf die verwaltungstechnische Terminologie zu rekurrieren, besonders betont wissen: „The words ἐν Χριστῷ in v. 5 indicate that the unity of those whom Paul is addressing, unlike the unity of the various communities which ancient authors liken to a body, is a matter neither of nature nor of human contriving but of the grace of God." Vgl. ähnlich auch J.D.G. DUNN, Romans 9-16 733; DERS. Body 156. Hier sei noch einmal der Ansatz von S.K. STOWERS, Rereading, gewürdigt, wie er o. S. 145 Anm. 86 und S. 155 Anm. 113 dargestellt wurde. Die kollektive, gemeinschaftsbildende Komponente innerhalb des Röm ist starkzumachen, wenn auch nicht mit der Ausschließlichkeit, mit der Stowers vorgeht.

P. v. Gemünden/G. Theißen haben die metaphorische Struktur des Römerbriefs untersucht und halten fest: „Durch das Handeln Gottes, wie es in öffentlichen Metaphern der Herrschaft, des Gerichts und des Kultus dargestellt wird, wird der Mensch verändert, er erfährt einen Statuswechsel als 'Sklave, Frau, Sohn' - und wird dadurch zu einem 'Dienst' befähigt, in dem er an dem 'öffentlich' herbeigeführten Wandel teilnimmt."[125] Oder anders: Die Metaphorik des Römerbriefs setzt im Bereich der Polis an, verengt sich auf den Bereich des Oikos (inkl. der beruflichen Metaphern vom Töpfer und Gärtner in Kap. 9-11) - und mit Kap. 12 weitet sich die Perspektive wieder auf den „öffentlichen" Bereich der Gemeinde bis hin zur Staatsparänese. Eine solche Struktur können wir mit der Bewegung Polis - Oikos - Polis umschreiben. Die Gemeinde in Kap. 12 wird dann unter dem Vorzeichen der Polis gesehen.[126]

Die Analogie zu einem ethnisierten σῶμα-Begriff jedoch muß letztlich eine Vermutung bleiben, weil die Belege dafür zu unsicher sind. Die Anlehnung des gemeindlichen Selbstverständnisses an die jüdische Mutterreligion jedoch ist aus kontextuellen Gründen m.E. unbestreitbar. Der enge Bezug zu Röm 9-11 sowie die Rekonstruktion der Situation lassen dies als hinreichend gesichert erscheinen.[127] Darin liegt die Berechtigung, Röm 12,4f nicht der korinthischen Leib-Metaphorik zu subsummieren, sondern gesondert zu würdigen. Die Differenzierung muß

---

[125] P. V. GEMÜNDEN/G. THEISSEN, Metaphorische Logik im Römerbrief. Beobachtungen zu dessen Bildsemantik und Aufbau, Aufsatzmanuskript (erscheint 1999)

[126] Quer dazu steht evtl. auch eine pflanzenkundliche Assoziation zwischen dem Bild des Ölbaums und σῶμα, denn nach 1Kor 15,35ff steht dem γυμνὸς κόκκος das ausgewachsene σῶμα gegenüber.

[127] Daß er dies jedoch auch als eine Möglichkeit über Rom hinaus betrachtet hat, dafür spricht die 1. Pers. Pl. ἓν σῶμά ἐσμεν in 12,5. Mit ihr integriert sich Paulus nicht selbst in die römische Gemeinde, sondern mit ihr sagt er: Überall, wo wir Christen sind, bilden wir einen Leib in Christus (vgl. auch T. SÖDING, Leib 296). Angesichts eines Briefes in die Hauptstadt des römischen Weltreichs sind solche ökumenischen Gedanken leicht erklärlich. Es sei damit gleichzeitig angedeutet, daß die Unterscheidung von rein lokaler Sicht bei Paulus und weltweiter Sicht des Gemeindeleibes bei Kol und Eph hier zumindest eine Nahtstelle findet. Es läßt sich dies nicht so sauber trennen. Diese Alternative ist jedoch auch grundsätzlich in Frage zu stellen, wie R. BANKS, Community 61, und D.J. MOO, Epistle 763, richtig anmerken, denn auch die Christen einer Stadt haben sich v.a. in einzelnen Hausgemeinden getroffen (und besonders für Rom ist das von P. LAMPE, Christen, dargelegt). Ihr intrastädtischer Kontakt muß nicht so intensiv gewesen sein, daß man ihn den lockereren interstädtischen Kontakten schematisch gegenüberstellen könnte.

bereits hier ansetzen, nicht erst bei einem Vergleich von Paulus und den Deuteropaulinen, denen wir uns jetzt zuwenden.

6. DER KOLOSSERBRIEF

Unsicher ist, wer den Kolosserbrief geschrieben hat bzw. in welcher Nähe er zu Paulus steht. Unsicher ist auch, an wen der Brief gerichtet ist und wie die Situation der Adressaten, also die Art der „Gegner" zu bestimmen ist.

Die paulinische Verfasserschaft wird spätestens seit Walter Bujards Untersuchung zur Sprache des Kol[1] kaum noch behauptet. Wer wegen der Nähe des Briefes zum Philemonbrief die Distanz zu Paulus als nicht sehr groß veranschlagt, favorisiert die Mitarbeiter-These, nach der die Haftbedingungen es dem Paulus nicht erlaubten, selbst zur Feder zu greifen, und ein Mitarbeiter, evtl. Timotheus, in seinem Namen schrieb.[2] Aber an wen? Es ist möglich, daß Colossae zusammen mit dem ca. 20 Kilometer entfernten Laodicaea im Jahre 61 durch ein Erdbeben zerstört oder zumindest beschädigt wurde. Münzfunde belegen jedoch eine weitere Existenz des Ortes im zweiten und dritten Jahrhundert, die aber wohl im Schatten Laodicaeas stand.[3] War der Brief vielleicht an die Gemeinde in eben diesem Laodicaea adressiert?[4]
Die davon unabhängigen Fragen nach Charakter und Anlaß des Schreibens sind eng miteinander verwoben. Wer den Kol als einen mit christologischen und soteriologischen Fragen beschäftigten Brief sieht, war auf der Suche nach

[1] W. BUJARD, Stilanalytische Untersuchungen zum Kolosserbrief als Beitrag zur Methodik von Sprachvergleichen, StUNT 11, Göttingen 1973. Vgl. die ausführliche Darstellung der Bujardschen Ergebnisse in W. SCHENK, Der Kolosserbrief in der neueren Forschung (1945-1985), ANRW II,25/4 (1987) 3327-3364, S. 3327-3338.

[2] Vgl. E. SCHWEIZER, Der Brief an die Kolosser, EKK 12, Zürich/Neukirchen [3]1989, 26f; mit Vorbehalten U. LUZ, Der Brief an die Kolosser, in: J. Becker/U. Luz, Die Brief an die Galater, Epheser und Kolosser, NTD 8/1, Göttingen [18]1998 (1. Aufl. dieser Ausg.), 181-244, S. 189f.

[3] B. REICKE, The Historical Setting of Colossians, RExp 70 (1973) 429-432, führt zahlreiche Belege für die Erwähnung von Laodicaea an, die von Colossae nichts sagen, und zieht daraus den Schluß, da nach 61 Colossae von keinerlei Bedeutung mehr gewesen sei, müsse der Brief von Paulus verfaßt sein.

[4] So A. LINDEMANN, Die Gemeinde von „Kolossae". Erwägungen zum „Sitz im Leben" eines pseudopaulinischen Briefes, WuD 16 (1981) 111-134. Das Hauptgewicht seiner Argumentation liegt auf den Erwähnungen von Laodicaea in Kol 2,1; 4,13 und 4,15f: „diese scheinbar völlig absichtslosen Bemerkungen sind nämlich am einfachsten damit zu erklären, daß 'Paulus' hier sein besonderes Interesse gerade an dieser Gemeinde bekunden wollte" (a.a.O. 119).

den gegnerischen Häretikern.[5] Es mehren sich jedoch die Stimmen derer, die im Kol v.a. einen paränetischen Brief sehen.[6] In diesem Zusammenhang ver-

---

[5] Im Verlaufe der Forschungsgeschichte wurden die verschiedensten Rekonstruktionen versucht. Man nahm jüdische, gnostische oder mystische Gegner an oder vermutete einen einzigartigen Synkretismus, den man aber historisch nicht befriedigend verorten konnte. Vgl. z.B. G.R. BEASLEY-MURRAY, The Second Chapter of Colossians, RExp 70 (1973) 469-479, S. 469: Hier finden wir ein „amalgam of religious thought [...], which we now know must have formed one of the many tributaries which went to make up the stream of Gnosticism as it emerged in the literature of the second century of our era." Vgl. den Forschungsüberblick in R.E. DEMARIS, The Colossian Controversy. Wisdom in Dispute at Colossae, JSNT.S 96, Sheffield 1994, 18-40. Klassisch gewordene religionsgeschichtliche Arbeiten zumeist aus den fünfziger und sechziger Jahren (von M. Dibelius, G. Bornkamm, S. Lyonnet und F.O. Francis) sind abgedruckt in: Conflict at Colossae. A Problem in the Interpretation of Early Christianity Illustrated by Selected Modern Studies (hg. v. F.O. Francis/W.A. Meeks), SBibSt 4, Missoula 1973. Einen anderen Ansatz vertritt M.D. HOOKER, Were there False Teachers in Colossae?, in: Christ and Spirit in the New Testament, FS C.F.D. Moule (hg. v. B. Lindars/S.S. Smalley), Cambridge 1973, 315-331 (= in: From Adam to Christ. Essays on Paul, Cambridge 1990, 121-136), die die These aufstellt, im Kol gehe es nicht um die innergemeindliche Auseinandersetzung mit einer Häresie, sondern um die Warnung vor der Übernahme in der Gesellschaft kursierender Gedanken. Diese Gedanken seien aber nicht auf konkrete Träger fixierbar. Wer eine solche Fixierbarkeit als Voraussetzung für eine reale Gefahr postuliere, verkenne den Einfluß der paganen Umwelt, der ja den Hintergrund der Konvertiten bilde. Solche gesellschaftlichen Überzeugungen seien vergleichbar etwa neuzeitlicher Horoskop-Gläubigkeit.

[6] W.A. MEEKS, 'Walk Worthily of the Lord'. Moral Formation in the Pauline School, Exemplified by the Letter to the Colossians, in: Hermes and Athena: Biblical Exegesis and Philosophical Theology (hg. v. E. Stump/T.P. Flint), StPR 7, Notre Dame 1993, 37-58, versucht, den Kol mit einem wissenssoziologischen Ansatz zu lesen, und stellt fest: Der Kol „is predominantly a letter of moral advice" (a.a.O. 39), „knowing how to 'walk' is its leitmotif" (a.a.O. 40). Der Kol ist dabei ein Musterbeispiel für die „relation between religious knowledge and moral behavior" (a.a.O. 40). Meeks greift damit Gedanken auf, die er bereits 1977 in seinem Aufsatz „In one Body: The Unity of Humankind in Colossians and Ephesians" geäußert hatte (vgl. o. S. 33f). Vgl. auch schon W.L. HENDRICKS, All, der im Kolosserbrief das Vorhandensein zweier Welten betont sieht, deren Verhältnis zueinander aber neu verstanden werden muß. „Otherwordliness must be redefined in terms of ethics rather than futuristic eschatology. It is essential that the Christian community which proposes to draw resources from the biblical norms believe very much in two worlds" (a.a.O. 27). Auch L. HARTMAN, Code and

ändert sich für einige Exegeten auch der Blickwinkel, unter dem die Gegnerfrage angegangen wird. Seine prägnanteste Ausprägung findet dieser Perspektivwechsel in dem Versuch, kynische Philosophen als Anlaß für die kolossischen Irritationen zu vermuten.[7]

Context: A Few Reflections on the Parenesis of Col 3:6-4:1, in: Tradition and Interpretation in the New Testament, FS E.E. Ellis (hg. v. G.F. Hawthorne/O. Betz), Grand Rapids 1987, 237-247, S. 238, meint: „As I see it, Col has a more hortatory character than one often assumes."

[7] T.W. MARTIN, By Philosophy and Empty Deceit. Colossians as Response to a Cynic Critique, JSNT.S 118, Sheffield 1996. Martin legt eine geschlossene Neuinterpretation der Kolosserbriefs vor, die in der Übersetzung umstrittene Textpassagen anders als bisher deutet und diese Neuübersetzungen mit kynischen Aussagen in Verbindung bringt. Martins Exegese im einzelnen darzustellen, wäre lohnend, sprengte hier aber den Rahmen. Deswegen an diese Stelle nur einige wenige Blitzlichter: Martin übersetzt Kol 2,20-23 mit „If you died with Christ, are you decreeing anything for yourselves from the elements of the cosmos as if you were living in the cosmos? *Are you decreeing anything for yourselves such as* 'Do not handle nor taste nor touch any of the things that are destined for destruction by human consumption'? *Are you decreeing anything for yourselves* according to human commandments and teachings that are for the fulfillment of the flesh although they have a reputation for wisdom on account of will worship and a humblemindedness consisting of severity of the body, not (a humblemindedness) consisting of honor to anyone?" (a.a.O. 54f; kursiv vom Verfasser). Martin bringt dies in Verbindung mit der kynischen Ablehnung von Kulturgütern (das, was durch den Gebrauch vernichtet wird und nicht natürlich wieder nachwächst, also etwa Brot und Wein), der kynischen Betonung von Autarkie in religiösen Fragen (ἐθελοθρησκία) und ihrer sich in der Askese ausdrückenden Demut, die für den Verfasser des Kol jedoch eine falsche Demut ist, denn sie drückt sich nicht in Ehrerbietung gegenüber anderen Menschen aus. Im Gegenteil fielen die Kyniker durch ihre Verachtung derer, die sich in die Weltläufte einbinden ließen, auf. Die Aufforderung, sich nicht kritisieren bzw. verurteilen zu lassen (Kol 2,16.18) paßt nach Martin gut auf die Provokationen der Kyniker (vgl. a.a.O. 80). Diese Kritiker haben in den christlichen Gottesdiensten recherchiert (in V. 18 bezieht Martin ἃ ἑόρακεν ἐμβατεύων, „was er gesehen hat, als er eintrat", nicht als Hinweis auf Initiationen in Mysterienreligionen, sondern auf die Teilnahme am christlichen Gottesdienst; vgl. a.a.O. 34.141). Worauf sie ihre Kritik beziehen, wird in 2,16-18 beschrieben. Die Verse beschreiben in Martins Neuinterpretation nicht die gegnerische, sondern die eigene Praxis. In der Wendung θρησκεία τῶν ἀγγέλων sind die ἄγγελοι menschliche Überlieferungsträger (vgl. a.a.O. 157). Die Kritik der Kyniker ist dann die, daß die Kolosser sich ihre θρησκεία diktieren lassen. Für den Kol-Verfasser ist das Aufgeblasenheit solcher Menschen, die sich für autark halten und nicht an Christus als dem Haupt

Die Schwierigkeiten, hier zu einem Konsens zu kommen, liegen nicht zuletzt in dem Text des Kol selbst begründet. Ich bringe jedoch der Kyniker-These eine gewisse Sympathie entgegen. Kyniker hat es gegeben, die Tatsache ihrer Verbreitung im ersten nachchristlichen Jahrhundert darf als gesichert gelten,[8] ihre Ansichten sind literarisch dokumentiert,[9] und eine Begegnung zwischen Kynikern und Christen ist wahrscheinlich.[10] Auch paßt die ethische Gesamtausrichtung des Kol (die Martin nicht explizit in den Blick nimmt) hervorragend zur These einer kynischen Gegnerschaft, denn Kynismus war eher ein Lebensstil als ein Lehrgebäude.[11]

---

festhalten (Kol 2,19) - Die Philosophie war auch schon davor als Möglichkeit zur Bestimmung der Gegner herangezogen worden. E. SCHWEIZER, Brief 100-104, vermutet den Einfluß neupythagoreischer Gedanken über die Weltelemente, die von manchen in der Gemeinde geteilt wurden. Vgl. auch D.L. BALCH, Neopythagorean Moralists and the New Testament Household Codes, ANRW II,26/1 (1992) 380-411. Zuletzt erschien H. v. BROEKHOVEN, The Social Profiles in the Colossian Debate, JSNT 66 (1997) 73-90, der methodisch auf die anthropologischen Studien von Mary Douglas zurückgreift und die (s.E. innergemeindlichen) Gegner so charakterisiert: Sie „seem to have shared in the restlessness, sense of personal dislocation and 'individualism' of their society", sie kennzeichnet „individualism and elitism and escapism" (a.a.O. 89).

[8] Vgl. nur die kritische Würdigung und die ausführliche Auseinandersetzung um den Charakter der Kyniker bei den Stoikern Seneca, Ep 5, und Epiktet, Diss 3,22 (man soll den Kynismus nicht als Vorwand benutzen, andere ungestraft tadeln oder die Öffentlichkeit schockieren zu können).

[9] Vgl. A.J. MALHERBE, The Cynic Epistles. A Study Edition, SBibSt 12, Missoula 1977.

[10] Auch G. THEISSEN, Legitimation und Lebensunterhalt. Ein Beitrag zur Soziologie urchristlicher Missionare, in: Studien zur Soziologie des Urchristentums, WUNT 19, Tübingen [3]1989, 201-230, S. 213, bringt Kynismus und Urchristentum in Verbindung (vgl. auch H.-J. KLAUCK, Die religiöse Umwelt des Urchristentums II. Herrscher- und Kaiserkult, Philosophie, Gnosis, KStTh 9,2, Stuttgart/Berlin/Köln 1996, 113),

[11] Kyniker hatten „little, if any, doctrinal concern, and hence little consistency in their attitude toward religious belief and observation" (H.W. ATTRIDGE, The Philosophical Critique of Religion under the Early Empire, ANRW II,16/1 [1978] 45-78, S. 56). Vgl. auch A.J. MALHERBE, Self-Definition among Epicureans and Cynics, in: Jewish and Christian Self-Definition Bd. 3 (hg. v. B.F. Meyer/E.P. Sanders), London 1982, 46-59, S. 49. - Martin läßt die Frage nach dem Verständnis der ἄρχαι καὶ ἐξουσίαι unberührt. In der Regel werden sie als kosmische Elemente erklärt, aber dieser Bereich war den Kynikern ja eher fremd.

Man könnte von hier aus auch einen erneuten Blick auf die Laodicaea-These werfen, indem man das Sendschreiben aus Apk 3,14 an die Gemeinde in jener Stadt heranzieht.[12] Angenommen, der Kol ist nach Laodicaea gerichtet und das Sendschreiben in Apk 3,14 spielt auf dieselbe Problematik an: Muß diese Problematik dann unbedingt im Bereich einer jüdischen und/oder gnostischen Irrlehre liegen? Der weitere Verlauf der Anklage im Sendschreiben in Apk 3,15-19 redet vom Reichtum der Adressaten. Natürlich könnte man nun an einen Reichtum an Erkenntnis denken, gewonnen aus asketischer Mystik, der die Laodicaener überheblich werden läßt, woraufhin der Verfasser der Apk sie an Christus als Weisheitsträger und -vermittler weist. Aber läge es nicht näher, an tatsächlichen Reichtum zu denken? Der Rat des Sehers, lieber von Christus im Feuer geläutertes Gold und weiße Kleider zu kaufen, läßt sich ohne Mühe als Antwort auf ein problematisches Verhältnis zu wirtschaftlichem Wohlstand beziehen. Das wird historisch plausibel durch die bewundernde Notiz bei Tacitus, Ann 14,27, nach dem Erdbeben von 61 habe sich Laodicaea ohne Hilfe von außen selbst helfen können.[13] Das Bild rundet sich

---

Bringen sie die Kyniker-These ins Wanken? Auf die Unterlegenheit und Besiegtheit der ἄρχαι καὶ ἐξουσίαι legt der Kol ja großen Wert: In 1,16 gehören sie zur Schöpfung, die ihre Existenz Christus verdankt. In 2,9f, der stichwortartigen Aufnahme des Hymnus', wird das Hauptsein Christi über sie betont, und in 2,15 werden sie von ihm entkleidet oder entwaffnet und im Triumphzug einhergeführt. Zuvor standen sie im Zusammenhang mit den menschlichen Übertretungen, sei es, daß sie diese verursachten, sei es, daß sie diese „nur" in einer Anklageschrift aufbewahrten. Im direkten Anschluß an diesen Vers 2,15 setzt 2,16 mit der Warnung ein, sich nicht kritisieren zu lassen. Diese Warnung steht nicht nur räumlich in direkter Nachbarschaft zu 2,15, sondern ist durch das einleitende μὴ οὖν auch logisch mit ihm verbunden. Daraus folgt: Die Übertretungen der Adressaten sind vergeben, und die in dem Anklageprozeß eine entscheidende Rolle spielenden ἄρχαι καὶ ἐξουσίαι sind entmachtet. Deswegen brauchen sich die Adressaten nun nicht wieder kritisieren lassen. Es ist also nicht die Frage, ob die ἄρχαι καὶ ἐξουσίαι in das bekämpfte kynische Konzept einzubauen sind, sondern es gilt die umgekehrte Perspektive: Es ist der Verfasser des Kol, der die Kyniker und ihre Attacken mit den ἄρχαι καὶ ἐξουσίαι in Verbindung bringt. Die Auseinandersetzung mit den kynischen Kritikern wird von ihm so in einen größeren Zusammenhang gestellt, nämlich in den der symbolischen Sinnwelt. Daraus ergibt sich für die Adressaten die tröstliche Gewißheit: Die Kyniker stehen gegenüber den Christen auf verlorenem Posten, denn hinter den Kulissen sind sie bereits unterlegen.

[12] A. LINDEMANN, Gemeinde 131, zitiert diese Stelle als einen weiteren Zeugen für den kritischen Glaubenszustand der laodicaenischen Christen.

[13] Auf inneren Reichtum beziehen die Aussage von Apk 3,14 W. BOUSSET, Die Offenbarung Johannis, KEK 16, Göttingen [2]1906; H. KRAFT, Die Offenba-

nun geradezu durch die Kyniker-These: Die Kritik des Sendschreibens könnte sich auf dasselbe beziehen wie die kynische. Folgende historische Rekonstruktion sei also gewagt: Die Gemeinde von Laodicaea ist in der wohlhabenden Stadt nicht ganz (um es so vorsichtig wie möglich auszudrücken) vom Wohlstand ausgeschlossen. Damit wird sie ein Angriffsziel kynischer Kritik. Weil diese Kritik im christlichen Rahmen durchaus plausibel ist, führt sie in der Gemeinde zu einer gewissen Verwirrung. Der Kol will zunächst diese Verwirrung beseitigen. Weil es ihm primär darum geht, übt er nicht seinerseits Kritik an laodicaeischen Einstellungen. Der kynische Angriff wird bewältigt, das problematische Verhältnis zum Wohlstand hält aber an. Auf ihn geht der Seher ein.

Im folgenden wird von der Pseudepigraphität des Kolosserbriefes ausgegangen. Die Adressaten- wie die Gegnerfrage muß, kann aber auch offenbleiben. Gleichwohl versuche ich, an einigen Stellen die Ergebnisse der Exegese vor einem möglichen antikynischen Hintergrund zu lesen. Dies geschieht jedoch nicht zur Stützung eben jener zuvor gewonnenen exegetischen Ergebnisse, sondern höchstens als Versuch einer mehr oder weniger plausiblen historischen Einordnung.

---

rung des Johannes, HNT 16a, Tübingen 1974; J. ROLOFF, Die Offenbarung des Johannes, ZBK.NT 18, Zürich 1984. BOUSSETT meint, weil V. 17b.18 bildlich gemeint seien, müsse dies auch für V. 17a gelten, zudem beziehe sich die Aussage bei Tacitus auf die Stadt, hier sei aber von der Gemeinde die Rede (vgl. a.a.O. 231). Aber gerade die metaphorische Umdeutung eines realen Zustandes ist eine besonders wirkungsvolle rhetorische Figur. Und Stadt und Gemeinde können in ihrer Sozialstruktur sehr wohl parallele Strukturen aufweisen. KRAFT lehnt ein materielles Verständnis ab, weil bei der Auswertung antiker Quellen über Laodicaea zu bedenken sei, „daß für den Verfasser Christengemeinde und Bürgergemeinde nicht viel miteinander zu tun hatten“ (a.a.O. 83). Gerade daraus ergibt sich ja aber die Spanung zwischen Verfasser und Adressaten: Für letztere scheint das nicht zugetroffen zu haben. ROLOFF begründet seine Einschätzung nicht, sieht gleichwohl in dem Umkehrruf „eine Anspielung auf die kommerzielle Mentalität der Laodicener“ (a.a.O. 64). U.B. MÜLLER, Die Offenbarung des Johannes, ÖTBK 19, Gütersloh/Würzburg 1984, 136, meint, Reichtum ist hier „doppelsinnig gemeint. Reichtum bedeutet im eigenen Verständnis der Christen Laodizeas sicher auch geistlichen Reichtum (vgl. 1Kor 4,8). Wenn nun Johannes den Zustand der Gemeinde gerade mit diesem Begriff so bestimmt, dann dürfte dies seinen Grund in der wirtschaftlichen Lage haben. Er sieht wohl einen Zusammenhang zwischen der religiösen Sicherheit und der wirtschaftlichen Situation.“ Dem Verfasser dagegen gehe es „um den Erwerb wahren Reichtums“.

6.1. Leib-Metaphorik im Kolosserbrief[14]

Leib-Metaphorik finden wir in 1,18.24; 2,10.17; 3,5.14.15. Sie bildet im Kol das am häufigsten begegnende und am breitesten gestreute Bildfeld. Außerdem ist sie eng mit der Hausmetaphorik (die v.a. durch die Bildstelle des Wohnens realisiert ist) verbunden: An drei von den vier Belegen für Haus-Metaphorik steht diese in enger Nachbarschaft zur Leib-Metaphorik (1,19; 2,9; 3,16).[15]

---

[14] Leib-Metaphorik findet sich in Kol und Eph in größerer Dichte und tragenderer Funktion als in 1Kor und Röm. Aus diesem Grunde gebe ich zu Beginn der beiden Kapitel über die deuteropaulinischen Briefe einige Hinweise auf die metaphorische Struktur des jeweiligen Schreibens.

[15] Beide Bildfelder sind deswegen aber noch nicht zusammenzufassen, wie es W. SCHENK, Christus, das Geheimnis der Welt, als dogmatisches und ethisches Grundprinzip des Kolosserbriefes, EvTh 43 (1983) 138-155, tut: Für ihn ist οἶκος „semantisch identisch mit σῶμα als der jeweilige Herrschaftsbereich einer κεφαλή" (a.a.O. 151), er kann „'Haus' als das σῶμα mit einer κεφαλή" (a.a.O. 152) verstehen. Solche semantischen Identifizierungen können aber die jeweiligen Eigenarten der Bildfelder verdecken. Und bei Schenk führen sie zu der Ungenauigkeit, daß οἶκος einmal die „Welt" (a.a.O. 151, wegen der οἰκονομία Gottes in 1,25), ein anderes mal die „soziologischen Gegebenheiten" (a.a.O. 152, bzgl. der Haustafel) und schließlich „die im Kol immer weltweit verstandene christliche Gemeinde als κεφαλή-σῶμα = οἶκος" (a.a.O. 153) bezeichnen kann. - Daß die Haus-Metaphorik hier über das Wohnen realisiert ist, ist insofern bedeutsam, als mit ihr damit noch keine patriarchalisch-hierarchischen Strukturen verbunden werden. Im Gegenteil: Wenn in 3,16 ὁ λόγος τοῦ Χριστοῦ ἐνοικείτω ἐν ὑμῖν der Genitiv subjektivisch zu übersetzen ist mit „Wort des Christus" (V. 15 als parallele Formulierung ἡ εἰρήνη τοῦ Χριστοῦ βραβευέτω ἐν ταῖς καρδίαις ὑμῶν könnte darauf hinweisen), wäre noch für die dritte urchristliche Generation, die erste nach Paulus, ein ursprünglich demokratischer Zug in der Gemeindetheologie zu erkennen, ein Festhalten an charismatischen Strukturen: jede(r) ein potentielles Sprachrohr Christi, denn das Wort wohnt so unter den Kolossern, wie die nachfolgenden Partizipien das geforderte Verhalten beschreiben, nämlich in *gegenseitiger* Lehre und Ermahnung und im Singen. Vgl. auch J.D.G. DUNN, The 'Body' in Colossians, in: To Tell the Mystery, FS R.H. Gundry (hg. v. T.E. Schmidt/M. Silva), JSNT.S 100, Sheffield 1994, 166: „there is no other sense of hierarchy within the body apart from that of the head, and the sense of mutual interdependence remains strong."

6.1.1. Lied über die Gemeinde und die Welt: Kol 1,18a

Der Hinweis auf Christus als Haupt des Leibes schließt die erste Strophe des Christus-Hymnus' ab. Der Hymnus nimmt thematische Vorgaben auf, die in den vorausgehenden Versen 12-14 anklingen: das Herausreißen der Gläubigen aus der Gewalt der Finsternis (ὃς ἐρρύσατο ἡμᾶς ἐκ τῆς ἐξουσίας τοῦ σκότους, V. 13) und die Erlösung, die Vergebung der Sünden (ἐν ᾧ ἔχομεν τὴν ἀπολύτρωσιν, τὴν ἄφεσιν τῶν ἁμαρτιῶν, V. 14).[16] Aus welcher Position heraus Christus ersteres bewirken konnte, wird in der ersten Strophe des Hymnus' erläutert.[17] Christus ist Bild des unsichtbaren Gottes. Er war vor der geschaffenen Welt und war an ihrer Erschaffung beteiligt. Er ist vor allem und gibt allem Bestand. Ein poetisches Spiel mit schnellen Perspektivwechseln (V. 17.18a: καὶ αὐτός ἐστιν ... καὶ τὰ πάντα ... καὶ αὐτός ἐστιν) kulminiert in der Bezeichnung Christi als Haupt des Leibes und faßt so die Stellung Christi im Hinblick auf die Schöpfung zusammen.

Der Hymnus, zumindest dieser Teil des Hymnus' gipfelt in einer Metapher. Das ist nicht unrelevant. Erinnern wir uns an das, was wir über das „Rattern der Alltagskommunikation“ gesagt hatten: Gerade dort, wo nicht explizit über Sinn nachgedacht wird, kann Sinn sich am wirkungsvollsten vermitteln. Die Wort-Gattungen, mit denen formal am eindeutigsten Sinnvermittlung verbunden sind, sind wohl Predigt und Lehre, Paränese und Seelsorge. Das Lied, der Hymnus, Poesie im allgemeinen dagegen ist eine Art der Äußerung, die mit Entspannung und Emotion verbunden ist. Hier kann sich Sinn sozusagen ein Stück weit an rationaler, kognitiver Aufnahme vorbei „in die Köpfe schmuggeln“ und emotional stärker verankern, als das bei den anderen Arten der Sinnvermittlung oft der Fall ist.[18] Ist nun Metaphorik Teil eines solchen poetischen Stükkes, dann gilt für sie dasselbe in entprechender Weise.

---

[16] Vgl. auch K. WENGST, Christologische Formeln und Lieder des Urchristentums, StNT 7, Gütersloh ²1973, 171f. M. BARTH/H. BLANKE, Colossians, AncB 34B, New York 1994, 236, meinen sogar, die Verse 12-14 seien „genuinely [...] a part of the hymn“ und folgern weiter, die enge Verwobenheit von Bitte und Hymnus lasse darauf schließen, daß der Hymnus spontan bei der Briefabfassung verfertigt wurde.

[17] Die Relativkonstruktion ὅς ἐστιν zu Beginn von V. 15 bezieht sich auf Christus als den υἱός τῆς ἀγάπης αὐτοῦ (i.e. θεοῦ).

[18] E. SCHWEIZER, Brief 72, warnt jedoch: „Freilich würde alles falsch, wenn hymnisches Singen direkt in Lehre umgesetzt würde“, und meint, andernfalls würde z.B. die Aussage von der Unsichtbarkeit Gottes durch die Rede von Chri-

Mit Metapher und Poesie (hier vielleicht Liturgie) haben sich zwei einander ideal ergänzende Formen verbunden. Beide haben eine große emotionale, appellative Kraft. Sollte es sich bei unserem Stück sogar um ein gemeinschaftlich rezitiertes oder gesungenes handeln, so würde diese Eigenschaft der Metapher noch dadurch verstärkt, daß die gemeinsame gottesdienstliche Äußerung ein gemeinschaftlicher Akt ist: Im Singen eines gemeinsamen Liedes bestätigen wir uns unsere gemeinsame Sinnwelt.

Sinnvermittlung dient der Aufrechterhaltung der Sinnngemeinschaft. Wenn Leib-Metaphorik hier in liturgische Form gegossen wird, wird sie somit noch stärker Teil der Sinnwelt-Legitimation. Sie enthält dadurch

---

stus aufgehoben. Nach Schweizer (a.a.O. Anm. 190) haben beide Formen, die des Hymnus' und die der Interpretation durch den Verfasser, ihren Ort im Gottesdienst: „im Lobgesang die eine, in der Lehre die andere." Natürlich besteht ein Unterschied zwischen beiden Formen. Der Hymnus kann sich größere Unschärfen erlauben als die Lehre. Den engen Zusammenhang beider Formen löst dieser Einwand aber nicht auf. Den Eindruck aber vermitteln die Äußerungen Schweizers, wie etwa auch die, der „Briefverfasser *muß* den Hymnus neu interpretieren, weil er ihn aus der Situation des Gottesdienstes der Gemeinde heraus auf eine völlig andere Sprachebene hebt, nämlich auf die des Zuspruchs und der Mahnung an andere" (a.a.O. 73; Hervorhebung vom Autor). Hymnus und Zuspruch bilden jedoch nicht per se getrennte Sprachbereiche. Vgl. J. BOTHA, A Stylistic Analysis of the Christ Hymn (Col 1:15-20), in: A South African Perspective on the New Testament, FS B.M. Metzger (hg. v. J.H. Petzer/P.J. Hartin), Leiden 1986, 238-251, S. 250: „The use of poetic structures permits the grouping of ideas in ways which defy normal logical formulations but which express important insights and relations which people can feel but not necessarily explain." W. SCHENK, Christus 145, kritisiert Schweizer wegen dieser formgeschichtlichen Einordnung und der Schlußfolgerungen: Wer einen Hymnus konstatiert, will sich oft der Aufgabe enthoben sehen, „Sachkritik an der dort vertretenen Christologie üben zu müssen." Dabei wollte schon Paulus nach 1Kor 14,14-19 alle gemeindlichen Äußerungen „mit dem Verstand ausüben und ausgeübt wissen" (ebd.). Und auch Kol 3,16 verbinde ja Singen mit Lehre. Für Schenk handelt es sich bei Kol 1,15-20 um eine „Art gehobener Prosa", die „textpragmatisch eher eine katechetisch-didaktische Lehr- und Merkfunktion" (a.a.O. 146) gehabt haben dürfte. Aber gerade weil sich Singen mit Lehre verbinden kann, können wir bei der Klassifizierung dieses Abschnittes als Poesie bleiben (mit Wendung „gehobene Prosa" scheint Schenk ja auch in der Nähe dieser Einordnung bleiben zu wollen). Poesie muß, wie wir gesehen haben, die „katechetisch-didaktische Lehr- und Merkfunktion" nicht ausschließen. J. BOTHA, Analysis 249, spricht von „poetry as a socio-semiotic sign".

unter den Metaphern des Neuen Testaments eine hervorragende Position. Offensichtlich war sie besonders in der Lage, Sinn zu vermitteln und Gemeinschaft zu erhalten.
In der Literatur ist man sich weithin einig, daß mit αὐτός ἐστιν ἡ κεφαλὴ τοῦ σώματος der traditionelle Hymnus endet.[19] Die sichtbare und unsichtbare Welt ist also in diesem traditionellen frühchristlichen Gesang bezeichnet als ein σῶμα. Das besagt zunächst einmal nur, daß sie kein Chaos ist. Sie ist in irgendeiner Form geordnet. Die Abläufe in ihr geschehen nicht willkürlich. Diese geordnete Welt umfaßt einerseits θρόνοι und κυριότητες, andererseits ἀρχαί und ἐξουσίαι. Das erste Paar erläutert wohl τὰ πάντα ἐπὶ τῆς γῆς und τὰ ὁρατά, das zweite τὰ πάντα ἐν τοῖς οὐρανοῖς und τὰ ἀόρατα.[20] Daß beide Bereiche sinnvoll geschaffen sind und sinnvoll funktionieren ergibt sich daraus, daß alles ἐν αὐτῷ geschaffen ist und in ihm Bestand hat. Das qualifiziert Christi Stellung als κεφαλή gegenüber der Schöpfung als seinem σῶμα.

Auf die Diskussion über die Bedeutung von κεφαλή (Herrscher? Ursprung?) bin ich bereits eingegangen.[21] An dieser Stelle spricht der soteriologische Kontext für ein Verständnis von Christus als Herr über die Schöpfung, der traditionelle Hymnus scheint dagegen Christus als Ursprung und Seinsgrund der Schöpfung beschrieben zu haben.

---

[19] U. LUZ, Kolosser 200, markiert den Minimalkonsens: Nur 18a und 20b sind Redaktion. Etwas dogmatisch erscheint dabei die Begründung bei E. SCHWEIZER, Brief 53: „Es ist weiter zu beachten, daß V 18a nicht von 'seinem (Christi) Leib' oder 'dem Leib in Christus' spricht, wie es *neutestamentlich notwendig* wäre, wenn damit die Kirche gemeint wäre (vgl. 1,24; 2,19)" (Hervorhebung von mir). - Zur Forschungsgeschichte zu Kol 1,15-20 vgl. H.J. GABATHULER, Jesus Christus, Haupt der Kirche - Haupt der Welt. Der Christushymnus Colosser 1, 15-20 in der theologischen Forschung der letzten 130 Jahre, AThANT 45, Zürich/Stuttgart 1965. Einen letzten Forschungsbericht über die 80er Jahre, in denen der Konsens der Forschung heftig in Frage gestellt wurde, hat L.R. HELYER, Recent Research on Colossians 1:15-20 (1980-1990), GTJ 12 (1991) 51-67, vorgelegt.

[20] Gegen z.B. J. BOTHA, Analysis 247 („same meaning").

[21] S. o. S. 115. Vgl. hier J. DELOBEL, Christ, the Lord of Creation, LouvSt 16 (1991) 155-169, S. 164, der sich hier für die Bedeutung als Ursprung ausspricht. J. GNILKA, Theologie 334f, tendiert ebenfalls in Richtung Quelle, aber so, daß Christus den Leib (die Kirche) mit allem Lebensnotwendigen versorgt (vgl. a.a.O. 335: mit dem „Wort der Verkündigung", dem „Evangelium von der Rettung"; denken dürfe man „aber auch an das Sakrament, die Taufe, durch die der Leib wächst, vielleicht auch an die Eucharistie").

In der Forschungsgeschichte wird diese Aussage des traditionellen Hymnus' in der Regel in Verbindung gebracht mit der Abwehr einer Häresie, die sich kosmischen Elementen unterwerfen oder diese wenigstens als Mittler verstehen will. An sich wäre das durchaus möglich. Nun schreibt der Verfasser des Kol aber καὶ αὐτός ἐστιν ἡ κεφαλὴ τοῦ σώματος *τῆς ἐκκλησίας* und interpretiert damit den Hymnus neu. Es ist nicht mehr der Kosmos, der den Leib bildet, sondern die Gemeinde.[22] Das Verhältnis von Christus und Kosmos wird neu gefaßt. Christus wird dem Kosmos nicht entrissen, denn erstens bleiben die Aussagen über das Verhältnis von Christus und Kosmos ja bestehen. Hätte der Verfasser anderes im Sinn gehabt, dann hätte er den Hymnus nicht zu zitieren brauchen. Nein, der Hymnus hat weiter seine Funktion im Gedankengang des Verfassers zu erfüllen.[23] Es wird „nur" am Ende die zusammenfassende Metapher uminterpretiert.

An dieser Stelle müssen wir einen ersten Ausblick in das Briefganze wagen. Die Uminterpretation der traditionellen Metaphorik des Hymnus' ist für den Verfasser wohl nur eine teilweise: Daß Christus Haupt der Mächte und Gewalten ist, wird ja in 2,10 (ὅς ἐστιν ἡ κεφαλὴ πάσης ἀρχῆς καὶ ἐξουσίας) ausdrücklich wiederholt. Allerdings wird der Kosmos nicht mehr sein Leib genannt.[24] Das ist nun die Gemeinde. Damit wird das Bild enorm

---

[22] Schon A. SCHLATTER, Erläuterungen 9 (zu Kol), erwägt zu dieser Stelle: „Christus steht nicht mit allen Teilen der Schöpfung in derselben Verbundenheit." Vgl. auch E. SCHWEIZER, Brief 109; J. GNILKA, Theologie 334. Anders E. LOHMEYER, Die Briefe an die Philipper, die Kolosser und an Philemon, KEK 9, Göttingen ^{2}1953, 107 (zu Kol), zu 2,10: „Diese Mächte bilden also den Leib, der Christus zugehört; und es ist also in diesem ihren Repräsentanten die Welt als ganze mit ihm verbunden wie der Leib mit dem Haupt."

[23] Gegen J. ROLOFF, Kirche 227, der m.E. widersprüchlich argumentiert: Einerseits ist der Hymnus für den Verfasser des Kol die „zentrale Widerlegung" der Irrlehre, dennoch „will er ihn durch kommentierende Zusätze vor Fehlinterpretationen bewahren." Der „Hymnus preist Christus als den präexistenten Schöpfungsmittler", andererseits „steht der Verfasser freilich der durch den Hymnus vertretenen *kosmischen Christologie*" (Hervorhebung vom Autor) kritisch gegenüber. Ist aber die Aussage über Christus als „präexistenten Schöpfungsmittler" nicht „kosmische Christologie"? Der Unterschied zwischen beiden besteht nach Roloff darin, daß letzteres in einem „naturhaft-kosmischen Sinn" gemeint ist, ersteres aber auch den „Erlöser" beschreibt, der „das Woher und Wohin der Welt bestimmt."

[24] Vgl. M. WOLTER, Der Brief an die Kolosser, Der Brief an Philemon, ÖTBK 12, Gütersloh/Würzburg 1993, 127: Das Haupt „markiert das Moment der

gedehnt. Könnten wir sagen, daß im Kol damit der Begriff des Hauptes für Christi Verhältnis zum Kosmos, der Begriff des Leibes für Christi Verhältnis zur Gemeinde reserviert wird, so könnten wir die Spannungen im Bild etwas abbauen. Aber das verwehrt uns der Vers 2,19: Wer sich aufbläst, hält das Haupt nicht fest (οὐ κρατῶν τὴν κεφαλήν), von dem her der Leib zusammengehalten wird und das Wachstum Gottes wächst. Haupt kann Christus also auch bezüglich der Gemeinde sein. Eine „Metaphern-Harmonie" ergäbe das abstruse Bild, daß Christus Haupt sowohl des Kosmos als auch der Gemeinde, nur die Gemeinde aber auch sein Leib ist. Sind diese verschiedenen Bildstellen aber überhaupt zu harmonisieren? Und ist das überhaupt gefordert? Ich denke nicht. Wollten wir das, so verkennten wir einen zentralen Aspekt der Metapher: ihren Sinnüberschuß. Metaphern lassen sich nicht restlos erfassen. Ebensowenig lassen sich verschiedene Bildstellen eines Bildfeldes unbedingt in einen logischen Zusammenhang bringen.[25]

Wir können also zunächst bei dem oben erhobenen Befund für 1,18a bleiben: Im Zusammenhang des Hymnus' wird von Christus, der im

---

Überlegenheit und Herrschaft, ohne daß der 'Leib' als semantisches Korrelat hinzugedacht ist" (vgl. auch G.L.O.R. YORKE, Church 91). Dagegen faßt K.M. FISCHER, Tendenz 55, zu Kol und Eph unzutreffenderweise zusammen: „Christus das Haupt des Alls und das All sein Leib" (ebenso zu Eph a.a.O. 202). Ebenso unzutreffend ist C.E. ARNOLD, Jesus Christ: 'Head' of the Church (Colossians and Ephesians), in: Jesus of Nazareth: Lord and Christ. Essays on the Historical Jesus and New Testament Christology (hg. v. J.B. Green/M. Turner), Grand Rapids/Carlisle 1994, 346-366, S. 364, der zwar richtig beobachtet, daß die Welt nicht Christi Leib genannt wird, der aber auch bestreitet, daß Christus für Paulus (Arnold hält Kol und Eph für paulinisch) Haupt des Kosmos ist.

[25] Nach W. SCHENK, Christus 139 (der hier die Ergebnisse der Untersuchung von W. Bujard aufnimmt), haben wir im Verfasser des Kol zudem „eine Person eher assoziativen Redens" vor uns. Natürlich darf man diesen Befund nicht als Ausrede für exegetische gedankliche Faulheit nehmen: Die einzelnen Aussagen des Kol-Verfassers haben an ihrer jeweiligen Stelle ihren unbedingten Sinn. J. LÄHNEMANN, Der Kolosserbrief. Komposition, Situation, Argumentation, StNT 3, Gütersloh 1971, 37, schreibt zum Verfahren des Verfassers: „den Kephale-Gedanken nimmt er auf, um Christi Herrschaftsstellung gegenüber den 'Mächten und Gewalten' dazutun (2,10), den Leib-Gedanken, um damit den Ort der Gemeinde zu kennzeichnen (1,24); 2,19 vereint beide Auslegungen (polemisch gegen die Irrlehrer, positiv für die Gemeinde)." Diese Differenzierung darf aber nicht so verstanden werden, daß in den Haupt- und den Leib-Aussagen zwei nicht zusammenhängende Vorstellungen, m.a.W. zwei Bildfelder angesprochen werden (vgl. dazu o. S. 21). Wir müssen zwar sehen, daß die Haupt-Aussagen eine gewisse Eigenständigkeit besitzen, aber jederzeit voll in das Bildfeld integriert werden können.

Hymnus als Urgrund der Schöpfung dargestellt wird, gesagt, er ist „das Haupt des Leibes der Gemeinde".[26] Warum bringt der Verfasser hier die Gemeinde ins Spiel? Welche Funktion hat diese Ergänzung?
Der Begriff der Gemeinde signalisiert die Intention des ganzen Abschnitts.[27] Wir dürfen die erste Strophe des Hymnus' nicht aus ihrem Kontext lösen. Dieser Kontext nämlich ist das, worum es überhaupt geht. Er wird gebildet durch die programmatischen Verse 1,12-14 und 21-23, sowie durch die Ergänzungen zum Hymnus z.B. in V. 18aβ oder in V. 20b mit der Erwähnung des Kreuzestodes Jesu. Die Aussage dieses Kontextes ist: Christus hat durch sein Handeln für die an ihn Glaubenden eine neue Wirklichkeit neben (von 3,1-4 her müßten wir sagen: über) der Schöpfungswirklichkeit geschaffen. Dieser Christus ist die Basis für gemeindliches Denken und Tun, Zentrum der neuen symbolischen Sinnwelt.[28] Später (vgl. 2,8) wird er als solcher der menschlichen Überlieferung gegenübergestellt, ohne daß es noch einmal begründet werden muß. Das war hier geschehen.
Der Hymnus in 1,15-20 ist also nicht ein absoluter theologischer Text innerhalb des Kol, von dem aus anderes zu ordnen ist, sondern er ist

---

[26] Wenn wir hier noch hinzufügten „und nicht des Kosmos", so drückten wir damit die Vermutung einer Frontstellung gegen eine Aussage des Hymnus' oder eine Meinung der Adressaten oder ihrer Gegner aus. Davon ist ja aber noch nichts zu sehen.

[27] So auch W. SCHENK, Christus 148: Der Zusatz zur Vorlage gleicht diese an den Kontext an. J.D.G. DUNN, 'Body' in Colossians 163-181, meint dagegen, für den Kol-Verfasser bleibt der Kosmos weiter Leib Christi („not the same body, but correlated with the cosmic body", 180), alles andere wäre ein „abrupt jump within the hymn" (174), den er für nicht denkbar hält. Aber gerade in dieser Überraschung liegt die Pointe. Anders C.E. ARNOLD, Jesus 349.

[28] Vgl. K. BERGER, Theologiegeschichte 464: Christus wird mit der „Haupt-Metapher [...] zum theologischen Identifikationsfaktor." - Es geht also um die neue Gemeinschaft, nicht mehr nur um das Hauptsein Christi. P. POKORNÝ, Der Brief des Paulus an die Kolosser, ThHK 10/1, Berlin ^{2}1990, 69, meint: „Der Schöpfungsmittler wird danach nur in einem gewissen Bereich als Herr erkannt - in der Kirche, zu der auch die Adressaten gehören." Das ist hier aber nicht gesagt. Es ist angesichts 2,10 und 2,15 sogar eher unwahrscheinlich. Vgl. jedoch auch E. SCHWEIZER, Brief 70: Christus wird nur dort als Herr über die Schöpfung erkannt, „wo sich die Kirche ihm glaubend zuwendet". Bei Schweizer geht es also in diesem Abschnitt zentral um die Schöpfung. Anders W. SCHENK, Christus 142: Da die erste Strophe in ihrer Aussage von der zweiten abhängig ist, könne man hier nicht „eine noetische Funktion des Christus für die Schöpfung" ablesen.

funktional begründend in seinen Kontext eingebunden.[29] Von seinem Kontext her ist er zu interpretieren: Die Adressaten leben in einer neuen Wirklichkeit, die davon geprägt ist, daß sie Licht statt Finsternis ist (V.12f), daß man dort Erlösung und Vergebung der Sünden erfährt (V. 14), daß sich dort das Friedenschaffen Christi (V. 20) materialisiert (V. 21f).[30] Christus kann diese neue Wirklichkeit schaffen, denn er ist der kreatürlichen Schöpfung vor- und übergeordnet, als solcher nicht an ihre Gesetzmäßigkeiten gebunden, weswegen er auch der erste war, der wieder aus den Toten hervorgehen und damit eine Wirklichkeit neuer Art ins Leben rufen konnte.[31] Diese neue Wirklichkeit ist beschrieben als ein Leib, dessen Haupt Christus ist und den die Gemeinde bildet.

Haben wir vorher gesagt, daß der traditionelle Hymnus den Kosmos als strukturiertes Ganzes darstellt, so ergänzt der Verfasser des Kol diese Aussage insofern, als dieser Kosmos zwar in Christus seinen Grund hat, die neue Wirklichkeit der Gemeinde ihm gegenüber aber in einem ambivalenten Verhältnis steht. Er kann, hat man einmal die neue Wirklichkeit mit der Metapher des Lichtes belegt, auch als die Dunkelheit verstanden werden, aus dem die Adressaten herausgerissen wurden. Von daher ist der oben geäußerte Satz, die erste Strophe wäre 1,13 zugeordnet, zu verstehen. Diese Ambivalenz im Weltverhältnis kommt auch in dem nächsten Beleg für Leib-Metaphorik im Kol zum Tragen.[32]

---

[29] Zu demselben Ergebnis kommt auch J. LÄHNEMANN, Kolosserbrief 34, der nicht vom „Hymus“ aus den Brief verstehen, sondern von der „Durchführung des Briefes [...] nach dem Platz des Hymnus im Briefganzen“ fragt.

[30] Wenn J. DELOBEL, Christ 167, schreibt: „The salvation of the world by Christ is realized in the Christian community“, so ist damit die Aussage von Kol 1,12-23 zutreffend zusammengefaßt (vgl. auch U. LUZ, Kolosser 205). Allerdings schießt seine den Satz fortsetzende Folgerung, die von seiner Fragestellung (Bewahrung der Schöpfung als Teil des konziliaren Prozesses) geleitet und systematisch natürlich möglich ist, über die Absicht unseres Textes hinaus: „and as a community, Christians then also have a task in the realization of that salvation. Thus, there is both gift and task.“

[31] Ähnlich W. SCHENK, Christus 141, der schreibt, nicht so sehr um Schöpfung und Erlösung gehe es hier als eher um Schöpfung und Auferstehung. Dies sei nicht (heils-)geschichtlich gedacht, sondern als ein analoges Nebeneinander: „Die Auferweckung ist der Schöpfung analog; auch die neue Schöpfung konstituiert eine Welt [...].“ Der Hymnus zielt also nicht auf eine schöpfungstheologische Aussage.

[32] H. CONZELMANN, Der Brief an die Kolosser, in: H.W. Beyer/P. Althaus/H. Conzelmann/G. Friedrich/A. Oepke, Die kleineren Briefe des Apostels Paulus,

6.1.2. Die bedrängte neue Wirklichkeit: Kol 1,24

„Paulus" hat sich in 1,23 ins Spiel gebracht als der, der an der Verbreitung der neuen Sinnwelt maßgeblichen Anteil hat. Seine Tätigkeit charakterisiert er nun als eine, die mit Leiden um der Sache willen verbunden ist. Dieses sein Leiden geschieht nicht isoliert, sondern steht in einem Zusammenhang mit der neuen Wirklichkeit der Gemeinde als ganzer: Er leidet ὑπὲρ τοῦ σώματος αὐτοῦ (i.e. Χριστοῦ), ὅ ἐστιν ἡ ἐκκλησία. Das ist eine etwas umständliche Formulierung; einfacher wäre etwa gewesen ὑπὲρ τῆς ἐκκλησίας. Warum zitiert der Verfasser hier wieder die Leib-Metaphorik?
Wir nähern uns einer Antwort auf diese Frage, indem wir klären, wie die Wendung τὰ ὑστερήματα τῶν θλίψεων τοῦ Χριστοῦ zu verstehen ist. M.E. kann es sich hier nicht um einen Rest an Leiden handeln, den Christus übriggelassen und den der Apostel nun zu erfüllen hätte. Ich vermute in dem Genitiv einen Genitivus causae: Die Leiden sind die, die die Gemeinde *wegen Christus* zu erdulden hat.[33] Es sind also Leiden, die aus der Zugehörigkeit der Gemeinde zu Christus erwachsen.[34]

NTD 8, Göttingen [11]1968, 131-156, S. 139, betont, daß gegen eine scheinbar hier ausgedrückte All-Harmonie festgehalten werden muß: „Es ist nicht die Perspektive eines selbstverständlichen All-Friedens, sondern der V e r s ö h n u n g ; der Friede, der hier gepriesen wird, mußte erst gestiftet werden" (Hervorhebung vom Autor). Damit ist für den Verfasser des Kol die Ambivalenz aber nicht aufgehoben.

[33] Vgl. E. SCHWEIZER, Brief 85. Vgl. auch H. CONZELMANN, Kolosser 83-86: Nachdem das Christusgeschehen beschrieben ist, kann es nun unmöglich als defizitär dargestellt werden. Auch die Wortwahl spricht für diese Interpretation - θλίψεις sind sonst nie die Passionsleiden Christi, tendenziell sind dies eher die παθήματα. Exemplarisch sei hier auf 2Kor 1,4.5.8 hingewiesen: Das eigene Leiden in V. 4 und 8 hat θλίψις, wohingegen V. 5 von den παθήματα τοῦ Χριστοῦ redet. Gleichzeitig aber ist πάθημα im Corpus Paulinum ein Begriff, der sowohl Leiden als auch Leidenschaften meinen kann, der v.a. aber auch ohne genitivische Erläuterung auf das Leiden Jesu bezogen werden kann: Phil 3,10 und 2Kor 1,5-7 stellen eine deutliche Verbindung her zwischen dem Leiden Jesu und dem der Gemeinde, das ein Anteilnehmen an den Leiden Jesu bedeutet (Phil 3,10: κοινωνία τῶν παθημάτων αὐτοῦ; 2Kor 1,7: κοινωνοί ἐστε τῶν παθημάτων [sc. τοῦ Χριστοῦ]). Wenn also in Kol 1,24 auch von den παθήματα die Rede ist, dann ist an einen Christusbezug der apostolischen Leiden durchaus zu denken - aber eben dort und nicht in dem Ausdruck θλίψεις τοῦ Χριστοῦ. Für diese Vermutung spricht zuletzt, daß offensichtlich auch der Verfasser des Eph diesen Vers so verstanden hat, denn er verwendet ihn in 3,13

Dabei ist es allerdings problematisch, hier einen Bezug zur Vorstellung von Christus als κεφαλή des Gemeindeleibes herzustellen. Sie findet sich zwar in unmittelbarer Nähe in 1,18, und auch der in der Antike mögliche Gedanke, vom Haupte her entscheide sich das Ergehen des Leibes, könnte für einen

---

entsprechend. - Zu Interpretationsgeschichte und Bedeutung von 1,24 vgl. J. KREMER, Was an den Leiden Christi noch mangelt. Eine interpretationsgeschichtliche und exegetische Untersuchung zu Kol 1,24b, BBB 12, Bonn 1956; P. POKORNÝ, Kolosser 81-83; J. REUMANN, Colossians 1:24 („What is Lacking in the Afflictions of Christ"). History of Exegesis and Ecumenical Advance, CThMi 17 (1990) 454-461.

[34] So auch A. LINDEMANN, Der Kolosserbrief, ZBK.NT 10, Zürich 1983, 33 (der hier allerdings „Paulus" stellvertretend für die Kirche leiden sieht), und schon P. EWALD, Die Briefe des Paulus an die Epheser, Kolosser und Philemon, KNT 10, Leipzig [2]1910, 342: „es sind die Leiden gemeint, die keinem erspart bleiben, der in seiner Nachfolge steht". Vgl. auch F. MUSSNER, Christus 142: „Leiden in Gemeinschaft mit Christus" und deutlicher: „Zeugnisleiden" (ebd.). Anders z.B. J. ROLOFF, Kirche 226, der weiter meint, sowohl die realen Leiden Jesu als auch die des Apostels „sind notwendig, damit der Heilsratschluß Gottes gegenüber den Heiden realisiert werden kann." Diese Leiden des Apostels haben „keine sühnende Bedeutung", geschehen jedoch *„zugunsten der Kirche"* (Hervorhebung vom Autor). In welcher Hinsicht, sagt Roloff aber nicht. Ähnlich auch K. BERGER, Theologiegeschichte 477; J. GNILKA, Theologie 340, für den das gleichzeitig ein „ungeheurer Gedanke" ist, und U. LUZ, Kolosser 210. - Es wird hier oft an die apokalyptische Vorstellung einer zugeteilten Leidensmenge gedacht, die erfüllt werden muß (so zuletzt R.W. WALL, Colossians and Philemon, The IVP New Testament Commentary Series, Downers Grove/Leicester 1993, 88; J.D.G. DUNN, The Epistles to the Colossians and to Philemon, NIGTC, Grand Rapids/Carlisle 1996, 116). Dagegen spricht sich A.C. PERRIMAN, The Pattern of Christ's Sufferings: Colossians 1:24 and Philippians 3:10-11, TynB 42 (1991) 62-79, S. 64f, aus: Die Ausrichtung des Kol zielt auf die Vergegenwärtigung der Vergangenheit zur Bewältigung der Gegenwart, nicht auf ein Ausharren in eschatologischen Drangsalen (E. LOHSE vertritt in: Christusherrschaft und Kirche im Kolosserbrief, NTS 11 [1964/5] 203-216, S. 211, noch die apokalyptische Deutung, wendet sich aber in seinem Kommentar davon ab [Die Briefe an die Kolosser und an Philemon, KEK 9/2, Göttingen [2]1977, 116] und argumentiert ähnlich wie Perriman). Der grundlegende Fehler in der Interpretationsgeschichte liege darin, ἐν τῇ σαρκί μου auf ἀνταναπληρῶ zu beziehen. PERRIMAN interpretiert dagegen (a.a.O. 63): „It is his own experience of the afflictions of Christ that is incomplete." Allerdings versteht Perriman (a.a.O. 66-68) die Leiden als Leiden, die Christus erlitten hat, und die für Paulus das Muster für sein eigenes Leiden für die Gemeinde darstellen (vgl. aber a.a.O. 77: „without, of course, any idea of atoning value").

solchen Bezug sprechen. Dagegen spricht aber, daß die Leiden Christi vorüber sind. Er ist das Haupt der Mächte und Gewalten (2,10), die er im Triumphzug einhergeführt hat. Ein anhaltendes Angefochtensein Christi ist da nicht mehr denkbar.

Die neue Wirklichkeit der Gemeinde ist eine bedrängte Wirklichkeit. In 1,18a war diese neue Wirklichkeit mit der Metapher des σῶμα belegt worden. Wenn auch in 1,24 die Gemeinde als ein σῶμα beschrieben wird, so soll das die Charakterisierung aus 1,18 in Erinnerung bringen[35] und die Leiden des Apostels als solche bestimmen, die kausal mit seiner Zugehörigkeit zur neuen Wirklichkeit der Gemeinde verbunden sind.[36] In diesem Konflikt steht „Paulus" durch seinen besonderen Einsatz an exponierter Stelle. In seinen Leiden drückt sich der Konflikt zwischen alter und neuer Wirklichkeit aus. Erstere läßt die letztere nicht unwidersprochen neben sich stehen.
Damit werden die Erfahrungen des Apostels in einen universalen, kosmischen Zusammenhang gestellt. Dies macht sie verstehbar, läßt sie als integralen Bestandteil der neuen Wirklichkeit erscheinen, weil sie mit deren symbolischer Sinnwelt zusammenhängen. Mit dieser Erklärung soll die Motivation geweckt werden, in diesen Erfahrungen standhaft zu bleiben (vgl. 1,23: wenn ihr im Glauben fest gegründet bleibt und euch nicht fortbewegt von der Hoffnung des Evangeliums[37]). Das, was die

---

[35] So auch J.D.G. DUNN, Epistles 117, der aber wegen des in V. 18 noch fehlenden Possessivpronomens auch 1,22 nachklingen hört und eine Reihe von „embodiments" rekonstruieren will: „We may say then that the embodiment of Wisdom-Christ, which was more impersonal in the cosmos (1:18), was succeeded by an embodiment in the particularity of human flesh (1:22), to be succeeded in turn by an embodiment in the (universal) church (1:24), but now characterized by the personality known in and as Jesus Christ." Aber es ist doch an allen Stellen immer von Christus die Rede, auch wenn er im Hymnus in die Nähe der Weisheit gerückt wird, und auch V. 18 redet doch schon von der Kirche und nicht nur vom Kosmos.

[36] In seinem Leiden für das gemeindliche σῶμα bleibt Paulus selber Teil des Leibes. Ich erinnere als Parallele an Epiktet, Diatr 2,5: Für den Fuß scheint es natürlicher zu sein, sauber zu bleiben. Als Teil des Körpers aber gehört es für ihn dazu, auch durch Dornen zu gehen oder im Extremfall zur Rettung des ganzen Körpers abgeschnitten zu werden. Ebenso sieht „Paulus", daß Zugehörigkeit zum Leib der Gemeinde auch Leiden bedeutet, das er als Glied willig auf sich nimmt.

[37] Diese Hoffnung ist nach 1,4 im Himmel aufbewahrt und schließlich in 3,4 implizit mit Christus, dem Zentrum der symbolischen Sinnwelt, identifiziert,

frühen Christen nur als Subsinnwelt erfahren können, bildet in Wahrheit bereits jetzt die oberste Wirklichkeit. Sichtbar ist das jedoch noch nicht. Aber das Evangelium trägt Frucht und wächst bereits im ganzen Kosmos bzw. in der ganzen Schöpfung (vgl. 1,6.23 und später 2,19 und 3,4). Deswegen lohnt es sich, im Glauben festzubleiben.

6.1.3. Christi kosmisches Wirken und die Christen: Kol 2,10

Zusammen mit dem vorangegangenen Vers zitiert 2,10 Elemente des Hymnus' aus 1,19 und 18.[38]

> 9 ὅτι ἐν αὐτῷ κατοικεῖ πᾶν τὸ πλήρωμα τῆς θεότητος σωματικῶς,
> 10 καὶ ἐστὲ ἐν αὐτῷ πεπληρωμένοι, ὅς ἐστιν ἡ κεφαλὴ πάσης ἀρχῆς καὶ ἐξουσίας.

Daß das Zitat von Christus als Haupt der Mächte und Gewalten spricht, ist ein weiterer Hinweis darauf, daß dies die ursprüngliche Ausrichtung des traditionellen Hymnus' war und 1,18aβ einen Zusatz darstellt, denn in der Bearbeitung des Verfassers wird Christus ja zum Haupt der Gemeinde. Der Verfasser zitiert also den Hymnus in seiner ursprünglichen Form, nicht in der seiner Bearbeitung. Das verdeutlicht die Elastizität dieses traditionellen Stoffes und auch der Leib-Metaphorik.[39] Gleichzeitig kann der Verfasser unbeschadet dieses „Rückfalls" in 2,19 wieder auf seine eigene Uminterpretation zurückgreifen, ohne sich genötigt zu sehen, irgendwelche Erklärungen voranschicken zu müssen.
Warum nun greift der Verfasser hier auf die „unbearbeitete" Form des Hymnus' zurück, in der Christus das Haupt der Mächte und Gewalten genannt wird? Werfen wir wieder einen Blick auf den unmittelbaren

---

denn der ist jetzt in den Himmeln und wird einmal offenbart werden, was Teil der Hoffnung ist.

[38] Vgl. auch J. LÄHNEMANN, Kolosserbrief 50: „Resümee des Hymnus" (vgl. a.a.O. 115). Auch der nachfolgende Kontext entspricht dem des Hymnus' in 1,21-23. So wie dort davon die Rede war, in welcher Form die Adressaten in das friedenschaffende Handeln Christi hineingenommen sind, wie es sich für sie ausgewirkt und welche Bedeutung es für sie hat, so ist auch hier in 2,11-15 ausgeführt, was Christus tat und was dies (vermittelt durch die Taufe) für die Adressaten bedeutet. Dort ist die Opposition die von Feindschaft und Versöhnung, hier die von Tod und Leben.

[39] H. HÜBNER spricht in seinem Kommentar einigermaßen ratlos davon, beide Vorstellungen, die kosmische und die ekklesiologische, stünden „in eigentümlicher Konkurrenz" (An Philemon, An die Kolosser, An die Epheser, HNT 12, Tübingen 1997, 81; vgl. a.a.O. 138).

Kontext: Der Zusammenhang spricht davon, daß die Fülle der Gottheit in Christus wohnt, und in Christus sind die Adressaten zur Fülle gebracht, zur Erfüllung gelangt. Dieser Christus wird dann, per relativischer Konjunktion (ὅς ἐστιν) verbunden, als Haupt der Mächte und Gewalten bezeichnet. Aus diesem Zusammenhang ergibt sich eine Nähe der Begriffe πλήρωμα und κεφαλή. Die Tatsache der Erfüllung der Adressaten hängt mit dem Hauptsein Christi über die Mächte und Gewalten zusammen.

Bei der Analyse der Verse 1,12-23 haben wir gesehen, daß die Gliederung des Hymnus' und die des Kontextes ähnliche Strukturen aufwiesen. Das ist auch hier der Fall. Die unserem Vers 2,10 nachfolgenden Verse 11-15 reden zunächst davon, was den Adressaten widerfahren ist (V. 11-13) und explizieren somit das καὶ ἐστὲ ἐν αὐτῷ πεπληρωμένοι aus V. 10a. So, wie dann in 10b der Blick sich von den Adressaten auf Christus wendet (ὅς ἐστιν ἡ κεφαλὴ πάσης ἀρχῆς καὶ ἐξουσίας), so berichten auch die Verse 14-15, nachdem vorher von den Adressaten die Rede gewesen war, nun von dem Tun Christi, das erst ermöglicht hat, woran in den Versen 11-13 erinnert wird.[40]

Die Leib-Metaphorik, von der hier die Bildstelle vom Christus-Haupt der Mächte und Gewalten realisiert wird, wird damit soteriologisch gewendet. Damit wird zwar formal die Struktur des traditionellen Hymnus' übernommen, gleichzeitig aber wird aus dem, was wohl eine rein schöpfungstheologische bzw. christologische Aussage war, eine soteriologische. Der Hymnus wird also wieder (wie in Kap. 1) dahingehend interpretiert, daß das Christusgeschehen mit der Gemeinde in Verbindung gebracht wird, oder anders: Die symbolische Sinnwelt wird herangezogen, um die Bewohner dieser Sinnwelt und ihre Gemeinschaft zu stabilisieren.[41] Im ersten Fall wird dazu der Wortlaut des Hymnus' verändert, im zweiten der Kontext demgemäß gestaltet.[42]

---

[40] J.O. HOLLOWAY, ΠΕΡΙΠΑΤΕΩ as a Thematic Marker for Pauline Ethics, San Francisco 1992, 175, weist auf den Gebrauch von „ἐν αὐτῷ and language conveying the relationship between the believers and Christ (σὺν-compounds)" hin, der ihm als Hinweis auf den Zusammenhang von 2,6-15 dient. Darüber hinaus sind gerade die „σὺν-compounds" von entscheidender Bedeutung für den Zusammenhang von symbolischer Sinnwelt und gemeindlicher Wirklichkeit. Vgl. auch G.R. BEASLEY-MURRAY, Chapter 475: „The language is pictorial, but it clearly points to the believers involvement in Christ's death and burial."

[41] E. SCHWEIZER, Brief 109, schreibt: „Mit lockerem Relativanschluß wird Christus als 'Haupt' aller Macht und Gewalt eingeführt." Soll das auch einen nur

6.1.4. Herrenmahl und neue Wirklichkeit: Kol 2,17

16 Μὴ οὖν τις ὑμᾶς κρινέτω ἐν βρώσει καὶ ἐν πόσει ἢ ἐν μέρει ἑορτῆς ἢ νεομηνίας ἢ σαββάτων· 17 ἅ ἐστιν σκιὰ τῶν μελλόντων, τὸ δὲ σῶμα τοῦ Χριστοῦ.

In der Regel wird diese Stelle nicht im Zusammenhang unseres Themas behandelt. Es gibt aber Gründe, sie dennoch dazuzurechnen.

T.M. Martin bringt diese Stelle mit dem Herrenmahl in Verbindung.[43] Die Kyniker haben demnach die Kolosser u.a. wegen ihrer Herrenmahlspraxis bzw. wegen dessen Hochschätzung kritisiert. Nach Martins Rekonstruktion lassen sich die Verse 2,16f paraphrasieren mit: „Laßt niemanden euch kritisieren wegen eures Essens und Trinkens, sondern laßt sie den Leib Christi erkennen (nämlich im Herrenmahl), denn um euer Essen und Trinken geht es ja gar nicht, da das nur ein Schatten des Zukünftigen ist."

Die Anspielung auf das Herrenmahl ist wortspielerisch eingebunden in das Konzept von Schatten und Körper. Der Schatten (σκιά) bildet nur ein blasses Abbild des Eigentlichen, des Körpers (σῶμα). Die Metaphorik von Schatten und Körper läßt sich nicht mehr im Bildfeld des Sozialleibes unterbringen. Hier geht es um Bestimmungen des Wirklichkeitsgrades. Σῶμα ist also Teil mehrerer Bildfelder, die hier miteinander in Verbindung gebracht werden.

E. Schweizer, Brief 120, verweist auf verschiedene griechische Parallelen, in denen es um den Gegensatz von Substanz/Masse zur Idee geht, oder, wie bei Philo, sich Schatten und Körper zueinander verhalten „wie der Name zur Sache, das Abild zum Urbild oder zur Idee, der Schein zum Sein [...] Bei ihm ist unter platonischem Einfluß besonders daran gedacht, daß Gott in der Regel nur in Abbildern oder 'Schatten' erkannt, nicht direkt gesehen werden kann." In Kol 2,17 dagegen geht es nur um eine Verhältnisbestimmung, „die keinen

---

lockeren inhaltlichen Zusammenhang meinen? Wieder würde dann nicht genügend auf die Funktion der Formulierung im Briefkontext geachtet.

42 Dieser Befund zeigt, daß der Verfasser des Kol weitergeht, als einfach christologische Aussagen anzuführen und aus ihnen z.B. ethische Folgerungen zu ziehen. Es geht also um mehr als um das Verhältnis von Indikativ und Imperativ - eine Unterscheidung, die gerade durch eine wissenssoziologischen Perspektive ihrer Starrheit entledigt werden kann. Indikativ und Imperativ verschmelzen. Vgl. auch U. LUZ, Kolosser 221: „Der Verfasser bietet keine argumentative Widerlegung, sondern er erinnert die Gemeinde durch eine Vielzahl von Aussagen an die Wirklichkeit, von der sie in Christus erfüllt sind [...] Christus [...] ist hier weniger ein Denk- als ein Dankgegenstand."

43 Vgl. T.M. MARTIN, Philosophy 117f.

eigentlichen Gegensatz einschließen muß". Die urchristliche Korrektur (neben dieser Stelle sei noch auf Hebr 8,5; 10,1 hinzuweisen) dieses Konzeptes liege in der eschatologischen und christologischen Füllung: „der Schatten ist typisch für die alte Zeit, die Sache für die Heilszeit" und „in Christus ist die Wirklichkeit eingebrochen." Nach Schweizer beziehen sich im Kol diese Aussagen auf das Verhältnis von Altem Testament und neuer Heilszeit in Christus. Diese Verortung liegt in dem herkömmlichen Verständnis von V. 16 als Bezugnahme auf judaisierende Positionen gegründet. Aber auch im Rahmen der „Kyniker-These" läßt sich mit der Bestimmung von eschatologischer und christologischer Neuinterpretation der Metaphorik von σκιά und σῶμα etwas anfangen.

Die Kyniker kritisieren das Sichtbare: die Einnahme von bei ihnen verpönten Nahrungsmitteln. Was sollen sie nach Ansicht des Verfassers aber zu erkennen gelehrt werden? Durch die hier evozierte Formulierung von 1Kor 10,17 τὸν ἄρτον ὃν κλῶμεν, οὐχὶ κοινωνία τοῦ σώματος τοῦ Χριστοῦ ἐστιν; ist der Gemeinschaftsaspekt des Herrenmahls hervorgehoben. Diese Gemeinschaft ist gestiftet durch Christus. Passamahl und Kreuzestod Jesu bilden das Zentrum der symbolischen Sinnwelt der christlichen Gemeinschaft, das im Herrenmahl rituell vergegenwärtigt wird. Darauf sollen die Kritiker hingewiesen werden. Ihrer Position nähert sich der Verfasser insofern an, als er betont, den Christen gehe es nicht um den Genuß dieser Nahrungsmittel, sondern um das darin Symbolisierte. Damit setzt er die Christen von den üblichen Opfern kynischer Kritik ab, denen es eben um den Genuß an sich geht. Den Christen geht es um darin aufscheinende neue Wirklichkeit.[44]

6.1.5. Stabilität durch Verheissung: Kol 2,19

Diese neue Wirklichkeit wird nun beschrieben. Der Verfasser tut dies auf eine neue Art und Weise. Bei Paulus zielte das konkretere Ausmalen der Metaphorik auf die durch die Charismen gegebenen Strukturen der Ge-

[44] Vgl. auch M. WOLTER, Brief 145: „Die verkürzende Redeweise [...] hat ihren Grund [...] darin, daß der Verf. seine Leib-Christi-Ekklesiologie [...] in die Schatten-Leib-Metaphorik einträgt: Als durch Christus konstituierte Wirklichkeit *(sôma)* ist das Heil eine innerhalb der Gemeinde als dem leib *(sôma)* Christi bereits erfahrbare Realität" (kursiv vom Verfasser). - M.W. vermutet sonst einzig A. LINDEMANN, Paulus im ältesten Christentum. Das Bild des Apostels und die Rezeption der paulinischen Theologie in der frühchristlichen Literatur bis Marcion, BHTh 58, Tübingen 1979, 119, daß sich „wohl auch an der im übrigen dunklen Stelle 2,17" der ekklesiologische Gebrauch von σῶμα findet.

meinde. Hier bleiben die Charismen und mit ihnen die inneren Gemeindestrukturen außer Betracht.

Den Einstieg in die Metaphorik liefert das Autonomiestreben - wessen auch immer. Natürlich paßte die Kyniker-These vorzüglich zu diesem Vers. Kritisiert werden auf jeden Fall die, die nicht an Christus als dem Haupt festhalten (οὐ κρατῶν τὴν κεφαλήν). Christus wird beschrieben als das Haupt, von dem das Wachstum ausgeht, das also das Ergehen des Leibes bestimmt.[45] Dieses σῶμα war ja das, was die Kritiker nach V. 16f im Herrenmahl erkennen sollten. Wir können daraus folgern: Die christliche Existenz ist für den Verfasser des Kol eine kollektive; eine autonome (wie z.B. die des Kynikers) ist für ihn im Rahmen der christlichen Sinnwelt nicht möglich. Natürlich hätte für den Kyniker die Argumentation von V. 19 keinerlei Beweiskraft. Sie erfolgt auch gar nicht zu apologetischen oder missionarischen Zwecken, sondern zielt allein nach innen in die Gemeinde der Adressaten und auf ihre Stabilisierung.[46] Das gilt in jedem Fall, unabhängig davon, ob und wie man sich in der Gegnerfrage entscheidet. Nur in der Wirklichkeit der gemeinsamen Sinnwelt hat der Christ eine Chance, angesichts widriger Umstände von außen zu bestehen.

Positiv gewendet bedeutet es: Es ist entscheidend, an Christus als dem Haupt festzuhalten. Implizit heißt das: Wer das nicht tut, verstößt sich selbst aus der Wirklichkeit, die die noch verborgene, aber zukünftig offenbar werdende oberste Wirklichkeit ist.[47] Denn diese Wirklichkeit ist das σῶμα, das von Christus als der κεφαλή abhängig ist.

---

[45] Daß Christus das Haupt ist, wird deutlich aus dem grammatikalisch falschen, weil sich auf κεφαλή beziehenden Relativpronomen οὗ statt des geforderten ἧς. Σῶμα meint hier nicht das All, wie E. LOHSE, Christusherrschaft 206f, vermutet (wie vor ihm schon M. DIBELIUS, An die Kolosser, Epheser, an Philemon, HNT 12, Tübingen [3]1953 [bearb. v. H. Greeven], 36) und weiter meint, hier die Kirche gemeint zu sehen, läge zwar nahe, aber erst der Eph führe das tatsächlich in diese Richtung aus.

[46] Daraus schon zu schließen, daß nicht außergemeindliche Gegner im Blick sind, wie M. BARTH/H. BLANKE, Colossians 350, es tun, ist gleichwohl nicht zwingend.

[47] Dieser Gedankengang erinnert an eine Parallele bei Mark Aurel. Er schreibt, sich gegen den Weltenplan aufzulehnen, sich also aus dem großen Sinnzusammenhang zu verabschieden, komme einer Selbstamputation gleich (a.a.O. 8,34; vgl. auch a.a.O. 5,8). A. LINDEMANN, Kolosserbrief 49, meint zu 2,19, hier fände sich im Hinblick auf die Gegner „seine (sc. des Kol-Verfassers) schärfste Anklage“. Auch wenn Lindemann von innergemeindlichen Gegnern ausgeht, so

Die Stoßrichtung des Relativsatzes ist das Wachstum des Leibes: ἐξ οὗ πᾶν τὸ σῶμα [...] αὔξει τὴν αὔξησιν τοῦ θεοῦ. Daß der Leib der Gemeinde als ein wachsender beschrieben ist, gehört innerhalb der ekklesiologischen (und der antiken!) Leib-Metaphorik genauso zu den kreativen Neuerungen des Kol-Verfassers wie die Bezeichnung Christi als Haupt des Leibes. Wachstum ist ein organischer Vorgang, der natürlicherweise stattfindet. Damit ist er in bester Weise zu verbinden mit der Leib-Metaphorik, besser noch als mit der Haus-Metaphorik. Dort könnte man zwar auch von einem Wachstum sprechen (und der Eph wird dies tun). Das wäre aber stärker mit einem sichtbaren Tun seitens der Menschen verbunden. Wenn der Leib wächst, hat das verborgene, unsichtbare Gründe. Damit läßt sich diese Art des Wachstums eher mit Gott in Verbindung bringen, und das wiederum erhöht die für die bedrängte Gemeinde der Adressaten so wichtige tröstende Qualität der Metapher.[48] Die Aussage läßt sich dann paraphrasieren: „Vertraut darauf, daß eure Wirklichkeit sich ausbreitet und letztendlich durchsetzt!“[49]
Das ist eine Tatsache, die nicht von den Adressaten beeinflußbar ist, es sei denn dadurch, daß sie im Glauben bleiben müssen (vgl. 1,23: εἴ γε ἐπιμένετε τῇ πίστει). Aber auch das betrifft nur die Zugehörigkeit der Adressaten zu der Bewegung, nicht aber deren Ausbreitung an sich. M.E. ist das der Sinn des Genitivs αὔξησις τοῦ θεοῦ. Der Genitiv ist ein kausaler. Das Wachstum ist das Wachstum Gottes, weil er dessen Urheber

---

ist ihm doch darin zuzustimmen, daß sich hier im Hinblick auf die Stabilisierung der Gemeinde das stärkste Argument findet.

[48] Vgl. auch F.F. BRUCE, Commentary on the Epistle to the Colossians, in: F.F. Bruce/E.K. Simpson, Commentary on the Epistles to the Ephesians and the Colossians, Grand Rapids 1957, 159-313, S. 204, in einem etwas anderen Zusammenhang: „We can appreciate that these presentations which bring out the vital relationship between Christ and the church are more adequate than others (there is no organic relationship betweeen a building and its foundation or coping-stone); for this reason the head/body and husband/wife analogies have a specially firm grasp on reality.“

[49] Ähnlich auch J. ROLOFF, Kirche 230. Vgl. auch E. LOHMEYER, Briefe 126 (zu Kol): Leib Christi ist „der kommende und im Glauben gegenwärtige Äon“. - Aus 3,4 können wir ergänzen, daß sich die christliche Bewegung zwar kontinuierlich ausbreitet, daß ihr wahres Wesen ἐν δόξῃ aber erst mit der Erscheinung Christi für alle wahrnehmbar wird.

ist. Deswegen ist es durch menschliche Behinderungsversuche (wie z.B. kynische Kritik) nicht aufzuhalten.[50]
Die Bildstelle vom Wachstum des Gemeinde-Leibes gehört also zum seelsorgerlichen Instrumentarium des Verfassers. Der kleinen und bedrängten Gemeinde wird Anteilhabe an Größe versprochen. Damit nimmt dieser Vers Aussagen von 1,6 und 1,23 auf: Das Evangelium der Wahrheit wächst und trägt Frucht ἐν παντὶ τῷ κόσμῳ (1,6), wird verkündet ἐν πάσῃ κτίσει τῇ ὑπὸ τὸν οὐρανόν (1,23).[51] Die Gemeinde der Adressaten hat also Teil an einer weltweit verkündeten Botschaft, ist Teil einer weltweit erfolgreichen Bewegung.[52] Und es ist hier wichtig festzu-

[50] Theologisch bedeutet das durchaus, daß die Ausbreitung des Evangeliums als ein heilsgeschichtlicher Vorgang verstanden ist und auch, wie E. SCHWEIZER, Antilegomena 301, feststellt, „dass die Mission, als heilsgeschichtliches Phänomen verstanden, der Ursprung der Idee vom Wachsen des Leibes (2,19) ist." Vgl. zuletzt auch G. STRECKER, Theologie des Neuen Testaments (bearb., erg. und hg. v. F.W. Horn), Berlin/New York 1996, 587. - E. HAUPT, Die Gefangenschaftsbriefe, KEK 8/9, Göttingen [2]1902, 108 (zu Kol), meinte zu Anfang unseres Jahrhunderts, nicht auf dem Festhalten/Ergreifen des Hauptes liege der Ton, sondern auf dem mit dem Stichwort des Wachstums gegebenen Aspekt des „wirklich religiösen Fortschritts". A. SCHLATTER, Erläuterungen 29 (zu Kol), sieht immerhin äußeres *und* inneres Wachstum gemeint. E. BEST, Body 128, begründet seinen Zuschlag für inneres Wachstum mit dem Genitiv τοῦ θεοῦ, aber bleibt mit seiner Deutung als „divine type of growth" eher dunkel. Auch noch J. LÄHNEMANN, Kolosserbrief 142, meint: „Der Gedanke des Wachstums schließt ein, daß die Gläubigen kontinuierlich die Erkenntnisse des Anfangs fortsetzen". Der Gedanke an inneres Wachstum steht aber in Spannung zu dem πεπληρωμένοι in 2,10. Darauf hat bereits E. PERCY, Leib 53, hingewiesen, auf dessen Beobachtung LÄHNEMANN, a.a.O. 120 Anm. 43, rekurriert. PERCY meint allerdings, durch ihr Wachstum „erreicht sie (sc. die Gemeinde) diese Fülle erst" (ebd.). Aber Fülle und Wachstum haben hier nichts miteinander zu tun. M. BARTH/H. BLANKE, Colossians 353, meinen aufgrund der Partizipien, „less emphasis is placed on the numerical growth of the church than its growing together into a unit." Letzteres ist ersterem aber untergeordnet.

[51] 1,10 ist hiervon noch einmal zu unterscheiden, da es dort nicht um ein äußeres Wachstum des Evangeliums in der Welt geht, sondern um die Qualität der Erkenntnis unter den schon glaubenden Adressaten.

[52] Wichtig ist hier auch die Reihenfolge der örtlichen Zuordnungen in 1,6: καθὼς καὶ ἐν παντὶ τῷ κόσμῳ [...] καθὼς καὶ ἐν ὑμῖν. Nicht vom Kleinen ins Große wächst das Evangelium, sondern andersherum: Die Adressaten haben Teil an einer Bewegung, die auch schon andere Teile des Kosmos erfaßt hat. Das begründet auch sachlich den „untergeordneten" Rang des Epaphras, der Paulus

halten: Σῶμα ist nach 1,18 die ökumenische Gemeinde, nicht (oder nicht nur) die örtliche. Von diesem Zusammenhang her lassen sich dann auch die partizipialen Ergänzungen zu dem Relativsatz (διὰ τῶν ἁφῶν καὶ συνδέσμων ἐπιχορηγούμενον καὶ συμβιβαζόμενον) verstehen.
Die Ergänzungen erfolgen, um den Zusammenhalt der relativ abstrakten Größe „σῶμα der ökumenischen Gemeinde“ zu verdeutlichen. Aber wäre das nötig gewesen? Hätte nicht der Hinweis auf Christus als κεφαλή ausgereicht, so wie das in antiken Parallelen der Fall ist, in denen z.B. das Reich unter dem Kaiser als Haupt geeint ist und von ihm zusammengehalten wird? Zudem sind in unserer Stelle auch keine Hinweise gegeben, worauf die stützenden und einigenden Bänder und Gelenke zu beziehen sind.[53]

Der Kontext des Briefganzen liefert allerdings zwei Stichwortverbindungen: In 3,14 wird die ἀγάπη als συνδεσμός bezeichnet und in 2,2 werden die getrösteten Herzen derer, die der Apostel erreicht, beschrieben als συμβιβασθέντες ἐν ἀγάπῃ καὶ εἰς πᾶν πλοῦτος τῆς πληροφορίας τῆς συνέσεως, εἰς ἐπίγνωσιν τοῦ μυστερίου τοῦ θεοῦ, Χριστοῦ.

Liebe und Lehre werden an diesen Stellen also mit der Verbindung der Gemeinden untereinander bzw. der Verbindung der Glieder in den Ortsgemeinden erwähnt.[54] Das könnte auch hier gemeint sein. Diese Lehre könnte dann die grundsätzliche sein, wie sie der Verfasser dargelegt hat und noch darlegen wird. Es handelte sich dann um das zentrale christologische Geschehen, wie die Gemeinde es sich, durch Taufe und Abend-

---

und Timotheos die Nachrichten über die Kolosser bringt, aber nicht selbst schreibt, weil dies Aufgabe der Apostel ist. Epaphras ist sozusagen auf lokaler Ebene tätig, die Apostel darüber hinaus. Von Epaphras haben die Kolosser nach 1,7 vom Evangelium erfahren, so daß er mit dem Wachsen desselben ἐν ὑμῖν in Verbindung zu bringen ist, die Apostel aber mit dem Wachsen des Evangeliums ἐν παντὶ τῷ κόσμῳ (vgl. auch 1,28-2,1).

[53] C.E. ARNOLD, Jesus 361, für den ansonsten die zeitgenössischen physiologischen Anschauungen den Hintergrund für die Leib-Metaphorik in Kol (und Eph) bilden, meint, daß hier die „source of the imagery changes […] Neither of these terms is common in the medical writings.“

[54] Auch J.O. HOLLOWAY, Marker 184, sieht diese beiden Stellen in einem Zusammenhang. Bei ihm sind sie Belege dafür, daß der Verfasser um die Einheit der Gemeinde besorgt ist und begründet dies mit der Vermutung (ebd.): „The false teachers […] had fostered in the church a sense of religious competitiveness and self-promotion that endangered its well-being. Paul's admonitions toward love and unity were necessary.“

mahl ritualisiert, in Erinnerung ruft. Diese Riten, mit denen die symbolische Sinnwelt aktualisiert wird, diese Rituale, durch die die Angehörigen mit der symbolischen Sinnwelt in Verbindung gebracht werden, wären dann gemeinsame Rituale, deren Funktion hier nicht nur die Stärkung der Zusammengehörigkeit innerhalb einer Ortsgemeinde wäre, sondern auch die Stabilisierung der überörtlichen christlichen Bewegung.[55] Natürlich könnten mit den Bändern und Gelenken auch die personalen Verbindungen untereinander gemeint sein, wie sie etwa in der Grußliste oder in der Selbstdarstellung des Apostels und seines Verhältnisses zu den Adressaten zum Ausdruck kommt. Das eine geht ja aber auch nicht ohne das andere, denn eine Sinnwelt wird nur durch den Kontakt von „Anderen" aufrechterhalten.[56]

Für eine wachsende Bewegung, und damit auch für die christliche, die ja die αὔξησις τοῦ θεοῦ wächst, gilt das um so mehr. Unser Vers zielt ja, wie wir festgestellt haben, auf dieses Wachstum. Neue Mitglieder müssen in die symbolische Sinnwelt und ihre gemeindliche Wirklichkeit eingeführt werden. Diese Bewohner der neuen Sinnwelt durchlebten zudem nicht nur eine sekundäre Sozialisation, sondern eine Neusozialisation, die einen weitaus größeren Einschnitt in eine Biographie darstellt. Dazu kam die hohe Geschwindigkeit, mit der sich das Wachstum der frühchristlichen Bewegung vollzogen hat. Es war, wollte man schnell Stabilität erreichen, hier ständiger Einsatz gefordert. Mit der Lektüre des

---

[55] Wir fänden diesen Gedanken dann pointiert wiederholt in dem Einheitsruf aus Eph 4,4-6. J.D.G. DUNN, Epistles 186, mißt dem nicht viel Bedeutung bei: „The emphasis seems to be more on the interconnectedness of the members of the body than on the joints and ligaments as actually channels of nurture." So auch DERS., 'Body' in Colossians 165.

[56] Zwar ist E. SCHWEIZER, Brief 126, darin zuzustimmen, daß es sich bei den Bändern und Gelenken nicht um einen „Hinweis auf Amtsträger" handelt, aber seine, nach theologischer Geringschätzung klingende Beurteilung dieser Bildstellen als „doch wohl reine Bildsprache" steht in einem merkwürdigen Kontrast zu seiner dann doch geäußerten, auch der von mir vertretenen Vermutung nahekommenden Überlegung, vielleicht sei „an die Vermittlung der Botschaft durch den Apostel und seine Mitarbeiter gedacht, die in unserem Brief betont erscheint". Zu einlinig meint J. GNILKA, Theologie 341: „Die Gelenke vermitteln zwischen Haupt und Gliedern." J.B. LIGHTFOOT, Saint Paul's Epistles to the Colossians and to Philemon, London 1879, 200, versteht Haupt und Gelenke als „source" und „channels" und sieht in ersterem Christus, in letzterem die Glieder der Gemeinde gemeint (so auch J.D.G. DUNN, 'Body' in Colossians 166).

Kol und hier v.a. dieses Verses 2,19 werden wir Zeugen dieser Bemühungen.

6.1.6. Scheidung der Welten: Kol 3,5

Mit diesem Vers haben wir den rätselhaftesten Beleg für Leib-Metaphorik im Kol vor uns.[57] Festhalten kann man jedoch bereits vorweg: Der Imperativ νεκρώσατε οὖν τὰ μέλη τὰ ἐπὶ τῆς γῆς hat das Verhalten der Adressaten im Blick. Und: Der Vers ist insofern nicht ohne Gewicht, da er zu den konkreten Mahnungen überleitet. Er scheint in einem kausativen Zusammenhang zu den Versen davor, v.a. zu 3,1-4, zu stehen.

Zunächst aber scheint die Aufforderung zum „Töten der Glieder auf Erden“ in einem gewissen Widerspruch zu dem Voraufgegangenen zu stehen. Zweierlei fällt auf: Zum einen hatte der Verfaser die gegnerische Demut gerade in 2,23 tadelnd als eine gekennzeichnet, die nur in „Schonungslosigkeit gegen den Körper“, nicht aber in Achtung gegenüber anderen Menschen besteht.[58] Scheint aber die hier an die Adressaten gerichtete Aufforderung nicht in eine ähnliche Richtung zu gehen? Zum anderen wurde noch kürzer zurückliegend und zudem in einem Abschnitt, auf den sich unser Vers durch das οὖν bezieht, das Sinnen auf Irdisches abgelehnt (3,2: τὰ ἄνω φρονεῖτε, μὴ τὰ ἐπὶ τῆς γῆς). Nun ist doch wieder τὰ ἐπὶ τῆς γῆς Inhalt der Gedanken.

Die erste Schwierigkeit ist verhältnismäßig einfach zu beseitigen: Die ἀφειδία σώματος der Gegner war Ausdruck ihrer Demut. Demut hieß für sie also Askese, frugaler Lebensstil. Das für ihn positive Gegenbild der Demut beschreibt der Verfasser in 2,23 als Achtung vor anderen Menschen (ἐν τιμῇ τινι). Und genau darum geht es in den drei Fünferreihen und den anderen Mahnungen in 3,5-15. Sie zielen so gut wie alle zwar auf individuelles Verhalten, aber auf solches, das die Sozialität des Menschen betrifft - mithin die Achtung anderer Menschen. Auch die christliche Demut bedeutet also für den Einzelnen eine gewisse Härte, sie zielt aber darauf, daß er gemeinschaftsfähig wird.

Inwiefern kann nun τὰ ἐπὶ τῆς γῆς wieder legitimer Inhalt christlichen Denkens werden, nachdem dies vorher ausgeschlossen schien? Was genau besagen die Verse 3,1-4?

---

[57] Vgl. J. GNILKA, Kolosserbrief 179: Der Abschnitt „beginnt mit einer seltsam verschlüsselten Aufforderung“. Und auch H. HÜBNER, Philemon 101, findet, das „ist schon eine etwas eigenwillige Metaphorik!“

[58] So jedenfalls die Rekonstruktion bei T.M. MARTIN (vgl. o. S. 167 Anm. 7).

Nachdem die Verse von 2,20-23 festgestellt hatten, daß mit dem Mitsterben mit Christus (εἰ ἀπεθάνετε σὺν Χριστῷ) die Elemente der Welt, innerweltliche Vorgaben keine Maßstäbe mehr für christliches Verhalten darstellen, insofern sie den Christen nicht mehr autoritativ gegenübertreten können, wird nun mit 3,1-4 die positive Folgerung gezogen, daß mit dem Mitauferstehen mit Christus (εἰ οὖν συνηγέρθητε τῷ Χριστῷ) Überweltliches die neuen Maßstäbe setzt (τὰ ἄνω ζητεῖτε).
Vor der Explikation einzelner Verhaltensanweisungen ab 3,5 bringt der Verfasser damit sehr konzentriert zum Ausdruck, zu welcher Sinnwelt die Adressaten gehören, welches das Zentrum dieser Sinnwelt ist („Christus, der zur Rechten Gottes sitzt") und wie sie mit dieser Sinnwelt verbunden sind („euer Leben ist verborgen mit Christus in Gott"). Und auf zweierlei Weise wird beschrieben, wie sich diese ihre Sinnwelt zu der zur Zeit dominanten Alltagswirklichkeit verhält: Letztere ist einerseits als Orientierungsmaßstab das Gegenteil der ersteren („sucht das, was oben ist, nicht das auf der Erde"), andererseits ist „das auf der Erde" nur vorläufig: „Das oben" wird einmal allen „offenbar werden in Herrlichkeit". Die christliche Subsinnwelt wird dann zur Alltagswirklichkeit. Das scheint letztlich aber nicht als Prozeß verstanden zu sein (die Rede vom Wachstum muß also von hierher ergänzt werden), sondern ist an das Erscheinen Christi gebunden (ὅταν ὁ Χριστὸς φανερωθῇ), der jetzt noch verborgen ist.
Vor diesem Hintergrund also werden die Adressaten aufgefordert, die „Glieder auf Erden" zu töten. Diesen „Gliedern auf Erden" steht von 3,3 und 3,1 her das „Leben" gegenüber, das „mit Christus in Gott verborgen", also „oben" ist. Das wäre noch unproblematisch, wenn man nun das verborgene Leben als Haupt (als das Lebensbestimmende) bezeichnen könnte, dem sich die Glieder zu fügen haben. So könnte man hier die Fortführung des paulinischen Gedankens aus Röm 6,13 entdecken, dem es dort darum geht, die Glieder als Werkzeuge der Gerechtigkeit Gott zur Verfügung zu stellen (παραστήσατε [...] τὰ μέλη ὑμῶν ὅπλα δικαιοσύνης τῷ θεῷ). Hier aber sollen die Glieder getötet werden.
Ist von Gliedern die Rede, so fragt man sich unwillkürlich: Glieder *wovon*? Nun heißt es in 3,5 anders als in Röm 6,13 nicht τὰ μέλη *ὑμῶν* τὰ ἐπὶ τῆς γῆς. Das ὑμῶν fehlt.[59] Die Glieder, die hier gemeint sind, sind

[59] Es findet sich allerdings in nicht wenigen Handschriften. P. EWALD, Briefe 413, meint dazu: „Für die [...] richtige Auslegung ist übrigens die Variante ziemlich belanglos." Er irrt.

nicht die die Sünden ausführenden Organe der Christen, sondern die Glieder sind diese Sünden selbst.[60] Die erste Reihe πορνείαν ἀκαθαρσίαν πάθος ἐπιθυμίαν κακήν, καὶ τὴν πλεονεξίαν, ἥτις ἐστὶν εἰδωλολατρία expliziert, was mit den Gliedern gemeint ist. Gleichzeitig werden in V. 7 diese Glieder als ein Raum beschrieben, in dem man wandeln bzw. leben kann.[61] Es ist hier also Überindividuelles gesagt. Dies war ja auch schon in 3,3f der Fall gewesen: Nicht „ihr seid verborgen" hieß es da, sondern „euer Leben (ἡ ζωὴ ὑμῶν) ist verborgen".

Es geht, so könnte man sagen, bei den Gliedern um Elemente einer Lebenswelt.[62] Im Hintergrund könnte die Vorstellung stehen, auch dieses Weltsystem, aus dem sich die Christen gelöst haben, bilde einen Leib - ein Gedanke, der ja im Kol zunächst vermieden wurde, aber nach der Bezeichnung Christi als Haupt der Mächte und Gewalten leicht zu evozieren war und unausgesprochen mitklingen könnte.[63] Diese Lebenswelt ist für die Christen nicht mehr relevant, da sie die Irdische (τὰ ἐπὶ τῆς γῆς) ist.[64] Aber sie leben noch in gefährlicher Nachbarschaft. Die Ver-

---

[60] So auch E. LOHSE, Briefe 198. Gegen z.B. J. ROLOFF, Kirche 228 Anm. 18, oder E. SCHWEIZER, Brief 138-140, der dort viele mögliche antike Parallelen heranzieht. Schweizer bleibt gleichwohl vorsichtiger in seiner Erklärung als Roloff. Für Schweizer bleibt hier „doch im einzelnen noch manches offen" (a.a.O. 140) und viele Einschätzungen stehen bei ihm Konjunktiv.

[61] V. 7 liest ἐν οἷς καὶ ὑμεῖς περιεπατήσατέ ποτε, ὅτε ἐζῆτε ἐν τούτοις. Ob sich ἐν οἷς oder ἐν τούτοις auf die genannten Verhaltensweisen und Einstellungen bezieht, spielt hier keine Rolle; sie werden an der einen oder an der anderen Stelle gemeint sein (und an der jeweils anderen die in V. 6 erwähnten „Söhne des Ungehorsams").

[62] Damit könnte hier, statt eines Bezuges auf Röm 6,13, eine Metaphorisierung von Röm 8,13 (εἰ δὲ πνεύματι τὰς πράξεις τοῦ σώματος θανατοῦτε ζήσεσθε) vorliegen.

[63] Es ist dies natürlich eine angreifbare Theorie: Einerseits sage ich, daß es von Bedeutung ist, wenn bestimmte Bildstellen eines Bildfeldes nicht genannt werden, andererseits behaupte ich, an anderer Stelle könnte ihr unausgesprochenes Mitschwingen andere Bildstellen (wie hier die von den Gliedern der Sünde) hervorgerufen haben. Ich beziehe mich dabei auf die Interpretation von 1,18 und 2,10, wo es von Belang war, daß die Welt nicht als Leib bezeichnet wurde. Nun geschah das aber dort nicht stillschweigend, sondern in bewußter und deutlicher Uminterpretation.

[64] E. LOHSE, Christusherrschaft 208, meint, der „Kolosserbrief entwickelt [...] nicht eine Lehre vom neuen Sein, das durch eine christliche Metaphysik begrün-

haltensweisen und Einstellungen der alten Sinnwelt greifen weiter nach den Bewohnern der neuen.
Wenn hier vom Töten dieser Glieder, dieser Einstellungen und Verhaltenweisen die Rede ist, so wird kaum ihre letztgültige universale Ausrottung gemeint sein. Es geht um die Lebenswelt der Gemeinde, in der sie keinen Ort mehr haben sollen. Die Mahnungen ab 3,9 beziehen sich nur auf das Leben der Gemeinde. Das ergibt sich aus den verschiedenen Reflexivpronomina, die die Forderungen an beide Kommunikationspartner richten, was nur innerhalb der Gemeinde sinnvoll ist.[65] Das ergibt sich auch aus der Einschaltung der Gleichheitsformel in V. 11. Aber auch die Verse 5-8 sind für die Gemeinschaft von Belang, da auch individuelles Verhalten die Gruppenkohäsion beeinflussen kann.
In diesem Sinne ist also τὰ ἐπὶ τῆς γῆς weiterhin Objekt christlicher Reflexion, nämlich als das, was aus der alten Welt in die neue hineinragen will, dort aber keinen Ort mehr hat. Die Bezeichnung dieser Elemente der alten Welt als Glieder geschieht auf dem Hintergrund der Vorstellung von Welten als Körper. Die Metapher ist hier sehr ins Abstrakte gewendet: Nicht mehr die in der Sinnwelt agierenden Menschen sind Glieder dieser Welt, sondern die Prinzipien und Eigenschaften dieser Welt.[66] Mit dieser Metaphorisierung wird der Konflikt zwischen den Welten leichter nachvollziehbar: Es ist, als ob die alte Welt sich unter den Bewohnern der neuen breitmachen wollte und nach ihnen griffe.

6.1.7. Die Gegenwelt der Gemeinde: Kol 3,15

Der letzte Beleg für Leib-Metaphorik im Kol findet sich in 3,15. Dieser Vers bildet den Abschluß der Anweisungen für das Verhalten gegenüber

---

det würde, um diese an die Stelle gnostischer Spekulationen zu setzen, sondern er proklamiert Christus als Kyrios". Abgesehen von der unglücklichen Ablehnung alles Metaphysischen (was wohl Nebulöses meint): Natürlich geht es hier um ein neues Sein, das eben gerade mit der Proklamation des Christus als Kyrios begründet wird! Vielleicht kann der Begriff der symbolischen Sinnwelt das hier und da in Verruf geratene Metaphysische etwas rehabilitieren.

[65] Vgl. μὴ ψεύδεσθε εἰς ἀλλήλους (V. 9), ἀνεχόμενοι ἀλλήλων καὶ χαριζόμενοι ἑαυτοῖς (V. 13) und διδάσκοντες καὶ νουθετοῦντες ἑαυτούς (V. 16). Anders die Mahnungen der Haustafel, die nur an eine Seite adressiert sind und nicht auf die andere Seite reflektieren.

[66] Vgl. jetzt auch U. LUZ, Kolosser 228: „Vermutlich kombiniert der Verfasser die Erinnerung an die paulinische 'Sünde in den Gliedern' mit der Wendung 'auf der Erde' aus V.1 und bezeichnet abgekürzt die Sünden als 'Glieder'." Zumindest im Ergebnis kann ich dem zustimmen.

dem Anderen in der Gemeinde. Was dann in der restlichen Paränese folgt, sind Anweisungen, die das kollektive, liturgische Verhalten der ganzen Gemeinde betreffen (unterbrochen von der Haustafel).
Die Art der und die Begründung für die Zugehörigkeit der Adressaten zu der neuen symbolischen Sinnwelt, sowie die Anweisungen für die Gestaltung der zu ihrer Subsinnwelt gehörigen Wirklichkeit gipfeln also in Leib-Metaphorik. Damit bekommt sie eine ähnlich herausragende Funktion wie in 1,18a, hatte innerhalb eines unmittelbar pragmatischen Kontextes eine solche Position jedoch auch schon in 1Kor 12 inne. Bei der Beschäftigung mit Kol 1,18 hatten wir festgehalten, daß der Hymnus in seinem schöpfungstheologischen Teil ebenfalls in der Leib-Metaphorik kulminiert (dort allerdings so, daß der erwartete Schluß uminterpretiert, der Kulminationseffekt durch diese Konterdetermination mithin noch verstärkt wurde).
V. 15 bildet mit dem vorhergehenden V. 14 insofern eine Einheit, als dieser sich von den konkreten Anweisungen durch ἐπὶ πᾶσιν absetzt und die Liebe als obersten Verhaltensmaßstab nennt. Gleichzeitig wird das auch begründet: Die Liebe nämlich verbürgt und sichert die gemeindliche Zusammengehörigkeit (σύνδεσμος τῆς τελειότητος), um die es im Ganzen geht. V. 15, der durch das vorangestellte καί den Abschluß dieser Einheit bildet, geht nun noch einen Schritt weiter, indem das Zentrum, von dem menschliches Verhalten ausgeht, angesprochen wird: Der Friede Christi soll in den Herzen der Adressaten regieren (καὶ ἡ εἰρήνη τοῦ Χριστοῦ βραβευέτω ἐν ταῖς καρδίαις ὑμῶν).
Dieser Friede wird durch relativischen Anschluß näher bestimmt: εἰς ἣν καὶ ἐκλήθητε ἐν ἑνὶ σώματι. Leib-Metaphorik soll den Charakter der gemeindlichen Wirklichkeit als Friedensraum plausibel machen. Das καί kennzeichnet diesen Relativsatz als Erklärung des Gedankens gegenüber den Adressaten. Dabei muß offenbleiben, ob dies als Erinnerung (man müßte dann im Deutschen mit „ja auch" ergänzen) oder als neue Gedankenverknüpfung geschieht. Auf jeden Fall versteht der Verfasser diesen Hinweis als naheliegende Explikation. Er verstärkt diese Aussage dadurch, daß er die Erwähnung des Leibes durch ἐν ἑνί ergänzt. Einheit und Frieden kennzeichnen die Gemeinde als Leib.[67]

---

[67] Um die letzte Jahrhundertwende sah man, wie z.B. bei E. HAUPT, Gefangenschaftsbriefe 146 (zu Kol), den Frieden hier „nicht als ein soziales, sondern ein religiöses Gut". Die Gemeinde als Leib hat dann zum Ziel, „jenes Gefühl der Harmonie, der ungestörten Ruhe, welche von Christo ausgeht, hervorzubringen." Das entspricht dem Verständnis des Wachstums als eines inneren Prozesses.

Wie ist das sich auf den Frieden beziehende εἰς ἥν zu verstehen? War es der Wille Gottes, daß die Adressaten die Erfahrung des Friedens machen bzw. einen Raum des Friedens schaffen sollten, wurden sie also *zu diesem Zweck* in einen Leib berufen? Oder ist gemeint, mit der Berufung in den einen Leib wäre die Erfahrung des Friedens als Charakterisierung ihrer neuen Lebenswelt verbunden?[68] Es scheint mir ersteres zuzutreffen, denn so wäre vermieden, daß sowohl εἰς als auch ἐν lokal zu verstehen sind.[69]
Die Ausrichtung von 3,5-15 ist also die, die Gemeinde zu einem Verhalten zu motivieren, das ihr Bestand verleiht. Das Bemühen, eine richtige Interpretation der symbolischen Sinnwelt unter den Adressaten zu etablieren und zu stabilisieren, zielt innergemeindlich auf deren Integrität.[70]

Wenn J.D.G. Dunn, meint, der Gedanke der Einheit des Leibes trete im Kol zurück und tauche nur hier und zudem in einem Abschnitt auf, der viele Ele-

---

[68] Aber doch nicht so, daß in „das Soma Christi [...] dieser Friede hineingestiftet" wäre, wie J. GNILKA, Kolosserbrief 198f, formuliert.

[69] Bei E. SCHWEIZER, Brief 156, findet sich der alte Vorbehalt gegenüber metaphorischer Rede: „Der 'eine Leib', 'in dem' das geschieht, ist darum doch wohl der Christusleib, die Kirche (1,18.24; 2,19), obwohl der Ausdruck ohne Artikel und ohne den Genitiv 'Christi' auch *rein bildhaft* die Einheit einer Gruppe bezeichnen kann" (Hervorhebung von mir). J.D.G. DUNN, Body of Christ 150, formuliert zutreffender, es ist „sufficiently clear that the Christ-relatedness of the body is constitutive of the whole theme." Der Verfasser des Kol nutzt hier die „metaphorical imprecision", die darauf ausgerichtet ist, „more to stir the heart than to instruct the mind" (a.a.O. 151).

[70] Die Gemeinde soll ein gewisses Maß an Nonkonformität allerdings ertragen können, da die Bewohner der neuen Subsinnwelt an die Großmütigkeit ihres symbolischen Zentrums als Verhaltensmuster gewiesen werden (V. 13: καθὼς καὶ ὁ κύριος ἐχαρίσατο ὑμῖν, οὕτως καὶ ὑμεῖς). Interessant zu beobachten ist, daß die Beschreibung gemeindlicher Einheit in 3,11 sich aber sogar bei den Legitimatoren selbst noch nicht vollständig durchgesetzt hat: In der Grußliste werden in 4,11 die Mitarbeiter Aristarchus, Markus und Jesus Justus näher charakterisiert als die einzigen Mitarbeiter „aus der Beschneidung" (οἱ ὄντες ἐκ περιτομῆς), betont durch das nochmalige und nachgestellte οὗτοι μόνοι. Diese Kategorien zur Beschreibung einzelner Mitchristen sollte es nach 3,11 eigentlich nicht mehr geben. A. LINDEMANN, Gemeinde 125, sieht diese Hervorhebung darin begründet, daß die Irrlehre auch jüdisch beeinflußt war und der Ansicht entgegengetreten werden sollte, „*alle* Judenchristen stünden der paulinischen Mission und Theologie ablehnend gegenüber" (Hervorhebung vom Autor). Mit der Ablehnung der Irrlehrer-These muß diese Interpretation jedoch ebenfalls abgewiesen werden.

mente traditioneller Paränese enthalte, und folgert, es habe „less need to emphasize the motif" gegeben, so unterschätzt er den Einheitsgedanken, wie er schon in 2,19 mit der Leib-Metaphorik verbunden war, und zugleich auch die Funktion unseres Verses als Kulminationspunkt der innergemeindlichen Paränese. Daß hier Einheit mit Leib-Metaphorik verbunden wird, sagt mehr, als nur „how integral to the body theme was the thought of the oneness of the body" (Body of Christ 149).

Ist der Nachdruck auf der Gemeinde als Friedensraum Antwort auf eine bestimmte Situation oder usuelle Paränese? Wenn die Gemeinde im Kol immer wieder als Gegenüber zur Welt, zum Kosmos gesehen wird, so könnte man folgern: Der Verfasser sieht die Christen als Gegenwelt, die von Frieden geprägt ist.[71] Schon das Umfeld der ersten Belegstelle von Leib-Metaphorik sprach in 1,20 vom Friedenschaffen Christi, allerdings in kosmischen Zusammenhängen. Hier, bei dem letzten Beleg, ist beides noch enger zu einer Wesenseinheit miteinander verknüpft.[72] Was Christus für den Kosmos bewirkt hat, nimmt in der Gemeinde als seinem Leib Getalt an. Sie ist der Ort, wo das in in Christus verborgene Leben „is to be rehearsed on earth".[73] Die Fragen nach dem pragmatischen Kontext des Kol sind jedoch zu ungeklärt, um entscheiden zu können, ob und wenn ja, in welchem Gegensatz der Kol-Verfasser sich stehen sieht.[74]

6.2. Zusammenfassung

Der Kol-Verfasser fügt der frühchristlichen Leib-Metaphorik neue Bildstellen hinzu. Christus ist das Haupt des Leibes. Die Gemeinde als Leib

---

[71] Wenn der Eph diesen Gedanken weiterspinnt, ist also auch das schon im Kol angelegt. Was im Kol noch aus einer geschichtlich einmaligen Situation heraus entwickelt wurde, wird im Eph ins Allgemeine erhoben. - Vom Begriff der Gegenwelt her ist fraglich, ob es hier tatsächlich darum geht, wie G. STRECKER, Theologie 586, meint, daß „die universale Kirche als Christusleib an der Herrschaft des Christus über die Weltmächte Anteil hat (vgl. 2,10)."

[72] Auch E. LOHMEYER, Briefe 148 (zu Kol), sieht hier einen Bezug auf 1,15-20 (wie auch J. ERNST, Die Briefe an die Philipper, an Philemon, an die Kolosser, an die Epheser, RNT, Regensburg 1974, 228) und meint, „daß hier persönlich gewandt wird, was dort kosmisch gedacht ist." Statt „persönlich" ist allerdings „gemeindlich" zutreffender.

[73] W.A MEEKS, Lord 50.

[74] Will man der Kyniker-These einige Plausibilität einräumen, könnte man fragen, ob sich in der kynischen Streitsucht dem Verfasser der Unfrieden in der Welt manifestiert hat, der nun auch die Gemeinde bedroht.

ist im Wachstum begriffen. Dieses Wachstum geht vom Haupte aus. Das Bildfeld wird also weiterhin als offen für das kreative Entwerfen neuer Bildstellen erlebt und dementsprechend genutzt.
Die Frage nach dem Grund für die Realisierung der Bildstelle von Christus als dem Haupt kann nicht einfach dogmatisch beantwortet werden, wie das etwa E. Best oder W. Schmithals tun.[75] Die Art und Weise, wie Christus gegenüber der Welt als herrschendes, gegenüber der Gemeinde als versorgendes Haupt dargestellt wird, scheint ihm im ganzen eine gewisse Schutzfunktion zuzuweisen. Die Welt, der Kosmos kann keine Bedrohung mehr sein. Gleichzeitig ist der, der den Kosmos bannt, derselbe, der die Gemeinde aufrechterhält.[76]
Paulus hatte in 1Kor das Bildfeld vom Sozialleib auf die christliche Gemeinde gemünzt und sie als σῶμα Χριστοῦ bezeichnet. Damit war der Gedanke verbunden, die auseinanderdriftenden Kräfte in der korinthischen Gemeinde zu integrieren. Schon in 1Kor sahen wir jedoch auch, wie mit der Leib-Metaphorik ein Identitätsmodell entworfen wurde, anhand dessen sich die korinthischen Christen als eine Gemeinschaft wahrnehmen sollten, die in dem von Demut und Hingabe geprägten Verhalten Jesu Christi gründet und von dort her auch ihre spezifische Prägung erhält. Mit Röm 12 unternimmt Paulus den Versuch, dieses Identitätsangebot für eine bestimmte Fragestellung nutzbar zu machen, nämlich für das Selbstverständnis der auf sich gestellten Gemeinde gegenüber dem Volk Israel.
Mit dem Kolosserbrief wird der Rahmen noch einmal ein größerer. Nun geht es um universale und kosmische Dimensionen. Neben bzw. über der Schöpfungswirklichkeit bildet die Gemeinde eine neue Wirklichkeit, die zu der Schöpfungswirklichkeit in einem spannungsvollen Verhältnis steht. Es handelt sich um konkurrierende Wirklichkeiten, und diese Konkurrenz wird mit konkurrierenden symbolischen Sinnwelten erklärt.

---

[75] Zu E. Best vgl. o. S. 19f. Für W. SCHMITHALS, Theologiegeschichte 161, ist es die Unterscheidung von Haupt und Leib in Kol und Eph, die Christus als bleibendes Gegenüber der Kirche „begrifflich deutlich fixiert“. Das ist nicht falsch, dürfte jedoch kaum das Anliegen des Kol-Verfassers gewesen sein.

[76] J.D.G. DUNN, Epistles 153, folgert aus der Tatsache, daß Christus Haupt sowohl des Kosmos als auch der Kirche ist, dies „enables a harmony between the cosmos and human society which would otherwise be impossible“. Eher jedoch geht es darum, dem Nebeneinander und Gegeneinander von Kosmos und Gemeinde die Bedrohlichkeit zu nehmen.

Es scheint mir spätestens aufgrund dieser Ergebnisse nicht ausreichend, wenn K. Berger der Leib-Metaphorik lediglich die Funktion der „Erfassung von Binnenstrukturen“ zuordnet. Auch die von Berger weiter genannten, mit anderen neutestamentlichen Aussagen verbundenen Funktionen „Markierung der Grenze zwischen Innen und Außen“ und „Abgrenzung nach außen“ lassen sich mit Leib-Metaphorik verbinden. Zumal seine Bemerkung zu Kol und Eph, mit der Einführung der Bildstelle von Christus als Haupt sei „die Funktion Jesu Christi gegenüber jeder anderen Autorität betont“, ließe sich gut mit einer Außenperspektive verbinden.[77] Ich meine, man könnte die folgende Feststellung von J. Roloff auf die Leib-Metaphorik beziehen: „Die Herrschaft Christi liefert den Maßstab, von dem aus sie (sc. die Christen) die Welt sachgemäß beurteilen können, und sie setzt vor allem die Norm für ihr Verhalten untereinander.“[78] Allerdings würde ich das „vor allem“ zugunsten eines ineinanderwirkenden Verständnisses streichen. Beide Aspekte finde ich bei J.D.G. Dunn, der zusammenfaßt, Leib-Metaphorik habe der Gemeinde „a sense of identity and belonging“ gegeben.[79]

Ob man hier einen rein innerchristlichen Entwicklungsprozeß annehmen soll, ist umstritten. Der Verfasser des Kol könnte auch neu aus zeitgenössischen paganen Parallelen geschöpft haben. Damit sind keine ausschließlichen Alternativen gegeben.[80]
Leib-Metaphorik dient im Kol zur Wesensbestimmung der Gemeinde im Gegenüber zur „Welt“ und zur innergemeindlichen Verhaltensorientierung, ist nicht (mehr?[81]) Veranschaulichung innergemeindlicher Strukturmerkmale. Der Brief formuliert das Selbstbewußtsein, die Sinnwelt der Gemeinde werde sich einmal als die oberste Wirklichkeit durchsetzen

---

[77] K. BERGER, Theologiegeschichte 155.

[78] J. ROLOFF, Kirche 229.

[79] J.D.G. DUNN, Body of Christ 161.

[80] Vgl. auch W. SCHENK, Christus 147 Anm. 33: Er fragt, ob der Kol, statt eine Überarbeitung paulinischer Gedanken zu bieten, „nicht vielmehr umgekehrt als Pseudepigraph hellenistisches Material unter einen paulinischen Anspruch stellt“. Ähnlich könnte auch J. GNILKA, Kolosserbrief 70, zu verstehen sein: „Indem er den Leibgedanken auf die Kirche überträgt, erweist sich der Verfasser als echter Pauliner.“ Andererseits nun aber mit T. SÖDING, Leib 276, *auszuschließen*, daß Kol und Eph die Leib-Metaphorik „direkt aus dem 1 Kor oder dem Röm kennengelernt haben“ oder „die Ekklesiologie des Apostels weiterentwickeln“ wollten (so auch E. LOHSE, Briefe 96), scheint mir unnötig einseitig.

[81] Der Eph nimmt diesen Aspekt wieder auf. Schon von daher kann man nicht wie G. STRECKER, Theologie 587, davon sprechen, angesichts „der Zuordnung von Kirche und kosmischem Christus ist das paulinische Organismusmodell überwunden.“ Und warum gäbe es dort etwas zu überwinden?

(vgl. das Stichwort des Wachstums in 2,19).[82] Aber wie sieht der Verfasser des Kol das aktuelle Verhältnis von Gemeinde und Welt? Der Kirche soll ein starkes Selbstwertgefühl vermittelt werden - aber welche Haltung zur Welt soll dem entsprechen?

J. Ernst faßt zusammen: „Die Kirche ist nicht mehr die kleine Schar, die ihren Ort in der Welt noch nicht gefunden hat, sondern die Großkirche, die sich verantwortlich weiß für das Heil der Welt."[83] J.D.G. Dunn meint, die „church has to be seen as in some sense a para-cosmos, or rather as that which gives meaning to the cosmos".[84]

Diese zwei Stimmen geben die Richtung an, in die eine Lösung gehen könnte. Der Gemeinde wird gesagt, daß sie zu der Welt gehört, die einmal die dominante, ja sogar die einzige sein wird. Gegenüber J. Ernst muß aber festgehalten werden, daß die Kirche für den Kol noch nicht die „Großkirche" ist, sondern dies erst für die Zukunft erwartet, auch wenn sie auf die Zeichen dieser Zukunft schon hingewiesen wird. J.D.G. Dunn trifft mit dem Begriff des „para-cosmos" die Sache besser: Die Gemeinde ist eine Welt neben oder über der sichtbaren Welt. Aber soll sie dem Kosmos tatsächlich Bedeutung verleihen, wie er meint? Und ist J. Ernst darin zuzustimmen, daß die Gemeinde sich „für das Heil der Welt" verantwortlich weiß? Ist im Kol überhaupt daran gedacht, der jetzige Kosmos müsse irgendeinen Sinn erhalten, müsse Heil erfahren? M.E. ist es zutreffender zu sagen, dem Kol gehe es darum, durch das Wachstum der gemeindlichen Wirklichkeit Menschen von der einen Welt in die andere zu holen. Diese Welt soll nicht verändert, sondern sie soll ersetzt werden.

---

[82] Ähnlich auch M. WOLTER, Brief 83: Die Gemeinde „partizipiert [...] an der eschatologischen Integration der Welt in Christus". Dieser wissenssoziologische Blickwinkel läßt das, was J. ROLOFF, Kirche 223, die in Kol und Eph zu findende „Neigung zur spekulativen Entfaltung theologischer Gedanken" nennt (vgl. a.a.O. 231: „Neigung zur Gedankenwelt kosmologischer Spekulationen"), in einem weniger obskuren Licht erscheinen. Wenn E. LOHSE, Christusherrschaft 254, formuliert, die Kirche „wird nirgendwo im Kolosserbrief als eigenständiges Thema behandelt", so ist das zwar zu allgemein (und Lohse selber meint ja a.a.O. 208, der Kolosserbrief „weist auf die Kirche hin als den Ort seiner [sc. Christi] gegenwärtigen Herrschaft"), aber nicht ganz falsch. Es zeigt im Verbund mit meiner Auslegung, die davon ausgeht, daß es im Kol immer um die Gemeinschaft der Christen geht, wie subtil die Legitimation der symbolischen Sinnwelt verlaufen kann.

[83] J. ERNST, Briefe 170.

[84] J.D.G. DUNN, Body of Christ 161.

Dadurch soll die Ambivalenz im Weltverhältnis überwunden werden, die zwischen den nicht aufgehobenen Hymnus-Aussagen über die Schöpfung und ihrer Charakterisierung als Dunkelheit und gleichzeitig noch als alltägliche Lebenswelt besteht.
Um das Wachstum der gemeindlichen Wirklichkeit nicht zu gefährden, wird Distanz zu den Prinzipien der alten Wirklichkeit gefordert (vgl. 3,1-5). Nicht, daß der neuen Wirklichkeit noch etwas ernsthaft gefährlich werden könnte (vgl. 2,15), aber der Einzelne steht doch in der Gefahr, wieder aus ihr herauszufallen (vgl. 1,23).

Von daher ist die Ethik des Kolosserbriefs, v.a. die der Haustafel, natürlich überraschend weltzugewandt. Wir können darin ein typisches Problem einer Subsinnwelt sehen, deren Bewohner nicht nur in zwei Welten leben, sondern deren symbolische Sinnwelt auch beansprucht (anders als Subsinnwelten, die nur einen Lebensausschnitt als ihren Geltungsbereich reklamieren), allgemeingültig zu sein, die aber gleichzeitig ein gewisses Maß an „Umweltkompatibilität" aufweisen möchten.
Wir können diesem Problem hier nicht gerecht werden. Wir sind ihm jedoch bereits bei der Untersuchung von 1Kor 11 begegnet. Ich muß es an dieser Stelle mit der Feststellung einer gewissen Inkongruenz bewenden lassen. Offensichtlich war es die Ekklesiologie, die ein „exklusives" Ethos mit sich brachte und so Identität stiftete. Inwiefern die Gemeinden die usuelle Paränese, die auch vor außergemeindlichen Maßstäben bestehen konnte, demgegenüber als einen Widerspruch empfanden, muß offenbleiben.

7. DER EPHESERBRIEF

Der Epheserbrief scheint auf den ersten Blick unzugänglich, sein Inhalt nur schwer greifbar, seine Aussage kaum zu fixieren, noch weniger sein situativer Kontext.[1] Deswegen soll mit einigen wenigen Bemerkungen zunächst versucht werden, hier etwas Klarheit zu gewinnen.
Die Literatur zum Eph bis vor kurzem ging in der Regel von der Annahme aus, der Eph sei ein theologischer Traktat über die Kirche, dessen paränetischer Teil unorganisch angehängt wirke. Gleichzeitig bestimmte die religionsgeschichtliche Frage mit dem Bemühen, den ephesinischen „Mythos" in den Griff zu bekommen, die Diskussion.[2] In den letzten rund fünfzehn Jahren erschienen jedoch mehrere Beiträge, die sich dem Eph aus einer anderen Perspektive zu nähern versuchten. *Inhaltlich* wurde v.a. durch H. Merklein[3] und U. Luz[4] der paränetische Charakter des Eph hervorgehoben und somit die Einschätzung dieses Schreibens als „dogmatisch-ekklesiologische" oder „dogmatisch-heilsgeschichtliche"[5] Schrift verneint.

U. Luz hat zwei Grundlinien im Eph ausgemacht. Zum einen ist der Eph ein „Gebetsbrief".[6] Schon das Proömium ist als Gebet gestaltet, damit die Hörer/Leser sich mitbetend identifizieren und nicht theologisch differenzieren. Der erste Teil des Briefes wird in 3,14-21 ebenfalls mit einem Gebet beendet. An dessen Schluß wird die Gemeinde in das Gebet integriert und spricht das Amen mit. „Der ἔπαινος δόξης, der in 1,6-14 dreimal als Daseinszweck der

---

[1] Als Konsens darf dagegen die Auffassung vom pseudepigraphen Charakter des Briefes, sowie die Überzeugung, daß wir es mit einem Zirkularschreiben zu tun haben, das nicht nur an eine einzelne Gemeinde gerichtet ist, betrachtet werden.

[2] Zur Forschungsgeschichte vgl. H. MERKEL, Der Epheserbrief in der neueren exegetischen Diskussion, ANRW II,25/4 (1987) 3156-3246.

[3] H. MERKLEIN, Eph 4,1 - 5,20 als Rezeption von Kol 3,1-17 (zugleich ein Beitrag zur Pragmatik des Epheserbriefes), in: Kontinuität und Einheit, FS J. Mußner (hg. v. P.-G. Müller/W. Stenger), Freiburg 1981, 194-210.

[4] U. LUZ, Überlegungen zum Epheserbrief und seiner Paränese, in: Neues Testament und Ethik, FS R. Schnackenburg (hg. v. H. Merklein), Freiburg/Basel/Wien 1989, 376-396.

[5] U. LUZ, Überlegungen 387. Luz hat seine Gedanken auch seinem jüngst erschienenen Kommentar zugrundegelegt (Epheser 104-180)

[6] U. LUZ, Überlegungen 386.

Glaubenden angegeben ist, wird in 3,20f vollzogen."[7] Auch in der Paränese finden sich solche Spuren. Luz gliedert die Paränese u.a. in die zwei Abschnitte 4,17-5,20 und 5,21-6,21. Am Ende beider Abschnitte steht ein Hinweis auf das Gebet (5,18-20 und 6,18-20). Die andere Grundlinie: Der Eph ist gestaltet „als Rückerinnerung an Paulus".[8] Die innere Verbindung von 2,11-22 und 3,1-13 zeigt dabei: „Das Lebenswerk des Paulus ist in der Sicht des Verfassers die Einheit, der Friede zwischen Juden und Heiden. Eph 2,11-22 ist gleichsam die kirchengeschichtliche und theologische Bilanz der οἰκονομία, die Paulus von Gott geschenkt worden ist: Seine Verkündigung hat den Frieden zwischen Juden und Heiden in einer Kirche ermöglicht."[9] Wie der Lobpreis, so soll auch die Rückerinnerung an Paulus die Leser in das Geschehen integrieren und sie zur Dankbarkeit führen. „Die Leser sind immer 'in' diesem Brief. Sie sind beteiligt: als Betende und als Dankende."

Es war ferner aufgefallen, daß ab 4,17 das Thema nicht mehr die Einheit zu sein schien. A.T. Lincoln hat daher den Vorschlag gemacht, als Thema des Briefes nicht die Einheit der Kirche, sondern ihre und ihrer Glieder Identität zu bestimmen.[10] In der Tat wäre darunter sowohl das Bemühen um die Einheit als auch die lange Paränese zu fassen.
Formal haben F.W. Danker und H. Hendrix das Schreiben in die Nähe antiker Wohltäter-Eulogien und damit in den Rahmen damaliger politischer bzw. alltagsweltlicher Zeugnisse gestellt.[11] Eine Fortführung dieser

---

[7] A.a.O. 382.

[8] A.a.O. 386.

[9] A.a.O. 388f.

[10] A.T. LINCOLN, The Theology of Ephesians, in: Ders./A.J.M. Wedderburn, The Theology of the Later Pauline Letters, New Testament Theology, Cambridge 1993, 75-166. Lincolns Gedanken sind denen von U. Luz in einigen Punkten nicht unähnlich. Vgl. etwa zu Luz' Charakterisierung des Eph als Gebetsbrief die Äußerung bei Lincoln (a.a.O. 144): „The language of worship [...] has both an educative and affective force. It is able to touch religious sensibilities and can enable theologizing not only to instruct but also to move and to motivate its audience, as it asserts an alternative world that provides a basis for hope."

[11] F.W. DANKER, Benefactor: Epigraphic Study of a Graeco-Roman and New Testament Semantic Field, St. Louis 1982; H. HENDRIX, On the Form and Ethos of Ephesians, USQR 42 (1988) 3-15. DANKER, a.a.O. 451, schreibt zum Eph: „No document in the New Testament bears such close resemblance in its periodic style to the rhetoric of inscriptions associated with Asia Minor as does the letter to the Ephesians." „Formally considered, Ephesians consists substantially (1) of a preamble that rings numerous changes on the benefactions of God in connection with Jesus Christ (1:3-3:21), and (2) of a resolution that is introduced by the

Richtungsänderung stellt die Arbeit von E. Faust[12] dar, der den Eph auf dem Hintergrund des in Kleinasien blühenden Kaiserkults sieht und ihn insofern als Antwort darauf versteht, als Christus, statt der Kaiser als der große Friedensbringer gefeiert wird.[13]
All diese neuen Fragestellungen bilden den Hintergrund der folgenden Überlegungen zur Leib-Metaphorik im Epheserbrief. Bevor ich mit diesen beginne, will ich jedoch zunächst eine Gliederung des Schreibens vorlegen, die eine erste Orientierung erlaubt.
Der Eph ist in zwei Teile gegliedert. Die Eulogie in 3,21-22 schließt die theologische Grundlegung ab, der ab 4,1 die Paränese folgt. Im ersten Teil beschäftigt sich der Verfasser mit Statusfragen. Theologische Sachverhalte werden oft nicht abstrakt geschildert, sondern mit den Adressaten in Verbindung gebracht. Das ergibt dann z.T. plerophore Wendungen wie etwa die in 2,4: „seine große Liebe, mit der uns geliebt hat". Das Grundthema ist die Darstellung des alten Zustandes der Adressaten, dann die Schilderung der Kraft Gottes, die an diesem alten Zustand gewirkt hat, und schließlich die Beschreibung des neuen Status der Christen. Im einzelnen können wir den ersten Teil des Eph wie folgt gliedern:

1,1-2 Vorstellung und Gruß

1,3-14 Status der Christen/Adressaten
1,15-19 Bitte um Modifikation dieses Status

1,20-2,7 Wesen und Wirken der Kraft Gottes am Status Christi und dem der Adressaten (alt und neu)

2,8-10 Geschenkcharakter des neuen Status'

2,11-22 Status der Adressaten (alt und neu) (2,14-18 Wesen und Wirkung Gottes)

---

phrase parakalo oun hymas (therefore I plead with you, 4:1), in which the moral implications of the receipt of such benefactions are given consideration."

[12] E. FAUST, Pax Christi et Pax Caesaris. Religionsgeschichtliche, traditionsgeschichtliche und sozialgeschichtliche Studien zum Epheserbrief, NTOA 24, Fribourg/Göttingen 1993.

[13] Mit diesen neuen Ansätzen ist aber z.B. die gnostische Rekonstruktion nicht gänzlich verdrängt worden, wie etwa die Kommentare von A. LINDEMANN (Der Epheserbrief, ZBK.NT 8, Zürich 1985; jedoch zurückhaltend) und P. POKORNÝ (1992) zeigen. G. SELLIN, Die Paränese des Epheserbriefes, in: Gemeinschaft am Evangelium, FS W. Popkes (hg. v. E. Brandt/P.S. Fiddes/J. Molthagen), Leipzig 1996, 281-300, S. 299 Anm. 121, urteilt zur Forschungsgeschichte: „Auf dem Felde der religionsgeschichtlichen Analyse des Eph löst Philo heute das gnostische Paradigma […] ab."

3,1-13 Status des Paulus
3,14-20 Bitte um Modifikation des Status' der Adressaten

3,21-22 Schlußeulogie

Wir erkennen in 1,3-3,20 den Aufbau A-B-B-A.[14] DieTeile A (gestrichelt gerahmt) enden mit der Bitte an Gott um Statusveränderung der Adressaten. Einmal ist die Ausgangsposition die Beschreibung des soteriologischen Status' der Christen, die der Verfasser zum Anlaß nimmt, für seine weitere Ausprägung zu bitten. Zum anderen bildet den Ausgangspunkt die Selbstbeschreibung des Apostels, von der aus dann dieselbe Bitte erfolgt.

Die Teile B begründen den Statuswechsel sowohl Jesu Christi als auch der Adressaten mit der Kraft Gottes. Im Zentrum steht die Hervorhebung des Geschenkcharakters dieser Veränderungen, die erneut auf Gott zurückgeführt werden. Eine rein oder doch dominant christologische Perspektive wie sie der Kol aufweist, gibt der Eph also auf.

Paränetischer Teil und Briefschluß gliedern sich wie folgt:

4,1-24 Ermahnung, gemäß Wesen und Funktion der Gemeinde in ihr zu leben;
Status' der Gemeinde

4,25-6,9 Konkrete Mahnungen (inkl. Grundlegung)

6,10-17 Haltung gegenüber der anderen Sinnwelt

6,18-20 Bitte um Gebet für freie Verkündigung
6,21-24 Grüße und Wünsche

Die durchgehend gerahmten Teile geben eher allgemein gehaltene Hinweise zur grundsätzlichen Orientierung, die die konkreten Mahnungen einschließen. Diese Orientierung betrifft in einer Binnenperspektive die Kirche, in der Außenperspektive die Umwelt. Beide sind auf ihrer sym-

[14] Das entspricht inhaltlich der formalen Struktur des Eph, wie sie P.S. CAMERON, The Structure of Ephesians, Filologia Neotestamentaria 3 (1990) 3-17, herausgearbeitet hat: Der Eph hat eine chiastische Struktur, ist auch im Detail ein kunstvoll angelegtes Schreiben, das rhetorische Kenntnisse seines Verfassers beweist. Cameron stellt fest, daß durchgängig jeweils aufeinander folgende Perikopen „parallel panels" bilden (etwa 3,1-7 und 3,8-13) und jede einzelne dieser Perikopen einen chiastischen Aufbau hat. Ebenfalls hat der Brief als ganzer eine solche Struktur: 1,1-2 und 6,23-24 bilden wiederum ein „parallel panel" und sind, hintereinander gelesen, chiastisch aufgebaut. Vgl. auch G. SELLIN, Paränese 282 Anm. 11.

bolischen Ebene angesprochen (nach 6,12 geht der Kampf nicht gegen αἷμα καὶ σάρκα ἀλλὰ πρὸς τὰς ἀρχάς usw.).

7.1. Leib-Metaphorik im Epheserbrief

Der Eph weist zahlreiche, unterschiedlich ausführliche Bildfelder auf.[15] Für unsere Fragestellung ist neben der Leib- die Hausmetaphorik von Interesse.

	THEOLOGISCHER TEIL	PARÄNETISCHER TEIL
Hausmetaphorik	2,19c-22 3,17bβ	4,12.16bβ 4,29b
(nah, fern)	2,13.17f	
Zugang		
Wohnen	3,17a	
Leibmetaphorik	1,10 1,22f 2,16.21 3,6	4,3 4,4 4,12 4,15f 4,25 5,23 5,30

Der Schwerpunkt der Hausmetaphorik liegt in dem theologischen Teil des Eph. Im paränetischen Teil findet sich lediglich die usuelle Bildstelle von der οἰκοδομή. Anders die Leibmetaphorik: Sie finden wir auf beide Briefteile verteilt, jedoch mit einem Schwergewicht auf dem paränetischen Teil.[16] Zwei Belege im theologischen Teil bilden isolierte Komposita (ἀνακεφαλαιώσασθαι in 1,10 und σύσσωμα in 3,6).

Haus- und Leib-Metaphorik sind aber auch miteinander verbunden. In dem Abschnitt 2,11-22, der von der Hausmetaphorik dominiert wird, finden wir an zwei Stellen Begriffe aus dem Bildfeld des Gemeindeleibes: In 2,16 wird das Versöhnungshandeln Christi mit ἀποκαταλλάξῃ τοὺς ἀμφοτέρους ἐν ἑνὶ σώματι umschrieben, und in V. 21 heißt es πᾶσα οἰκοδομὴ αὔξει. Auf der anderen Seite ist in 4,12 und 16 Haus- in Leib-Metaphorik eingearbeitet: εἰς οἰκοδομὴν τοῦ σώματος (V. 12)

---

[15] Eine ausführliche Metaphernliste mit anschließender Erörterung der einzelnen Bildfelder bietet J. ALBANI, Die Metaphern des Epheserbriefes, ZWTh 45 (1902) 420-440, S. 420f.

[16] Gleichwohl ist die Verschiebung der Leib-Metaphorik in den lehrhaften Teil eine markante Veränderung gegenüber den Paulinen (so auch schon A. WIKENHAUSER, Kirche 165).

und τὴν αὔξησις τοῦ σώματος ποιεῖται εἰς οἰκοδομὴν (V. 16). Beide Bildfelder treffen sich also dort, wo sie dynamische Elemente enthalten.[17] Für das Gesamtbild bedeutet das ein leichtes Übergewicht der Leib-Metaphorik, denn sie bringt die Dynamik natürlicherweise eher ein als das Statik evozierende Bildfeld vom Gemeindebau. Schließlich bilden eine Parallele noch 2,21 οἰκοδομὴ συναρμολογουμένη und 4,16 σῶμα συναρμολογούμενον.

Wie ist das Verhältnis von Haus- und Leib-Metaphorik zu bewerten? Auf jeden Fall ist das im Verhältnis zu früheren Schriften größere Gewicht der Haus-Metaphorik zur Kenntnis zu nehmen, vor allem dann, wenn wir uns erinnern, daß im Kolosserbrief Haus-Metaphorik noch durch das dynamischere „Wohnen" realisiert war. Interessant ist immerhin, daß mit ihr noch nicht die konkrete gemeindliche Wirklichkeit, wie sie in der Paränese begegnet, erfaßt ist. Haus-Metaphorik wird, anders als in den Pastoralbriefen, nicht für lokale Verhältnisse, sondern eher für den ökumenischen Zusammenhang verwandt. Die Gemeinde vor Ort ist weiter Leib. Lassen sich Begründungen für diese Zuordnungen denken? Vielleicht hat sich mit der Hausmetaphorik die Vorstellung einer großen Stabilität ergeben, die für den überregionalen Horizont geeigneter war: Einem Haus traut man eine verläßlichere Stabilität zu als einem wandelbaren und flexiblen Organismus. Für den begrenzten Bereich der Ortsgemeinde wiederum genügte wohl ein organisches Modell wie das des Leibes den Anforderungen an Stabilität und konnte auf dieser Ebene gegen den Wankelmut gesetzt werden: In 4,11-16 kontrastiert die Leib-Metaphorik mit Wogen, Wind und Würfelspiel.[18] Gleichwohl werden wir

---

[17] Die beiden dynamischen Begriffe sind ähnlich, aber nicht gleich. Vgl. F. MUSSNER, Christus 147, der meinte, οἰκοδομή sei „fast identisch mit αὔξησις" (vgl. auch E. HAUPT, Gefangenschaftsbriefe 162 [zu Eph]), oder J. ALBANI, Metaphern 425, mit seinem Hinweis, daß οἰκοδομή zu αὔξησις „eine sehr willkommene Ergänzung" darstellt und „keine Tautologie […], denn es fügt zu dem Gedanken der wachsenden Größe den der kosmischen Durchbildung." Ob er damit den Inhalt richtig trifft, wird die nähere Untersuchung zeigen.

[18] J. ALBANI, Metaphern 425, meint, im Zusammenhang mit der Leib-Metaphorik verblaßt die Haus-Metaphorik, „die bei allem Werte in dem ausführlichen Bilde vom Leibe den Eindruck der Verbrauchtheit macht". Daß dies eine Fehleinschätzung ist, ergibt sich m.E. erstens aus den eben genannten funktionalen Überlegungen zu beiden Bildfeldern, die einen solchen Vergleich nicht zulassen, und zweitens aus der Beobachtung, daß im Gegenteil Hausmetaphorik hier im Corpus paulinum zum ersten Mal so ausführlich eingebracht wird.

sehen, daß Leib-Metaphorik im theologischen Teil auch die ökumenische Kirche meint, allerdings in sehr dynamischen Zusammenhängen.

7.1.1. Das Ziel der Geschichte: Eph 1,10

In dem Abschnitt 1,3-14 wirft der Verfasser einen ersten Blick auf den (Heils-)Status der Adressaten. Gott wird als Wohltäter gefeiert (dreimaliges εὐλογ- gleich in V. 3) und sein schon von Anfang an feststehender Wille zu unserer Auserwählung dargestellt. Gleichzeitig rückt Christus als der Vermittler und Vollstrecker dieses Willens mit in das Blickfeld. Ab V. 7 wird dann konkreter geschildert, was Christus für dieses Erlösungswerk bedeutet. Nach Erlösung und Sündenvergebung erscheint als dritte Wirkung der Gnade die Erkenntnis. Was Christus uns bekannt gemacht hat, ist τὸ μυστήριον τοῦ θελήματος αὐτοῦ (sc. θεοῦ). Dieser Wille Gottes besteht darin, alles, das All (τὰ πάντα) in Christus zusammenzufassen (V. 10). Damit ist die Klimax dieses Gedankenganges von V. 7 an erreicht:[19] Unsere Erlösung und die Sündenvergebung sind noch nicht das letzte Ziel. Das letzte Ziel des Willens Gottes ist die Integrität des Kosmos. Diese Integrität hat auch eine menschliche Dimension. Zumindest implizit ist die Errichtung eines neuen menschlichen Zusammenhanges mitgedacht. Diese Implikation wird zusätzlich plausibel, wenn wir beachten, daß der Eph-Verfasser das Stichwort des Mysteriums, mit dem er hier den Willen Gottes zur All-Einheit verbindet, in 3,3-6 ekklesiologisch deutet.[20]

Hier in 1,10, der Klimax des Gedankenganges, finden wir den ersten Beleg für Leib-Metaphorik, denn dieses Zusammenfassen des Kosmos formuliert der Verfasser mit: ἀνακεφαλαιώσασθαι τὰ πάντα ἐν τῷ Χριστῷ.[21] Aber ist dies überhaupt ein für unser Thema relevanter Beleg?

---

[19] Vgl. auch A.T. LINCOLN, Ephesians, WBC 42, Dallas 1990, 30.

[20] Gleichwohl ist U. LUZ, Epheser 121, natürlich zuzustimmen, daß von der Kirche explizit noch nicht die Rede ist.

[21] Die Beobachtung, daß hier eine Klimax erreicht ist, deckt sich mit den Überlegungen bei P.S. CAMERON, Structure 12: Wenn man den Abschnitt 1,3-14 in drei Teile gliedert, „each ending with the refrain εἰς ἔπαινον δόξης" (V. 6.12.14), dann bilden V. 7-12 das mittlere Glied, das als Palinstrophe aufgebaut ist und in V. 10 seinen Mittelpunkt hat. Cameron stellt dies wie folgt dar:

7. ἐν ᾧ
    8. εἰς ἡμᾶς
        9. τοῦ θελήματος αὐτοῦ
            9. προέθετο

'Ανακεφαλαιώσασθαι ist abgeleitet von κεφάλαιον („Hauptsache"), nicht von κεφαλή, ist in der Rhetorik beheimatet und bedeutet soviel wie „zusammenfassen", „subsumieren".[22] Schließt diese Herleitung die Subsumierung des Verbs unter die Leib-Metaphorik aus? Zweifellos ist auch im Deutschen das Wort „Hauptsache" nur eine Exmetapher, aber damit doch noch eine Metapher. Vor allem aber: Im Kontext des Eph, in dem Leib-Metaphorik zu den wichtigsten Bildfeldern gehört, wird diese Exmetapher durch ihren Kontext, durch die Aktivierung der Feldnachbarn reaktualisiert.[23] Wie stark diese Remetaphorisierung tatsächlich

---

9. ἐν αὐτῷ
10. ἀνακεφαλαιώσασθαι τὰ πάντα ἐν τῷ Χριστῷ
10. ἐν αὐτῷ
11. κατὰ πρόθεσιν
11. τοῦ θελήματος αὐτοῦ
12. εἰς ... ἡμᾶς
12. ἐν τῷ Χριστῷ

- H. HÜBNER, Philemon 138, fragt, warum hier in den ekklesiologischen Kontext ein kosmologischer Bezug einbreche. Aber erstens ist der Kontext hier nicht zwingend ekklesiologisch, sondern beschreibt das den Christen zugekommene Heil, und zweitens ist der kosmologische Bezug für den Eph-Verfasser integraler Bestandteil seiner Überlegungen (wenn auch weniger dominant als meistens angenommen) und begegnet ja auch schon in V. 4 (πρὸ καταβολῆς κόσμου).

[22] Vgl. P.J. HARTIN, ἀνακεφαλαιώσασθαι τὰ πάντα ἐν τῷ Χριστῷ (Eph 1:16), in: A South African Perspective on the New Testament, FS B.M. Metzger (hg. v. J.H. Petzer/P.J. Hartin), Leiden 1986, 228-237, S. 230: Die rhetorische Bedeutung ist mit „rekapituliert" gut wiedergegeben. Im Sinne einer eschatologischen Erneuerung interpretiert J. MCHUGH, A Reconsideration of Ephesians 1.10b in the Light of Irenaeus, in: Paul and Paulinism, FS C.K. Barrett (hg. v. M.D. Hooker/S.G. Wilson), London 1982, 302-309, das Verb mithilfe von Irenäus-Belegen.

[23] So mit den meisten Auslegern z.B. auch R. SCHNACKENBURG, Der Brief an die Epheser, EKK 10, Zürich/Neukirchen-Vluyn 1982, 58f: „der Eph-Autor wird jenen Ausdruck auch deshalb gewählt haben, weil er an κεφαλή anklingt. [...] Deswegen muß man im Kontext des Eph bei diesem 'das All zusammenfassen' wohl auch 'in Christus als dem Haupt' mithören." Dagegen hatte T.K. ABBOTT, A Critical and Exegetical Commentary on the Epistles to the Ephesians and to the Colossians, ICC, Edinburgh 1897 (Nachdruck 1957), 18, noch gemeint, eine Verbindung zur Leib-Metaphorik sei „only [...] a rhetorical play on words, since the verb is not derived from κεφαλή, but from κεφάλαιον." J. GNILKA, Der Epheserbrief, HThK 10/2, Freiburg/Basel/Wien 1971, 80, wundert sich, „daß die

wahrgenommen wurde, muß gleichwohl dahingestellt bleiben. Im rhetorischen Sinne verwendet Paulus das Verb in Röm 13,9 (Zusammenfassung des Gesetzes in der Liebe).[24] Ein rhetorischer Gebrauch liegt in Eph 1,10 aber nicht vor, so daß der Begriff hier aus seinem angestammten Bedeutungsumfeld herausgelöst wurde und damit eine gewisse Mehrdeutigkeit gewann. Diese kontextuellen Überlegungen machen einen gewollten Anklang an Leib-Metaphorik noch wahrscheinlicher.[25] Christus ist das Haupt, in dem das All zusammengefaßt ist.

7.1.2. Objekte der Kraft Gottes: Eph 1,22-23

Mit diesem Beleg wird nun auch explizit die kolossische Wendung von Christus als dem Haupt des Gemeinde-Leibes aufgenommen.

> 22 καὶ πάντα ὑπέταξεν ὑπὸ τοὺς πόδας αὐτοῦ καὶ αὐτὸν ἔδωκεν κεφαλὴν ὑπὲρ πάντα τῇ ἐκκλησίᾳ, 23 ἥτις ἐστὶν τὸ σῶμα αὐτοῦ, τὸ πλήρωμα τοῦ τὰ πάντα ἐν πᾶσιν πληρουμένου.

Die beiden Verse stehen in dem ersten Block innerhalb des theologischen Teils des Eph, der sich mit Wesen und Wirkung der Kraft Gottes beschäftigt. Bis V. 23 wird die Wirkung dieser Kraft an Christus beschrieben, ab 2,1 an den Adressaten. Genaugenommen ist aber schon ab V. 22b

---

Interpreten dabei eine Anlehnung an die Rede von Christus als dem Haupt bestreiten können".

[24] Vgl. auch Barn 5,11 im Sinne einer Vollendung (οὐκοῦν ὁ υἱὸς τοῦ θεοῦ εἰς τοῦτο ἦλθεν ἐν σαρκί, ἵνα τὸ τέλειον τῶν ἁμαρτιῶν ἀνακεφαλαιώσῃ τοῖς διώξασιν ἐν θανάτῳ τοὺς προφήτας αὐτοῦ) und PHerm 25,5 (Vis 5) im Sinne der Hauptsache (ἀπεστάλην γάρ, φησίν, ἵνα ἃ εἶδες πρότερον πάντα σοι πάλιν δείξω, αὐτὰ τὰ κεφάλαια τὰ ὄντα ὑμῖν σύμφορα).

[25] Zumal dann, wenn wir auf die rhetorische Anlage des Eph blicken, wie sie P.S. CAMERON, Structure, herausgearbeitet hat (s.o. S. 205 Anm. 14). Sein Fazit (a.a.O. 15): Es ist „likely [...] that every word has been chosen and positioned with the greatest care." Der Eph-Verfasser wußte also vermutlich, was er tat, als er ἀνακεφαλαιώσασθαι hier in einen neuen Kontext einfügte. Gleichwohl bleibt die Wortwahl ein sublimer Hinweis und darf nicht, wie bei E. BEST, Body 145, mit „to bring all things to a head" oder bei M. BARTH, Ephesians, AncB 34, New York 1974, 76, mit „All things are to be comprehended under one head, the Messiah" übersetzt werden. Dagegen sieht zwar A.T. LINCOLN, Ephesians 33, den Zusammenhang, mahnt aber zurecht, dem Begriff zunächst sein eigenes Recht zu belassen (so auch E. HAUPT, Gefangenschaftsbriefe 20 [zu Eph], obwohl er eine bedeutsame Kontextverschiebung feststellt: „sonst von einer Operation des Verstandes, hier von der Herstellung einer Thatsache").

auch die Kirche Objekt der Kraft Gottes.[26] Noch bevor also, zumindest in diesem Zusammenhang, das rettende Handeln Gottes am Einzelnen in den Blick kommt, ist von der Kirche die Rede. Es scheint also berechtigt, von einem gewissen Vorrang der Ekklesiologie vor der Soteriologie zu sprechen.[27]
Die Kraft Gottes ist das Stichwort, mit dem der nähere Kontext unseres Beleges mit 1,20 beginnt. Ἣν ἐνήργησεν bezieht sich auf ἰσχύς in V. 19, Subjekt ist ὁ θεός aus V. 17. Die Kraft Gottes bewirkt an Christus dessen Auferweckung aus den Toten und seine Einsetzung zur Rechten Gottes. Hiermit, mit der Herrschaft Christi an Gottes Seite, ist der Zielpunkt des Wirkens Gottes in und an Christus erreicht.
Nach einer Liste der unterworfenen Gegengewalten wechselt mit V. 22 in einem Parallelismus die Perspektive zu den unterworfenen Mächten, die Christus unter die Füße getan sind (im Anklang an Ps 8,7 LXX heißt es hier πάντα ὑπέταξεν ὑπὸ τοὺς πόδας αὐτοῦ). Das Zitat mag durch die folgende Leib-Metaphorik motiviert sein: Unter den Füßen Christi liegen die bezwungenen Mächte, Christus selbst ist Haupt der Gemeinde, die gleichsam dazwischen seinen Leib darstellt.

P. Pokorný, Epheser 84, diskutiert die Frage nach dem syntaktischen Zusammenhang von Haupt und Gemeinde: Wurde Christus (a) „der Kirche als ihr alles überragende[s] Haupt gegeben" oder muß es (b) heißen, es wurde „Christus, das Haupt des Alls, der Kirche gegeben", ohne daß sein Hauptsein gegenüber der Kirche erwähnt wird? Gegen die erste Möglichkeit wendet Pokorný ein, πάντα müsse in beiden Versen (22 und 23) dasselbe bedeuten, was seiner Meinung nach nicht der Fall ist. Die zweite Übersetzungsmöglichkeit habe die Schwäche, „eine solche Auffassung des Textes suggeriert die Vorstellung, es habe vorher eine Kirche ohne Christus gegeben." Sein Vorschlag: Hier liegt eine Brachylogie vor, die das Haupt in beiden Funktionen sieht: „Ihn, der als Haupt über alles erhoben ist, hat er als Haupt der Kirche bestimmt." M.E. nach unterscheidet sich das nicht wesentlich von der Lösung (b).[28] Daß das Mißverständnis einer Kirche ohne Christus droht, ist nicht notwendig. Gerade für den Eph sind ja, wie 5,23.25-27 zeigen (Christi Hingabe geschah für die Kirche), Christusgeschehen und Kirchenkonstituierung eng miteinander verbunden - hier ist Kirche mit Auferstehung und Erhöhung gegeben, in Kap. 5 (wie natürlich auch schon in 2,16!) mit der Kreuzigung.

---

[26] Vgl. E. HAUPT, Gefangenschaftsbriefe 43 (zu Eph).
[27] Vgl. J. ROLOFF, Kirche 237.
[28] Dabei gilt: „diese Hauptstellung ist keine geteilte, sondern eine. Maßgeblich ist seine Stellung der Kirche gegenüber" (J. GNILKA, Epheserbrief 97).

Sollte die Zusammenstellung von Christus, Gemeinde und Mächten als Haupt, Leib und Untergrund der Füße vom Verfasser so beabsichtigt gewesen sein, dann würde indirekt von der Kirche ausgesagt, sie partizipiere am Herrschen Christi.[29]

Natürlich ergibt sich die Frage nach der Reichweite, mit der die Kirche mit dem Herrschen Christi verbunden ist. P. Pokorný faßt zusammen: „Jesus Christus übt seine Herrschaft in der Welt durch die Kirche aus."[30] Das scheint mir zu weit zu greifen, zumal auch Pokorný vorher und nachher sich verhaltener äußert. A.a.O. 94ff beschreibt er die Herrschaftsbereiche als das private Leben und den Gottesdienst, also nicht etwa die Politik. Gemeint scheint also genaugenommen nicht zu sein, Christus herrsche *durch* die Kirche, sondern eher *in* der Kirche. Und a.a.O. 92 formuliert er meines Erachtens zutreffender: Kirche „repräsentiert ihren Herrn und ihr Haupt innerhalb der durch menschliche Sünde entfremdeten Schöpfung."[31] Kirche kann nicht herrschen, sie ist auch nicht Herrschaftsmedium (wie sollte das aussehen?), aber sie weist die Welt durch die Tatsache und die Art ihrer Existenz auf den, der herrscht.[32]

Der Aussage von der Mitregentschaft der Kirche entspricht die Ausweitung des πλήρωμα-Begriffes auf die Gemeinde. Im Kol war diese Charakterisierung noch Christus vorbehalten gewesen. Hier spiegelt sich eine

---

[29] Daß diese Herrschaft noch nicht unangefochten ist, zeigen die späteren Aussagen in 6,10-17, in denen die Gemeinde in einem andauernden Kampf mit eben diesen Mächten gesehen wird. - G. HOWARD, The Head/Body Metaphors of Ephesians, NTS 20 (1974) 350-356, leugnet einen Zusammenhang von Haupt und Leib in diesen Versen. Seiner Meinung nach gehört κεφαλή zu τοὺς πόδας und wird von σῶμα durch den Einschub τῇ ἐκκλησίᾳ gerade getrennt, womit der Eph-Verfasser, wenn er die Beziehung von Haupt und Leib hätte darstellen wollen, sich der wirkungsvollen Zusammenstellung gerade beraubt hätte. Howards Meinung nach hätte der Eph-Verfasser sonst geschrieben „his body which is the church", anstatt „the church which is his body" (a.a.O. 353). Sein Fazit: „Christ is not head because the church is his body, but because all things have been subjected under his feet. This interpretation takes us away from the notion that the passage deals primarily with the union of Christ and the church. The passage actually deals with the cosmic rule of Christ." Das sind aber falsche Alternativen, denn der Eph-Verfasser will beides gerade verbinden.

[30] P. POKORNÝ, Epheser 93.

[31] Vg. auch a.a.O. 178: „Dienst innerhalb der Schöpfung".

[32] Vgl. zutreffender J. PFAMMATER, Epheserbrief, NEB 10/12, Würzburg 1987, 19: „Kirche hat wesentlich mit der Schöpfung zu tun. Ihr will sich Gott mitteilen durch die Kirche, die Christi Leib ist." Ähnlich auch U. LUZ, Epheser 154, zu Eph 4,4f.

Entwicklung wider, innerhalb derer der Eph von der dominant christologischen Perspektive des Kol zu einer verstärkt ekklesiologischen übergeht.[33] Gleichzeitig wird, wie bereits gesagt, die Kirche zum Instrument der Heilsgeschichte, sie ist „der Ort, wo sich diese Fülle Christi niedergelassen hat und anwesend ist".[34]

Neu gegenüber Kol ist in unserer Stelle auch die theozentrische Perspektive:[35] Gott (immer noch ist er das Subjekt) hat Christus der Gemeinde als Haupt *gegeben* (αὐτὸν ἔδωκεν κεφαλὴν ὑπὲρ πάντα τῇ

---

[33] Auch M. GESE, Das Vermächtnis des Apostels. Die Rezeption der paulinischen Theologie im Epheserbrief, WUNT 2/99, Tübingen 1997, 191-193, sieht hier die ekklesiologische Wendung von christologischen Aussagen des Kol. So wird aus dem individuellen ἐστὲ ἐν αὐτῷ πεπληρωμένοι von Kol 2,10 „eine Aussage über die Kirche als das πλήρωμα Christi" (a.a.O. 192). T.K. ABBOTT, Commentary 37, interpretiert diese Wandlung des πλήρωμα-Begriffs so, daß Christus und die Kirche komplementär und nur gemeinsam vollständig sind. Er muß das in Bezug auf Christus aber einschränken als bloße Sichtweise Christi und schließt, nicht Christus brauche die Ergänzung, sondern die Kirche. Aber Kirche wird erst durch und mit Christus zur Kirche, anders gibt es sie gar nicht.

[34] H. SCHLIER, Der Brief an die Epheser. Ein Kommentar, Düsseldorf [7]1971, 99. Vgl. auch U. LUZ, Epheser 125: „Kirche ist gleichsam der Ort der Realpräsenz Christi und Gottes in der Welt"; A.T. LINCOLN, Ephesians 80: „'Body' and 'fullness' as descriptions of the Church underline the privileges of that relationship and assert the Church's significance." - Zur Diskussion über die Frage, ob der Eph-Verfasser die Ekklesiologie der Soteriologie vorordnet, vgl. jetzt M. GESE, Vermächtnis. S.E. ist die Frage, die den Eph veranlaßt hat (a.a.O. 141): „Wie wird das Heil an die kommende Generation vermittelt, wie kann das Heilsgeschehen auch die Nachgeborenen miteinschließen, wie kann das in Christi Tat eröffnete Heil für sie offengehalten werden?" Gese entwickelt diese Frage vor dem Hintergrund von Eph 2,14-16 und paraphrasiert die ephesinische Antwort so (a.a.O. 143): „Indem das Heil als objektive Größe in einem Heilsraum bereitgehalten wird, kann für alle Menschen, unabhängig von der Zeit, in der sie leben, das Heil gegenwärtig sein. Das ist die Bedeutung, die die Kirche innerhalb der Soteriologie des Epheserbriefes hat." Der Eph kennt damit kein Primat der Ekklesiologie vor der Soteriologie, sondern vertritt eine „ekklesiologisch gefaßte Soteriologie" (ebd., im Original kursiv). Auch wenn es fraglich ist, ob Gese die „zeitgeschichtliche Situation der Abfassung des Epheserbriefes" (a.a.O. 141) damit richtig getroffen hat (vgl. dazu unten die sozialgeschichtlichen Ergebnisse der Arbeit von E. Faust, die Gese nicht zur Kenntnis genommen hat bzw. nicht erwähnt), ist so doch eine ansprechende Alternative in der Frage nach dem Verhältnis von Ekklesiologie und Soteriologie im Eph gefunden.

[35] Dies hält auch U. LUZ, Epheser 124, fest.

ἐκκλησίᾳ). Dieses Zurückgehen auf eine *prima causa* könnte in dem Bemühen des Schreibens begründet sein, die Einheit der Kirche zu wahren.[36] Offensichtlich war es diesem Zweck dienlich, eine stärker theo- als christozentrische Perspektive einzunehmen. Es könnte sein, daß dadurch unter den Heidenchristen die Akzeptanz der Judenchristen gestärkt werden soll: Der Gott, auf den sich der Verfasser bezieht, ist ja zuallererst der Gott der Juden und damit der Judenchristen. Die Heidenchristen, an die der Brief gerichtet ist, haben ihn „nur" auf dem Umweg über Christus kennengelernt. Somit könnte vom Verfasser beabsichtigt sein, Respekt vor den Judenchristen zu wecken, indem die Heilsgeschichte auf Gott selber zentriert wird.[37]

Dieser Befund korreliert mit der Erkenntnis, daß im Eph das Werden des Gemeinde-Leibes reflektiert und sein Dasein nicht nur konstatiert wird, indem der Verfasser das Entstehen der Gemeinde als Leib Christi in die Schilderung des heilsgeschichtlichen Prozesses von Kreuzigung und Erhöhung integriert. Damit wird Kirche über ihren empirischen Charakter hinaus „wie Christus eine kosmische Größe."[38]

Wenn A. Lindemann aber weiter sagt, nicht die Kirche als „gesellschaftliche Gruppe" sei das Interesse des Eph-Autors, sondern Kirche „auch und gerade

---

[36] Oder, wenn man aus dem unpolemischen Charakter des Briefes schließen will, daß es dem Verfasser nicht um eine Abwehr von Spaltungen geht: „die Alternative zu einer anderen, nach Meinung des Verfassers nicht tragfähigen Auffassung von der Einheit" (P. POKORNÝ, Epheser 177) darzulegen.

[37] Die Zusammenfassung von Eph 2,11-22 bei R. SCHNACKENBURG, Brief 126, zieht Konsequenzen, die diese Stoßrichtung aufnehmen: „Die Erinnerung an Gottes Heilswege in der Menschheit, besonders an seinen Gnadenbund mit Israel in der Zeit vor Christus, darf nie verlorengehen" (vgl. auch H. CHADWICK, Die Absicht des Epheserbriefes, ZNW 51 [1960] 145-153, S: 147: Kirche ist zwar ein „‚drittes Geschlecht', aber nicht im Sinne einer Diskontinuität gegenüber dem Volk des alten Bundes. Heidenchristentum ist universal gewordenes Judenchristentum"; vgl. dazu auch Kap. 5.2.1). Aber nicht erst 2,11-22 bringen das zum Ausdruck, sondern bereits die theozentrische Perspektive in 1,22. Es ist also zumindest mit einem Fragezeichen zu versehen, was A. LINDEMANN, Epheserbrief 101, zu Eph 5,21 schreibt. Dort sei in dem Wechsel von der traditionellen Rede von der „Furcht Gottes" zu „Furcht Christi" eine „Tendenz" zu erkennen, „ursprüngliche Aussagen über *Gott* durch solche über *Christus* zu ersetzen" (Hervorhebungen vom Autor). Ein Vergleich von Eph 5,10 mit Röm 12,2 gilt ihm als ein weiterer Hinweis auf diesen Sachverhalt (vgl. a.a.O. 94).

[38] A. LINDEMANN, Epheserbrief 33.

jenseits ihrer geschichtlichen Wirklichkeit",[39] so ist diese Aussage allenfalls auf der semantischen Ebene zutreffend, nicht aber auf der pragmatischen. Die Reflexionen über die Jenseitigkeit der Kirche zielen auf ihre Diesseitigkeit.

Der Abschnitt hat also den Adressaten grundsätzlich dargelegt, wer und was Christus ist, wer ihn dazu gemacht hat und wer sie selbst an seiner Seite als sein Leib sind.[40]

7.1.3. Christus schafft Frieden: Eph 2,16.21

Mit diesen Belegen befinden wir uns innerhalb des theologischen Briefteils in dem zweiten Abschnitt, der sich mit dem Status der Adressaten befaßt. Er bedient sich des Alt-neu-Schemas und erinnert die Adressaten in apodiktischen Einwürfen an ihren alten Zustand (V. 12: χωρὶς Χριστοῦ oder ἄθεοι ἐν τῷ κόσμῳ). Nach der Wende in V. 13 mit der Schilderung ihres neuen Status' (νυνὶ δέ) folgt in den Versen 14-18 ein Einschub, der sich diesmal mit Wesen und Wirken Christi, nicht Gottes, beschäftigt.

Von Christus wird gesagt, er habe die Feindschaft zwischen Juden und Heiden überwunden[41] und eine neue Gemeinschaft gegründet. Dies wird mit einer Fülle von Bildstellen ausgedrückt. Dabei dominiert im Ganzen die Haus-Metaphorik. Sie wird präludiert mit den Begriffen μεσότοιχον und φράγμος in V. 14 und προσαγωγή in V. 18. Das Zitat der Leib-Metaphorik wirkt in diesem Kontext etwas fremd und unmotiviert: Christus beseitigte das trennende Gesetz, ἵνα [...] ἀποκαταλλάξῃ τοὺς ἀμφοτέρους ἐν ἑνὶ σώματι τῷ θεῷ.[42] Auch in V. 21 finden sich, noch

[39] A.a.O. 32.

[40] J.H. NEYREY, Christ Is Community: The Christologies of the New Testament, GNS 13, Wilmington 1985, 252, meint, daß die Christen mit Christus in einer Parallelität der Geschehnisse verbunden sind. So wie er auferstanden ist und zur Rechten Gottes sitzt, so sind auch die Christen auferstanden und sitzen im Himmel (Eph 1,20; 2,6). Darin sieht er die Bezeichnung Christi als Haupt begründet. Ist ersterem noch zuzustimmen, so ist letzteres falsch. Christus wird im Eph nie deswegen Haupt genannt, weil die Christen als seine Glieder sein Ergehen nachvollziehen.

[41] J. PFAMMATER, Epheserbrief 23, beobachtet die inhaltliche Verschiebung des Feindschafts-Topos von Kol (Feindschaft zwischen Gott und Mensch) nach Eph (Feindschaft zwischen Menschen, zu ergänzen aber: als Teil der Desintegration im Kosmos).

[42] H. SCHLIER, Brief 135, meint, in σῶμα sei „ohne Zweifel" den Kreuzesleib Christi zu sehen (so vermutet auch M. BARTH, Ephesians 298), auch wenn er eine

stärker in den Kontext der Hausmetaphorik integriert, Anklänge an Leibmetaphorik mit der Wendung πᾶσα οἰκοδομὴ *συναρμολογουμένη αὔξει*. Der Eindruck, Leib-Metaphorik begegne hier isoliert, wird jedoch korrigiert durch Überlegungen zur Stellung von V. 16 im Kontext von 2,11-22.

Hier kann wieder die Strukturierung von P.S. Cameron (Structure 6) helfen. Danach ist der Abschnitt wie folgt aufgebaut:

[11. ἐν σαρκί]
12. χωρὶς Χριστοῦ
12. ἀπηλλοτριωμένοι τῆς πολιτείας
13. ὑμεῖς μακρὰν ... ἐγγύς
[13. ἐν τῷ αἵματι τοῦ Χριστοῦ]
14. τὰ ἀμφότερα ἕν
15. ἕνα καινὸν ἄσθρωπον ποιῶν εἰρήνην
16. τοῦς ἀμφοτέρους ἐν ἑνὶ σώματι
[16. διὰ τοῦ σταυροῦ]
17. ὑμῖν μακρὰν ... ἐγγύς
19. οὐκέτι ... ξένοι ... ἀλλὰ συμπολῖται
20. ἀκρογωνιαίου Χριστοῦ
[22. ἐν πνεύματι]

Damit befindet sich V. 16 im Zentrum dieses Abschnittes. So isoliert Leib-Metaphorik hier erscheinen mag, an umso zentralerer Stelle ist sie eingebracht. Der Abschnitt läuft auf das Stichwort εἰρήνη hinaus, und dieses zentrale Stichwort „Frieden" verbindet der Eph-Verfasser mit der Leib-Metaphorik.[43] Darauf wird dann Haus-Metaphorik eingeführt, die inhaltlich die Verbindung zweier vorher getrennter Gruppen aussagt. Diese Verbindung ist formal ein eher äußerliches Phänomen. Sie wird ermöglicht durch das „innere" Geschehen der Friedensstiftung, durch eine neue Haltung, die Voraussetzung ist für die neue äußere Struktur. Für diese äußere Struktur verwendet der Eph-Verfasser ein eher technisches Bildfeld, für deren innere Voraussetzungen ein organisches. Damit können wir die Konnotation, die sich mit Leib-Metaphorik verbindet,

---

Doppeldeutigkeit zugesteht. Jedoch: Das Kreuz wird zwar im unmittelbaren Kontext genannt, aber welchen Sinn macht im Zusammenhang mit dem Kreuzesleib Christi die nähere numerische Qualifikation ἐν *ἑνὶ* σώματι? In 4,4 (ἓν σῶμα, also ebenfalls numerisch qualifiziert) sieht SCHLIER dann „jetzt nicht mehr" (a.a.O. 186) den Christus-Leib angesprochen.

[43] Das wird sich in 4,3f wiederholen: σπουδάζοντες τηρεῖν τὴν ἑνότητα τοῦ πνεύματος ἐν τῷ συνδέσμῳ τῆς εἰρήνης· Ἓν σῶμα κτλ.

näher bestimmen: Als „organisches“, dem Menschen unmittelbarer vertrautes Bildfeld besitzt sie eine stärkere emotional-appellative Kraft und eignet sich besser zur Schilderung innerer Vorgänge und zur Stimulierung von deren Nachvollzug.

E. Faust hatte wahrscheinlich gemacht, daß diese Perikope auf dem Hintergrund jüdisch-hellenistischer Konflikte in den kleinasiatischen Poleis zu lesen ist. Er weist darauf hin, daß die Wendungen οἱ δύο, οἱ ἀμφότεροι oder τὰ ἀμφότερα, wie sie hier in den Versen 14-16 begegnen, auch in zeitgenössischen Berichten über diese Auseinandersetzungen zur Beschreibung der beiden Konfliktparteien verwendet werden.[44] Josephus, ant 19,285, etwa zitiert das Edikt des Tiberius Klaudius, mit dem dieser Streitigkeiten in Alexandria beilegen wollte. Das Edikt endet: ἀμφοτέροις τε διακελεύομαι τοῖς μέρεσι πλείστην ποιήσασθαι, ὅπως μηδεμία ταραχὴ γένηται μετὰ τὸ προτεθῆναι μου τὸ διάταγμα.

Wird Frieden hier also mit dem stärker emotional-appellativen Bildfeld des Leibes besetzt, so wird dessen Eindringlichkeit noch verstärkt durch das tatsächliche Vorhandensein politisch realer Konflikte und dem Anspruch, hier ein Stück des in den Poleis oft vermißten Friedens in der Kirche verwirklicht zu sehen.[45]

Grammatisch ist zu V. 16 die Frage zu klären, wie der Dativ τῷ θεῷ in Hinsicht auf die Leib-Metaphorik zu verstehen ist. Bedeutet ἐν ἑνὶ σώματι τῷ θεῷ, daß die beiden Menschheitsteile mit Gott zusammen zu einem gemeinsamen Leib verbunden sind? Das wäre singulär und selbst bei der kosmischen Ausweitung dieser Metaphorik kaum vorstellbar, denn für den Eph-Verfasser ist Gott immer das Subjekt, die *prima causa* des Geschehens, die nie so verstanden wird, daß sie in dem Geschaffenen selbst vorkommt oder aufgeht, anders natürlich als Christus, der als Haupt des Leibes seine qualitative Hervorgehobenheit behält (vgl. 1,22). Andererseits darf man die Phrase ἐν ἑνὶ σώματι aber auch nicht so ver-

---

[44] Vgl. E. FAUST, Pax 137f, u.ö. Vgl. dazu auch C.D. STANLEY, ‘Neither Jew nor Greek’: Ethnic Conflict in Graeco-Roman Society, JSNT 64 (1996) 101-124.

[45] Auch nach K. BERGER, Art. Kirche II, TRE 18 (1989) 201-218, S. 205, tritt hier „die christliche Metaphorik zur römisch imperialen in ausdrückliche Konkurrenz“. Im Vorgriff auf Eph 4,4-6 sei verwiesen auf M. DIBELIUS, Die Christianisierung einer hellenistischen Formel, in: Botschaft und Geschichte. Gesammelte Aufsätze 2: Zum Urchristentum und zur hellenistischen Religionsgeschichte (hg. v. G. Bornkamm), Tübingen 1956, 14-29, der die dortige εἷς-Formel von der hellenistischen Kosmologie auf die urchristliche Ekklesiologie übertragen sieht.

stehen, als wäre sie lediglich ein modaler Einschub, denn dann erschiene die Versöhnung mit Gott als eigentliches Versöhnungsziel und gegenüber der Versöhnung untereinander zu sehr hervorgehoben. Trifft zudem der von Faust rekonstruierte Hintergrund zu,[46] dann wäre der Duktus des realen Kontextes verfehlt. Man wird es bei dem Neben- und Miteinander beider Aussagedimensionen belassen müssen.[47]

In V. 21 verdient das Stichwort des Wachstums innerhalb der Haus-Metaphorik einige Beachtung. Die Bildstelle des wachsenden Gemeindeleibes war ja eine der kreativen Neuerungen des Kol gewesen, auf die der Eph-Verfasser zurückgreifen konnte. Ob im Kol das Wachstum qualitativ oder quantitativ zu verstehen sei, ist, wie wir gesehen haben, in der Forschung umstritten, und eine Lösung ergab sich aus dem jeweils rekonstruierten Zusammenhang. Im Eph ist es anders. Wachstum ist in 4,16 zwar eindeutig als inneres Wachstum zu verstehen (s.u.). Hier aber, im Zusammenhang mit der Haus-Metaphorik ist es, so könnte man meinen, eher als äußeres Wachstum (bezogen auf die Zahl der Glieder) zu interpretieren: Das Haus hat ein Fundament, auf dem nun die Gemeinde an Größe gewinnt. Aber diesen Überlegungen stellt sich in den Weg, daß der Bau in V. 21 bei seinem Wachstum eine qualitative Veränderung erfährt: Er wächst εἰς ναὸν ἅγιον ἐν κυρίῳ. Aus dem profanen oder

---

[46] Jüngst hat G. SELLIN, Adresse und Intention des Epheserbriefes, in: Paulus, Apostel Jesu Christi, FS G. Klein (hg. v. M. Trowitzsch), Tübingen 1998, 171-186, S. 183f, den Beitrag von E. Faust als den wesentlichen Fortschritt in der Frage nach der Intention des Eph zustimmend gewürdigt. Vgl. auch DERS., Paränese 293f u.ö.

[47] Vgl. auch A. WIKENHAUSER, Kirche 159; J. ERNST, Briefe 318; J. GNILKA, Epheserbrief 143; E. FAUST, Pax 179. Dem Einwand, hier absorbiere die Ekklesiologie die Soteriologie, will A.T. LINCOLN, Ephesians 144, mit dem Hinweis begegnen, daß, da in den Versen 11-13 der Gegensatz von Heiden und Juden das Thema gewesen sei, es logisch sei, daß der Eph-Verfasser hier zunächst diesen Gedanken fortführt und die horizontale Dimension der Versöhnung anspricht. Einen Vorrang des vertikalen Momentes sieht M. DIBELIUS, Kolosser 70: „Der Vers zeigt, wie die Versöhnung der feindlichen Menschen in der Versöhnung mit Gott verankert ist.“ In der zweiten Auflage von 1927 hatte er z. St. allerdings noch gemeint, daß beides „parallel geht.“ Und U. LUZ, Epheser 140, schreibt: „Unser Verfasser zieht also das ‘religiöse’ Ereignis des Kreuzestodes in die Welt hinein, indem er die horizontale Dimension von ‘Friede’ und ‘Versöhnung’ betont.“

zumindest neutralen Bau wird ein heiliger Tempel. Ein äußeres Wachstum scheint der Eph-Verfasser auch hier nicht im Blick zu haben.[48] Wieder wird über das Zustandekommen des Leibes der Gemeinde reflektiert. Waren es in 1,22f Christi Auferweckung und Erhöhung, die die Bildung der Gemeinde ermöglichten, so wird sie hier auf das Kreuz zurückgeführt: In 2,14 heißt es ἐν τῇ σαρκὶ αὐτοῦ, in V. 16 schließt sich an τῷ θεῷ direkt διὰ τοῦ σταυροῦ an. Diese unterschiedlichen Begründungen in Kap. 1 und Kap. 2 erklären sich aus den verschiedenen Themenzusammenhängen. Im ersten Kapitel ging es um die Unterwerfung der feindlichen Mächte, die den Weg freimachte für die Herrschaft Christi, für die Gemeinde. Hier, in Kap. 2, wird auch eine Feindschaft überwunden, aber diesmal die zwischen Juden und Heiden. Und diese Trennung beruhte nach dem Eph auf dem νόμος τῶν ἐντολῶν ἐν δόγμασιν (2,15). Christi Tod hat dieses Unterscheidungskriterium aufgehoben, wie schon in 2,11 ἀκροβυστία und περιτομή mit dem Zusatz „sogenannt" versehen waren. Die προσαγωγή zu Gott steht als Folge des Kreuzestodes Jesu allen offen. Es werden deuteropaulinische und paulinische Aussagen berücksichtigt. Die Begründung des Gemeindeleibes aus der Erhöhung Christi heraus stammt aus Kol, die Herleitung aus dem Kreuzestod aus paulinischem Material, etwa aus der Begründung des Leib-Gedankens im Abendmahl in 1Kor, nur daß Kreuz und Kirche hier ungleich enger beieinander gesehen werden als dort. Diesen Zusammenhang wiederholt der Verfasser dann in 5,25-27, wo von der Hingabe Jesu für die Kirche die Rede ist.[49]

7.1.4. Das Wunder der Zugehörigkeit: Eph 3,6

In Eph 3,1-13 wird der Status des Apostels reflektiert. Er tituliert sich als ὁ δέσμιος und verweist auf seine Kenntnis des Geheimnisses Gottes. Diese Kenntnis können die Adressaten dem entnehmen, was sie bislang

---

[48] Das vermutet auch U. LUZ, Epheser 141.

[49] Vgl. R. SCHNACKENBURG, Brief 117. DERS., Christus, Geist und Gemeinde (Eph. 4:1-16), in: Christ and Spirit in the New Testament, FS C.F.D. Moule (hg. v. B. Lindars/S.S. Smalley), Cambridge 1973, 279-296, S. 285, wendet sich mit Blick auf Eph 5 gegen die Auffassung, im Kreuz entstehe bereits die Kirche, mit der Einschränkung: „Doch will der Verfasser hier kaum mehr sagen, als daß die Kirche der liebenden Hingabe alles verdankt." Dort ist das wohl richtig, hier wird dagegen darauf rekurriert, was im Kreuzesgeschehen enthalten ist. Vgl. auch J.D.G. DUNN, Body of Christ 149: „the crucified Christ as the point where the two become one."

in diesem Schreiben gelesen haben. Das Geheimnis Gottes wurde nicht den Menschen allgemein, sondern den Aposteln und Propheten offenbart. Ziel der Offenbarung des göttlichen Geheimnnisses war die Hinzunahme der Völker in den Heilsbund Gottes mit den Menschen (finaler Infinitiv in V. 6). Diese Zielangabe entspricht der in 1,10. Das göttliche Handeln im und am All läuft in seiner sozialen Dimension auf eine neue menschliche Gemeinschaft hinaus. Und wie dort, so ist auch hier einer der drei Begriffe, mit denen diese in 3,6 gekennzeichnet wird, ein leibmetaphorisches Kompositum: εἶναι τὰ ἔθνη συγκληρονόμα καὶ *σύσσωμα* καὶ συμμέτοχα τῆς ἐπαγγελίας.[50]

Soll das Präfix lediglich die Intensität des Ausdrucks steigern? Die Pointe liegt m.E. aber nicht in einer erhöhten appellativen Kraft. Vielmehr verlagert das Präfix συν- das Augenmerk weg von der Gesamtentität hin zu ihren Bestandteilen. Nicht das Ergebnis der Einigung wird hervorgehoben, sondern die Tatsache, aus welchen Bestandteilen das Ganze besteht.

---

[50] Der Begriff σύσσωμα ist neutestamentliches Hapaxlegomenon. Vgl. J. GNILKA, Epheserbrief 168: „Dagegen ist für unseren Verf. der Gedanke, daß die Heidenchristen zusammen mit den einstigen Juden in der Kirche zusammengekommen sind, so wichtig, daß er hierfür das singuläre Wort σύσσωμα erfindet". Allerdings nannte schon ABBOTT eine Parallele bei Aristoteles, De Mundo 4,30 (nach A.T. LINCOLN, Ephesians 180, korrekterweise: Ps.-Aristoteles, De Mundo 396a,14), in der das Verb συσσωματοποιεῖν begegnet. Es ist also keine Erfindung des Eph-Verfassers und zudem eng verwandt mit σωματοποιεῖν (vgl. dazu Kap. 4.1.5). Allerdings ist in jener pseudoaristotelischen Schrift der Kontext ein gänzlich anderer. Die Schrift Περὶ κόσμου beschreibt zunächst das All, um sich dann hauptsächlich geographischen und geologischen Erklärungen zuzuwenden. Der Abschnitt 4 ist zum einen den Erscheinungen der Luft (Regen, Schnee, Wind, Gewitter, Regenbogen usw.) gewidmet (τὰ μὲν τοίνυν ἀέρια τοιαῦτα) und fährt dann fort mit Phänomenen der Erde, bei denen er u.a. die Erdbeben beschreibt. Manche Erdbeben, so der Autor, entstehen durch unterirdische Winde, andere aber auch dadurch, daß überirdische Winde sich im Erdinneren verfangen haben und nun einen Ausweg suchen. Diese Beben sind mit Lärm verbunden (σείοντες τὴν γῆν μετὰ βρομοῦ). Manchmal rumoren die Winde aber auch, ohne ein Erdbeben hervorzurufen. Die unterirdischen bzw. eingedrungenen Winde können u.a. dadurch anwachsen, daß sie von der Feuchtigkeit in der Erde sozusagen komprimiert oder materialisiert werden. Und für diesen Vorgang wählt der Autor unser Verb: συσσωματοποιεῖται δὲ τὰ εἰσιόντα πνεύματα καὶ ὑπὸ τῶν ἐν τῇ γῇ ὑγρῶν κεκρυμμένων; zit. nach Aristoteles Opera Bd. 1, Berlin 1960 [Nachdruck von 1831].) Der Ausdruck beschreibt also eine Art Verdinglichung.

Im Deutschen gibt es einen Bedeutungsunterschied von „Bürger“ und „Mitbürger“: Was die Gemeinsamkeit betonen soll, differenziert doch eher (wir *und* unsere Mitbürger) als daß es integriert. (Gleichzeitig konnotiert es eine paternalistische Werthierarchie: wir die [Voll-]Bürger; die Ausländer, Arbeitslosen, Schwulen usw. unsere Mitbürger.) Vielleicht sollte dieses Oszillieren des Begriffs zwischen oberflächlicher Einheitsbekräftigung und subtiler Differenzierung auch in unserem Vers hervorgerufen werden.

Damit folgt diese Begriffsverschiebung dem Duktus des unmittelbaren Kontextes, in dem in 3,1 der Verfasser nur die ἔθνη anredet. Zudem ist diese Anrede nicht, wie es in 2,11f mit ποτέ und ἦτε τῷ καιρῷ ἐκείνῳ zumindest angedeutet war, als Rekurs auf einen früheren Status charakterisiert. Den Heidenchristen wird deutlich gemacht, wie groß tatsächlich das Mysterium ihrer Zugehörigkeit zum Volk Gottes, zum Leib Christi ist.[51]

7.1.5. Gemeinde als Glaubensgegenstand: Eph 4,4

Zur Erinnerung: Der paränetische Teil des Eph besteht, wenn wir ihn mit den Versen 4,1-6,17 umgrenzen, aus einer allgemeinen Einleitung zum Wesen der Gemeinde (4,1-24), einem langen Teil mit konkreten Mahnungen (4,25-6,9) und wieder einem allgemein Teil, diesmal einen Aufruf zur angemessenen Haltung gegenüber der feindlichen symbolischen Sinnwelt. Innerhalb des ersten allgemeinen Teils in 4,1-16 spielt Leib-Metaphorik eine tragende Rolle.
Die Verse 4-6 entfalten in einer Akklamation das Stichwort der Einheit, die nach V. 3 zu bewahren ist, in einer „Einer-Reihe“, die darlegt, auf welche Bereiche sich die Einheit bezieht. Diese Reihe lautet σῶμα - πνεῦμα[52] - ἔλπις - κύριος - πίστις - βάπτισμα - θεός/πατήρ.[53]

---

[51] Mit einer solchen Interpretation könnten verflachende Einseitigkeiten in der Auslegung vermieden werden. Vgl. etwa F. MUSSNER, Christus 145, der in der Aussage nur die Einheit betont sieht. Anders R. SCHNACKENBURG, Brief 136, nach dem dieser Terminus „die Vollmitgliedschaft der Heiden am Leib Christi bedeuten“ soll. Vgl. noch deutlicher H. MERKLEIN, Rezeption 203f: „Das Mysterium besteht also nicht einfach in der Kirche aus Juden und Heiden [...] Es geht um das Mysterium, daß auch die *Heiden* Zugang zur Kirche haben“ (Hervorhebung vom Autor).

[52] Leib und Geist waren schon in 2,14-18 eng verbunden (vgl. J. PFAMMATER, Epheserbrief 31). Zum Ganzen vgl. R. SCHNACKENBURG, Christus.

[53] Zu Gott als dem letzten Glied dieser Kette bemerkt R. SCHNACKENBURG, Brief 163: „Die letzte Stufe, der Aufblick zu dem einen Gott und Vater, kann durch eine Formel wie 1 Kor 8,6 angeregt sein, entspricht aber auch dem Denken

Die Reihe wird von σῶμα angeführt. Dieser Hinweis auf die Gemeinde ist insofern nicht verwunderlich, weil so ein guter Anschluß an die Verse 1-3 gegeben ist. In einer zweiteiligen Ermahnung ruft der Verfasser dort zunächst den Einzelnen auf, sich der Berufung würdig zu verhalten und sich gegenüber den anderen in der Gemeinde zurückzustellen (in Demut, Sanftmut, Langmut, gegenseitigem Ertragen), um dann in einer Partizipialkonstruktion die Bewahrung der Einheit (τοῦ πνεύματος, in V. 13 sogar τῆς πίστεως καὶ τῆς ἐπιγνώσεως) in der Gemeinde anzuschließen. Daß all dies „der Berufung gemäß leben" heißt, ergibt sich aus dem Anliegen der ersten drei Kapitel, denen es um die Darstellung des versöhnenden und einheitsstiftenden Handelns Gottes in Christus ging. Das Band, das die einzelnen Glieder verbindet und in Kol 3,14 noch die ἀγάπη war, ist hier die εἰρήνη. Hier wie dort folgt auf das Stichwort des σύνδεσμος das des σῶμα, hier zudem, wie in 2,15f, in enger Nachbarschaft zu εἰρήνη.

Daß statt σῶμα nicht μία ἐκκλησία gesagt, obwohl sachlich dasselbe gemeint ist, vermerkt J. Gnilka, Epheserbrief 201 (die Möglichkeit einer solchen Alternative ergibt sich aus späteren Glaubensbekenntnissen, die so formulieren[54]). „Der 'eine Leib' veranschaulicht, daß die Einheit der Kirche nur von Christus her sinnvoll und möglich, aber auch notwendig ist."[55]

---

des Autors, das stets von Gott ausgeht und in ihm sein Ziel findet". Das bestätigt unsere Beobachtung einer theozentrischen Perspektive, wie wir sie gegenüber Kol in der Leib-Metaphorik des Eph festgestellt hatten.

[54] In IgnSm 1,2 schließt ein Glaubensbekenntnis dann zum ersten Mal mit ἐν ἑνὶ σώματι τῆς ἐκκλησίας αὐτοῦ (vgl. dazu u. Kap. 8.2.3).

[55] Vgl. auch M. BARTH, Ephesians 464: Weil Kirche nicht vor Pneuma genannt sein *kann*, weist σῶμα auf Christus hin und muß der Vers paraphrasiert werden: „Christ's own presence, revelation, and promise among the saints". Richtig daran ist die christologische Konnotation des Leib-Begriffs. K. WENGST, Formeln 141, sieht in 4,5 eine traditionelle christologische εἷς-Akklamation, die der Verfasser durch die Verse 4 und 6 ergänzend gerahmt hat, wobei vor allem V. 4 durch sein Prädikat (ἐκλήθητε) die Formgrenzen, die Wengst für die Gattung der Akklamation herausarbeitet, sprengt. Eine reine Akklamation ist demnach nur V. 5. Solche Akklamationen hatten „kein apologetisches oder antihäretisches Interesse" (ebd.), sondern dienten zur Hervorhebung der Größe des jeweiligen Objektes. Ist dies zutreffend, dann macht der Verfasser hier die Kirche zum Inhalt des gottesdienstlichen Lobes. Orientiert er sich dabei an der christologischen Akklamation aus V. 5, wird zusätzlich plausibel, warum er die Kirche christologisch interpretiert als (Christi) σῶμα.

Mit der Wahl der die horizontale wie die vertikale Dimension der Kirche umfassenden Metapher wird gleich zu Beginn der Reihe deutlich gemacht, worum es bei der Einheit geht: Es geht um die Einheit der geglaubten Sinnwelt und der ihr entsprechenden sozialen Wirklichkeit (vgl. u. das zum Ziel des Zurüstungsprozesses in V. 13f Gesagte).[56]
Eine prominentere Stelle innerhalb dieses Zusammenhanges läßt sich für das Stichwort des Leibes kaum denken. So wie in Kol 1,18 die erste Strophe des Hymnus mit der Leib-Christi-Metapher schließt, so eröffnet sie hier die Akklamation der gemeindlichen Einheit. Gemeinde als Leib Christi ist damit auch hier Inhalt der Liturgie. Diese Selbstdefinition war nicht nur eine einleuchtende, sondern innerhalb der gemeindlichen Reflektion über sich selbst wohl auch die dominante Ausdrucksform geworden.
Aber noch etwas ist bemerkenswert: Σῶμα ist in der Reihe die einzige Metapher. Die anderen Begriffe sind sozusagen theologische Fachbegriffe. Wenn σῶμα hier Eingang gefunden hat, dann läßt das darauf schließen, daß auch dieser Begriff einen ähnlichen Status gewonnen hat. Σῶμα gewinnt über seine metaphorische Qualität hinaus den Charakter eines Terminus technicus.[57]

7.1.6. Der Glaube stützt den Gemeindeleib: Eph 4,12

Eph 4,7-12 beschäftigt sich mit der Gabenthematik, die allerdings als *Begabten*thematik formuliert wird. Das, was die Gnade (ἡ χάρις, V. 7) gibt, sind nicht Gnadengaben, sondern „Ämter" (αὐτὸς ἔδωκεν τοὺς

---

[56] E. HAUPT, Gefangenschaftsbriefe 129 (zu Eph), differenziert, daß mit σῶμα die äußere Erscheinung, mit dem nachfolgenden πνεῦμα ihre Innenseite angesprochen ist.

[57] Vgl. auch G.W. DAWES, The Body in Question. Metaphor and Meaning in the Interpretation of Ephesians 5:21-33, Biblical Interpretation Series 30, Leiden 1998, 162. Hier ist angebracht, was etwa auch E. BEST, Body, konzediert, nämlich daß der metaphorische Charakter des Leib-Begriffs „pushed in the background" (a.a.O. 155) ist (Best verbindet damit jedoch kein Werturteil, sondern das ist für ihn die Alternative dazu, wegen eines nur schwach ausgeprägten metaphorischen Charakters einen ganz anderen Bildhintergrund für den Eph anzunehmen). Auch M. DIBELIUS, Kolosser 79, sieht den metaphorischen Charakter schwinden, begründet aber anders: „In welchem Grade die Bildlichkeit von σῶμα abgeblaßt ist, geht daraus hervor, daß die belebende Wirkung nach unserer Stelle vom Geist, nach 4_{15} vom Haupt ausgeht." Könnte aber nicht andersherum auch πνεῦμα durch den Zusammenhang mit σῶμα eine gewisse Remetaphorisierung erleben? Vgl. auch J. ERNST, Briefe 347.

μὲν ἀποστόλους κτλ., V. 11).[58] Der Adressat der Gabe ist damit auch nicht wie bei Paulus der Einzelne, dem etwas (eine Fähigkeit) gegeben wird, sondern, wenn auch nicht explizit, die Kirche, die „Ämter" erhält. Auch hier sehen wir, wie im Eph die Kirche ein selbständig thematisierter Topos geworden ist. Der Einzelne kommt erst als Ziel dieses Geschehens, als Objekt der Amtsausübung in den Blick. Von dem ἑνὶ δὲ ἑκάστῳ ἡμῶν ἐδόθη ἡ χάρις κατὰ τὸ μέτρον τῆς δωρεᾶς τοῦ Χριστοῦ (V. 7) ist da zunächst nichts mehr zu sehen, denn die Zahl der Träger der genannten Ämter in V. 11 (Apostel, Propheten, Evangelisten, Hirten, Lehrer) dürfte begrenzt gewesen sein.[59] Zudem bilden nach 2,20 die Apostel und Propheten das Fundament der Kirche. Sie gehören bereits der Vergangenheit an.

Es ist jedoch kontrovers, ob nicht auch schon in V. 7 nur die Amtsträger gemeint sein könnten. R. Schnackenburg, Christus 290, etwa argumentiert, das δέ in V. 7 stelle einen Kontrapunkt gegenüber den πᾶς-Aussagen von V. 6 dar. Zudem sei der Wechsel in die 1. Pers. Pl. markant, zumal dann, wenn auch in V. 13 inhaltlich alle Christen gemeint wären, die dann mit οἱ πάντες gekennzeichnet wären als Kontrast zu ἡμεῖς in V. 7. Dagegen bestreitet P. Pokorný, Epheser 172, die Identität der genannten Personen von V. 11 mit dem ἡμεῖς aus V. 7. Es wäre zu diesem Zeitpunkt des Briefes für die Adressaten gänzlich unverständlich, die von der nachfolgenden Ämterliste, ja überhaupt von der Verschiebung der Gaben- hin zur Begabtenaussage noch nichts hätten wissen können.[60]

---

[58] Auch R. SCHNACKENBURG, Brief 178, bemerkt eine „leichte Verschiebung der Sprachstruktur" von V. 7 nach V. 8-11, wo die „'Amtsträger' selbst (als Personen) zu Gaben für die Kirche deklariert werden." Vgl. auch P. POKORNÝ, Epheser 164.

[59] Insofern ist J. GNILKA, Theologie 340, zu widersprechen, der auch in Eph die Aufgaben auf alle Glieder verteilt sieht.

[60] R. SCHNACKENBURG revidierte seine Auffassung in seinem Eph-Kommentar (vgl. Brief, 177f), und hebt dort auf die Inklusivität der 1. Pers. Pl. und die Nähe der Formulierung zu Röm 12,6 ab und meint schließlich, das das Schriftzitat einführende δίο sei eher als Fortführung denn als Begründung anzusehen. Andererseits geht es aber nicht, V. 13 (alle streben zur Einheit) dahingehend zu verstehen, daß hier jeder seine Gabe zu diesem Zweck einbringe (so a.a.O. 178). Davon ist keine Rede, die Gabenthematik bleibt (zumindest an dieser Stelle, evtl. modifiziert durch V. 16 [vgl. A.T. LINCOLN, Ephesians 255]; s.u.) auf die „Amtsträger" beschränkt. Der Einsatz aller für die Einheit wird ermöglicht nicht durch die allgemeine Begabung, sondern durch ihre Befähigung dazu seitens der hervorgehobenen Personen (vgl. unten).

Aufgabe der Amtsträger ist die Zurüstung der Heiligen εἰς ἔργον διακονίας, εἰς οἰκοδομὴν τοῦ σώματος τοῦ Χριστοῦ (V. 12).[61] Drückt das zweite εἰς eine Parallelität aus, so daß „Werk des Dienstes“ und „Aufbau des Leibes Christi“ synonym zu verstehen sind, oder bilden beide Teile eine logische Folge, so daß das Werk des Dienstes wiederum dem Aufbau des Leibes dient? Auf jeden Fall bildet das Stichwort des „Werk des Dienstes“ ein Korrelat zu dem Duktus der Verse 1-3, die zur Selbstbescheidung aufriefen.
Das entscheidende für unsere Fragestellung ergibt sich aber aus den nachfolgenden Versen 13 und 14. Das Ziel dieses Zurüstungs- und Aufbauprozesses ist nicht eine bestimmte Sozialstruktur. Es liegt auch nicht in bestimmten Verhaltensweisen untereinander, wie es von der Leib-Metaphorik her zu erwarten gewesen wäre. Das Ziel der Ämtervergabe ist die gleichsam „ideologische“ Festigung und Standhaftigkeit. Alles soll auf die ἕνωσις im Geist und in der Erkenntnis des Sohnes Gottes hinauslaufen, wie sie unter reifen Christenmenschen (εἰς ἄνδρα τέλειον[62]) offensichtlich zu erwarten ist.[63] Gleichzeitig bewahrt diese Einheit (V. 14 bezieht sich mit dem ἵνα auf V. 13) vor Wankelmut in der Konfrontation mit anderen, falschen Lehren, mit Wogen, Wind und Wür-

---

[61] Zu οἰκοδομή τοῦ σώματος meint T.K. ABBOTT, Commentary 119: „The confusion of metaphors is excused by the fact that οἰκοδομή had for the apostle ceased to suggest its primary meaning.“ Da aber die *confusion* wohl doch eher eine *combination* ist, gibt es an ihr auch nichts zu entschuldigen. - Unverständlich ist mir, wie J.D.G. DUNN, Body of Christ 150, zu dem Schluß kommt, die Gaben würden, wie bei Paulus die Charismen, hier zwar genannt, aber nicht insofern mit dem Leib-Gedanken verbunden, daß es auf den richtigen Gebrauch ankäme. Die οἰκοδομή τοῦ σώματος liefert doch ein Beurteilungskriterium für den richtigen Gebrauch, sogar dasselbe wie in 1Kor 12-14.

[62] M. GESE, Vermächtnis 188, versteht aufgrund seiner Herleitung der Leib-Metaphorik von der Stammvatervorstellung diesen Ausdruck als „kollektive Größe“ (im Original kursiv), die „inhaltlich dem εἷς καινὸς ἄνθρωπος Eph 2,15“ entspricht (a.a.O. 189 Anm. 281). Vgl. dagegen U. LUZ, Epheser 158: „irgendwelche mythologischen Vorstellungen sind zum Verständnis nicht nötig.“

[63] Daß sie zu erwarten ist, drückt auch 4,5 aus (μία πίστις), denn dem „Credo“ haftet, wie jedem Credo, ein imperativisches Moment an. Das übersieht H. HÜBNER, Philemon 211, wenn er meint, weil μία πίστις nach 4,5 in der Gemeinde bereits gegeben sei, müssen hier in V. 13 mit οἱ πάντες alle Menschen (also auch außerhalb der Gemeinde) gemeint sein, die diese Glaubenseinheit noch nicht haben.

felspiel (κλυδωνιζόμενοι καὶ περιφερόμενοι παντὶ ἀνέμῳ τῆς διδασκαλίας ἐν τῇ κυβείᾳ τῶν ἀνθρώπων).

> Diese Zielbestimmung könnte, so R. Schnackenburg, Brief 186f, der Grund dafür sein, daß zuvor nur die leitenden Mitarbeiter der Gemeinde in den Blick genommen waren, die für die (lehrmäßige) Einheit der Gemeinde eine besondere Verantwortung hatten.[64]

In der Tat gehört zur „ideologischen" Stabilität ein „Legitimationsapparat". Er ist hier in den Blick genommen. Die Amtsträger sind dafür verantwortlich, daß die Gemeinde als Leib Christi bei der richtigen Lehre und damit innerlich stabil bleibt.[65]

7.1.7. Legitimität und Verantwortlichkeit der Ämter: Eph 4,15-16

Der Hinweis auf die richtige Lehre und auf die innergemeindliche Kommunikation bietet den Anknüpfungspunkt für die Auslegung dieser Verse. Hier geht es um das Wachstum des Leibes Christi, und auch V. 15 beschreibt das Mittel, mit dem dieses Wachstum erzielt wird, kommunikativ.[66] Das δέ zu Beginn von V. 15 zeigt an, daß der vorangegangene V. 14 kontrastierend fortgesetzt wird.

---

[64] Vgl. auch A. WIKENHAUSER, Kirche 164: „Zur Einheit des Leibes Christi gehört also wesentlich auch d i e E i n h e i t d e s B e k e n n t n i s s e s auf Seiten der Glieder dieses Leibes" (Hervorhebung vom Autor), die herzustellen Aufgabe der Prediger sei. Wenn F.-J. STEINMETZ, Jenseits der Mauern und Zäune. Somatisches Verständnis der kirchlichen Einheit im Epheserbrief, GuL 59 (1986) 202-214, S. 202, dagegen hervorhebt, Einheit der Kirche könne kein theoretisches Gedankenspiel sein, sondern müsse „die konkrete Erfahrung des Leibes Christi" meinen und nicht etwa „Uniformität einer Ideologie oder Lehre", so ist letzteres offensichtlich doch im Blickfeld des Eph-Verfassers, und außerdem alles andere als bloße Theorie.

[65] Diese innerhalb der frühchristlichen ekklesiologischen Leib-Metaphorik neue Zielbestimmung korrespondiert formal mit der Beobachtung, daß es in der Paränese des Eph fast ausschließlich um die innergemeindliche Kommunikation und weniger um konkretes Tun geht (womit natürlich nicht gesagt sein soll, daß Reden nicht auch eine Form des Tuns ist). Die Wichtigkeit von Sprache für die Stabilität einer Sinnwelt, wie sie Berger und Luckmann hervorgehoben hatten, wird hier augenfällig.

[66] Das Partizip ἀληθεύοντες ist mit „die Wahrheit redend" zu übersetzen, nicht mit „wahrhaftig seiend", denn die folgende konkrete Paränese ab 4,25 handelt über das Reden und setzt v.a. gleich mit der Aufforderung zur Wahrheit ein (anders z.B. T.K. ABBOTT, Commentary 123). Auch die verdeutlichende textkri-

[15] ἀληθεύοντες δὲ ἐν ἀγάπῃ αὐξήσωμεν εἰς αὐτὸν τὰ πάντα, ὅς ἐστιν ἡ κεφαλή, Χριστός, [16] ἐξ οὗ πᾶν τὸ σῶμα συναρμολογούμενον καὶ συμβιβαζόμενον διὰ πάσης ἁφῆς τῆς ἐπιχορηγίας κατ' ἐνέργειαν ἐν μέτρῳ ἑνὸς ἑκάστου μέρους τὴν αὔξησιν τοῦ σώματος ποιεῖται εἰς οἰκοδομὴν ἑαυτοῦ ἐν ἀγάπῃ.

Die Aussage steckt zunächst in dem finiten Verb αὐξήσωμεν. Mit diesem dynamischen Ausdruck wird ein Gedanke aufgegriffen, der sich im unmittelbaren Kontext bereits in der οἰκοδομή von V. 12 und dem καταντήσωμεν von V. 13 fand. Den Kontrast zu diesen Begriffen beschreibt wie oben erörtert V. 14 mit seiner Schilderung der inneren Unbeständigkeit. Der Aufbau des Leibes, die Entwicklung zur Einheit des Glaubens und der Erkenntnis des Sohnes Gottes, sowie das Wachstum der Gläubigen (als Leib) haben zum Ziel die innere Stabilität, also die Stabilität der gemeindlichen Sinnwelt.

Damit ist auch die Frage eindeutiger als im Kol zu beantworten, ob Wachstum hier extensiv oder intensiv verstanden wird: Der Kontext (die Formulierung selber mit τὰ πάντα ließe das noch offen), in dem von zu kräftigender Stabilität die Rede ist, entscheidet für ein intensives Verständnis.[67]

Die Bildstelle vom Wachstum des Leibes war vom Kol-Verfasser in das Bildfeld eingefügt worden. Wie in Kol 2,19 geht in Eph 4,16 das Wachstum des Leibes vom Haupte aus. Das Haupt ist hier Ursprung bzw.

---

tische Variante ἀλήθειαν δὲ ποιοῦντες belegt, daß die Übersetzung von ἀληθεύοντες mit „die Wahrheit redend“ zumindest für naheliegend gehalten werden konnte und wohl ausgeschlossen werden sollte.

[67] So auch T.K. ABBOTT, Commentary 124; R. SCHNACKENBURG, Brief 191. Bei E. BEST, Body, läßt sich in seinen Aussagen zum Stichwort des Wachstums die Schwierigkeit ablesen, die man hat, wenn man die Leib-Metaphorik vom Weltverhältnis der Gemeinde ablösen will: Einerseits sagt er „It is the internal connection of Christ to the Church, and not the connection of the Church to the world, which is before us. We cannot then draw conclusions regarding the place of the Church in the world“ (a.a.O. 130; noch pointierter a.a.O. 182; 188: „never discussed“), andererseits meint er, Wachstum ziele darauf, den neuen Status der Christen „a reality towards the world outside the Church“ (a.a.O. 150) werden zu lassen. Wir können Best aber insofern Gerechtigkeit widerfahren lassen, als er, in Opposition zur Behauptung, die Kirche stelle den *Christus prolongatus* dar, zwischen der Kirche als Ganzer und dem Einzelnen als Teil der Kirche unterscheidet.

hat eine versorgende Funktion.[68] Anders als in Kol 2,19, wo zwar ebenfalls das Wachstum durch ein διά qualifiziert wurde, die Mittel aber undeutlich blieben (es hieß dort lediglich διὰ τῶν ἁφῶν καὶ συνδέσμων), wird hier auf gemeindliche Strukturen und eine personale Beteiligung am Wachstum angespielt: Der Einzelne kommt in dem über die kolossische Vorlage hinausgehenden Stück in den Blick durch das Stichwort τὸ μέτρον aus V. 7, das dort wie hier die (vermutlich) jedem zugeteilte Gabe qualifiziert.[69]

Der Einzelne wird μέρος genannt statt μέλος. Wir hatten in den antiken Texten beide Möglichkeiten zur Beschreibung eines Gliedes innerhalb der Leib-Metaphorik gefunden. Marc Aurel hatte dafür plädiert, μέλος zu sagen, da μέρος für die Sache, um die es ginge, zu distanziert sei. Und auch Paulus hatte in 1Kor 12,27 und Röm 12,5 so formuliert. Vor allem aber nennt auch der Verfasser des Eph in 4,25 und 5,30 die einzelnen Christen μέλη. Warum hier nicht?[70] Natürlich darf man nicht überinterpretieren, da beide Begriffe, wie gesagt, beinahe synonym gebraucht werden konnten.[71] Dennoch sei eine Vermutung gewagt: Waren schon in 4,11 eher Ämter als Personen im Blick, so könnte das unpersönlichere μέρος dieselbe Tendenz ausdrücken. Es wären so nicht mehr die einzelnen Christen und Gemeindeglieder, die das Wachstum vermitteln, sondern die gemeindlichen/kirchlichen Ämter bzw. Funktionen, *Teile* also der gemeindlichen Struktur eher als *Glieder* der Gemeinde.[72] Dies fügt sich gut ein in die Beobachtung, daß mit der Leib-Metaphorik in den

---

[68] Vgl. oben zu 1Kor bzw. Kol die Diskussion um die Bedeutung des Wortes „Haupt" (Herrscher oder Quelle). - Umständlich scheint die Konstruktion πᾶν τὸ σῶμα [...] τὴν αὔξησιν τοῦ σώματος ποιεῖται, der Leib macht das Wachstum des Leibes. Sie könnte durch die relativ große Entfernung zum Subjekt hervorgerufen sein (so R. SCHNACKENBURG, Brief 192 Anm. 461; A.T. LINCOLN, Ephesians 262).

[69] Deswegen scheint es mir auch zu verallgemeinernd, wenn C.E. ARNOLD, Jesus 362, meint, es gäbe zwischen Kol und Eph „variations that in the end make little difference to the meaning."

[70] Von dieser Frage zeugt auch die textkritische Variante, die hier μέλους liest.

[71] Einen Unterschied leugnet S. HANSON, The Unity of the Church in the New Testament. Colossians and Ephesians, ASNU 14, Uppsala 1946, 135 („the same meaning").

[72] T.K. ABBOTT, Commentary 126, meint zwar auch: „But μέρους is really much more suitable, as more general." Leider führt er aber nicht aus, für was der Begriff passender ist und warum.

Versen 12-14 die Stabilisierung der symbolischen Sinnwelt beschrieben wird. Wenn nun noch einmal die Legitimatoren in den Blick genommen würden, rundete sich das Bild.[73] Man wird aber gerade wegen des Stichwortes τὸ μέτρον, das auf die allgemeine Formulierung von V. 7 rekurriert (wenn es denn eine allgemeine Formulierung ist), diese Aussage nicht zu absolut setzen dürfen. Wer hier letztlich angesprochen ist, wird sich kaum mit letzter Sicherheit bestimmen lassen.[74]
Das Thema „unity in diversity" ist hier nicht angesprochen.[75] Die „diversity" an sich ist hier nicht das Problem, sondern die Definition der Aufgabe, die den Funktionsträgern zugesprochen wird. Diese Aufgabe ist die Wahrung der inneren, „ideologischen" Integrität und Kohäsion der Gemeinde.[76] Gerade in der Entfaltung dessen, was auch Paulus mit οἰκοδομή, dem Stichwort für die Stabilität, wie wir im Vergleich von Haus- und Leib-Metaphorik festgestellt hatten, zusammengefaßt, aber nicht wirklich expliziert hatte, liegt die Pointe dieser Perikope.

---

[73] So auch A.T. LINCOLN, Ephesians 263.

[74] Vgl. auch R. SCHNACKENBURG, Brief 193: „möchten wir also sowohl die Leitenden [...] als auch die Gläubigen [...] in der Darstellung angesprochen finden." Vgl. J. GNILKA, Epheserbrief 220: „Das Herausgehobensein bestimmter Ämter bei fortbestehender Inpflichtnahme aller Gläubigen aber kennzeichnet die äußere Struktur der Kirche des Epheserbriefs." J. PFAMMATER, Epheserbrief 34, sieht nur die Amtsträger gemeint. Dieselbe Einschätzung veranlaßt M. GESE, Vermächtnis 187f, zu dem Ausruf: „Das Wachstum des Leibes wird durch Ämter vermittelt!" (im Original kursiv). Etwas unverbunden faßt A.T. LINCOLN, Ephesians 263, nach seiner zuvorigen eindeutigen Entscheidung für einen ausschließlichen Bezug auf die Funktionsträger zu κατ᾽ ἐνέργειαν ἐν μέτρῳ ἑνὸς ἑκάστου μέρους zusammen: „So in this summarizing picture of v 16 both particular ministers and every member find a place." Hier wäre zumindest eine Problemanzeige angebracht gewesen. Die fehlt auch bei C.E. ARNOLD, Jesus 362 („highlights the importance of the active contribution of each individual member").

[75] So aber A.T. LINCOLN, Ephesians 267. Nur, wenn man den ganzen Eph in den Blick nimmt, kann eine Einschätzung des Eph zutreffen, wie sie R. BANKS, Community 63, formuliert: „Here (sc. im Eph als ganzem) we have a variation of the unity-in-diversity theme, one that focusses on the member's religious backgrounds instead of their individual gifts."

[76] Daß damit auch einiges Gewicht auf die entsprechenden Funktionsträger gelegt und Entscheidendes über ihre Rolle innerhalb der Gemeinde gesagt wird, bleibt davon unberührt (vgl. A.T. LINCOLN, Ephesians 267: „importance and authority of these leaders and ministers of the word are underscored").

Die bildliche Vorstellung dessen, was in V. 15 ausgedrückt ist, bereitet Schwierigkeiten: „wir wachsen zu ihm in jeder Hinsicht,[77] der das Haupt ist, Christus." Zudem fährt V. 16 fort, daß der Leib wiederum vom Haupte her wächst. Man wird das Bild nicht überstrapazieren dürfen. Was ausgesagt werden soll, beschreibt eine zweifache Perspektive: Der Leib kommt mit seinem Wachstum Christus näher, wird ihm ähnlicher (deswegen wohl τὰ πάντα, „in jeder Hinsicht"), gleichzeitig ist Christus das Haupt, das das Wachstum bewirkt und den Leib durch sein Versöhnungshandeln ja allererst konstituiert hat. Beide Perspektiven sind nicht harmonisiert, die „Stimmigkeit" der Metapher war wohl nicht angestrebt.[78] Wichtig ist, daß mit dieser doppelten Perspektive Ursprung und

---

[77] Zur Übersetzung als „Akkusativ der Beziehung" vgl. BLDEBR § 160,1. Mit τὰ πάντα ist nicht das All gemeint, was überhaupt keinen Sinn ergäbe (obschon τὰ πάντα sonst in Eph so zu verstehen ist, was eine gewisse Härte unleugbar macht), zumal das Subjekt durch die 1. Pers. Pl. im Verb bereits besetzt ist. Einen Ausweg böte da nur eine transitive Übersetzung mit „wachsen *lassen*", so wie etwa H. SCHLIER, Brief 205, oder J. ERNST, Briefe 358, sie vornehmen. Aber eine Erwähnung des Alls wäre hier vollkommen unmotiviert (J. ERNST, a.a.O. 359, konzediert, daß vielleicht „die kosmischen Gedanken mehr nebenbei in einen ekklesiologischen Zusammenhang eingeflossen sind," weil für den Verfasser Kirche und Welt so eng zusammenhingen). SCHLIERs Einwand, bei einer adverbialen Übersetzung läge eine Tautologie zu V. 12.16 vor, wo auch von Wachstum geredet ist, läßt sich damit begegnen, daß eher mit einer retardierenden Redeweise als mit einem zusammenhangslosen Einschub zu rechnen ist, oder damit, daß der Eph-Verfasser hier die Möglichkeit gesehen hat, aus der Kol-Vorlage den Gedanken des Wachstums einzufügen. Zudem, und entscheidend, müßte dann in V. 16 σῶμα entsprechend das All meinen (was SCHLIER, a.a.O. 209, auch für möglich hält), was aber schon vom Kol ausgeschlossen war und auch im Eph sich nicht findet. Σῶμα (Χριστοῦ) ist in beiden Briefen nur die Kirche. Ein Akkusativ der Beziehung wäre auch keine Einmaligkeit im Eph, wenn man zu 1,23 E. HAUPT, Gefangenschaftsbriefe 46 (zu Eph), folgt, der dort τὰ πάντα als einen solchen versteht (und ἐν πᾶσιν als Maskulinum für die einzelnen Glieder der Kirche). Dem wiederum steht z.B. G. HOWARD, Metaphors 352, ablehnend gegenüber.

[78] Wie zu 1,22f verneint G. HOWARD, Metaphors, auch hier, daß es auf die Verbindung von Haupt und Leib ankäme. Wieder meint er, daß κεφαλή und σῶμα durch den Einschub Χριστός gerade getrennt würden. Aber wieder muß dazu gesagt werden, daß sich dadurch inhaltlich nichts ändert. Der Eph-Verfasser könnte bemüht gewesen sein, die Kol-Vorlage (Kol 2,19: οὐ κρατῶν τὴν κεφαλήν, ἐξ οὗ κτλ.) mit ihrem Relativpronomen im falschen Genus zu korri-

Ziel der Ämter definiert sind: Die Ämter gründen in dem Wirken Christi für die Kirche und haben die Kirche zu Christus zu führen. Ihre Legitimation ist von Christus abgeleitet, dem sie gleichzeitig verantwortlich sind.

7.1.8. Abgrenzung - Glieder Christi lügen nicht: Eph 4,25

Mit diesem Vers wird die konkrete Paränese eingeleitet, und er ist programmatisch. Aufgefordert wird zur ehrlichen Kommunikation. Die Formulierung ist zunächst Sach 8,16 LXX entnommen. Der Verfasser zitiert: λαλεῖτε ἀλήθειαν ἕκαστος μετὰ τοῦ (LXX: πρὸς τὸν) πλησίον αὐτοῦ. Interessanterweise wird mit diesem Zitat der Volk-Gottes-Gedanke aufgenommen, der ja eine Interpretationslinie gemeindlicher Selbstbeschreibung im NT ist. Er wird mit dem Konzept des Leibes Christi verbunden.[79] Leib-Metaphorik dient hier, auch formal eingeleitet durch das ὅτι, zur Begründung: ὅτι ἐσμὲν ἀλλήλων μέλη. Diese Formulierung ist Röm 12,5 entnommen (wie ja schon 4,7 auf Röm 12,3.6 rekurriert hatte) und verstärkt den Eindruck, daß im Eph auch in der Leib-Metaphorik eine Art Kompendium paulinischen Denkens geliefert wird.[80]

Aber zunächst ein Blick in den Kontext: Der Vers 25 ließe sich mühelos an die Verse 15f anschließen: Dort hatte der Verfasser die Beschreibung der Gemeinde abgeschlossen mit der Schilderung der Wachstums, das daraus resultiert, daß untereinander wahr geredet wird. In V. 25 wird dieselbe Aussage in einen Imperativ gekleidet. Die eingeschalteten Verse 17-24 sind sozusagen ein zweites Proömium für die Paränese. In ihm werden den Christen zunächst die Völker als Negativfolie gegenübergestellt (17-19). Ab V. 20 erinnert der Verfasser die Adressaten, mit ὑμεῖς δέ einleitend, an ihre Bekehrung und mit der Metaphorik von Aus- und Anziehen an ihre Taufe.

---

gieren, denn wenn Χριστός wie im Eph noch einmal erwähnt wird, stimmt das maskuline Genus wieder (vgl. auch M. GESE, Vermächtnis 187 Anm. 272).

[79] M.W. hat einzig noch A.T. LINCOLN, Ephesians 301, auf diesen Zusammenhang zumindest hingewiesen, auch wenn er die Koinzidenz von Volk und Bund nicht mitbedenkt: „The neighbor of the exhortation, who in Judaism would have been a companion in the covenant, now takes on the specific shape of a fellow member of the body of Christ."

[80] Vorausgewiesen sei in diesem Zusammenhang schon auf Eph 5,23. Hier könnte man vermuten, der Verfasser will auch die nicht-ekklesiale Leib-Metaphorik aus 1Kor 11,3 noch in das Bildfeld des Gemeindeleibes einbinden.

Dieser Appell hat stark emotionalen Charakter. Die alte Sinnwelt wird in Erinnerung gebracht durch καθὼς καὶ τὰ ἔθνη, ohne daß jedoch explizit gesagt würde, daß die Christen nur früher dazugehört hätten. In 3,1 erst waren die Adressaten so angeredet worden: ἐγὼ Παῦλος ὑπὲρ ὑμῶν τῶν ἐθνῶν. Sicherlich ist auch da die Vergangenheit gemeint, in der die Adressaten als Heiden der Botschaft des Paulus begegneten. Aber durch diese Formulierung rückt dieser frühere Zustand doch in eine größere Nähe als etwa in 2,11 (ποτέ und ἦτε τῷ καιρῷ ἐκείνῳ). Wenn nun hier in 4,20-24 dieses ganze Geschehen rekapituliert, in nächste Nähe geholt und zudem die Dramatisierung des Bekehrungsgeschehens in der Taufe evoziert wird, so verstärkt das den Appell und erleichtert dessen Befolgung, nun auch in der neuen Sinnwelt zu bleiben. Nähe zur Vergangenheit, für eine Subsinnwelt besonders kritisch, könnte hier als Gefahr interpretiert sein. Es gilt, die neue Sinnwelt zu behaupten.
Dieser Zusammenhang ist für die Interpretation von V. 25 nicht unbedeutsam, weil mit dem Zitat der Leib-Metaphorik der neue Sozialzusammenhang der Bekehrten in den Blick kommt, in den der Einzelne eingebunden ist, in dem er sich aber auch zu bewähren hat. So bildet σῶμα in gewisser Hinsicht für den Eph-Verfasser den Gegenpol zu den ἔθνη, wie er auch mit dem AT-Zitat den Volk-Gottes-Gedanken auf die Gemeinde übertragen hatte.[81]

M. Barth vermutet Ähnliches. Für ihn ist dieser Vers ein „appeal to self-consciousness, if not *élite*-consciousness [...], 'Members (of Christ's body) do not lie!'“[82]

Der Hinweis, die Adressaten seien einander Glieder, stärkt die Solidarität, die den für den Einzelnen so wichtigen Zusammenhalt der Gruppe

---

[81] Läge ich mit meiner Interpretation von Röm 12,4f nicht verkehrt, so bildete Eph 4,25 dazu eine Parallele: Dort ist der Gemeinde mit dem Stichwort σῶμα eine alternative Identität zur Orientierung an Israel angeboten, hier der Gegensatz zu den ἔθνη herausgestellt. R. SCHNACKENBURG, Brief 211, hat dann zwar recht, daß „der Gedanke an den Leib Christi dem Autor schon so vertraut“ ist, daß er ihn hier „wie selbstverständlich einbringt“ (vgl. J. GNILKA, Epheserbrief 234: erscheint „formelhaft“ [s. jedoch die übernächste Fußnote]). Aber damit darf nicht ausgeschlossen werden, daß sich dahinter nicht auch eine weitergehende Absicht, ein planvolles Vorgehen verbirgt. Ähnliches gilt auch für Eph 5,30 (s.u.).

[82] M. BARTH, Ephesians 513.

bewirkt.[83] Die Solidarität drückt sich darin aus, daß man untereinander die Wahrheit redet.

7.1.9. Die Integration der Ehe: Eph 5,23.30

Die Eheparänese des Eph besteht aus einem Zusammenspiel verschiedenster Vorstellungen, und gerade diese Perikope hat aufwendige religionsgeschichtliche Untersuchungen hervorgerufen. V.a. sahen Exegeten, die eine gnostische Interpretation des Eph favorisierten, hier den Einfluß der Syzygie-Vorstellung. Gegenwärtig begegnet fast überall die Herleitung aus dem alttestamentlichen Gedanken der Ehe von Gott und Israel, wie sie sich in Ez 16 findet.[84] Leib-Metaphorik ist dieser Ehe-Metaphorik an die Seite gestellt (wohl ermöglicht durch die Verbindung der Stichwörter σάρξ und σῶμα). Sie bildet zwar den Auftakt, rückt dann aber in den Hintergrund.

Alle Herleitungsversuche enden in der Regel aber dort, wo die pragmatischen Fragen beginnen. Sie wurden in der Forschung nur selten aufgegriffen. Die Frage nach der im Hintergrund stehenden Situation ist aber deswegen unvermeidlich, weil im Verhältnis zum Kolosserbrief der Abschnitt über die Ehe um ein vielfaches ausführlicher ist.[85] Warum?[86]

---

[83] Vgl. J. GNILKA, Epheserbrief 234: In der „gewichtigen Begründung ist der soziologische Tenor des Leib-Gedankens bemerkenswert." „Dieser soziologische Aspekt [...] ist also unserem Schreiben keinesfalls verlorengegangen." Ganz im Gegenteil. Aber das wäre auch schon zu 2,16 zu bemerken gewesen.

[84] So z.B. J. GNILKA, Epheserbrief 280. Zuletzt hatte J. ÅDNA, Die eheliche Liebesbeziehung als Analogie zu Christi Beziehung zur Kirche, ZThK 92 (1995) 434-465, eine Verortung in der alttestamentlich-frühjüdischen Weisheitstheologie vorgeschlagen. Und A.T. LINCOLN, Ephesians 361, veranschlagt, neben der Ehemetaphorik des AT, die Heiligkeitsterminologie des Paulus und führt 1Thess 4,3-8; 1Kor 7,14; 2Kor 6,14-7,1; 11,2 an.

[85] Andere Veränderungen gegenüber dem Kol fallen wesentlich weniger umfangreich aus, wie etwa die irenische Wendung von Kol 3,25 (*Unrecht* wird mit gleicher Münze zurückgezahlt) zu Eph 6,8 (*Gutes* wird vergolten) oder die einem ähnlichen Duktus folgende Einfügung einer Verheißung in die Mahnung an die Kinder in Eph 6,2f. Gleichzeitig ist der Abschnitt über Sklaven und Herren im Verhältnis zu den anderen Bereichen (Ehe und Eltern-Kinder) bei Kol der Schwerpunkt, im Eph ist dies die Eheparänese (vgl. A.T. LINCOLN, Ephesians 354).

[86] Die Frage wird erstaunlich selten gestellt. Mir sind nur die folgenden Ausnahmen bekannt: H. CONZELMANN, Der Brief an die Epheser, in: H.W. Beyer/P. Althaus/H. Conzelmann/G. Friedrich/A. Oepke, Die kleineren Briefe des Apo-

Aus den wissenssoziologischen Überlegungen ergab sich die Einsicht, daß, wenn Institutionen brüchig werden, verstärkte Anstrengungen seitens der Legitimatoren notwendig werden. Lassen sich daraus Schlüsse ziehen, etwa auf eine Diskussion über die Ehe unter den Adressaten? Eine solche Diskussion hat im Frühchristentum stattgefunden. Paulus schreibt den Korinthern in 1Kor 7, seine Präferenz ist die Ehelosigkeit. Aber auch für die, die sich für die Ehe entschieden haben, gibt es nach V. 5 die Möglichkeit einer temporären und beiderseitig vereinbarten Enthaltsamkeit um des Gebetes willen. Frauen haben aus der Freiheitspredigt des Paulus den Schluß gezogen, auch in der Gemeinde freimütig aufzutreten, was dort allerdings zu Konflikten führte. Paulus mahnt zur Zurückhaltung (1Kor 11). Gleichzeitig werden Frauen durch ihn jedoch auch in die Missionsarbeit integriert (Apg 16,13-15,40; Röm 16,7). Die spätere Entwicklung zeigt, daß die Diskussion nicht aufhörte. Das

---

stels Paulus, NTD 8, Göttingen [11]1968, 56-91, S. 87, bedenkt: „Die bestehende Sozialordnung wird also nicht angestastet; aber das Verbleiben in ihr (das gar nicht selbstverständlich ist; jüdische, asketische Gruppen wandern aus der ‘Welt’ aus; die Gnostiker entziehen sich ihr) wird neu begründet, wenn auch erst tastend.“ E.E. JOHNSON, Ephesians, in: The Women’s Bible Commentary (hg. v. C.A. Newsom/S.H. Ringe), London/Louisville 1992, 338-342, S. 341, meint: „The author’s willingness to contradict - not simply reinterpret - Paul’s understanding of relations between women and men must derive from a sense of great peril.“ „By subordinating the interests of the women in the congregation to the interests of the church’s public image, the author apparently operates more from fear than from faith.“ Man kann jedoch angesichts 1Kor 11 nicht so einfach eine Opposition von liberalem Paulus und reaktionärem Eph-Verfasser aufbauen. F. MUSSNER, Der Brief an die Epheser, ÖTBK 10, Gütersloh/Würzburg 1982, 156, bleibt dagegen unkonkreter: „Der Grund dafür (sc. für die Ausführlichkeit) kann nur darin liegen, daß dem Verfasser die Eheparänese besonders am Herzen liegt; vielleicht deshalb, weil verheiratete Gemeindeglieder die Ehe nur als ‘ein weltlich Ding’ betrachteten, in dem sie sich in nichts von den Heiden unterscheiden würden.“ (Zu den Überlegungen von A.T. LINCOLN, Ephesians, und U. LUZ, Epheser 171, s.u. S. 241 Anm. 107). Eine ganz andere Antwort gibt jetzt wieder M. GESE, Vermächtnis 207: Die Haustafel ist vom Eph-Verfasser bloß übernommen, um hier seine Gedanken zur Ekklesiologie eintragen zu können (vgl. etwa auch L. DEIMEL, Leib 56; H. HÜBNER, Philemon 242). Der christologisch-ekklesiologische Vergleich läßt „bereits durch seine Ausmaße erkennen [...], daß er das eigentliche Anliegen des Verfassers widerspiegelt.“ Das „Ausmaß“ einer Begründung kann jedoch genauso gut für die Schwere und Dringlichkeit des die Ehe betreffenden Problems sprechen. Man darf Aussage und Begründung nicht verwechseln.

Schweigegebot in 1Kor 14,34f, vermutlich ein Zusatz späterer Hand in den paulinischen Text, spiegelt diese Diskussion ebenso wieder wie die Polemik gegen die „Witwen" in 1Tim 5,11-15.[87] Offensichtlich war dieser ganze Fragenkomplex v.a. im Umkreis paulinischer Theologie virulent.[88] Steht er auch hinter Eph 5,21-33?

Syntaktisch setzt 5,21 mit ὑποτασσόμενοι die Reihe von Partizipien in den Versen 19f fort, so daß die gegenseitige Unterordnung als Explikation des Imperativs πληροῦσθε ἐν πνεύματι (V. 18) erscheint. Zunächst sind die Frauen angesprochen, wenn auch in einer indirekten Konstruktion. Ihre Unterordnung unter ihre Männer wird begründet mit ihrem Verhalten gegenüber Christus (ὡς τῷ κυρίῳ). Die Unterordnung unter Christus ist nicht Teil des Imperativs, sondern dessen Voraussetzung, an die die Frauen erinnert werden.[89] Das ist nicht unwesentlich: Sollten wir es mit einer Mahnung vor dem Hintergrund der Witwenschaft um Christi willen oder ähnlicher Vorstellungen zu tun haben, so wird die Haltung der Frauen zunächst positiv hervorgehoben, um gerade aus ihr die nächsten Folgerungen zu ziehen. Der ὅτι-Satz in V. 23 begründet diesen Zusammenhang zwischen der Unterordnung unter Christus und den Ehemännern. War diese Begründung notwendig geworden, weil gerade die Unterordnung unter Christus es Frauen nahegelegt hatte, die Unterordnung unter einen bzw. unter ihren Ehemann abzulehnen?

Die Begründung bedient sich der Metapher vom Mann als dem Haupt der Frau (ὅτι ἀνήρ ἐστιν κεφαλὴ τῆς γυναικός). Das ist in einem Brief, der aus der Person des Paulus seine Autorität schöpft, nicht anders denn

[87] Zu den „Witwen" im Urchristentum vgl. J.-U. KRAUSE, Witwen und Waisen im Römischen Reich. Bd. 4: Witwen und Waisen im frühen Christentum, HABES 19, Stuttgart 1995, und C. METHUEN, The „Virgin Widow": A Problematic Social Role for the Early Church?, HThR 90 (1997) 285-298.

[88] D.R. MACDONALD, The Legend and the Apostle. The Battle for Paul in Story and Canon, Philadelphia 1983, stellt die gegensätzlichen Frauenbilder in den Pastoralbriefen und den Thekla-Akten dar.

[89] Anders A.T. LINCOLN, Ephesians 368, der paraphrasiert: „this is the way she can serve the Lord", womit ὡς übersetzt würde mit „als ob" o.ä. Statt einer solchen Identifizierung oder Repräsentation (wie sie etwa auch H. CONZELMANN, Epheser 86; H. SCHLIER, Brief 253; F. MUSSNER, Brief 156; A. LINDEMANN, Epheserbrief 102, oder K. NIEDERWIMMER, Askese 127, annehmen; auch der Hinweis auf Eph 6,7 [ὡς τῷ κυρίῳ καὶ οὐκ ἀνθρώποις] bei T.K. ABBOTT, Commentary 165, geht in diese Richtung), die m.E. nicht gemeint ist, schlage ich eine Parallelisierung oder Analogie vor: „so wie ihr es (bereits) gegenüber Christus tut".

als Anspielung auf 1Kor 11,3 zu verstehen. Gleichermaßen ist es nicht unwahrscheinlich, daß Frauen ihre Ansichten ebenfalls aus paulinischem Gedankengut, etwa seinem Freiheitsbegriff oder seinen Äußerungen zur Askese, gewonnen haben. Somit könnte sich hier ein Streit um die rechte Paulus-Auslegung widerspiegeln.

Der ersten Metapher wird in Analogie die christologisch-ekklesiologische an die Seite gestellt (ὡς καὶ ὁ Χριστὸς κεφαλὴ τῆς ἐκκλησίας). Diese Analogie war, anders als das Hauptsein des Mannes, nicht umstritten. Sie war also insofern zur Unterstützung der eigentlichen Aussage in V. 23a gut geeignet. Zudem stellt sie die Argumentation in einen ekklesialen Rahmen, in dem sich ja auch die angesprochenen Frauen befanden und den sie akzeptierten. Aus letzterem erklärt sich auch die Veränderung, die der Eph-Verfasser an 1Kor 11,3 vornimmt, indem er Christus nicht mehr das Haupt des Mannes, sondern das Haupt der ganzen Gemeinde sein läßt.[90] Damit ist die Frau nicht mehr in eine absteigende Skala eingereiht, in der zwischen ihr und Christus der Mann steht. Sie wird stattdessen unmittelbar und als Teil der Gemeinde Christus unterstellt (wie ja implizit auch der Mann!, vgl. u. zu 5,30), was wiederum dem Selbstverständnis der Witwen entsprochen haben dürfte. Da Christus als Haupt der Gemeinde nicht ihr Herrscher, sondern ihr Versorger und Lebensgrund ist, wie in der Schilderung des Handelns Christi an der Gemeinde unter dem Stichwort der ἀγάπη deutlich wird, wird gleichzeitig auch den Männern gegenüber ihren Frauen diese Rolle zugedacht.[91]

Rätselhaft ist die Formulierung von V. 23c: αὐτὸς (sc. Χριστός) σωτὴρ τοῦ σώματος.

Daß mit dem σωτήρ-Begriff eine analoge Rolle des Mannes gegenüber der Frau gemeint sein könnte, ist mehr als unwahrscheinlich, da die Vorgabe der gegenseitigen Unterordnung, die zwar schon durch die Gesamtaussage und durch Einzelelemente wie das ἐν παντί in V. 24 gefährdet, aber nicht aufgegeben ist, durch ein solches Ungleichgewicht verunmöglicht würde.[92] Es hat

---

[90] Dies läßt sich auch dann als Veränderung von 1Kor 11,3 verstehen, wenn man darauf hinweist, daß Christus als Haupt der Gemeinde ohnehin zur Vorstellungswelt des Eph gehört. Durch V. 23a ist die Nähe zu 1Kor 11,3 unabweisbar. So auch A. LINDEMANN, Paulus 126.

[91] Gegen A.T. LINCOLN, Ephesians 369.

[92] Anders R.W. WALL, Wifely Submission in the Context of Ephesians, CScR 17 (1988) 272-285, S. 281, der aber σωτήρ „not in the sense of 'divine ruler' but in the sense of 'nurturer'" versteht. Vgl. dagegen F.W. DANKER, Benefactor 324:

sich gerade an diesem Ausdruck die gnostische Interpretation festgemacht.[93] Andere vermuten dagegen, der Begriff σωτήρ soll die Assoziation des Herrschens, die mit dem Stichwort κεφαλή gegeben sei, abschwächen.[94] Aber es scheint mir wahrscheinlicher, daß mit dem Haupt-Sein Christi ohnehin weniger seine Herrschaft als seine Funktion als Lebensquelle gemeint ist. A.T. Lincoln schlägt vor, σωτήρ „should be taken in the general sense of protector or provider for welfare and order in the way it would have been applied to the emperor in its Hellenistic usage." So stehe es in einem engen inhaltlichen Zusammenhang mit der Vorstellung von Christus als κεφαλή seines Gemeinde-Leibes, der so auch „Savior of his body" sein könne.[95] Diese Interpretation erklärt aber erstens noch nicht die Notwendigkeit einer dann bloßen Ergänzung von κεφαλή durch σωτήρ, und übersieht zweitens, daß es nicht heißt αὐτὸς σωτὴρ τοῦ σώματος *αὐτοῦ*, wie nach der Paraphrase bei Lincoln der Text lauten müßte,[96] sondern daß das Possessivpronomen gerade fehlt. Gegen einen Rückbezug auf die κεφαλή hatte schon E. Haupt argumentiert, daß so zwar die Herrschaft Christi begründet, aber die Analogie zum Mann zerstört wäre, der nicht σωτήρ sein könne. Auch könne es nicht konzessiv verstanden werden, denn σωτήρ sei kein Gegenbegriff zu κεφαλή.[97] Haupt setzt zwischen ἐκκλησίας und αὐτός einen Punkt. So erhalte ἀλλά sein Recht als Adversativum, da nun die Herrschaft des Mannes wieder begründet werden müsse. Auch M. Dibelius vermutet wegen des nachfolgenden ἀλλά, daß αὐτὸς σωτὴρ τοῦ σώματος nicht zum Vergleich gehört. Dann wäre diese Formulierung „als Nebengedanke, wenn nicht geradezu als Einschränkung der Parallele zu betrachten."[98] Aber so gehörte sie doch gerade wieder zum Vergleich!

M.E. läßt sich die Wendung σωτήρ τοῦ σώματος verstehen als dem Verständnis der Frauen entnommen, die sich theologisch als Witwen

---

Σωτήρ meint „a general manifestation of generous concern for the well-being of others, with the denotation of rescue from perilous circumstamces." Die Unmöglichkeit, σωτήρ auf das Verhältnis Mann-Frau zu beziehen, ist eines der Argumente bei M. GESE, Vermächtnis 207, mit dem er dem Eph-Verfasser ein paränetisches Interesse in diesen Versen abspricht.

[93] Vgl. H. SCHLIER, Brief 254f.266; tendenziell auch K. NIEDERWIMMER, Askese 131.

[94] Vgl. J. GNILKA, Epheserbrief 277; R. SCHNACKENBURG, Brief 252; A. LINDEMANN, Epheserbrief 102.

[95] A.T. LINCOLN, Ephesians 370. Ähnlich auch M. BARTH, Ephesians 614; P. POKORNÝ, Epheser 222; H. HÜBNER, Philemon 244.

[96] So ergänzt auch H. CONZELMANN, Epheser 86.

[97] Vgl. E. HAUPT, Gefangenschaftsbriefe 210 (zu Eph).

[98] M. DIBELIUS, Kolosser 93,

verstanden[99] oder dieser Selbstauffassung nahestanden. In dem Falle wäre Christus in ihren Augen zunächst einmal der Retter ihrer selbst bzw. ihrer Körper, und σῶμα nicht ekklesiologisch zu verstehen.

In AcThe 6, Teil des Wortes Gottes von der Enthaltsamkeit und der Auferstehung (λόγος θεοῦ περὶ ἐγκρατείας καὶ ἀναστάσεως), finden wir in dem Makarismus des Paulus über die Leiber der Jungfrauen sowohl σῶμα als auch σωτηρία: μακάρια τὰ *σώματα* τῶν παρθένων, ὅτι αὐτὰ εὐαρεστήσουσιν τῷ θεῷ καὶ οὐκ ἀπολέσουσιν τὸν μισθὸν τῆς ἁγνείας αὐτῶν· ὅτι ὁ λόγος τοῦ πατρὸς ἔργον αὐτοῖς γενήσονται *σωτηρίας* εἰς ἡμέραν τοῦ υἱοῦ αὐτοῦ, καὶ ἀνάπαυσιν ἕξουσιν εἰς αἰῶνα αἰῶνος. (Und dieses Wort führt dann in den Thekla-Akten zum Konflikt mit den Männern, die sich um die Frauen betrogen sehen - eine Folge, die auch hier im Eph im Hintergrund stehen könnte.) Markant ist m.E. die syntaktische Beobachtung, daß nicht die παρθέναι (oder -οι)[100] selber angeredet sind, sondern ihre Leiber, denen ihre Askese zum ἔργον σωτηρίας wird.

Der Eph-Verfasser könnte diese Vorstellung aufgenommen haben, um sie in die übergeordnete ekklesiale Leib-Metaphorik aufgehen zu lassen.[101] Die beiden Bedeutungsdimensionen ergäben so die Aussage, daß, wer sich in die Gemeinde als Leib Christi eingliedern läßt, sich um die Erlösung seines eigenen Leibes nicht mehr sorgen muß. Damit wiederum wäre der Weg frei, als Frau wieder den angestammten Platz an der Seite

[99] Vgl. in 1Tim 5,3 die Differenzierung zwischen Witwen und *wirklichen* Witwen: Χήρας τίμα τὰς ὄντως χήρας. Bei C. METHUEN, Widow, finden sich Hinweise auf IgnSm 13 und Tertullian, Ad uxorem 1, die beide von Frauen sprechen, die nur dem theologischen Verständnis nach Witwen hießen.

[100] Vgl. die traditionsgeschichtlichen Überlegungen in der im Entstehen begriffenen Heidelberger Dissertation von A. MERZ, Der intertextuelle Ort der Pastoralbriefe (Arbeitstitel). Merz verweist auf die maskuline Form der Subjekte und meint, die Makarismen-Reihe sei früher als der Thekla-Rahmen, in dem es um weibliche Enkrateia geht, und hätte zunächst männliche Adressaten angeredet. Zur sprachlichen Möglichkeit verweist sie auf Apk 14,4 (οὗτοι εἰσιν οἳ μετὰ γυναικῶν οὐκ ἐμολύνθησαν, παρθένοι γάρ εἰσιν).

[101] Damit ist rekonstruiert, was auch A. LINDEMANN, Epheserbrief 101, die drei Begründungsebenen dieser Perikope nennt: die „anthropologisch-soziale", die „christologisch-ekklesiologische" und die „soteriologische" Ebene. Indem damit „der Verfasser das ihm überkommene Haustafelschema im Grunde schon wieder gesprengt hat" (ebd.), versucht er es m.E. für asketisch gesinnte Christinnen nachvollziehbar zu machen.

des Mannes und in Unterordnung einzunehmen.[102] Gerade mit dieser Deutung erhält, wie Haupt und Dibelius es einforderten, das ἀλλά sein Recht als Adversativum, denn nun könnte man paraphrasieren: „Er ist (zwar) der Retter des Leibes, aber (dennoch): Wie die Kirche ...“
Sollte dieser Zusammenhang zutreffen, dann ließe sich auch die anschließende Einführung der Ehe-Analogie zwischen Christus und Gemeinde gut erklären. Konventionelle religionsgeschichtliche Untersuchungen hatten, wie gesagt, die Frage offengelassen, warum die Ehemetaphorik hier eingeführt wird. Haben sich jedoch Frauen als Witwen bezeichnet und steht dies hier im Hintergrund, so war dies ja bereits Teil einer Ehemetaphorik, die nun leicht aktiviert werden konnte. Im gleichen Atemzug, wie sie sich als Witwen bezeichneten, könnten sie sich als Bräute Christi verstanden haben. So lag es für den Eph-Verfasser nahe, auch diesen Gedankenkomplex, dieses Bildfeld auf die Gemeinde zu übertragen, denn es war für die Frauen positiv besetzt und sollte ihnen helfen, ihre Vorstellungen ekklesial zu modifizieren. Dadurch wurde die Ehe, die sie als Hindernis zur völligen Hingabe an Christus ansahen, im Gegenteil gerade zum Abbild der innigen Verbindung zu Christus.[103]

---

[102] Einen ähnlichen Zusammenhang von Unterordnung und Rettung des Leibes weist 1Klem 37,5 auf: Alle Glieder fügen sich in die Unterordnung, damit der ganze Leib bewahrt/gerettet werde (ἀλλὰ πάντα συνπνεῖ καὶ ὑποταγῇ μιᾷ χρῆται εἰς τὸ σώζεσθαι ὅλον τὸ σῶμα). Eph-Rezeption, die allerdings wieder von dem Kirchenleib redet (vgl. u. Kap. 8.1.1)? - Es ist auch gerade der Begriff des σωτήρ, der eine (thematische) Nähe zu den Past vermuten läßt. Die Bezeichnung Gottes bzw. Christi als σωτήρ ist selten im Neuen Testament. Wenn wir uns auf das Corpus paulinum beschränken (außerhalb von diesem finden wir den Begriff viermal im lukanischen Doppelwerk, zweimal im Corpus Johanneum, einmal im Judasbrief und allerdings fünfmal in 2Petr), dann stellen wir fest, daß Paulus selber ihn nur einmal in Phil 3,20 verwendet, er zudem hier in Eph 5,23 begegnet, dann aber zehnmal in den Past (dreimal in 1Tim, einmal in 2Tim, sechsmal in Tit). Die Past kamen aufgrund dieser Vokabel schon bei anderen Exegeten in den Blick, aber ohne daß daraus Konsequenzen gezogen wurden (vgl. etwa J. GNILKA, Epheserbrief 277).

[103] Insofern sind Äußerungen katholischer Exegeten wie die von A. WIKENHAUSER, Kirche 202: „jede christliche Ehe ein getreues Abbild jenes himmlischen Ehebundes“ berechtigt. Vgl. die differenzierte, vom ökumenischen Anliegen geprägte Stellungnahme zum katholischen, sakramentalen Eheverständnis bei R. SCHNACKENBURG, Brief 261f. A.T. LINCOLN, Ephesians 363, spricht von einem „process of the ‘sacralizing’ of marriage [...], though it does not talk of of marriage as a ‘sacrament’“. Dieser Prozeß „does introduce a perspective on the

Dieser Gedanke läßt sich auch weiter durch die nächsten Verse verfolgen. Christi Hingabe für die Gemeinde hat zum Ziel, sie zu zu heiligen (ἵνα αὐτὴν ἁγιάσῃ, V. 26), sie sich herrlich darzustellen (ἵνα παραστήσῃ αὐτὸς ἑαυτῷ ἔνδοξον τὴν ἐκκλησίαν, V. 27), damit sie heilig und untadelig sei (ἵνα ᾖ ἁγία καὶ ἄμωμος, V. 27). Diese Attribute dürften für die angesprochenen Frauen bzw. für ihre Vorstellungen[104] von größter Bedeutung gewesen sein. Es war Ziel ihrer Ehelosigkeit, in der Verbindung zu Christus diese Attribute zu erwerben. Die Analogie des Eph-Verfassers wirbt mit seinen Formulierungen darum, diese Attribute auch in der Ehe für erreichbar zu halten.

Der größere Teil der Paränese ist den Männern gewidmet, zumal nur sie auch direkt angeredet werden. Bringt das diese auf die Frauen angelegte Rekonstruktion zu Fall? Nein, denn der Mann bekommt, indem den Frauen ein solches Eheverständnis wie oben dargelegt nahegebracht werden soll, eine große Verantwortung auferlegt, deren Erfüllung die normale Patriarchenrolle, die das Herrschen über die Frau vorsieht,[105] übersteigt, indem der Mann seine Frau jetzt lieben soll.[106]

Bildet also der Konflikt um das Selbstverständnis der Frauen Anlaß und Ausgangspunkt der Eheparänese, bezieht die Beantwortung der Frage doch beide Ehepartner ein, indem sie in einen ekklesialen Rahmen gestellt werden. Dies bildet eine (bei dem Eph-Verfasser nicht überraschende) irenische Möglichkeit, dieses Thema zu verhandeln, v.a. im

---

relationship quite distinct from other contemporary views", unterschieden etwa von der, die die Ehe vertraglich regelt (ebd.).

[104] Mit dieser Rekonstruktion muß nicht gesagt sein, daß Witwen hier tatsächlich angeredet sind. Die Paraklese wendet sich ja an Verheiratete. Aber es könnte sein, daß das Gedankengut auch verheiratete Frauen angezogen hat, die sich mit der Begründung der Hingabe an Christus von ihren Ehemännern distanzierten.

[105] Diskussionen über das Verhalten des Mannes gegenüber seiner Frau bewegten sich im Rahmen des Herrschens, auch wenn diese Rolle liberaler verstanden werden konnte (vgl. Plutarch, PraecConj 142E: „Der Mann soll die Frau beherrschen nicht wie ein Herr den Besitz, sondern wie die Seele den Leib, mitempfindend und durch gute Gesinnung das Zusammenwachsen fördernd", zit. bei R. SCHNACKENBURG, Brief 258).

[106] Eine Haltung wie die des Musonius Rufus, der die Vervollkommnung der ehelichen Gemeinschaft in der gegenseitigen Liebe sieht (Or 13), scheint eine Minderheitenmeinung gewesen zu sein, zumal da er selbst in anderen Abschnitten klarer subordinatorische Einstellungen verrät (Or 3.4.12). Vgl. dazu A.T. LINCOLN, Ephesians 359.

Gegensatz zur Polemik der Past, an der der Eph-Verfasser offensichtlich kein Interesse hatte, und die seinem ganzen Stil widersprochen hätte. Gleichzeitig wird hier exemplarisch deutlich, wie der Verfasser seine Paränese in die Ekklesiologie einbindet, was er ja mit der Eröffnung der Paränese durch den ekklesiologischen Abschnitt in 4,1-16 angedeutet hatte.[107]

Es bleibt innerhalb dieses Abschnittes noch V. 30 zu behandeln: ὅτι μέλη ἐσμὲν τοῦ σώματος αὐτοῦ (sc. Χριστοῦ). Den Zusammenhang bildet eine Kette von Erklärungen und Begründungen der Mahnung an den Mann, seine Frau zu lieben. Wer seine Frau liebt, liebt sich selbst (V. 28). Unausgesprochen steht hier schon das Zitat aus Gen 2,24 im Hintergrund der folgenden Begründung, niemand hasse schließlich sein eigenes Fleisch, sondern erhalte es, so wie Christus es mit der Gemeinde tut

---

[107] Vgl. auch A.T. LINCOLN, Ephesians 269, zu jenem Abschnitt: „The continued concentration on the overall picture of the Church's calling precedes further practical exhortation, as the corporate dimension of believers' existence is made foundational to their living in the world." In der Tat ist nun auch M. GESE, Vermächtnis 207 (vgl. o. S. 233 Anm. 86), insoweit rechtzugeben, als hier das starke ekklesiologische Interesse des Eph-Verfassers manifest wird. Es überlagert bzw. verdrängt aber nicht die Paränese, sondern prägt sie. - Wie bereits erwähnt, fragt auch A.T. LINCOLN, Ephesians 364, nach dem Warum dieser ausführlichen Eheparänese. Wie auch U. LUZ, Epheser 171, vermutet er, hier liege eine antiasketische Argumentation vor (er verweist sogar auf den Zusammenhang von 1Tim und den Thekla-Akten), schränkt aber ein, es könne genauso gut sein, daß der Eph-Verfasser auch gar keinen Anlaß nötig gehabt haben könnte, denn seine Gedanken kreisten unaufhörlich um die Einheit, und bei der Einheit lasse sich im Rahmen der oikonomischen Ordnung eben am ehesten an das Eheverhältnis denken. In seiner Zusammenfassung greift er beide Möglichkeiten wieder auf (a.a.O. 390). Da aber in seiner Einzelexegese ein konkreter Situationsbezug nicht auftaucht, vermute ich, er tendiert zur zweiten Auffassung. Ich hoffe dagegen, mit meiner Interpretation die Vermutung eines asketischen Hintergrund wahrscheinlicher gemacht zu haben. K. BERGER, Art. Kirche 206f, sieht ebenfalls reale Eheprobleme vorliegen, jedoch anderer Art. Er bringt 5,31 mit 2,14.16 und dem großen Thema der Kirche aus Heidenchristen und Judenchristen in Verbindung. Da nach 1Tim 4,7 und 2Tim 3,6 „vor allem Frauen Opfer judenchristlicher Propaganda" gewesen sind, folgert er für den Epheserbrief (a.a.O. 207): „Die Mahnung der Eheleute zur Einmütigkeit hat einen Anlaß in der 'konfessionellen' Situation des Eph, in der die Frauen eher judenchristlich orientiert waren." Beide Belege aus den Pastoralbriefen klingen m.E. jedoch zu sehr nach einem Topos und lassen zudem den Charakter der Gegner nicht deutlich genug hervortreten, um diese These stützen zu können.

(καθὼς καὶ ὁ Χριστὸς τὴν ἐκκλησίαν, V. 29). Dieses Verhalten Christi gegenüber *uns* liegt darin begründet, daß wir Glieder seines Leibes sind (V. 30).
Verschiedenes ist hier bemerkenswert. Der Verfasser zitiert an dieser Stelle die ansonsten bei ihm nicht zu findende Bildstelle vom Gliedsein des Einzelnen am Leibe Christi.[108] Diese Bildstelle war in ihrer Pragmatik traditionellerweise mit dem Gedanken entweder der Solidarität untereinander oder des Einbringens des jeweils eigenen Charismas verbunden. Dieser Impetus fehlt hier, denn es ist vom Handeln Christi an seiner Gemeinde die Rede, die nun nicht kollektiv als σῶμα, sondern in ihren Teilen als μέλη gefaßt wird. Der Verfasser bleibt also im hierarchischen Modell und integriert hierein das solidarische Konzept. Damit erreicht er eine Steigerung der Anschaulichkeit des Handelns Christi an den einzelnen Gliedern der Gemeinde, die gleichzeitig noch einmal als Eheleute auf *eine* Stufe gestellt werden. Die Eindringlichkeit steigert zusätzlich das plötzliche „wir" (ἐσμέν), denn V. 29c wäre zunächst im Duktus der Perikope als Analogie zum Verhalten des Mannes gegenüber seiner Frau, und somit innerhalb der Bildstelle von „Haupt des Leibes" zu deuten gewesen. Beides, die Schilderung des Handelns Christi ebenso wie die Individualisierung, zielt darauf, das Handeln Christi an der Gemeinde und ihren Gliedern als Norm für das Verhalten untereinander, hier speziell der Ehepartner, die als Empfänger der Liebe Christi auf einer Stufe stehen, hervorzuheben.[109]

---

[108] 4,25 lehnt sich ja an Röm 12,5 an und nennt die Christen Glieder voneinander. Auch mit Blick auf den Kol ist diese Stelle in beiden Briefen einzigartig (vgl. auch J. GNILKA, Theologie 335, und schon DERS., Epheserbrief 285).

[109] Vgl. auch J. GNILKA, Epheserbrief 285; A. LINDEMANN, Epheserbrief 104; G.W. DAWES, Body 156. K.-H. FLECKENSTEIN, Ordnet euch einander unter in der Furcht Christi. Die Eheperikope in Eph 5,21-33. Geschichte der Interpretation, Analyse und Aktualisierung des Textes, fzb 73, Würzburg 1994, 231, folgert: „Die beiden Ehepartner sind so auf organische Weise als Paar in den Leib Christi eingegliedert. Und damit erweist sich die Ehe als eine ekklesiale Wirklichkeit." Für J. ERNST, Briefe 387, dagegen macht V. 30 „den Eindruck einer unreflektiert mitgeschleppten theologischen 'Phrase', die sich aus dem pathetischen Stil gut erklären läßt." Zu oberflächlich ist auch das Urteil bei D.L. BALCH/C. OSIEK, Families in the New Testament World. Households and House Churches, The Family, Religion, and Culture, Louisville 1997, 120: „The Pauline metaphor of the 'body of Christ' [...] functions in these deutero-Pauline epistles (sc. Kol und Eph) in a way that Paul himself never used it: to reinforce patriarchy." Und spe-

7.2. Zusammenfassung

Zumeist werden Kol und Eph bezüglich der Leib-Metaphorik dahingehend zusammengefaßt, daß sie dem mit Christus identifizierten Haupt eine übergeordnete Stellung zuweisen und die Bedeutung kosmisch ausweiten - anders als Paulus, für den das Haupt ein Glied unter anderen und das ganze Bildfeld auf die empirische Ortsgemeinde bezogen war. Daß damit längst nicht alles gesagt ist, wurde schon bei der Betrachtung des Kol deutlich. Und auch der Eph sperrt sich gegen solche Vereinfachungen.
Aus dem Kol übernimmt der Eph die Anschauung von Christus als dem Haupt der kosmischen Mächte und der Gemeinde, die seinen Leib bildet - und zwar (wie im Kol) nur sie. Der Kosmos wird auch im Eph nicht Christi Leib genannt. Eine Gedanke, der im Kol noch fehlte, war die Mitregentschaft der Gemeinde, wie sie vermutlich aus 1,22f zu entnehmen ist (dies aber unter Vorbehalt angesichts 6,10-17!). Auch terminologisch war der Eph-Verfasser kreativ. Er bringt den Begriff des σύσσωμα ein und verbindet ἀνακεφαλαιώσασθαι durch den Kontext mit dem Bildfeld. Dazu kommt die vermutlich als solche zu verstehende bewußte Abweichung von μέλος zu μέρος in 4,16.
Entscheidend aber ist, daß der Eph-Verfasser Leib-Metaphorik in neue Kontexte einbettet. Die gewichtigste Neuerung in dieser Hinsicht ist in der Perikope über die Ehe in 5,21-33 zu sehen. Die Ehe, bei Paulus im Hinblick auf Christen nicht mehr als ein notwendiges Übel, im Kol zwar nicht kritisiert, aber auch nur dürftig theologisch begründet, wird vom Eph-Verfasser in Analogie zum Verhältnis Christus-Gemeinde gesehen. Wir hatten versucht, einen antiasketischen Impetus zu rekonstruieren und festgestellt, daß die Ehe in einen ekklesiologischen Rahmen gestellt wird, der es asketisch gesinnten Frauen erleichtern sollte, nicht nur ein Ja zur Ehe zu finden, sondern gerade in der Ehe die Erfüllung ihrer theologischen Ideale zu erwarten. Damit versucht der Verfasser zwar, eine patriarchalische Ordnung aufrechtzuerhalten, geht aber „irenischer“ und mit mehr Verständnis vor als etwa die Pastoralbriefe.
Ein weiterer, und für das Briefganze entscheidenderer neuer Kontext ist der, daß die Einigung von Juden und Heiden in dem einen Leib (Christi) auf dem Hintergrund kleinasiatischer Konflikte zwischen eben diesen Bevölkerungsgruppen als gesamtgesellschaftliches Modell gedeutet wer-

---

ziell zu Eph 5 sprechen sie das Verdikt: „cementing the inferior position of the wife christologically“ (a.a.O. 121).

den darf (2,11-22). Konnten wir zum Kol nicht mehr festhalten, als daß dort Gemeinde als Welt neben der Welt gesehen wurde, so wird im Eph darüber hinaus deutlich, daß Gemeinde auch den Anspruch hat, weltlich-politische Ideale in ihren Reihen verwirklicht zu haben.[110] Spielte in Eph 2 Leib-Metaphorik semantisch neben der Haus-Metaphorik nur eine untergeordnete Rolle, so stand sie innerhalb des Textaufbaus doch an profilierter Stelle und war zudem mit dem zentralen Stichwort der εἰρήνη verbunden. Ihre Nähe zu Natürlich-Vorfindlichem korrespondiert so mit der Beschreibung einer inneren Haltung, während das eher technische Bildfeld sich auf Äußerlich-Strukturelles bezieht. Dem wiederum entspricht, daß zum ersten Mal der Aufbau und die Stärkung des Gemeinde-Leibes nicht ausgeglichene soziale Strukturen meint, sondern sozusagen die „ideologische" Festigung.

Wenn die Stabilität des Leibes Christi von der richtigen Lehre und ihrer Internalisierung seitens der Glieder abhängt, dann ist dies eine entfernte Paralle zu der antiken Vorstellung, der Sozialleib habe dann Bestand, wenn seine Seele gesund ist. Isokrates etwa hatte den schlechten Zustand Athens mit dem Zustand seiner Verfassung erklärt (vgl. o. Kap. 4.1.2).

Wie der Kolosserbrief, so betont auch der Eph die überweltliche Qualität der Kirche. Kirche ist Christus als dem Haupt über alles angeschlossen. Gleichzeitig wird aber stärker als im Kol die irdisch-ökumenische Dimension der Kirche als Leib Christi betont. Als solche ist sie sein Leib, in dem in der Welt virulente Spannungen überwunden sind. Diese Identitätsdefinition soll ohne Zweifel Selbstbewußtsein stiften. Gleichzeitig werden andere, interne Probleme unter dieser Voraussetzung betrachtet. Die Paränese wird ekklesiologisch ausgerichtet: Vor den Einzelmahnungen wird das Wesen der Gemeinde als Christi Leib dargestellt; als Glieder eines Leibes belügt man einander nicht (vgl. 4,25); individuelle Heilsbestrebungen lassen sich gesamtkirchlich integrieren (5,21-33).
Eine weitere Neuerung des Eph-Verfassers besteht darin, daß er über das Zustandekommen des Gemeindeleibes reflektiert. Hier finden wir zwar eine Parallele in dem Herrenmahlszusammenhang von 1Kor. Sehr viel direkter aber bringt der Eph-Verfasser Gemeinde/Kirche als Leib Christi mit dessen Auferweckung und Erhöhung (Kap. 1) bzw. Hingabe und Kreuzigung (Kap. 2; 5) in Verbindung. Er tut dies so unmittelbar, daß sich die Frage stellt, ob die Kirche für den Eph-Verfasser zeitgleich mit

---

[110] Vgl. A.T. LINCOLN, Theology 94: Die Kirche als „a new third entity, in which the fundamental division of the first century world has been overcome".

Kreuzigung, Auferstehung und Erhöhung entstand und sozusagen kosmisch oder mystisch bereits vorhanden war, noch bevor sie als Sozialgestalt greifbar wurde.
Obwohl nun die Kirche so stark an christologisch-heilsgeschichtliche Daten gekoppelt ist, geht der Eph-Verfaser doch auch noch dahinter zurück und entwickelt eine theozentrische Perspektive, die all das als Wirken der Kraft Gottes sieht, und die im Kol fehlte. Auch wenn wir auch hier wieder eine Parallele in 1Kor entdecken können (12,24: ἀλλὰ ὁ θεὸς συνεκέρασεν τὸ σῶμα), so ist dieser Punkt für den Eph-Verfasser doch von eigenständigerer Bedeutung. Er scheint damit auf eine *prima causa* für die einheitliche Gestalt der Kirche zurückgehen zu wollen, die ihm für seine Zwecke, die Erinnerung an Israel als Überlieferer der Hoffnung, am sachdienlichsten erschien.
Der Prozeß der kreativen Gestaltung der Leib-Metaphorik, des Bildfeldes vom Gemeindeleib war auch mit dem Kolosserbrief noch nicht abgeschlossen. Der Eph-Verfasser hat sowohl neue Bildstellen besetzt, als auch das Bildfeld in neue Sachzusammenhänge eingebunden. Auch wenn in 4,4 Ansätze zu entdecken sind, die danach aussehen könnten, als verlöre das Bild vom Leib seine metaphorische Qualität und würde zum Terminus technicus, spricht dagegen doch der Gesamteindruck. Der Eph-Verfasser hat das paradigmatische und pragmatische Potential der Leib-Christi-Metapher weiter ausgeschöpft.[111]

7.3. Traditionsgeschichtliche Rekonstruktion

Will man eine traditionsgeschichtliche Linie ziehen, so könnte diese wie folgt verlaufen: Paulus überträgt das Bildfeld vom Sozialleib auf die christliche Gemeinde und reduziert damit den Umfang seiner Reichweite, denn in der antiken Umwelt besaß Leib-Metaphorik fast durchgängig größere, ökumenische oder gar kosmische Dimensionen. Eine Ausnahme bildete v.a. der verwaltungstechnische Sprachgebrauch, den ich auch hinter Röm 12 vermute. Diese Fixierung auf die Ortsgemeinde und ihre

[111] Nicht zutreffend ist die Zusammenfassung bei A.T. LINCOLN, Theology 154: „Ephesians' main symbol for the Church is the body with its unity but diversity of contributions from each member, including the special contributions of ministers in the word." Der Gabenbeitrag jedes einzelnen Gliedes kommt im Eph nicht ins Blickfeld. Lincoln trägt Gedanken aus den paulinischen Homologumena in den Eph ein. Das ist genauso unzulässig, wie die Synthese bei K.M. FISCHER, Tendenz 53 (s.o. S. 22).

Strukturen bzw. auf ihre Identität macht der Kolosserbrief wieder rückgängig, indem er dem Gemeindeleib kosmische Dimensionen gibt und in diesem Zusammenhang Christus als das Haupt definiert, das über die Weltmächte herrscht und die Gemeinde versorgt. Gleichzeitig widerspricht das aber der Erfahrung, als Christen nur eine Minderheit zu sein. Der Verfasser des Kolosserbriefs gleicht diese kognitive Dissonanz dadurch aus, daß er die Bildstelle des wachsenden Gemeindeleibes einführt und somit das Offenbarwerden des wahren Status' der Gemeinde in die Zukunft projiziert. Mit diesem Material arbeitet nun der Verfasser des Epheserbriefes, ohne aber auf kreative Neuerungen zu verzichten. Vor allem benutzt er Leib-Metaphorik in neuen argumentativen Zusammenhängen, und er reflektiert über das Zustandekommen des Gemeindeleibes und führt ihn, nach der christologischen Dominanz bei Paulus und im Kolosserbrief, stärker auf Gott und damit auf einen nicht mehr hintergehbaren Ursprung zurück.

Die funktionalen Aspekte betrafen im 1. Korintherbrief die Einheit der gleich Geistbegabten in der jeweils eigenen Ausprägung, im Römerbrief dann darüber hinaus die Identität der christlichen Gemeinde(n), die nach dem Klaudiusedikt sich des synagogalen Zusammenhanges beraubt und vor die Aufgabe gestellt sah(en), ein eigenes Selbstverständnis zu gewinnen. Um Fragen nach der Identität ging es auch den Verfassern von Kolosser- und Epheserbrief. Gleichwohl sind die konkreten Anlässe hier undeutlicher. Der Kolosserbrief könnte auf kritische Anfragen zum christlichen Selbstverständnis (seitens kynischer Kritiker?) mit der Begründung der christlichen Gemeinde in ihrer symbolischen Sinnwelt reagiert haben. Im Epheserbrief kreisen die Probleme um die Fragen nach Einheit und Identität. Die Einheit von Juden(christen) und Heiden(christen) in der Gemeinde war untypisch, und so galt es, die Identität der Gemeinde in ihrem Umfeld zu stärken. Dem diente nicht nur die Bewahrung der symbolischen Sinnwelt in einheitlicher Gestalt, für die gesonderte Legitimatoren in Anspruch genommen wurden (vgl. etwa 4,13f), sondern dafür sollte auch die Homogenität der gemeindlichen Subsinnwelt erhalten werden (vgl. 5,22-33).

8. DIE „APOSTOLISCHEN VÄTER"

Diese Überschrift muß erläutert werden. Hinter den Anführungszeichen steht die Frage: Wer gehört in diese Schriftengruppe der „Apostolischen Väter"? Können die ihr zugerechneten Schriften tatsächlich so zusammengefaßt und von anderen Schriften derselben Zeit, also des 2. Jh., abgegrenzt werden? Dieser Zweifel ist nicht neu. Er wurde schon von F. Overbeck geäußert.

Overbeck stellt fest: Die Frage nach der Abgrenzung dieser Schriftgruppe stürzt den Forscher in „heillose Schwierigkeiten". Aufgrund seiner Forderung einer literaturgeschichtlichen Betrachtungsweise der Schriften gegenüber einer dogmatisch „am kirchlichen Traditionsbeweise" interessierten urteilt er, „daß in einer Geschichte der christlichen Literatur die Aufstellung (sc. einer Gruppe von Apostolischen Vätern) zunächst und für sich gar keinen Sinn hat."[1] Welche Schriften zu den Apostolischen Vätern gehören, wird in den gängigen Textausgaben, Einleitungswerken und Kommentarreihen unterschiedlich gehandhabt, aber selten diskutiert. J.A. Fischer zählt nur den 1. Klemensbrief, die sieben Ignatius-Briefe und die Polykarp-Briefe (sowie das Quadratus-Fragment) zu den Apostolischen Vätern, denn nur für sie gelten die Kriterien, daß ihre Verfasser „persönlich als Schüler oder Hörer der Apostel einschließlich Pauli glaubhaft auszuweisen und zugleich, oder auch ohne persönliche Bekanntschaft mit diesen Aposteln doch in ihrer gesamten Lehre in hohem Grad als Träger und Verkünder der apostolischen Überlieferung anzusprechen, aber nicht zu den neutestamentlichen Autoren zu rechnen sind."[2] Hierzu läßt sich auf die Einwendungen Overbecks verweisen. Thematisch hält R.M. Grant fest: „The primary theme with which most of the Apostolic Fathers are concerned is that of the community of God and its unity, expressed in its ministry and its worship."[3] Eine Definition, die ihren Geltungsbereich mit „most of" beschreibt, kann aber nicht wirklich tragend sein. K. Wengst, in der von ihm edierten Textausgabe in SUC 3, rechtfertigt die Auf-

[1] F. OVERBECK, Über die Anfänge der patristischen Literatur, HZ 48 (1882) 417-472, hier zitiert nach der Sonderausgabe Darmstadt 1984, S. 10 mit Anm. 2. In der in Erscheinung begriffenen Gesamtausgabe der Schriften von F. Overbeck („Franz Overbeck. Werke und Nachlaß"), hg. v. E.W. Stegemann u.a., ist der Aufsatz noch nicht erschienen.

[2] J.A. FISCHER (Hg.), Die Apostolischen Väter, SUC 1, Darmstadt [10]1993, X.

[3] R.M. GRANT, An Introduction, ApF(T) 1, New York 1964, 133.

nahme des Diognetbriefes in diesen Band ehrlicherweise „allein aufgrund der Tradition" verschiedener vorgängiger Ausgaben.[4]

Will man die Bezeichnung „Apostolische Väter" aufrechterhalten und z.B. gegen die Apologeten abgrenzen,[5] sperrt sich gerade der Brief an Diognet, wie immer er zu datieren ist, gegen eine solche Zuodnung. Er ist meines Erachtens in seiner ganzen außergemeindlichen Ausrichtung zu den Apologeten zu rechnen.[6]
Mit gewissen Bedenken also beschränke ich mich auf die Schriften, die vom größten Teil der Forschung unter dem Titel „Apostolische Väter" zusammengefaßt sind, wohl wissend, daß dies „ein neuzeitlicher editorischer Verlegenheitstitel für eine Zusammenstellung wechselnden Umfangs von Schriften und Fragmenten aus dem 1. und 2. Jh."[7] ist.

---

[4] K. WENGST (Hg.), Didache (Apostellehre), Barnabasbrief, Zweiter Klemensbrief, Schrift an Diognet, SUC 2, Darmstadt 1984, 308 Anm. 129. Vgl. die Darstellung der Diskussion und eine Übersicht über die an verschiedener Stelle zu den „Apostolischen Vätern" gerechneten Schriften bei M. GÜNTHER, Einleitung in die Apostolischen Väter, Arbeiten zur Religion und Geschichte des Urchristentums 4, Frankfurt (Main)/Berlin/Bern/New York/Paris/Wien 1997, 1-7.

[5] Dies war ein Anliegen F. OVERBECKs. Mit der Apologetik beginnt die Epoche, mit der das Christentum den „Anschluß an die vorhandene Weltliteratur" (Anfänge 38) vollzogen hat.

[6] Diese Arbeit müßte genaugenommen das gesamte Schrifttum des 2. Jh. n.Chr. in den Blick nehmen. Sie hätte die Gnosis, die Apokryphen, die beginnende Apologetik und Autoren wie etwa Irenäus oder Melito von Sardes zu diskutieren (vgl. immerhin u. in Kap. 8.5 zur Gnosis und Kap. 9). Dies wird weiter ein Desiderat bleiben.

[7] PH. VIELHAUER, Geschichte der urchristlichen Literatur. Einleitung in das Neue Testament, die Apokryphen und die Apostolischen Väter, Berlin/New York [4]1985, 4 Anm. 6. Vielhauer übrigens arbeitet zumindest in seinem Inhaltsverzeichnis nicht mit diesem Terminus, auch wenn er a.a.O. 272.329 von mündlicher Überlieferung bzw. Spuren von Q „bei den Apostolischen Vätern" redet und sich der Begriff im Untertitel seines Werkes findet. In seiner Gliederung auf den S. XV-XVIII jedoch finden sich 1Klem, die Briefe des Ignatius und PolPhil als „spätere Briefe" zusammengefaßt, PHerm ist eine der „Apokalypsen" (neben etwa der ApkJoh oder AscJes), Barn gehört zu den „fingierte[n] Briefe[n]" (zusammen mit Jak, 1 und 2Petr und Jud), Did und 2Klem bilden mit dem Evangelium der Wahrheit und OdSal „Gemeindeordnungen und Kultisches", und die Papias-Fragmente gehören zum „Ausgang der christlichen Urliteratur". Eine solche formgeschichtliche Strukturierung der Literatur (die Vielhauer, a.a.O. 2-4, mit Rekurs auf F. Overbeck, Anfänge, begründet) scheint mir angemessener, weil

Wenn meine Gliederung sie als eine Gruppe auszuweisen scheint, so geschieht dies aus rein formalen Gründen: Die Gliederung dieser Arbeit soll einigermaßen übersichtlich bleiben. Die methodische Vorgabe, jede Schrift zunächst selbständig zu betrachten, bleibt davon unberührt. Sie hat hier ein noch größeres Recht als bei den Deuteropaulinen Kol und Eph.

8.1. 1. Klemensbrief

Der 1. Klemensbrief ist ein vermutlich in den neunziger Jahren des 1. Jh. verfaßtes Mahnschreiben der Gemeinde von Rom an die in Korinth.[8] Anlaß ist die Absetzung einiger Presbyter der korinthischen Gemeinde

---

weniger dogmatisierend. Overbeck hatte programmatisch geurteilt (Anfänge 12): „Eine Geschichte hat eine Literatur in ihren Formen, eine Formengeschichte wird also jede wirkliche Literaturgeschichte sein."

[8] Eine Datierung auf ca. 70 n.Chr. vertritt zuletzt T.J. HERRON, The Dating of the First Epistle of Clement to the Corinthians. The Theological Basis of the Majoral View, Rom 1988, v.a. 15-28.56. Er stützt seine These im besonderen auf 1Klem 40f, wo der Jerusalemer Kultus Vorbild für die Ordnung der Gemeinde ist und beschrieben wird, als existierte der Tempel noch. Wäre das nicht mehr der Fall (also wenn der Brief nach 70 n.Chr. geschrieben worden wäre), hätte sich der Verfasser seines eigenen Argumentes beraubt, weil dann offensichtlich die Ordnung Gottes eben *nicht* ewig Bestand gehabt hätte. Zu Kap. 40f aber notiert A. LINDEMANN, Die Clemensbriefe, HNT 17, Tübingen 1992, 125, daß für den Verfasser die göttliche Ordnung eine „zeitlos gegebene" ist. Die Tempelzerstörung hat in seinen Augen nur eine „gegenwärtige Unterbrechung des Kults in Jerusalem" zur Folge. Daß diese Unterbrechung dauerhafter war, wissen wir - der Verfasser von 1Klem wußte es nicht. Das übersieht Herron. Sympathie für Herron zeigt R.B. MOBERLY, Had 'Caesar' (Ὁ Βασιλεῦς, *I Clem.* 37) Gone to Corinth?, Aug. 36 (1996) 297-311, der die steile These vertritt, 1Klem sei im Jahre 67 verfaßt. Die positive Haltung gegenüber dem römischen Staat sei nicht anders denn als „camouflage" (a.a.O. 301) erklärbar und der Beginn einer Abwanderung in den Untergrund. Der Verfasser (der auch 4Makk verfaßt haben soll) schreibt kurz nach der neronischen Verfolgung. Der Anlaß ist ein Aufenthalt Neros in Korinth. Die korinthische Gemeinde soll vor zu offensivem Auftreten in der Öffentlichkeit gewarnt werden. Das Schreiben ist für den Fall, daß es in falsche Hände gerät, codiert. Die Überbringer haben es gegenüber der korinthischen Gemeinde decodiert. In dieser angenommenen mündlichen Decodierung wird wohl auch der Grund liegen, warum Moberly an keiner Stelle aufweist (aufweisen kann?), wie solch eine Decodierung ausgesehen haben könnte.

(vgl. 44,3),[9] die zu Unruhe führte, zu Spaltungen in der Gemeinde sowie, in den Augen des Schreibens, zur Gefahr einer (staatlichen) Intervention von außen (vgl. 47,7). Das Schreiben hat sich, obwohl es selber keine Verfasserangaben macht, in den Inskriptionen der Handschriften mit dem Namen Klemens verbunden. Dies spiegelt die altkirchliche Überlieferung wieder, die von Klemens als Autoren des Schreibens redet.[10]
Die Forschung zu 1Klem hat sich in der überwiegenden Mehrheit mit der Frage nach der Institutionalisierung kirchlicher Strukturen beschäftigt. Dabei haben die meisten Beiträge eine solche nicht geleugnet. Strittig war deren Bewertung.

An dieser Bewertung hat sich die Auseinandersetzung zwischen Rudolf Sohm und Adolf von Harnack entzündet. Ersterer sah darin einen Abfall von den Anfängen der christlichen Bewegung, letzterer hielt Kirche und Recht durchaus für vereinbar. Daß der Verfasser von 1Klem zu sehr autoritäre Strukturen favorisiert, meint aber auch v. Harnack.[11] In verschiedenen Aufsätzen versuchte Paul Mikat,[12] diese autoritäre Tendenz mit einer von außen drohenden Gefahr zu erklären und betrieb somit ein wenig Apologetik für den im Zwielicht stehenden Verfasser.[13] Dagegen legte zuletzt Barbara E. Bowe eine Ar-

[9] Nicht verifizierbar ist die These von F. VOUGA, Geschichte des frühen Christentums, Tübingen/Basel 1994, 229, es sei „einer kleinen Gruppe […] gelungen, monarchistische Vorstellungen des Episkopates durchzusetzen."

[10] Irenäus, adv. haer. 3,3,3, redet allgemein davon, daß zu Zeiten des Clemens, des bei ihm dritten nachapostolischen Bischofs von Rom, die römische Gemeinde einen Brief an die Korinther schrieb. Euseb zitiert in h.e. 4,23,11 Dionysius von Korinth, der in einem Brief an Bischof Soter in Rom von einem Brief, der für die Römer von Klemens verfaßt sei, spricht. Nach PHerm, vis 2,4,3, ist ein Klemens unter den römischen Christen für die Kontakte zu anderen Gemeinden zuständig.

[11] Zur Forschungsgeschichte verweise ich auf J. FUELLENBACH, Ecclesiastical Office and the Primacy of Rome. An Evaluation of Recent Theological Discussion of First Clement, SCA 20, Washington 1980; O.B. KNOCH, Im Namen des Petrus und Paulus. Der Brief des Clemens Romanus und die Eigenart des römischen Christentums, ANRW II,27/1 (1993) 3-54.

[12] V.a.: Die Bedeutung der Begriffe Stasis und Aponoia für das Verständnis des 1. Clemensbriefes, in: Ders, Religionsrechtliche Schriften. Abhandlungen zum Staatskirchenrecht und Eherecht, 2. Halbbd. (hg. v. J. Listl), SKRA 5, Berlin 1974, 719-751, und: Zur Fürbitte der Christen für Kaiser und Reich im Gebet des 1. Clemensbriefes, in: a.a.O. 829-844.

[13] Dabei bleibt der Brief aber ein Brief und die Binnenperspektive gewahrt. C. EGGENBERGER, Die Quellen der politischen Ethik des 1. Klemensbriefes, Zürich

beit vor, in der sie einen anderen Schwerpunkt innerhalb des römischen Schreibens an die Korinther ausmachte. Ihre These ist, „that 1 Clement's focus on the value of communal solidarity forms the core of its ecclesiology."[14] Der Verfasser sei eher wegen des Streits im allgemeinen, als wegen der Absetzung der Presbyter besorgt. Damit leugnet sie nicht, daß 1Klem die Absetzung als „a serious offense against the established order and practice of the community" (a.a.O. 31) sieht. Nur: Das Thema und die Intention des Verfassers sind so noch nicht voll erfaßt. Der „dual character" (a.a.O. 5) von ὑποτάσσειν und ταπεινοφρονεῖν bestimmt das Bild des Briefes,[15] und die Interpretation muß von der Selbstprädikation des Schreibens als „a treatise 'on peace and concord'" ausgehen, „which is a typical combination in Greek literature to describe speeches and writings that try to put an end to that 'Greek malady' in civil affairs called στάσις".[16]

In der Tat begegnet die Wendung εἰρήνη καὶ ὁμόνοια in 20,3.10.11; 60,4; 61,1; 63,2 und 65,1. Die Häufung in den letzten Kapiteln, mit denen der Verfasser seinen langen Brief abschließt, und die wohl eine Art Zusammenfassung seines Anliegens bringen, läßt erkennen, daß dies der Schwerpunkt und das zentrale Anliegen des Briefes ist. Gleichwohl ist auch festzuhalten. „Die gewünschte Ordnung besteht in der Wiederherstellung des status quo ante".[17]

1951, 35, kam dagegen zu dem Schluß, dieses Schreiben sei im Grunde kein Brief, sondern eine „Kampfschrift um die rechte Einstellung zum Staat".

[14] B.E. BOWE, A Church in Crisis. Ecclesiology and Paraenesis in Clement of Rome, HDR 23, Minneapolis 1988, 4.

[15] G. BRUNNER, Die theologische Mitte des Ersten Klemensbriefes. Ein Beitrag zur Hermeneutik frühchristlicher Texte, FTS 11, Frankfurt (Main) 1972, 133, hatte dagegen beide Begriffe aufeinander bezogen und so verstanden, daß Demut in 1Klem „zu einer auf Autorität bezogenen Haltung geworden", Demut also *als* Unterordnung zu betrachten sei.

[16] B.E. BOWE, Church 61. Vgl. schon J.W. WILSON, The First Epistle of Clement. A Theology of Power, Diss. Durham (NC) 1976, iii: „The evidence indicates [...] that the removal of the elders is viewed as one expression of a more profound disturbance, the effects of which permeated the whole life of the church." Klemens' „paramount interest is the restoration of harmonious relationships within the community" (a.a.O. 28).

[17] P. MIKAT, Der „Auswanderungsrat" (1 Clem 54.2) als Schlüssel zum Gemeindeverständnis im 1. Clemensbrief, in: Geschichte, Recht, Religion Politik. Beiträge von Paul Mikat (hg. v. D. Giesen/D. Ruthe), Paderborn/München/Wien/Zürich 1984, 361-373, S. 364.

Leib-Metaphorik finden wir in diesem an Beispielen so reichen, an Vergleichen und erst recht Metaphern aber eher armen Schreiben an zwei Stellen, u.zw. in 37,5-38,1 und 46,7.[18]

8.1.1. Der Leib: statisch oder dynamisch? 1Klem 37,5-38,1

Die Verse 37,1-39,9 bilden die Überleitung vom ersten Hauptteil mit seinen grundlegenden Ausführungen zum zweiten Hauptteil, in dem es konkret um die Vorgänge in Korinth geht. Im voraufgehenden Kontext war davon die Rede, daß der Gehorsam und die Treue gegenüber Christus der Weg des Heils ist. Kap. 36 preist Christus als Hohenpriester und schließt mit der Verheißung an ihn als Sohn Gottes, daß er seine Feinde besiegen wird. 37,1 ruft dann mit der Metapher von der *militia Christi* zum Kriegsdienst für Gott unter seinen untadeligen Befehlen auf (στρατευσώμεθα οὖν, ἄνδρες ἀδελφοί, μετὰ πάσης ἐκτενείας ἐν τοῖς ἀμώμοις προστάγμασιν αὐτοῦ). In 2-4 wird sodann die hierarchische Heeresstruktur dargestellt, in der jeder an seinem Platz (ἕκαστος ἐν τῷ ἰδίῳ τάγματι) die Befehle (τὰ ἐπιτασσόμενα) der Könige und Heerführer ausführt. Es gibt zwar Unterschiede, aber die Großen können nicht ohne die Kleinen sein und vice versa (οἱ μεγάλοι δίχα τῶν μικρῶν οὐ δύνανται εἶναι οὔτε οἱ μικροὶ δίχα τῶν μεγάλων).[19] Erst in der Mischung liegt der Nutzen (σύγκρασίς τίς ἐστιν ἐν πᾶσιν, καὶ ἐν τούτοις χρῆσις).

Als zweites Beispiel dient der menschliche Körper. Der Kopf ist ohne die Füße nichts, wie die Füße auch nichts ohne den Kopf (ἡ κεφαλὴ δίχα τῶν ποδῶν οὐδέν ἐστιν, οὕτως οὐδὲ οἱ πόδες δίχα τῆς κεφαλῆς). Die geringsten Glieder sind notwendig und nützlich für den ganzen Leib (τὰ δὲ ἐλάχιστα μέλη τοῦ σώματος ἡμῶν ἀναγκαῖα καὶ εὔχρηστά εἰσιν ὅλῳ τῷ σώματι). In Eintracht und Unterordnung sorgen sie für

---

[18] Für den 1. Klemensbrief gilt demnach genausowenig wie für die Apostolischen Väter insgesamt, daß Leib-Metaphorik ein „subject, always a favorite one with the Fathers“ ist (gegen J.A. KLEIST, The Epistles of St. Clement of Rome and St. Ignatius of Antioch, ACW 1, Westminster/London 1961, 111 Anm. 113).

[19] B.E. BOWE, Church 129, meint, dieser Vers bilde bereits einen Übergang, indem er „moves away from the military hierarchy toward the direction of interdependence and mutuality.“ Das ist möglich und wird gestützt durch das absolute εἶναι. J.S. JEFFERS, Pluralism in Early Roman Christianity, FiHi 22 (1990) 4-17, S. 11f, vermutet mit einiger Plausibilität hinter dieser Formulierung (wie auch hinter der Erwähnung von Reichen und Armen in Kap. 38) das Patron-Klient-Verhältnis.

die Bewahrung bzw. Errettung des Leibes (εἰς τὸ σώζεσθαι ὅλον τὸ σῶμα). Es folgen zunächst konkrete Anweisungen dazu, wie sich Starke und Schwache bzw. Reiche und Arme zueinander zu verhalten haben (dabei wird dem überlegenen Part Sorge für den unterlegenen und dem unterlegenen Achtung und Dankbarkeit aufgetragen). Desweiteren sollen sich die Weisen, Demütigen und Heiligen in Bescheidenheit üben und ihren Status nicht hervorheben.

Das dominante Wortfeld in 37,1-38,2 konzentriert sich um den Stamm -ταγ-. Im Kriegsdienst Gottes soll man dessen ἀμώμοις *προστάγμασιν* folgen (37,1); die Soldaten führen *εὐτάκτως* und *ὑποτεταγμένως* τὰ *διατασσόμενα* aus (2), oder anders: Jeder vollzieht ἐν τῷ ἰδίῳ *τάγματι* τὰ *ἐπιτασσόμενα* (3). Im Leib befinden sich alle in *ὑποταγῇ* μίᾳ (5) und für jeden gilt: *ὑποτασσέσθω* (38,1). Bei der daraus erkennbaren Aussageintention legte sich natürlich ein Vergleich mit dem Heer nahe.[20] Beide Vergleiche sind parallel aufgebaut und weisen inhaltliche wie formale Übereinstimmungen auf. Die Grundstruktur läßt sich wie folgt darstellen:

HEER: ὑποταγή[21]
Übergang (?) μεγάλοι/μικροί[22]
χρῆσις

LEIB: κεφαλή/πόδες
εὔχρηστά
ὑποταγή

Vorläufig halten wir fest: Unterordnung und Nutzen sind als die Eckpunkte des Gedankens erkennbar. Der Einzelne wird dem Ganzen untergeordnet. Nicht, daß jeder eine Gabe hat, die an sich von Wert ist und zur Entfaltung zu kommen hat, ist der Tenor, sondern daß jeder seinen Platz einzunehmen hat.

Auf zwei weitere Entsprechungen sei hingewiesen: 37,3 ἕκαστος ἐν τῷ ἰδίῳ τάγματι entspricht 38,1: ἕκαστος ἐν τῷ χαρίσματι αὐτοῦ. Und der

[20] K. BEYSCHLAG, Clemens Romanus und der Frühkatholizismus. Untersuchungen zu I Clemens 1-7, BHTh 35, Tübingen 1966, 169 Anm. 3, überlegt, ob es eine mündliche „Tagma-Überlieferung" gegeben hat, die auch das Leib-Bild beinhaltete.

[21] Mit ὑποταγή, das so im Heeres-Vergleich nicht zu finden ist, fasse ich die vielen Varianten des entsprechenden Wortfeldes zusammen.

[22] Diese Strukturierung wird von der Frage, ob mit der Erwähnung der Kleinen und Großen das Bildfeld des Militärs verlassen wird, nicht berührt.

σύγκρασις (37,4) steht formal das συνπνεῖν (5) gegenüber. Die Bildspender Militär (und Patronage-System) und Leib sind also eng miteinander verwoben.

Damit kommen wir aber auch zu den Unterschieden zwischen den beiden Vergleichen, die deutlich machen, daß der hierarchische Charakter des Heeres-Modells[23] durch den Vergleich mit dem Leib etwas gebrochen wird. Die Teile des Heeres führen die Befehle der Könige und Heerführer aus. Etwas Analoges findet sich beim Leib nicht. Statt der Unterordnung unter die Führer dort wird hier die gegenseitige Unterordnung und das Verhalten untereinander in den Blick genommen (38,1f). Dem entspricht, daß es auch zu der bloßen Aufzählung der militärischen Ränge im Grunde kein Äquivalent gibt. Stattdessen mündet der Leib-Vergleich, nachdem er in 38,1 zur Metapher geworden ist, in die Anwendung auf bestimmte Gruppen bzw. Personen in der Gemeinde (auch wenn diese Anwendung dann wieder hierarchisch bestimmt ist). Und hieß der Ort, an dem jeder im Heer steht, in 37,3 noch τάγμα, so bestimmt den Standpunkt eines Christen in der Gemeinde das von Gott gegebene χάρισμα (38,1).[24]

Es ist jedoch umstritten, wie Militär- und Leib-Bild in dieser Pasage gewichtet werden sollen. A. Lindemann meint zu dieser Stelle: „Die σῶμα-Χριστοῦ-Ekklesiologie rezipiert er (sc. der 1Klem-Verfasser) zwar nicht in vollem Umfang; aber er läßt die Kirche auch nicht durch Hierarchien konstituiert sein, sondern bleibt zumindest in der Nähe des paulinischen Gemeindeverständnisses".[25] B.E. Bowe ist der Ansicht, das Leib-Bild betone gegenüber dem Militär-Vergleich die horizontale Solidarität.[26] Anders sieht es K.

---

[23] J.W. WILSON, Epistle 93, sieht wegen des Terminus' σύγκρασις in der Heeresmetapher nicht Ordnung und Hierarchie, sondern den gegenseitigen Nutzen betont. Auch die nachfolgende Leib-Metaphorik ist ihm ein Hinweis darauf, daß „cooperation and mutual benefit are foremost in Clement's thinking". Daß die dann allerdings auch folgende ὑποταγή den Weg dorthin weist, bestreitet auch Wilson nicht, will aber angesichts der Beispiele in 38,2-4 festgehalten haben, daß „subordination is not simply to be equated with obedience."

[24] Das bedeutet für den Begriff des χάρισμα gegenüber Paulus eine inhaltliche Verschiebung und erinnert im Zusammenhang eher an das Bleiben in der Berufung von 1Kor 7,20 (ἕκαστος ἐν τῇ κλήσει ᾗ ἐκλήθη, ἐν ταύτῃ μενέτω). Zwar begegnen auch in Röm 11,29 χάρισμα und κλῆσις nebeneinander, das Charisma ist auch dort aber die von Gott geschenkte Heilsgabe und nicht ein sozialer Stand.

[25] A. LINDEMANN, Paulus 199.

[26] Vgl. B.E. BOWE, Church 129.

Wengst, wenn er meint, der Militär-Vergleich „prägt die Vorstellung von der Kirche als Leib Christi und den damit verbundenen Vergleich vom Leib und den Gliedern, die Clemens von Paulus übernimmt, entscheidend um.“[27] Hier könne man eher Menenius Agrippa als Paulus heraushören. Auch B.E. Bowe gesteht zu: „Clement chooses to stress order and discipline to a degree unparalleled in Paul.“[28]

Wie man hier angemessen gewichtet, läßt sich wohl nicht eindeutig erklären. Die Gefahr besteht immer auch darin, sein Vor- oder Gesamtverständnis des Briefes in das Urteil einfließen zu lassen. M.E. liefert das Heeresbild in der Tat einen Maßstab für die Interpretation der Leib-Metaphorik.[29] Aber der Eindruck des ersteren wird doch durch letztere relativiert. So ließe sich auch erklären, warum der Verfasser hier nicht von Christus als dem Haupt des Leibes geredet hat. Unabhängig von der traditionsgeschichtlichen Frage, ob sich diese Ausprägung der Leib-Metaphorik, wie wir sie in Kol und Eph in Kleinasien gesehen haben, eventuell noch gar nicht bis nach Rom herumgesprochen hatte oder aber von den Römern (oder den römischen Christen, die Klemens vertritt) nicht aufgenommen worden war, hätte es sich doch nahegelegt, von Christus als dem Haupt des Gemeindeleibes zu reden, so wie zuvor von den militärischen Führern die Rede gewesen war. Stattdessen aber wird nur die horizontale Dimension angesprochen und sogar das Haupt als ein Glied unter vielen eingeordnet. Andererseits hatte die schematische Darstellung des Textes gezeigt, daß das Paar Haupt und Füße das strukturelle

---

[27] K. WENGST, Pax 143.

[28] B.E. BOWE, Church 127.

[29] Richtig bemerkt m.E. schon F. GERKE, Die Stellung des 1. Clemensbriefes innerhalb der Entwicklung der altchristlichen Gemeindeverfassung und des Kirchenrechts, TU 47, Leipzig 1931, 30: „Der Somagedanke erscheint im ersten Clemensbrief als ein Anwendungsfall der allgemeinen Weltordnung und insofern als mit dem Analogon der Heeresordnung auf einer Stufe stehend.“ In der Tat wirkt die christologische Begründung, anders als bei Paulus und den Deuteropaulinen, hier etwas nachgeschoben. Vgl. auch H. V. CAMPENHAUSEN, Kirchliches Amt und geistliche Vollmacht in den ersten drei Jahrhunderten, BHTh 14, Tübingen ²1963, 95: „Der Gedanke der Ordnung wird in seiner konkreten Anwendung nicht mehr durch den Christusglauben gelenkt und bestimmt, sondern hat sich sozusagen auf sich selbst gestellt“. Deswegen ist die Erwähnung des Leib-Bildes aber noch nicht, wie G. BRUNNER, Mitte 123, meint, „traditionell und formelhaft“, „erstarrt“ und mit „kaum Aussagekraft“.

Analogon zu den Großen und Kleinen bildet. Hatte der Verfasser im Sinn, die Episkopen und Presbyter mit dem Haupt gleichzusetzen?[30] Wenn der hierarchische Duktus durch die Leib-Metaphorik auch ein wenig gebrochen zu werden scheint, so bleibt die Grundaussage eine konservative. Obwohl nämlich Anklänge an den paulinischen Korintherbrief hörbar sind, gibt es einen wesentlichen Unterschied zwischen Paulus und „Klemens" in der Zielbestimmung des gemeindlichen Zusammenhalts. Ist es bei Paulus die οἰκοδομή des Leibes (so wie es ja auch noch in Kol und Eph die αὔξησις ist), so ist es hier die σωτηρία: εἰς τὸ σώζεσθαι ὅλον τὸ σῶμα. Σωζέσθω οὖν ἡμῶν ὅλον τὸ σῶμα ἐν Χριστῷ Ἰησοῦ (37,5/38,1). Die Dynamik ist zugunsten der Statik aufgegeben.[31] Gleichzeitig ist aber die Identifikation der Einzelnen mit dem Gemeindeleib intensiviert: Hieß es bei Paulus „Ihr seid Leib Christi" bzw. „Wir sind ein Leib in Christus", so schreibt der Verfasser hier: „Gerettet werden soll *unser ganzer Leib* in Christus Jesus". Diese Variationen lassen sich nicht unbedingt mit der spezifischen Situation in Korinth erklären, denn die war grundsätzlich nicht anders als die, auf die

---

[30] Das spräche dagegen, daß die Identifikation von Christus und Haupt in Rom bekannt gewesen ist: Wäre es vorstellbar, daß sich gegen die Verdrängung Christi von dieser Position nicht Protest erhoben hätte?

[31] Klemens nähert sich damit wieder dem pagan-antiken Gebrauch der Metapher an (vgl. o. S. 97). Die Relativierung der hierarchischen Aussagen scheint denn auch nicht von langer Dauer zu sein. Ab Kap. 41 geht es konkreter um die Gemeindestrukturen. Nachdem die festgesetzten Ordnungen des Jerusalemer Opfers geschildert wurden, führt der Verfasser ab Kap. 42 den Sukzessionsgedanken aus: Christus von Gott, die Apostel von Christus, die Episkopen von den Aposteln. Und dieser Abschnitt beginnt in 41,1 mit der die Formulierung von 37,3 wiederholenden Wendung *Ἕκαστος* ἡμῶν, ἀδελφοί, *ἐν τῷ ἰδίῳ τάγματι* εὐαρεστείτω τῷ θεῷ. - Vgl. auch G. BRUNNER, Mitte 133: „Unterordnung ist nach 37,5/38,1 der Vergleichspunkt bei dem Bild vom Leib und den Gliedern [...] Damit ist Demut zu einer auf Autorität bezogenen Haltung geworden. 38,1 spricht zwar noch von gegenseitiger Unterordnung aller; diese Aussage steht aber im Schatten des militärischen Bildes (37,1-4) von der Notwendigkeit des Sich-Einordnens unter einer Autorität." Für Brunner ist dieser „Schatten" also so dunkel, daß eine gewisse Ambivalenz ausgeschlossen ist. Anders definiert, gemäß ihrer Leitthese, B.E. BOWE, Church 130, σώζεσθαι anstelle der Unterordnung als „the point of the entire passage." Und zu Kap. 37f faßt sie zusammen (a.a.O. 134): „Clement urges order and steadfastness together with mutual cooperation among the various members within the social body."

Paulus mit 1Kor 12-14 reagiert hatte.[32] Eher könnten Verfolgungserfahrungen der römischen Gemeinde im Hintergund stehen: Die römischen Christen hatten zumal unter Nero und Domitian erlebt, wie der Bestand der Gemeinde gefährdet gewesen war. Das prägt ihre Sicht auf die Dimensionen von Gemeindekonflikten.

Aber ist es überhaupt gerechtfertigt zu sagen, die eine Vorstellung sei zugungsten der anderen „aufgegeben"? Wir wissen letztlich nicht, wie die römische Gemeinde oder die hier relevanten Teile, also die Hausgemeinden in Rom, zu Paulus und seinem Gemeindeverständnis standen. Wir wissen nicht, ob die dynamische Sichtweise des Paulus auch in Rom die bestimmende gewesen war.[33] Sicherer scheint es mir, zunächst nur verschiedene Phänomene nebeneinanderzustellen, ohne konkrete Bezüge zu vermuten.

Bleibt die traditionsgeschichtliche Frage also unbeantwortet, so sind die Unterschiede doch klar erkennbar: Die Nähe zu den Systemen von Militär und vermutlich Patronage ist für die Leib-Metaphorik nicht folgenlos geblieben. Es ist zwar weiter vom Angewiesensein die Rede, aber die Rollen wechseln nicht mehr: Die Armen sind einseitig auf die Reichen angewiesen.[34] Der Beitrag der Armen (der Füße?), für die Bewahrung des ganzen Leibes (der Gemeinde) wird in Kap. 38 nicht expliziert. So darf

---

[32] A. LINDEMANN, Paulus 189, meint: „Die σῶμα-Ekklesiologie des Paulus ist ganz christologisch bestimmt, in 1 Clem orientiert sie sich an den aktuellen Bedürfnissen der Gemeinde (38,2). Der Vf bezeichnet die Kirche denn auch nicht als σῶμα Χριστοῦ, sondern als σῶμα ἐν Χριστοῦ Ἰησοῦ - d.h. für ihn steht der bildliche Charakter dieser Ekklesiologie ganz im Vordergrund." Aber: Christologie und eine Orientierung an den aktuellen Bedürfnissen der Adressaten schließen einander nicht aus - auch bei Paulus nicht. Und warum die eine Wendung mehr oder weniger bildlich als die andere sein soll, ist mir nicht einsichtig (vgl. auch o. S. 151 Anm. 99). Aus „Leib in Christus Jesus" zieht K. WENGST, Pax Romana: Anspruch und Wirklichkeit. Erfahrungen und Wahrnehmungen des Friedens bei Jesus und im Urchristentum, München 1986, 143, denn auch den genau gegenteiliegen Schluß, daß der Verfasser „wie dieser [sc. Paulus] keinen bloß bildlichen Vergleich durchführt [...] Jesus Christus konstituiert diesen Leib, den die Gemeinde darstellt."

[33] Hier stellt sich dasselbe Problem, wie bei der Frage, wieso in einem Brief, der zeitlich auf den Kolosser- und wohl auch auf den Epheserbrief folgt, Christus innerhalb der Leib-Metaphorik nicht „mehr" das Haupt ist. War diese theologische Entwicklung auf die kleinasiatischen Gemeinden beschränkt - gar nur auf den Umkreis der beiden deuteropaulinischen Briefe?

[34] PHerm, sim 2, korrigiert dies mit dem Gleichnis von Ulme und Wein.

man vermuten, daß er schlicht darin besteht, daß sie in ihrer Rolle bleiben. Dynamik weicht der Statik.

8.1.2. Aufstand gegen die göttliche Ordnung: 1Klem 46,7

Nach dem Vergleich von Gemeinde und Leib bzw. der Leib-Metaphorik in den Kapiteln 37f führt der Verfasser den Sukzessionsgedanken ein. Daß um das Bischofsamt (περὶ τοῦ ὀνόματος τῆς ἐπισκοπῆς; 44,1) Streit entstehen würde, wußten die Apostel im voraus. Dem wollten sie dadurch begegnen, daß sie selber ihre Nachfolger einsetzten. Im weiteren Verlauf war daran wohl auch die Gemeinde beteiligt (44,3). Daß nun die Vorsteher, die solcherart legitimiert und untadelig (ἀμέμπτως) der Gemeinde vorstanden, abgesetzt wurden, ist umso verwerflicher, als sich die Aufrührer damit auf eine Stufe stellen mit den Gottlosen, unter denen sonst und normalerweise die Heiligen zu leiden haben (vgl. Kap. 45). Damit befindet man sich auf der genau falschen Seite, denn es gilt, sich zu den Gerechten und Unschuldigen zu halten (46,4). Daß dies Einheit bewirken soll, verdeutlicht die Fortführung in 5-7, wo nach der Auflehnung nun positiv die Einheit besprochen wird.[35]
Die Korinther werden an die Grundlagen des Glaubens erinnert, auf die sich alle Christen, also auch die „Aufrührer" berufen: ein Gott, ein Christus, ein Geist, eine Berufung in Christus; einander Glieder sein. Suggestiv formuliert der Verfasser seinen Gedanken als Frage und in der 1. Pers. Pl.: οὐχὶ ἔχομεν ...?, ἱνατί διέλκομεν καὶ διασπῶμεν ...? Er kommt seinen Gegner sogar insofern entgegen, als er ihnen bloße Vergeßlichkeit attestiert: Wir (!) vergessen, daß wir einander Glieder sind (ὥστε ἐπιλαθέσθαι ἡμᾶς, ὅτι μέλη ἐσμὲν ἀλλήλων). Allerdings ist dies doch eine Tollheit (ἀπόνοια).
Zunächst zur Phänomenologie. Bekannt ist uns bereits (neben der Einer-Reihe in V. 6, die an Eph 4 erinnert) die Formulierung ὅτι μέλη ἐσμὲν ἀλλήλων, die Röm 12,5: τὸ δὲ καθ' εἷς ἀλλήλων μέλη,[36] noch unmittelbarer aber Eph 4,25: ὅτι ἐσμὲν ἀλλήλων μέλη anklingen läßt. Ob hier Abhängigkeiten vorliegen, gar literarische Vorlagen, ist schwer zu

---

[35] Schon aus diesen Gedanken zum Kontext ergibt sich, daß man zu 46,7 nicht einfach auf die Erklärungen zu 37,5f verweisen kann, wie dies bei R. KNOPF, Der erste Clemensbrief, in: W. Bauer/M. Dibelius/R. Knopf/H. Windisch, Die Apostolischen Väter, HNT Erg., Tübingen 1923, 41-150, S. 122, und im wesentlichen auch bei R.M. GRANT/H.H. GRAHAM, First and Second Clement, ApF(T) 2, New York 1965, 76, geschieht.

[36] So R.M. GRANT/H.H. GRAHAM, Clement 76.

sagen. Wenn ja, dann scheint es mir wahrscheinlicher, auf den Epheserbrief zurückzugreifen: Abgesehen davon, daß bereits in 37,5f mit der Kombination von σωτήρ und σῶμα ephesinische Formulierungen anklingen, so ist die Zusammenstellung der Einer-Reihe mit der Formulierung, wie sie sich auch in Eph 4,25 findet, ein starkes Indiz dafür, hier eher den Epheser- als den Römerbrief im Hintergrund zu sehen.[37] Sicher ist dies jedoch nicht. Es könnte auch sein, daß, nachdem Paulus die Leib-Metaphorik auf die Gemeinde gemünzt hatte, sie in verschiedenen frühchristlichen Traditionen sich eigenständig weiterentwickelt hat, wobei es dann zu Überschneidungen gekommen ist. Oder anders: Leib-Metaphorik war so plausibel, daß sowohl die „Paulus-Schule" (zu der wohl Kol und Eph zu zählen sind), als auch die römische Gemeinde als Adressat eines Paulus-Briefes sie weiterdachten. So hätte die Formulierung μέλη ἐσμὲν ἀλλήλων an verschiedenen Orten hervorgebracht werden können.[38]

Was nun bei den Korinthern vor sich gegangen ist, ist (zumindest an dieser Stelle) nicht einfach ein σχίσμα, sondern eine στάσις. Das korinthische Fehlverhalten ist Gewalt von innen gegen die Struktur der Gemeinde. Dabei spricht der Verfasser nicht direkt die Presbyter-Absetzung an, sondern deren Folgen. Offensichtlich haben die

---

[37] Für 46,6 vermuten auch R.M. GRANT/H.H. GRAHAM, Clement 76, dieser Vers „contains echoes of Ephesians 4:4-6". Ob die Autoren damit auch eine literarische Beziehung annehmen, bleibt offen. D.A. HAGNER, The Use of the Old and New Testament in Clement of Rome, NT.S 34, Leiden 1973, 223, findet es „difficult to doubt Clement's dependence on Ephesians" (nach a.a.O. 199.217 liegt 46,7 für ihn wieder näher an Röm 12,5 als an Eph 4,25). A. LINDEMANN, Clemensbriefe 136, schließt eine solche aus. Für K. BEYSCHLAG, Clemens 169 Anm. 3, ist eine „Paulusanleihe nur undeutlich erkennbar".

[38] So könnte A. LINDEMANN, Clemensbriefe 137, recht gegeben werden: „μέλη ἐσμὲν ἀλλήλων entspricht Eph 4,25 [...]; zwar liegt kein Zitat vor, aber der Vf. erinnert offenbar an etwas Selbstverständliches." H. PIESIK, Bildersprache der Apostolischen Väter, Diss. Bonn 1961, 22, mahnt angesichts der antik-paganen Parallelen zur Vorsicht: „Es scheint [...] unumgänglich, bei einem derart verbreiteten Motiv nicht mehr als gedankliche Tradition als wirksam anzunehmen." Da es aber als sicher gelten kann, daß „Klemens" zumindest den ersten paulinischen Korintherbrief gekannt hat (vgl. 1Klem 47,1), darf man sich traditionsgeschichtlich doch auf einem etwas sichereren Boden wähnen, als Piesik vermutet. Zudem wäre es m.E. äußerst unwahrscheinlich, in der frühen Kirche wiederum nur isolierte Lokaltraditionen anzunehmen.

„Aufständischen" einen Teil der Gemeinde, wie groß auch immer,[39] an sich binden können, der nun dem anderen Teil der Gemeinde gegenüberstand. Das war zunächst ein σχίσμα, und die Verben διέλκειν und διασπᾶν sind ja auch eine Verschärfung, eine Dramatisierung dessen, was mit σχίζειν ausgesagt ist.[40] Eine στάσις wird daraus erst, nachdem in dem vorangegangenen Kontext die Gemeindeordnung mit göttlichen Weihen bedacht worden war. Es ist also ganz deutlich, wie hier die Verankerung der sozialen Strukturen in der symbolischen Sinnwelt ein Mittel oder zumindest eine Gelegenheit darstellt, die Kritik verschärfen zu können.[41] Gleichzeitig hat στάσις gegenüber σχίσμα per se einen hierarchischen Impetus.

Die Zusammengehörigkeit der überweltlichen, symbolischen und der alltagsweltlichen Dimensionen des Konfliktes bringt der Verfasser auch darin zum Ausdruck, daß einerseits das, was da auseinandergezerrt und zerrissen wird, die Glieder *Christi* sind (διασπῶμεν τὰ μέλη τοῦ Χριστοῦ;[42] in einem gewissen Widerspruch zu dem anschließend geäu-

---

[39] 47,6 spricht davon, daß die Κορινθίων ἐκκλησία sich gegen die Presbyter auflehnt.

[40] Vgl. auch H. PIESIK, Bildersprache 23: „Διέλκειν, διασπᾶν sind sehr plastische Ausdrücke und weisen auf das Gewalttätige der Handlung hin."

[41] Auch C. EGGENBERGER, Quellen 35 (alle folgenden Zitate ebd.), merkt an, daß σχίσμα den Sachverhalt bereits getroffen hätte. Gemäß seiner These, 1Klem sei kein Brief, sondern eine „Kampfschrift um die rechte Einstellung zum Staat" meint er aber, aus dem σχίσμα eine στάσις zu machen, sei eine „Aufbauschung der Zwistigkeiten in Korinth": „Unser Verfasser freut sich über die Gelegenheit, seine staatsfreundliche Ethik zu entfalten und dabei die Bereitschaft zur Uebernahme offizieller Parolen zu bezeugen." Das geht aber an Form und Inhalt des Briefes vorbei. - K. BEYSCHLAG, Clemens 169, sieht in 46,7 den Vorwurf aus 1,1 aufgenommen, wobei für ihn der Vorwurf durch die Leib-Metaphorik „teilweise ins Positive gewendet wird." Es bleibt aber undeutlich, was er damit meint.

[42] Spätestens diese neue Bildstelle erweist die Einschätzung von W. SCHMITHALS, Theologiegeschichte 162, „daß die Leib-Christi-Ekklesiologie [...] in der frühchristlichen Geschichte nicht aufgenommen und weiterentwickelt wurde" als ein krasses Fehlurteil (vgl. auch H. SCHLIER, Art. Corpus Christi, RAC 3 [1957] 437-453, S. 448: „keine wesentlichen Variationen untereinander u. im Verhältnis zu Paulus"). Zu 1Klem 37 moniert SCHMITHALS, ebd., daß dort zwar Leib-Metaphorik und Organismusgedanke begegneten, „nicht aber der Begriff des 'Leibes Christi'". Verabschiedet man sich jedoch von der Fixierung auf genaue Formulierungen, so erweist sich spätestens hier in 1Klem 46 (vollends, wie zu zeigen sein wird, bei Ignatius, z.B. IgnEph 4,2) Schmithals' allgemeines Urteil als falsch.

ßerten Gedanken, wir seien Glieder voneinander), andererseits dies einen Aufstand gegen den *eigenen* Leib darstellt (στασιάζομεν πρὸς τὸ σῶμα τὸ ἴδιον[43]).
Der Verfasser stellt hier die symbolische Sinnwelt und die Konsequenzen für das Handeln unmittelbar nebeneinander: So wie die symbolische Sinnwelt strukturiert ist, so soll es auch der Sozialzusammenhang ihrer Bewohner sein.[44] Damit wird auch deutlich, daß der Aufstand der Presbyter-Absetzung Aufstand gegen die göttliche Ordnung ist. Der Legitimator der angegriffenen Institution greift für seine Argumentation auf die Grundlagen der symbolischen Sinnwelt zurück: *ein* Gott, *ein* Christus, *ein* Geist, *eine* Berufung.[45] Natürlich werden die „Aufständischen" in Korinth dies nicht in Frage gestellt haben. Für sie hatte vermutlich nur das eine nichts mit dem anderen zu tun. Der Verfasser versucht deutlichzumachen, daß in seinen Augen dem sehr wohl so ist.

8.2. Ignatius von Antiochien

Im ersten Jahrzehnt des 2. Jh. n.Chr., in der Regierungszeit Kaiser Trajans, wird in Antiochia in Syrien Ignatius, der Bischof der dortigen Christengemeinde, verhaftet und nach Rom abtransportiert. Seine Route führt ihn und seine Bewacher durch Kleinasien. In Smyrna hat er eine Weile Aufenthalt und empfängt dort Vertreter verschiedener Gemeinden der weiteren Umgebung. Er gibt ihnen bei ihrer Heimreise Briefe für ihre Gemeinden mit. Von Smyrna aus schreibt Ignatius einen Brief an die Gemeinde in Rom und bittet sie, nichts zu unternehmen, was sein Martyrium verhindern könnte. Auch von Troas schreibt er noch einmal,

---

[43] Nach A. LINDEMANN, Clemensbriefe 137 (mit Verweis auf IgnSm 11,2), ist mit τὸ σῶμα τὸ ἴδιον die „konkrete einzelne Gemeinde" als Gegenüber zur Weltkirche angesprochen. Das kann ich hier aber nicht erkennen. M.E. ist hier die Selbstschädigung gemeint.

[44] Vgl. auch H.O. MAIER, The Social Setting of the Ministry as Reflected in the Writings of Hermas, Clement and Ignatius, Dissertations SR 1, Waterloo (Ont.) 1991, 120: Es geht dem Verfasser nicht um eine bestimmte Ordnung, sondern um eine „überweltliche" Legitimation für Ordnung überhaupt. Jedoch sagt Maier das zu Kap. 37f. Dort ist das meines Erachtens sehr viel weniger deutlich. Kap. 46 erwähnt Maier in diesem Zusammenhang nicht.

[45] Eine sachliche Parallele finden wir bei Dio Chrysostomos, Or. 39,1: Die Stadt Nicäa ist durch Götter gegründet, deshalb ziemt es sich für deren Bewohner, in Frieden und Eintracht und Freundschaft zu leben (πρέπει δὲ τοῖς ὑπὸ θεῶν ᾠκισμένος εἰρήνη καὶ ὁμόνοια καὶ φιλία πρὸς αὐτούς).

diesmal unter anderem an die Gemeinde von Smyrna und an ihren Bischof Polykarp.[46]
Wie ein roter Faden zieht sich durch alle Briefe (ausgenommen der nach Rom) die Aufforderung, unter dem Bischof die Einheit zu wahren. In der Forschung ist Ignatius zu dem ersten literarischen Zeugen für das Monepiskopat in Kleinasien erklärt worden.[47] Das hat immer wieder aber auch verwundert, denn in dem nur kurz zuvor geschriebenen 1. Klemensbrief war zumindest für Rom und Griechenland davon noch nichts zu sehen

---

[46] Die Zahl der authentischen Ignatius-Briefe ist umstritten. Vgl. dazu und zu dem folgenden Absatz den Forschungsbericht von W.R. SCHOEDEL, Polycarp of Smyrna and Ignatius of Antioch, ANRW II,27/1 (1993) 272-358; J. RIUS-CAMPS, Die echten Briefe des Ignatius von Antiochien, RCatT 16 (1991) 67-103. Ob es überhaupt echte Briefe des Ignatius gibt, diskutieren R.M. HÜBNER, Thesen zur Echtheit und Datierung der sieben Briefe des Ignatius von Antiochien, Zeitschrift für antikes Christentum 1 (1997) 44-72 und G. SCHÖLLGEN, Die Ignatianen als pseudepigraphisches Briefcorpus. Anmerkungen zu den Thesen von Reinhard M. Hübner, Zeitschrift für antikes Christentum 2 (1998) 16-25.

[47] Vgl. z.B. E.F. V.D. GOLTZ, Ignatius von Antiochien als Christ und Theologe. Eine dogmengeschichtliche Untersuchung, TU 12,3, Leipzig 1894, 61: Bei der „Gefahr, in Secten und Schulen zu zerfallen [...,] verlor das ältere demokratische Gemeindeverwaltungssystem bald seine Macht und hatte sich vor Ign. bereits zu einem monarchischen gestaltet." Auch H. V. CAMPENHAUSEN, Amt 105, meint, für Ignatius ist die „bischöfliche Monarchie [...] bereits durchgeführt". Vorsichtiger urteilt P. MEINHOLD, Die Anschauung des Ignatius von der Kirche, in: Studien zu Ignatius von Antiochien, VIEG 97, Wiesbaden 1979, 57-66, S. 57: Wie in 1Klem das Kirchenrecht wichtig wird, so bei Ignatius das dreigestufte Amt und das kultische Heil. Als Belegstelle dient auch Meinhold (a.a.O. 63) der Satz aus IgnTrall 3,1: Ohne Ämter keine Kirche. „Diese Rechtfertigung (sc. der Ämter) erfolgt durch die Anwendung der theologischen Voraussetzungen auf die gegebenen Verhältnisse" (a.a.O. 59). Gemeint ist dabei die Analogie der himmlischen und irdischen Einheit bzw. Hierarchie (etwa in IgnMagn 3,2). Beide zusammen, Clemens und Ignatius, bilden die Marksteine auf dem Weg der frühen Kirche in den Katholizismus. W.R. SCHOEDEL, Theologial Norms and Social Perspectives in Ignatius of Antioch, in: Jewish and Christian Self-Definition. Bd. 1: The Shaping of Christianity in the Second and Third Century (hg. v. E.P. Sanders), Philadelphia 1980, 30-56, S. 33f, meint, man müsse nicht gleich behaupten, Ignatius habe den Monepiskopat erfunden, „to feel that he invested it with unusual importance." Und er vermutet (a.a.O. 36, leider ohne Begründung): „It must not be imagined [...] that Ignatius imposed entirely new expectations on the churches of Asia Minor. The activities reflected in the letters are unimaginable unless the majority understood him und applauded his efforts."

gewesen. Und einige Zeit später nennt sich der von Ignatius „Bischof" genannte Polykarp gegenüber den Philippern noch „Presbyter".[48] Neuere Beiträge vermuten denn auch, Ignatius, der die angeschriebenen Gemeinden und damit auch ihre Strukturen zumindest nur vom Hörensagen kannte, habe die Verhältnisse seiner syrischen Heimatgemeinde auf die kleinasiatischen unbesehen übertragen.[49]
Die meisten der sieben Briefe sind im „paulinischen Kernland" entstanden. Ihr Thema ist die Einheit der Gemeinde. Darf man da nicht mit reichhaltigen Bezügen zur Leib-Metaphorik rechnen? Der Befund ist jedoch ernüchternd. Lediglich in drei Briefen finden wir sie, dazu, zumindest auf den ersten Blick, in recht formelhaften Anklängen oder im Schatten anderer Bildfelder.[50] Die Belege finden sich in den von Smyrna

---

[48] PolPhil praescr.: Πολύκαρπος καὶ οἱ σὺν αὐτῷ πρεσβύτεροι. Die Deutung ist jedoch umstritten. PH. VIELHAUER, Geschichte 562, plädiert (mit W. Bauer, vgl. a.a.O. Anm. 35) für eine Übersetzung, die die Presbyter mit dem (Bischof) Polykarp sein läßt, H. PAULSEN übersetzt (W. BAUER/H. PAULSEN, Die Briefe des Ignatius von Antiochia und der Polykarpbrief, HNT 18, Tübingen 1985, 113): „Polykarp und die Presbyter, die es mit ihm sind." Jedoch spricht dies für Paulsen noch nicht „gegen die Inanspruchnahme des Bischoftitels durch Pol." Allerdings vermutet er, daß man *in Philippi* nicht mit einem Bischof zu rechnen habe, da Polykarp in 5,3 zur Unterordnung unter die Presbyter und Diakone aufruft, von einem Bischof aber keine Rede ist. Zur neueren Diskussion über den Status Polykarps vgl. J.B. BAUER, Die Polykarpbriefe, KAV 5, Göttingen 1995, 33f.

[49] Vgl. A. BRENT, The Ignatian Epistles and the Threefold Ecclesiastical Order, JRH 17 (1992) 18-32, S. 19; F. VOUGA, Geschichte 214. S. aber auch schon PH. VIELHAUER, Geschichte 548. Manche Forscher sehen hier einen biographischen Hintergrund. Sie vermuten, der Grund für die Inhaftierung des Ignatius liege nicht in einer Christenverfolgung der antiochenischen Gemeinde, sondern in gemeindeinternen Zwistigkeiten, an denen der Bischof selbst vielleicht nicht ganz unbeteiligt gewesen war, und die Ausmaße angenommen hatten, die für die römischen Autoritäten ein Eingreifen rechtfertigten. Vgl. dazu P.N. HARRISON, Polycarp's Two Epistles to the Philippians, Cambridge 1936, 79-106; W.H. WAGNER, After the Apostles. Christianity in the Second Century, Minneapolis 1994, 142; M. GÜNTHER, Einleitung 68. F. VOUGA, Geschichte 215, überlegt, ob es nicht gerade Ignatius' monarchistische Vorstellung, die „keinen Platz für eine Pluralität [...] lassen kann", ist, die zum Konflikt in Antiochia geführt hat.

[50] Vgl. zur Bildersprache des Ignatius H. PIESIK, Bildersprache, und H. RATHKE, Ignatius von Antiochien und die Paulusbriefe, TU 99, Berlin 1967, 48-53.

aus geschriebenen Briefen an die Epheser (4,2) und an die Traller (11,2), sowie in dem Schreiben aus Troas an die Smyrnäer (1,2; 11,2).[51]

8.2.1. Gott hört den Leib singen: IgnEph 4,2

Thema auch dieses Abschnittes und der ihn umgebenden Kapitel ist die Einheit der Gemeinde unter dem Bischof und dem Presbyterium (vgl. 2,2: ὑποτασσόμενοι τῷ ἐπισκόπῳ καὶ τῷ πρεσβυτερίῳ). Im 4. Kapitel wird dieses Verhältnis Bischof-Presbyter-Gemeinde metaphorisch expliziert. Dabei geht es zunächst um die Verhältnisbestimmung von Bischof und Presbyterium, dem dann die Gemeinde zugeordnet wird. Eine logisch zusammenhängende Metaphorik entsteht dabei, wie wir sehen werden, jedoch nicht, so daß man den Eindruck einer assoziativen und spontanen Entstehung dieses Abschnittes gewinnt.

Das schließt nicht aus, daß die einzelnen Elemente dieses Abschnittes für Ignatius trotzdem von großer Wichtigkeit und mit einem Komplex von Gedanken umgeben gewesen sein könnten. Ein solcher Gedankenkomplex darf deswegen auch dann rekonstruiert werden, wenn mit der eher assoziativen Bildung eines Abschnittes gerechnet wird.

Bischof und Presbyterium bezeichnet Ignatius als Zither und deren Saiten (συνήρμοσται [...] ὡς χορδαὶ κιθάρᾳ). Ohne dann zunächst die Gemeinde in die Metaphorik zu integrieren, redet er sie doch an und meint, in ihrer Einigkeit mit dem Bischof bringe sie durch Eintracht und „symphonische" Liebe (ἐν τῇ ὁμονοίᾳ ὑμῶν καὶ συμφώνῳ ἀγάπῃ) das „Lied Jesu Christi"[52] zum Klingen. Nachträglich wird nun die Gemeinde ein Chor genannt, aber der Anschluß an die vorangegangenen Worte verläuft nicht ganz bruchlos. Griechisch heißt es: καὶ οἱ καθ' ἄνδρα δὲ χορὸς γίνεσθε. Es sperrt sich das δέ gegen einen schlicht explikativ verstandenen Anschluß.

Wie dem auch sei: Die besondere Blickrichtung liegt nun eher auf der Einheit untereinander als auf der mit dem Leitungsgremium. Dieser Ge-

---

[51] E. F. v.D. GOLTZ, Ignatius 62, rechnet auch IgnEph 17,1 zur Leib-Metaphorik (Christus läßt sich das Haupt salben und verschafft so der Kirche die Unverweslichkeit). Vermutlich denkt v.d. Goltz dabei an den Ergehenszusammenhang von Haupt und Leib. Dies trifft aber insofern nicht zu, als Christus hier nicht Haupt der Kirche ist, sondern Ignatius mit κεφαλή Jesu eigenen Kopf meint, durch dessen Salbung „der Herr" (ὁ κύριος) die Bereitung zum Sterben erfährt. Dieses Sterben wiederum kommt der Kirche zugute.

[52] Mit dieser Übersetzung versucht J.A. FISCHER, Väter 145, das griechische Ἰησοῦς Χριστὸς ᾄδεται wiederzugeben.

meindechor (χόρος) soll entstehen, ἵνα σύμφωνοι ὄντες ἐν ὁμονοίᾳ. Er singt durch Jesus Christus die Weise Gottes (χρῶμα θεοῦ).
An dieser Stelle kommt die Leib-Metaphorik ins Spiel: Gott hört die Gemeinde und erkennt an den guten Taten (δἰ ὧν εὖ πράσσετε), daß sie „Glieder seines Sohnes sind" (μέλη ὄντας τοῦ υἱοῦ αὐτοῦ). Dieser Status wird dann noch einmal als „an Gott Anteil haben" umschrieben (θεοῦ μετέχειν).
Die Unmittelbarkeit des metaphorischen Ausdrucks erinnert an 1Kor 6,15. Hier wie dort heißt es nicht μέλη *τοῦ σώματος* αὐτοῦ, sondern bei Paulus μέλη Χριστοῦ, bei Ignatius μέλη αὐτοῦ. Der Unterschied zur längeren Wendung könnte folgender sein: Die jeweils anvisierten „Gegner" könnten gemeint haben, ihr abweichendes Verhalten lockere zwar die Verbindung mit dem gemeindlichen Konsens, habe aber mit ihrer individuellen Christusbeziehung nichts zu tun. Hätten Paulus und Ignatius also μέλη *τοῦ σώματος* αὐτοῦ geschrieben, so hätte das σῶμα Χριστοῦ als Gemeinde identifiziert und zwischen Christus- und Gemeindebeziehung differenziert werden können. Die angesprochenen Personen, die zumal bei Ignatius durch ihre Distanz zu Bischof und Presbyterium ohnehin eine lockerere Gemeindebeziehung (in der Sicht des Ignatius) an den Tag legten, hätten dann sagen können, zu diesem irdischen σῶμα gehörten sie in der Tat nicht uneingeschränkt, wohl aber zu Christus selbst. Das verwehrt ihnen Ignatius, indem er Gott an einem der Einheit der Gemeinde förderlichen Verhalten erkennen läßt, wer Glied seines Sohnes, also: Christ ist. Christsein und Gemeindeloyalität werden untrennbar verbunden. Das ist, auch wenn Leib-Metaphorik farblich hier etwas verblaßt, inhaltlich doch eine Aufwertung ihrer Bedeutung: Nicht mehr nur ein ekklesiales Selbstverständnis wird mit ihr beschrieben, sondern der Glaube an sich.[53]
Ein zweites ist an dieser Belegstelle interessant. Es ereignet sich hier ein Perspektivwechsel. In den Texten, die in dieser Arbeit bislang untersucht wurden, haben die jeweiligen Verfasser Leib-Metaphorik eingesetzt, um den Adressaten einen Status zuzusprechen, sie an ihn zu erinnern oder aus dem Status eine Folgerung zu ziehen. Dabei warf der Mensch sozusagen einen Blick auf das, was er vor Gott ist. Hier ist es andersherum: Gott wirft einen Blick auf die Menschen und will herausfinden, ob sie Glieder seines Sohnes sind. Die Absicht dieser Mitteilung ist, die Adres-

---

[53] Vgl. jedoch o. S. 32 Anm. 83 zur ekklesiologischen Existenz der Christen.

saten zu motivieren, die entsprechenden Bedingungen dafür zu erfüllen, und das heißt hier: die Einheit der Gemeinde zu wahren.
Gleichzeitig muß die Tatsache, *daß* die Gliedschaft am Sohne Kennzeichen eines Christen oder einer Christin ist, nicht (mehr) begründet werden. Für die Leib-Metaphorik bedeutet dies hier eine gewisse Konventionalisierung.[54] Aber damit hat sie nicht ihre Kraft verloren. Berger und Luckmann haben darauf hingewiesen, daß z.B. die Nennung eines Verwandtschaftsgrades ein entsprechendes Verhalten gegenüber einem dementsprechenden realen Partner hervorrufen kann (zu einem „Onkel" hat man sich als Kind in festgelegter Weise zu verhalten).[55] Ähnliches liegt hier vor. Wir können mit Berger und Luckmann von einem „vortheoretischen Primärwissen" reden, dessen pragmatische Kraft unbestreitbar ist.
Gleichwohl gibt die Leib-Metaphorik an dieser Stelle die Funktion einer ausführlicheren inhaltlichen Beschreibung der anvisierten innergemeindlichen Handlungsweise an die Musikmetaphorik ab. Dabei ist die Musikmetaphorik ein emotional unmittelbarer ansprechendes Bildfeld, das den Boden bereitet für die nüchternere und innergemeindlich traditionellere Rede vom Gliedsein des Einzelnen. Die Doppelbedeutung von μέλος als „Glied" und „Melodie" macht es dabei wahrscheinlich, daß Ignatius beide Bildfelder verbindet. Außerchristliche Paralleltexte zeigen diese Möglichkeit auf.

W.R. Schoedel zitiert u.a. die Stelle in 4Makk 14,6, wo es von den sieben Brüdern heißt, wie Hände und Füße gingen sie im Einklang mit der Seele in den Tod (καθάπερ αἱ χεῖρες καὶ οἱ πόδες συμφώνως τοῖς τῆς ψυχῆς ἀφηγήμασιν κινοῦνται, οὕτως οἱ ἱεροὶ μείρακες ἐκεῖνοι ὡς ὑπὸ ψυχῆς ἀθανάτου τῆς εὐσεβείας πρὸς τὸν ὑπὲρ αὐτῆς συνεφώνησαν θάνατον).[56] Darüber hinaus ist auch schon in 14,3 die Übereinstimmung unter den Brüdern geradezu symphonisch (ὢ ἱερᾶς καὶ εὐαρμόστου περὶ τῆς εὐσεβείας τῶν ἑπτὰ ἀδελφῶν συμφωνίας). Oder: Der unter den antiken Paralleltexten bereits zitierten Stelle bei Dio Chrysostomos, Or 39, geht das Bild des Chores voraus. Dort (39,4) sagt Dio, man versteht die Worte nicht leicht, wenn der Chor nicht gemeinsam singt (τῶν ἀσυμφώνων χορῶν οὐδεὶς ἀκούει ῥᾳδιως ὅ τι λέγουσιν). Und auch bei Plutarch, De fraterno

---

[54] Ich sage „hier", denn wie wir sehen werden, schließt das auch bei Ignatius nicht aus, daß er an anderer Stelle das Bildfeld weiter kreativ ausbilden konnte.
[55] Vgl. o. S. 53.
[56] Vgl. W.R. SCHOEDEL, Die Briefe des Ignatius von Antiochien. Ein Kommentar, Hermeneia, München 1990 (engl. 1985), 104f.

amore, findet sich in der Nachbarschaft von Leib-Metaphorik in 2 (479A) die Aussage, eine Familie in Eintracht ist ὥσπερ ἐμμελὴς χορός.[57]

Sieht man nun noch, daß Leib-Metaphorik zum frühchristlichen (Standard-)Repertoire gehört, so ist eine solche Verbindung kaum von der Hand zu weisen.[58] Frühchristliche Ekklesiologie hat sich spätestens hier mit der zeitgenössischen ὁμόνοια-Literatur verbunden.

8.2.2. Kreuz und Kirche: IgnTrall 11,2

In den Kapiteln 9-11 des Briefes an die Traller warnt Ignatius vor doketischen Irrlehrern. Ihnen hält er ein vierfaches ἀληθῶς entgegen: Christus wurde *wirklich* geboren, er aß und trank, er wurde *wirklich* verfolgt und *wirklich* gekreuzigt und *wirklich* von den Toten auferweckt. Diese Auferweckung erwartet auch die, die an diesen wahrhaftigen Christus glauben (Kap. 9).
Im 11. Kapitel erfolgt dann die direkte Warnung vor den Irrlehrern. Und wie in IgnEph 4 führt Ignatius zunächst ein anderes Bildfeld ein, bevor er zur Leib-Metaphorik übergeht. Hier ist es Vegetationsmetaphorik. Die Irrlehrer werden als „schlechte Seitentriebe" bezeichnet, mit denen kein Kontakt unterhalten werden soll (φεύγετε οὖν τὰς κακὰς παραφυάδας), denn ihre Frucht (καρπός) ist tödlich. Das liegt daran, daß sie nicht vom Vater gepflanzt sind (οὔκ εἰσιν φυτεία πατρός). Wäre es anders, müßte man sie als „Äste des Kreuzes" (κλάδοι τοῦ

[57] Auch der gnostische Traktat „Die Interpretation der Gnosis" (NHC XI,1; vgl. unten zu 2Klem) redet in 18,22-27 innerhalb von Leib-Metaphorik davon, daß, wenn schon die Saiten eines Instrumentes gestimmt werden könnten, so doch erst recht in der Gemeinde συμφωνία zu erzielen sein müßte (vgl. dazu U.-K. PLISCH, Die Auslegung der Erkenntnis (Nag-Hammadi-Codex XI,1), TU 142, Berlin 1996, 143; der Text a.a.O. 42).

[58] Obwohl J.B. LIGHTFOOT, The Apostolic Fathers II,2: S. Ignatius, S. Polycarp. A Revised Text with Introductions, Notes, Dissertations, and Translations, Hildesheim/New York 1973 (Nachdruck von ²1889), 41f, zur Stelle eine ausführliche Erörterung über das antike Musikverständnis einfügt, stellt er zu μέλη fest: „There is no play here [...] on the other meaning of the word, 'songs'. Such an allusion would confuse the metaphor hopelessly, and would be unmeaning in itself" (a.a.O. 42). Die Übersetzung bei J.A. KLEIST, Epistles 62: „recognize in you the melodies of the Son", fällt dagegen auf der anderen Seite herunter. Wenn R.M. GRANT, Ignatius of Antioch, ApF(T) 4, London/Camden/Toronto 1966, 35, diesen Abschnitt „one long musical metaphor" nennt, wird er der Doppelbedeutung ebenfalls nicht gerecht.

σταυροῦ) an ihren unvergänglichen Früchten erkennen können. Damit wandelt Ignatius das johanneische Bild vom Weinstock und den Reben dergestalt um, daß in der Ersetzung des Weinstocks durch das Kreuz der soteriologische Grund der Kirche deutlich wird.[59] Dies gilt es gegenüber den Doketen festzuhalten, die die Realität des Kreuzesleidens Christi leugneten. Sie stellen sich damit automatisch außerhalb der Kirche.
Diese Verbindung von Kreuz und Kirche führt Ignatius nun anhand der Leib-Metaphorik weiter aus. Das Leiden Christi konstituiert die Kirche, indem er darin die Einzelnen als seine Glieder zu sich ruft. In fast identischer Formulierung wie in IgnEph 4,2 heißt es: ἐν τῷ πάθει αὐτοῦ προσκαλεῖται ὑμᾶς ὄντας μέλη αὐτοῦ (IgnEph 4: μέλη ὄντας τοῦ υἱοῦ αὐτοῦ). Aus den κλάδοι sind nun also die μέλη geworden, und wie die Äste vom Kreuz(esstamm) abgingen, so hängen die Glieder mit dem Haupt zusammen: οὐ δύναται οὖν κεφαλὴ χωρὶς γεννηθῆναι ἄνευ μελῶν.[60]
Es überrascht hier wieder die Perspektive. Man hätte die Mahnung erwarten können: „Erweist euch als wahre Äste des Kreuzesbaumes", oder „als seine Glieder". Stattdessen finden wir eine Zusage: Die Adressaten sollen an der Auferweckung Christi partizipieren, sie werden mitgeboren als Glieder des Hauptes. Damit schlägt Ignatius terminologisch den Bogen zum Ende des 9. Kapitels, wo er den Orthodoxen die Auferweckung durch den Vater in Aussicht gestellt hat. Sachlich ist jedoch etwas anderes gemeint, nämlich nicht die individuelle Auferweckung, sondern der aus der Auferweckung Christi resultierende neue Sozialzusammenhang.[61]

---

[59] Vgl. auch unten zur inhaltlichen Parallele in IgnSm 1,2.

[60] „As usual, Ignatius' metaphor changes - from branches to members of the body", bemerkt nun auch R.M. GRANT, Ignatius 79 (zu IgnEph 4,2 noch hatte er unterschiedliche Bildfelder nicht bemerkt). Vgl. zum Verhältnis von Passion und Kirche auch W. WEINRICH, The Concept of the Church in Ignatius of Antioch, in: Good News in History, FS Bo Reicke (hg. v. E.L. Miller), Atlanta 1993, 137-150, S. 142: „The head-members metaphor makes it clear that the unity of the Church is in view, and it expresses the organic relationship between Christ in passion and the unity of the Church."

[61] W. BAUER, Die Briefe des Ignatius von Antiochia, in: W. Bauer/M. Dibelius/R. Knopf/H. Windisch, Die Apostolischen Väter, HNT Erg., Tübingen 1923, 186-281, S. 240, erklärt: „Der Pflicht, sich als Glieder zu erweisen, können sich die Leser aber um so weniger entziehen, als ihre Vereinigung mit Christus nicht nur einer Verheißung Gottes entspricht, sondern in diesem selbst unmittelbar gegeben ist." Für ihn ist durch diesen Vers also die Realität der gemeindlichen Wirklichkeit intensiviert und damit auch die Dringlichkeit, in ihr zu bleiben.

Das schließt auch eine an gnostischen Modellen orientierte Auslegung dieser Stelle aus. H. Schlier etwa macht aus dem „geboren“ unserer Textstelle „ins Pleroma eingehen“[62] und führt aus: „Es liegt im Hintergrund die Vorstellung von dem einen Christus, der wie der ἄγγελος des πλήρωμα bei den Valentinianern, als einer hervorbrach, um wieder als einer mit seinen gesammelten Gliedern, den Gläubigen in der ἐκκλησία, zurückzuweichen in die ἕνωσις, die Gott selbst ist.“[63]

Da das Thema dieses ganzen Abschnittes die Wirklichkeit von Jesu Tod und Auferweckung ist, ist auch die Leib-Metaphorik hierein verwoben. Thematisch ist das ein neuer Zusammenhang für das Bildfeld.[64] Ignatius macht deutlich: Die Diskussion über Jesu Leiden, Tod und Auferwekkung ist keine theoretische, sondern berührt die Existenz des Sozialzusammenhanges der Gläubigen.[65] Oder anders: Die erfahrbare Sinnwelt der christlichen Gemeinde entspringt unmittelbar den Vorgängen in der symbolischen Sinnwelt. Christus ist nicht einfach auferweckt worden, sondern er wird (wieder)geboren, und das nicht einfach als Christus, sondern in einer neuen Funktion, nämlich als Haupt. Damit interpretiert Ignatius die Tatsache, daß sich nach der Auferweckung eine Gemeinschaft um den Auferweckten gebildet hat, rückwärtsblickend als Sichtbarwerdung eines göttlichen Planes. Die Gemeindebildung war kein Er-

---

[62] H. SCHLIER, Religionsgeschichtliche Untersuchungen zu den Ignatiusbriefen, BZNW 8, Gießen 1929, 90.

[63] A.a.O. 99 (Hervorhebungen vom Autor). Vgl. so auch H.-W. BARTSCH, Gnostisches Gut und Gemeindetradition bei Ignatius von Antiochien, BFChrTh 44, Gütersloh 1940, 24; H. PIESIK, Bildersprache 25; P. MEINHOLD, Anschauung 57. Dagegen meint C.C. RICHARDSON, The Christianity of Ignatius of Antioch, New York 1967 (Nachdruck von 1935), 34, die Einheit von Gott und Mensch spiele bei Ignatius keine Rolle, es interessiere den syrischen Bischof nur die horizontal verstandene Einheit. In IgnPhil 8,1 etwa stehe ἑνότης für die Kirche und parallel zu συνέδριον. Allerdings kann es sein, daß Richardson auch wieder zu einseitig denkt. In seinem Kapitel über den Einheitsgedanken (a.a.O. 33-39) findet sich z.B. kein Hinweis auf die ignatianische Leib-Metaphorik. W.R. SCHOEDEL, Norms 48, meint zutreffender: „Although there is sometimes a tendency for metaphors in Ignatius to transform themselves into myth, the Gnostic dimensions in them have often been exaggerated. In any event, most of the imagery in the letters breathes the down-to-earth atmosphere of Hellenistic culture.“

[64] Er findet sich später wieder bei Irenäus, adv. haer. 3,19,3 (vgl. u. S. 304).

[65] Vgl. auch H. PAULSEN (W. BAUER/H. PAULSEN, Briefe 66): „Mit dem ign πάθος-Gedanken und dem Motiv der ἕνωσις verbindet sich der für Ign im Kontext der Ekklesiologie aufschlußreiche Begriff des σῶμα Χριστοῦ“.

eignis menschlicher Überlegungen und Aktivitäten und damit in gewissem Rahmen zufällig, sondern sie wird erkannt als von Gott in der Auferweckung Jesu angelegt. Somit leugnen die Doketen in den Augen des Ignatius nicht nur das göttliche Wirken an Christus, sondern sie stellen sich auch außerhalb der Gemeinschaft, die Gott als Resultat der Auferweckung geplant hatte. Daß Ignatius mit diesen Worten den Briefcorpus beschließt, verleiht ihnen ein zusätzliches Gewicht.[66]

8.2.3. Das Ziel der Geschichte Christi (Kreuz und Kirche II): IgnSm 1,2

Im deuteropaulinischen Epheserbrief (4,4) fanden wir Leib-Metaphorik zum ersten Mal in einem Zusammenhang, der dem Charakter eines Bekenntnisses nahekam. Damit rückte sie in die Nähe einer Klassifizierung als Terminus technicus. Seinen Brief an die Smyrnäer setzt Ignatius nach dem Praescript mit einem Abschnitt fort, der nun schon fast unabweisbar als Glaubensbekenntnis bezeichnet werden muß (das Material für das Apostolikum liegt hier bereit). Sein gliederndes dreifaches ἀληθῶς (zweimal noch wird der Begriff in der unmittelbar an das Bekenntnis anschließenden Bekräftigung von Christi Leiden und Auferstehung verwendet) macht gleichzeitig den Anlaß deutlich: Leben und Leiden Jesu und der Ursprung der Kirche in diesen Vorgängen mußten gegen doketische Kritik verteidigt werden. Thematisch bedeutet das eine Parallele zu der oben diskutierten Stelle aus IgnTrall, und auch inhaltlich wird sich zeigen, daß Ignatius in diesem Brief an die Smyrnäer auf dieselben Gedanken rekurriert.

Das Bekenntnis redet davon, daß Christus aus dem Geschlecht Davids stammt, Sohn Gottes ist, von einer Jungfrau geboren, von Johannes getauft, unter Pilatus und Herodes gekreuzigt wurde. Es folgen dann die Stichworte Auferstehung und Kirche. Sie setzen das Bekenntnis aber nicht einfach chronologisch fort, sondern sind einander logisch zugeordnet: Das Leiden Christi am Kreuz ist eine „Frucht", von der wir stammen. Durch die Auferstehung errichtete Christus für sein Volk ein Wahrzeichen „im einen Leib seiner Kirche" (ἵνα ἄρῃ σύσσημον εἰς τοὺς

[66] Ich bin in diesem Abschnitt bei dem Terminus „Auferweckung" geblieben, weil das Passivische dem Duktus des Ignatius in diesen Kapiteln seines Briefes entspricht. In dem nun zu diskutierenden nächsten Abschnitt aus dem Brief an die Smyrnäer ist es anders. Dort spricht Ignatius von der „Auferstehung" (ἀνάστασις), in 2,1 sogar davon, daß sich Christus selbst auferweckte (ἀνέστησεν ἑαυτόν).

αἰῶνας διὰ τῆς ἀναστάσεως [...] ἐν ἑνὶ σώματι τῆς ἐκκλησίας αὐτοῦ). Das ἵνα am Anfang der Phrase macht deutlich, daß das Kreuz sein eigentliches Gewicht erst durch die Auferstehung erhält. Diese wiederum ist aber auch noch nicht das letzte Ziel, sondern Instrument (δία) zur Errichtung der Kirche. Zugespitzt kann man sagen: Die Geschichte Christi läuft für Ignatius auf die Kirche hinaus und erreicht in ihr ihr Ziel. Allerdings setzt er in 2,1 gleich hinzu, daß dies alles (ταῦτα πάντα) zu unserer Errettung geschah (δι᾽ ἡμᾶς, ἵνα σωθῶμεν). Kirche ist nicht Selbstzweck.[67] Aber doch bleiben damit Ekklesiologie und Soteriologie so eng verbunden, daß man geneigt ist zu sagen, letztere ist ersterer untergeordnet. Etwas ähnliches hatte sich ja bereits im deuteropaulinischen Epheserbrief angedeutet.

Warum nennt Ignatius in diesem bekenntnisartigen Abschnitt die Kirche ein σῶμα? Der Grund liegt in der Funktion der durch die Auferstehung ins Leben gerufenen Kirche. Sie soll ein „Wahrzeichen" (σύσσημον) für „seine [verstreuten] Heiligen und Gläubigen" (εἰς τοὺς ἁγίους καὶ πιστοὺς αὐτοῦ, εἴτε ἐν Ἰουδαίοις εἴτε ἐν ἔθνεσιν) sein. Das Bild vom Zeichen könnte dem militärischen Bereich entnommen sein,[68] auf jeden Fall spielt aber Ignatius hier wohl auf Jes 5,6 LXX bzw. 11,12 LXX an. Dort ist davon die Rede, daß um ein Zeichen, das Gott errichtet (in Jes 5,6 ist es das σύσσημον, in 11,12 ist es ein σημεῖον), sein Volk sich sammeln wird. Ignatius sieht dies im auferstandenen Christus verwirklicht. Die Heiligen und Gläubigen, sowohl unter den Juden als auch unter den Heiden, werden zusammenkommen, um gemeinsam die Kirche als einen Leib zu bilden.[69]

---

[67] Vgl. auch J.S. ROMANIDES, The Ecclesiology of St. Ignatius of Antioch, GOTR 7 (1961-1962) 53-77, S. 53: „the church as the body of Christ exists (according to S. Ignatius) for the sole purpose of salvation in Christ."

[68] Σύσσημον ist jedoch auch der Kuß des Judas in Mk 14,44.

[69] Daß diese Glaubenden aus den Heiden und den Juden kommen, könnte inzwischen ein Topos geworden sein, lehnt sich zudem an die jesajanische Redeweise an, muß also nicht auf eine konkrete Problematik verweisen. Die Christen zumindest sahen in diese beiden Gruppen die Welt aufgeteilt und staunten darüber, daß diese Trennung mit dem neuen Sozialzusammenhang der Kirche aufgehoben sein sollte. Für W.R. SCHOEDEL, Briefe 350, ist es gerade aufgrund der Erwähnung von Juden und Heiden „bis zu einem gewissen Grade gerechtfertigt, wenn man Ignatius' Hinweis auf die Kirche als 'ein Leib' mit dem Gebrauch des Ausdrucks im säkularen Bereich der politischen und sozialen Vorstellungen der griechisch-römischen Welt vergleicht." Träfe dies zu, so läge nicht nur formal in

8.2.4. Die geschundene Kirche: IgnSm 11,2

Im Schlußteil desselben Briefes an die Smyrnäer erwähnt Ignatius, daß ihr Gebet dazu beigetragen hat, die unruhige Situation in der antiochenischen Gemeinde zu beenden. Nun bittet Ignatius die Smyrnäer, einen Boten nach Antiochia zu entsenden, der die dortige Gemeinde zu der Wendung ihrer Lage beglückwünschen soll.

Die neue Situation in Antiochia beschreibt Ignatius so: Die Gemeinde genießt Frieden (εἰρηνεύουσιν), sie hat ihre Größe wiedererlangt (ἀπέλαβον τὸ ἴδιον μέγεθος) und ihr „Leib" ist wiederhergestellt (ἀπεκατεστάθη αὐτοῖς τὸ ἴδιον σωματεῖον).

Das letzte Glied dieser Aufzählung birgt textkritische Schwierigkeiten, denn es gibt zu σωματεῖον die v.l. σωμάτιον. Die Textzeugen (es sind die der sonst maßgeblichen mittleren Rezension) lassen eher zu σωματεῖον tendieren, aber inhaltlich scheint mir eine solche Entscheidung nicht in gleichem Maße gerechtfertigt. Σωματεῖον ist die (juristische) Körperschaft, σωμάτιον der geschundene Leib, etwa der des Polykarp in MartPol 17,1.
Natürlich wäre es höchst bedeutsam für die Fragestellung dieser Arbeit, wenn wir hier bei Ignatius einen eindeutigen Beleg für eine terminologische Annäherung der Gemeinde an andere zeitgenössische Korporationen fänden. Aber dagegen erheben sich mir doch Bedenken, und zwar gerade aus der ignatianischen Ekklesiologie selber: Ignatius leitet die Kirche direkt aus Kreuz und Auferstehung ab. Deren hervorstechendstes Merkmal ist die Einheit. Gerade ein paar Kapitel zuvor hatte dies Bekenntnischarakter gewonnen. Wenn also eine Gemeinde wie die in Antiochia in schwere Bedrängnis gerät (vielleicht weil sie ihre Einheit verloren hat)[70], dann ist das für ihn mehr als eine organisatorische Schwierigkeit. Dasselbe gilt für die Beendigung dieser Turbulenzen. In Antiochia ist in den Augen des Ignatius nicht einfach eine menschliche Gemeinschaft wiederhergestellt. Die göttliche Kirche, die in dem Konflikt nicht aufgehört hatte, als solche zu existieren, war allerdings schwer angeschlagen und ist nun wieder aufgerichtet worden. Ignatius hat mitgelitten. Kirche ist für ihn, auch wenn bei ihm nicht von einer ausgesprochenen σῶμα-Ekklesiologie geredet werden kann, doch auch mit dieser

---

dem bekenntnisartigen Charakter der Stelle eine Parallele zum Epheserbrief vor, sondern auch inhaltlich.

[70] Vgl. o. S. 263 Anm. 49.

Metaphorik verbunden. Sie bot sich ihm nun förmlich an, als es darum ging, von einer Gemeinde in existentiellen Schwierigkeiten zu reden: Der Leib der Gemeinde wird durch staatliche Disziplinarmaßnahmen, vielleicht auch durch Streit, Spaltung in seiner Integrität verletzt, er wird zum σωμάτιον.

H. Paulsen argumentiert dagegen für σωματεῖον. Er meint, die Formulierung τὸ *ἴδιον* σωματεῖον spräche dafür, daß gegenüber der allgemeinen Kirche als σῶμα die Ortsgemeinde als σωματεῖον bezeichnet werden konnte.[71]

Wenn aber Ignatius hier so hätte differenzieren wollen, wäre der Ausdruck σωματεῖον dann nicht schon für sich genommen ausreichend unterschieden von σῶμα? Mußte er τὸ ἴδιον wirklich noch explikativ hinzufügen, damit klar ist, daß es sich hier um die lokale Gemeinde und nicht um die weltweite Kirche handelt? Läßt sich τὸ ἴδιον auch mit σωμάτιον sinnvoll in Verbindung bringen? Dies ist in prinzipiell derselben Weise möglich, wie H. Paulsen es für σωματεῖον vorschlägt, wobei m.E. jedoch die Ergänzung durch τὸ ἴδιον erst plausibel wird: Ignatius legt das Augenmerk auf die spezielle Gemeinde in Antiochien. Diese ist zunächst einmal σῶμα wie die ökumenische Kirche auch, wird aber von letzterer unterschieden durch die Hinzufügung von τὸ ἴδιον. Nun ist die antiochenische Gemeinde arg in Mitleidenschaft gezogen worden durch ihre Schwierigkeiten der letzten Zeit. Die emotionale Verbundenheit des Ignatius mit seiner Gemeinde läßt ihn den Begriff σῶμα variieren zu σωμάτιον. Innerhalb des Bildfeldes ist dies leicht nachvollziehbar: Der Leib der Gemeinde hat gelitten, ihm wurde Gewalt angetan. Nun aber ist er wieder hergestellt, geheilt (ἀποκαθίστημι[72]).[73]

---

[71] Vgl. H. PAULSEN, Studien zur Theologie des Ignatius von Antiochien, FKDG 29, Göttingen 1978, 149f, und DERS. in seiner Bearbeitung des Bauerschen Ignatiuskommentars (HNT 18), S. 98. Als Beleg für die Möglichkeit einer solchen Redeweise dient ihm P.Oxy. I.5 p. 8f. Z. 10ff. recto, ein Papyrus aus der zweiten Hälfte des 2. Jh., dessen entscheidende Passage er mit τὸ γὰρ προφητικὸν πν(εῦ)μα τὸ σωματεῖόν ἐστιν τῆς προφητικῆς τάξεως, ὅ ἐστιν τὸ σῶμα τῆς σαρκὸς Ἰ(ησο)ῦ Χ(ριστο)ῦ τὸ μιγέν τῇ ἀνθρωπότητι διὰ Μαρίας wiedergibt. Als sachliche Parallelen, in denen er in Weltkirche und Lokalgemeinde differenziert sieht, führt er 1Klem 37,5; 38,1 und PolPhil 11,4 an (vgl. Studien 150). Eine solche Differenzierung vermag ich aber in jenen Texten nicht zu erkennen.

[72] W.R. SCHOEDEL, Briefe 391, führt allerdings auch Belege für ein Verständnis von ἀποκαθίστημι als „Wiederherstellung eines Gemeinwesens" an.

Die textkritische Entscheidung bleibt schwierig. Die in der Regel als zuverlässig herangezogenen Textzeugen lesen σωματεῖον. Aus inhaltlichen Gründen tendiere ich jedoch zur Lesart von σωμάτιον.[74] Die Änderung zu σωματεῖον könnte den Tradenten aus ihrer eigenen Zeit heraus plausibel erschienen sein.[75]

Damit liegt in IgnSm 11,2 eine terminologische Neuerung innerhalb der ekklesiologischen Leib-Metaphorik des frühen Christentums vor. Anders als Paulus, der den Schaden am Leib der Gemeinde deskriptiv schildert (einzelne Glieder wollen sich vom Leib lösen), anders auch als in den paganen Parallelen, in denen von Amputation oder von Geschwüren die Rede sein kann, nimmt Ignatius eine fast noch wirkungsvollere, weil emotional unmittelbarer ansprechende Änderung im Basis-Terminus[76] selber vor, um den Schaden zu beschreiben: Der Leib ist noch Leib, aber ein arg geschundener Leib. Diese Vorstellung erregt Mitleid, sie kann (und soll?) aber auch Scham bei aktuellen oder potentiellen Störern wek-

---

[73] Vgl. auch u. S. 304f zu Irenäus. - Auch W.R. SCHOEDEL, Norms Anm. 21 (S. 222), sieht τὸ ἴδιον als entscheidend für die Interpretation an: „as they have regained their *original* greatness so they have had their body as *originally* constituted restored. That could not be said of a ‘small, sick, or weak body’“ (Hervorhebungen vom Autor; vgl. auch DERS., Briefe 391). Warum dies nicht möglich sein soll, ist mir aber nicht einsichtig, und Schoedel begründet seine Ansicht auch nicht. Abgesehen davon ist die Übersetzung von τὸ ἴδιον mit „ursprünglich“ bereits Interpretation.

[74] Anders als sein Bearbeiter H. Paulsen entschied so noch W. BAUER, Briefe 272. Nicht recht deutlich wird die Ansicht bei J.A. KLEIST, Epistles 142 Anm. 33: „The word σωματεῖον was sometimes used in the sense of ‘body corporate’. After the persecution the Church at Antioch had, as it were, recovered its ‘own bodily condition’, the condition belonging to a church ‘when in normal health’. The immediate reference, however, seems to be to its normal growth and full development.“ Er übersetzt (a.a.O. 94) „having their full status restored to them.“ M. ELZE, Überlieferungsgeschichtliche Untersuchungen zur Christologie der Ignatiusbriefe, Habil. Tübingen 1963, 22, meint, es „bezeichnet σωματεῖον neben μέγεθος, welches sich auf die innere Verfassung bezieht, lediglich die äußere Verkörperung, die Körperschaft.“

[75] Die von H. PAULSEN, Studien 148 Anm. 24, monierte Schieflage bei J.A. FISCHER zwischen dem Druck von σωματεῖον und der Übersetzung mit „armer Leib“ ist in der hier zugrunde liegenden 10. Aufl. von 1993 beseitigt. Die Übersetzung lautet nun allerdings eher vage „ihnen ihr Leibsein wiederhergestellt worden ist.“

[76] Mit „Basis-Terminus“ bezeichne ich denjenigen Begriff, der dem Bildfeld den Namen gibt.

ken.[77] Und sie ist so unmittelbar in das Bildfeld integriert (steht so nahe am Basis-Terminus), daß sie sofort anspricht.

Werfen wir einen abschließenden Blick auf die Leib-Metaphorik bei Ignatius. Sie weist bei ihm einerseits einen gewissen Grad an Konventionalisierung auf und wird überlagert von anderen Bildfeldern (Musikmetaphorik). Der bleibende Eindruck andererseits ist der, daß auch Ignatius weiter kreativ mit ihr arbeitet. Er erweitert innerhalb des frühchristlichen Sprachgebrauchs das Repertoire an Bildstellen (einerlei, ob man in Sm 11,2 für σωματεῖον oder σωμάτιον optiert), und er eröffnet ihr einen neuen paradigmatischen Kontext (Auferstehung).[78] Dies wiederum dürfte ausgelöst sein durch den neuen pragmatischen Kontext, in dem er sich findet, nämlich die Auseinandersetzung mit doketisierenden Anschauungen. Die symbolische Sinnwelt der frühen Kirche hat sich also in diesen Diskussionen modifiziert.

8.3. Polykarp

Von Polykarp, dem „Bischof" von Smyrna,[79] Adressat eines der ignatianischen Briefe, ist uns ein Schreiben an die Philipper erhalten. Genauge-

[77] Wenn H. PIESIK, Bildersprache 23, der ebenfalls σωμάτιον liest, meint, auch diese Stelle gehöre in die für Ignatius entscheidende Aussageabsicht „ein aus Teilen zusammengesetztes Ganzes", so wird der Ausdruck nicht ausreichend erfaßt.

[78] Anders W.R. SCHOEDEL, Briefe 58 Anm. 107, der allgemein zur Leib-Metaphorik meint, „es sei zweifelhaft, ob Ignatius über Paulus hinausgeht". Zu kategorisch urteilt auch H. RIESENFELD, Reflections on the Style and the Theology of St. Ignatius of Antioch, TU 79, Berlin 1961, 312-322, S. 317: „Hellenistic as to form and content are also most of the images and metaphors which Ignatius uses in his letters. With regard to these he was in no way creative - except perhaps for some illustrative formations and combinations of words - but stuck to a stock of current comparisons, tools of speech which he might have acquired at school." Vgl. dagegen H. RATHKE, Ignatius 50: „Ignatius hat in seinen Briefen eine große Zahl von neuen Bildern eingeführt, und selbst solche Bilder, die bereits vor ihm in christlichen Schriften angewandt wurden, finden bei Ignatius ihre besondere, oft außergewöhnliche Ausprägung. Dazu gehört auch die Kombination von verschiedenen Bildern." SCHOEDELs Hinweis, die „geringe Anzahl der Hinweise sollte eine Warnung sein, sie bei der Bewertung von Ignatius' Ansicht von der Gemeinde nicht zu hoch einzuschätzen" (Briefe 258f), muß jedoch beachtet werden. Anders E.F. V.D. GOLTZ, Ignatius 62.

[79] Vgl. o. S. 263 Anm. 48.

nommen scheinen es deren zwei zu sein, denn die meisten Exegeten sehen in dem Kap. 13 (manche auch noch in Kap. 14) einen ersten Brief, der noch zu Lebzeiten des Ignatius geschrieben wurde und eine Sammlung von Ignatiusbriefen, die an die Philipper abging, begleiten sollte. Später dann, nach dem Tod des Ignatius ist der zweite Brief geschrieben, der die Kap. 1-12 (und 14) umfaßt. Die Abfassungszeit dieses zweiten Briefes ist nicht sicher bestimmbar. J.A. Fischer rechnet mit einer frühen Abfassung ein bis zwei Jahre nach dem Tod des Ignatius,[80] J.B. Bauer mit dem zweiten oder dritten Jahrzehnt des 2. Jh.[81]
Der Anlaß ist eine Anfrage aus Philippi über die Gerechtigkeit (γράφω ὑμῖν περὶ τῆς δικαιοσύνης; 3,1). In Kap. 11 verhandelt Polykarp ein konkretes Problem, so daß zu vermuten ist, daß dieses Problem die Frage nach der Gerechtigkeit aufgeworfen hat. Es handelt sich um den Presbyter Valens und seine Frau. Deren Fehlverhalten wird nicht beim Namen genannt, Polykarp warnt aber im direkten Anschluß vor Habsucht (*avaritia*), so daß man davon ausgehen darf, daß das Fehlverhalten auf dem monetären Gebiet anzusiedeln ist. Aber wie sah es konkret aus? Hat Valens Gemeindegeld veruntreut? Oder ist er als Privatperson dem Gelde erlegen?

> H.O. Maier vermutet eine ähnliche Problemlage, wie sie G. Theißen (auf den Maier rekurriert) für Korinth herausgearbeitet hatte: Die Hausgemeinden gruppierten sich in Philippi wie in Korinth um wohlhabende Hausherren, die aufgrund ihrer Besitzverhältnisse und gesellschaftlichen Stellung eng mit der außergemeindlichen Umwelt verbunden waren. Diese Verflochtenheit wurde in der Gemeinde ambivalent beurteilt und führte zuweilen zu realen Problemen. Polykarps Rat „would have helped to remove whatever ambiguity surrounded Valens' status-specific use of wealth".[82]

So begrüßenswert diese Perspektive auf die Problemlage ist, so sehr ist doch aber festzuhalten, daß die Analogie zwischen dem paulinischen Korinther- und Polykarps Philipperbrief auf unsicheren Füßen steht. In 1Kor finden wir die Problemlage mit der Diskussion etwa über das gemeinsame Mahl oder die Einladung in außergemeindliche Häuser relativ

---

[80] Vgl. J.A. FISCHER, Väter 237.

[81] Vgl. J.B. BAUER, Polykarpbriefe 5. Vgl. dazu auch M. GÜNTHER, Einleitung 77f (ein Abstand von zwei Jahrzehnten ist „sicher [...] zu groß angesetzt"); W.R. SCHOEDEL, Polycarp of Smyrna 276-285.

[82] H.O. MAIER, Purity and Danger in Polycarp's Epistle to the Philippians: The Sin of Valens in Social Perspective, Journal of Early Christian Studies 1 (1993) 229-247, S. 247.

genau beschrieben. Etwas Vergleichbares fehlt bei Polykarp. Wir hören von ihm nicht mehr als die allgemeine Warnung vor Habsucht.
Von hier aus klärt sich noch nicht die Frage, ob der „Fall Valens" sich auf dessen Privatgeschäfte bezieht oder ob Gemeindevermögen mit im Spiel ist. Auf jeden Fall ist die Gemeinde emotional beteiligt. In 12,1, direkt im Anschluß an die Verhandlung des Problems, zitiert Polykarp isoliert, also nicht unmittelbar in einen Katalog integriert,[83] Eph 4,26: „Zürnt, doch sündigt nicht!" Diese Mahnung und die Tatsache überhaupt, daß sich die Gemeinde an Polykarp wandte, könnten für eine direkte Gemeinderelevanz des Falles sprechen - über ein bloßes kollektives Verantwortungsgefühl für das private Fehlverhalten eines Gemeindegliedes hinaus. Noch stärker spricht dafür aber die Ausführlichkeit der polykarpschen Antwort. Sie macht einen unmittelbaren Gemeindebezug des Problems wahrscheinlich, da einer starken Betroffenheit der Philipper eine gewichtige Antwort entgegengesetzt werden mußte.[84]

8.3.1. Glied-Sein gegen den Anschein: PolPhil 11,4

In diesem Kontext zitiert Polykarp in 11,4 Leib-Metaphorik.

> Er ist betrübt über den Vorfall und bittet Gott zunächst um Bußbereitschaft bei Valens und seiner Frau (*quibus det dominus paenitentiam veram*). Diese seine (Polykarps) Haltung soll Vorbild sein für die Philipper, die nun ihrerseits, nüchtern und verständig, die beiden Missetäter nicht für Feinde halten (*sobrii ergo estote et vos in hoc et non sicut inimicos tales existimetis*), sondern sie als *passibilia membra et errantia* zurückrufen (*revocate*) sollen,

---

[83] Ich betone dies, um dem Einwurf vorzuwirken, dies sei lediglich traditionelle Paränese.

[84] Wie der ganze Brief aus dieser Perspektive gelesen werde könnte, erläutern P. STEINMETZ, Polykarp von Smyrna über die Gerechtigkeit, Hermes 100 (1972) 63-75; J.B. BAUER, Polykarpbriefe 20f. Die Forschung nimmt, bis auf die eben besprochene Ausnahme, durchgängig, aber ohne Diskussion ein „amtliches" Vergehen des Valens an (vgl. etwa H. V. CAMPENHAUSEN, Amt 130 [„Unterschlagung"], oder J.B. BAUER, Polykarpbriefe 67, der formuliert, daß Valens und seine Frau, „die offenbar Hananias und Saphira nicht unähnlich in einen Finanzskandal geschlittert waren, aus Geldgier vielleicht eine größere Summe veruntreut hatten"). Neben Apg 5 kann man auch auf PHerm, sim 9,26,2 (103,2), verweisen (διάκονοί εἰσι [...] ἑαυτοῖς περιποιησάμενοι). P. MEINHOLD, Art. Polykarpos, PE 21/2 (1952) 1662-1693, S. 1686f, vertritt die These, Valens hätte, wie später römischen Christen, von Markion Geld angenommen, und redet von Valens als von „einem zu Markion übergelaufenen Presbyter" (a.a.O. 1687).

damit ihrer aller (also der Gemeinde) eigener Leib gerettet wird (*ut omnium vestrum corpus salvetis*).[85] Dies dient der eigenen *aedificio*.

In der Wendung *sed sicut passibilia membra et errantia eos revocate* sind zwei Bildfelder miteinander verwoben, nämlich Leib- und vermutlich Hirten-Metaphorik. Die Metapher von der Gemeinde als Herde war ebenso traditionell wie des Leibes.[86] Beide ergänzen sich hier. Jedoch sind sie nicht ins Letzte aufeinander abgestimmt: Es macht keinen Sinn, leidende[87] Glieder „zurückrufen" zu wollen. Das *revocate* ist von der Hirten-Metaphorik evoziert. Diese wiederum ist von der Leib-Metaphorik insofern beeinflußt worden, als sie einen ihr eigentlich nicht zugehörigen demokratischen Impetus erhält: Nicht der Hirte ruft hier die Irrenden zurück, sondern die anderen Herdenmitglieder.
Diese beiden Beobachtungen lassen erkennen, daß die Leib-Metaphorik hier eindeutig dominant ist und auf die Hirten-Metaphorik abgefärbt hat. Warum aber überhaupt das Bild von den zurückzurufenden Irrenden? M.E. ist der Grund in dem Interesse zu suchen, Leib-Metaphorik mit einer konkreten Handlungsanweisung zu einem bestimmten Zweck zu verbinden. Was meine ich damit?
Es geht Polykarp nicht nur um die Wahrnehmung und Beurteilung einer Situation, sondern sein pragmatisches Interesse ist weiter gesteckt: Er will Wege aus der Schwierigkeit aufzeigen und Leib-Metaphorik als konkrete Hilfestellung dazu verwenden. Damit geht er weiter als seine frühchristlichen Autorenkollegen, z.B. als Paulus in 1Kor 12. Paulus will in 1Kor 12 eine Wahrnehmungshilfe geben. Er beschreibt die Situation in

---

[85] J.A. FISCHER, Väter 263, übersetzt „gesund zu machen", also aufgrund einer Ableitung von *salveo* statt *salvo*. Das *ut* spricht aber für einen Konjuktiv und damit für *salvare*. Innerhalb der Leib-Metaphorik läge Fischers Übersetzung natürlich näher, zumal dann, wenn die *passibilia* die „leidenden" Glieder sind (s. dazu die übernächste Anmerkung).

[86] Vgl. Mt 9,36; 25,32; Lk 12,32; Joh 10; 21,16; Apg 20,28; Eph 4,11; Hebr 13,20; 1Petr 2,25 (ἦτε γὰρ ὡς πρόβατα πλανώμενοι[= *errantia*?]); 1Klem 16,1; 44,3; 54,2; 57,2; 59,4; IgnRöm 9,1; IgnPhil 2,1.

[87] J.B. BAUER, Polykarpbriefe 67f, diskutiert die Möglichkeit, *passibilia* auf παθητά = leidensfähig oder auf ἐμπαθής = der Leidenschaft unterworfen zurückzuführen. Er fragt „ernstlich", ob Polykarp „nicht einiges" davon „im Sinn gehabt hat" (a.a.O. 68) und übersetzt „krankheitsanfällig" (a.a.O. 65). „Krankheitsanfällig" und „leidend" würden im Rahmen der Leib-Metaphorik keinen wesentlichen Unterschied machen, „der Leidenschaft unterworfen" scheint mir jedoch bereits Interpretation der Metaphorik.

Korinth mithilfe von Leib-Metaphorik und verdeutlicht den Korinthern so, daß sie aufeinander angewiesen sind. Seine konkreten Anweisungen müssen dann ohne Metaphorik auskommen. Das ist bei Polykarp anders: Leib-Metaphorik ist bei ihm auf den Ratschlag selber ausgedehnt. Dabei ergibt sich sofort eine Schwierigkeit: Will man nicht in unserem Fall wie Cicero argumentieren und fordern, daß schmarotzende Glieder amputiert werden müssen, strebt man also eine integrative Lösung an,[88] so läßt sich nicht einfach etwas mit den betroffenen Gliedern „machen", denn dagegen könnten sie sich wehren wollen. Es bleibt nur der Appell, und auch der innerhalb von Leib-Metaphorik nur, wenn, wie bei Menenius Agrippa, das Bild vom Leib Objekt einer Fabel wird (anders verlöre es seine Plausibilität). Diese Lösung wählte Polykarp nicht, vielleicht weil dies für ihn eine Entwürdigung des Topos vom Leib Christi gewesen wäre, vielleicht weil damit die eindringliche Unmittelbarkeit der Rede aufgegeben wäre. Wenn also ein Appell nicht in die Leib-Metaphorik zu integrieren war, mußte Polykarp auf ein anderes Bildfeld ausweichen. Er fand es in der Hirten-Metaphorik.[89]

Fand dieser Appell Gehör und sind die Irrenden erfolgreich zurückgerufen worden, ist der Leib gerettet. Hier ist Polykarp wieder auf der Ebene der Zustandsbeschreibung (ein Appell zur Selbstheilung wäre nicht sinnvoll gewesen) und damit auch wieder in der Leib-Metaphorik. Eine Heilung/Rettung wäre natürlich auch nach einer Amputation erwartet worden, und vielleicht war der Ausschluß von Valens und seiner Frau für die Philipper zunächst naheliegend gewesen. Aber Polykarp will die Integration. Diesen Weg muß er seinen Adressaten jedoch erst plausibel machen. Er tut dies zum einen dadurch, daß er einen Ausschluß (dies wäre die Konsequenz daraus gewesen, die beiden als Feinde anzusehen) als ein Handeln aus dem Affekt charakterisiert. Und das war der unangemessene Weg. Dagegen stellt Polykarp sich selbst als Vorbild eines nüchternen und verständig urteilenden und handelnden Menschen dar, dem die Philipper nacheifern sollen. Zum anderen ist es eben die Leib-Metaphorik, die den Philippern zu erkennen geben soll, daß Valens und seine Frau immer noch integraler Bestandteil des Gemeindeleibes sind. Für den Presbyter bedeutet das, daß er seinen „Wert an sich" dadurch erhält, daß er zur Gemeinde gehört.

---

[88] Vielleicht ist dieser integrative Impetus der Grund dafür, daß die Glieder nicht „krank" sind sondern „leidend", was Mitleid wecken soll.

[89] Auch Paulus hatte in 1Kor 12,24 das Bildfeld gewechselt (s. dazu o. S. 137f).

Polykarp verlangt viel von der Gemeinde in Philippi. Sie, die von Valens vermutlich geschädigt wurde, soll nun einsehen, daß ihr durch den Ausschluß von Valens noch größerer Schaden entstünde. Die Integrität der Gemeinde als Leib (Christi) ist Polykarp so wichtig, daß er selbst bei einem schwerwiegenden Vergehen an der Gemeinschaft gegen den Ausschluß plädiert.[90] Im Gegenteil: Das integrative Handeln der Gemeinde und die Buße der Sünder bewirkt die Errettung des ganzen Leibes. Betont formuliert Polykarp: „euer *aller* Leib" (*omnium vestrum corpus*). Und betont fügt Polykarp an das konservative „erretten" das konstruktive „erbauen" an: *hoc enim agentes vos ipsos aedificatis*. Die Reintegration des Valens und seiner Frau stellt für den Gemeindeleib einen Gewinn dar.[91]

Es wird aber nicht nur die Gemeinde durch die Leib-Metaphorik strikt theologisch gedeutet, sondern ebenso Valens und seine Frau: Nicht um sie als Personen geht es, sondern um sie als Glieder am Leib. Polykarp

---

[90] H. PAULSEN fällt auf, daß nach der Erwähnung des Valens in 11,1 der Blick des Polykarp zunächst einmal wieder auf die Gemeinde fällt, um dann in 11,4 mit Leib-Metaphorik beide Bereiche zusammenzuführen. „Dieser Zusammenhang zwischen Einzelfall und Gemeindesituation ergibt sich für Pol aus dem Verständnis der Gemeinde als σῶμα Χριστοῦ (11,4); der Fehler des Einzelnen betrifft zugleich den ganzen Leib" (W. Bauer/H. Paulsen, Briefe 123). So sehr Paulsen zuzustimmen ist, daß hier der Leib-Christi-Gedanke im Hintergrund steht (gegen W. SCHMITHALS, Theologiegeschichte 162), so wenig hat die Gemeinde aber dieses Modells bedurft, um festzustellen, daß das Fehlverhalten des Valens ihre ganze Gemeinschaft betrifft. Leib-Metaphorik soll hier nicht die Erkenntnis ermöglichen, sondern die Lösung vorgeben. W.R. SCHOEDEL, Polycarp, Martyrdom of Polycarp, Fragments of Papias, ApF(T) 5, London/Camden/Toronto 1967, 31, vermutet, der Gemeindebezug kurz nach der Nennung des Valens ist „a sign of a profounder moral failing at Philippi" (vgl. auch P. STEINMETZ, Polykarp 66: „nicht so sehr eine indivduelle Schuld dieses Sünders, sondern [...] auch ein Symptom der Erkrankung des Gesamtorganismus der Gemeinde"). Das ist aber aus dem Text nicht zu erkennen, im Gegenteil: Polykarp versichert den Philippern, daß er von Habsucht oder dergleichen unter ihnen nichts gehört hat (11,3). Und hier subtilere Gedanken, etwa zu rhetorischen Zwecken, anzunehmen, ist reine Spekulation. Zudem muß auch eine *captatio benevolentiae* einen Anhalt in der Realität haben, um nicht als reine Rhetorik entlarvt zu werden.

[91] J.A. KLEIST, The Didache, The Epistle of Barnabas, The Epistle and the Martyrdom of St. Polycarp, The Fragments of Papias, The Epistle to Diognetus, ACW 6, Westminster/London 1948, 81, übersetzt: „In fact, by acting thus, you are promoting your personal spiritual growth," und erklärt a.a.O. 195f Anm. 88 die *aedificio* zu Unrecht individualistisch als Erbauung des Einzelnen.

bringt ihren theologischen Status, und zwar auf einer abstrakten Ebene (also nicht als Geistbegabte o.ä.), zur Sprache, um ihre soziale Zugehörigkeit zu bewahren. Dabei wird deutlich: „Glied am Leib“ beschreibt nicht zuerst eine Haltung, sondern ein Sein. Dieses Sein kann auch gegen eine Haltung ins Feld geführt werden und den Status sichern. Es geht nicht darum, daß mit Leib-Metaphorik *innerhalb* der Gruppe Statusfragen geklärt würden, wie dies etwa in 1Kor 12 der Fall war. Hier geht es vielmehr darum, die Zugehörigkeit überhaupt zu gewährleisten, obwohl die betreffende Person sich in hohem Maße gemeinschaftsschädigend verhalten hat.

Polykarp betritt damit im Rahmen der frühchristlichen Leib-Metaphorik Neuland. Dies gilt für die Besetzung neuer Bildstellen (leidende Glieder) ebenso wie für den pragmatischen Gehalt (Reintegration normverletzender Gemeindeangehöriger).[92] Leib-Metaphorik hätte ebensogut einen Ausschluß nahegelegt.[93] Sie war sogar zu einem integrativen Appell weniger gut geeignet, so daß Polykarp auf ein anderes Bildfeld ausweicht. Aber sie lieferte die Vorgabe dafür, daß Integration überhaupt anzustreben ist. Und das wiederum ist am ehesten plausibel, wenn auch hier Gemeinde nicht nur Leib, sondern Leib Christi ist.

---

[92] Auch H. PIESIK, Bildersprache 23, sieht hier eine „neue Variante“. Allerdings zieht er eine Verbindung zu paulinischen Aussagen: „Im Gedanken des kranken Gliedes, das den ganzen Leib gefährdet, war schon Paulus vorangegangen“. Piesik führt nicht aus, worauf er anspielt, meint aber wahrscheinlich 1Kor 12,26. Wenn dort jedoch vom leidenden Glied die Rede ist, mit dem die anderen mitleiden, so ist damit das reale Leiden eines Gliedes gemeint und auf die gegenseitige Sympathie abgehoben. Bei Polykarp aber ist das Leiden des Gliedes Valens eine theologische Interpretation seines Verhaltens und resultierenden Zustandes, die Valens selber vielleicht noch gar nicht geteilt hat. Leib-Metaphorik hat traditionsgeschichtlich bei Polykarp ein eigenes Gewicht und läßt sich nicht, wie noch ausgeprägter bei W. BAUER, Brief 296, und W. BAUER/H. PAULSEN, Briefe 124, mit einem Verweis auf Paulus erklären. Auch PH. VIELHAUER, Geschichte 564, erklärt pauschal: Polykarp „hat keinen einzigen selbständigen Gedanken und findet kaum einmal eine selbständige Formulierung.“

[93] Und wir wissen leider nicht, wie die Philipper ihr Problem tatsächlich lösten.

8.4. Der Hirt des Hermas

Mit dem Hirten des Hermas (PHerm) befinden wir uns wieder in Rom und wahrscheinlich in der Mitte des 2. Jh.[94] Sein Thema ist die Buße, seine gute Nachricht die, daß es eine zweite (aber auch nur noch diese zweite) Chance zur Umkehr gibt. Dies war aufgrund einer Tauftheologie, die die Taufe als einmalige Reinigung von den Sünden verstand, fragwürdig geworden.[95] Das Thema der Buße steht wohl im Zusammenhang eines gespannten Verhältnisses zwischen Armen und Reichen in der Gemeinde.[96] Sim 1 warnt in diesem Zusammenhang vor einer Anpassung an die Umwelt.[97]

---

[94] Als einzig halbwegs verläßlicher Anhalt zur Datierung wird der Canon Muratori (CM) angesehen. Dort ist zu lesen: „Den Hirten aber hat ganz vor kurzem zu unseren Zeiten in der Stadt Rom Hermas verfaßt, als auf dem Thron der Kirche der Stadt Rom der Bischof Pius, sein Bruder, saß" (zit. nach W. SCHNEEMELCHER, Neutestamentliche Apokryphen 1, Tübingen [6]1990, 29). Vgl. so zuletzt N. BROX, Der Hirt des Hermas, KAV 7, Göttingen 1991, 22-25 (vgl. a.a.O. 24 Anm. 10 zu „Frühdatierungen"); R. JOLY, Le milieu complexe du 'Pasteur d'Hermas', ANRW II,27/1 (1993) 524-551, S. 529 (der CM als „plus ancien et plus sûr garant"); M. GÜNTHER, Einleitung 111.

[95] In mand 4,3,1 (31,1) fragt Hermas, ob es stimmt, was er von einigen Lehrern (παρά τινων διδασκάλων) gehört hat, daß es nämlich keine andere Umkehr als die bei der Taufe gebe, und die Antwort des Hirten in 6: Wer nach der Taufe sündigt, μίαν μετάνοιαν ἔχει. Vgl. auch mand 4,1,8 (29,8), im Zusammenhang eines Wiederverheiratungsverbotes bei Geschiedenen, aber dennoch allgemein genug formuliert: τοῖς γὰρ δούλοις τοῦ θεοῦ μετάνοιά ἐστιν μία.

[96] Zum Konflikt aufgrund von Vermögensverhältnissen vgl. die Rede der κύρια ἐκκλησία in vis 3,9 (17), daneben etwa noch in sim 2 (51) das Gleichnis von Ulme und Weinstock oder die Klage in sim 9,20 (97), daß die Reichen zu sehr in weltliche Geschäfte verwickelt sind und in der Gemeinde fürchten, nur noch angebettelt zu werden. Daß beide Themen, Reichtum und Buße, etwas miteinander zu tun haben, hat detailliert P. LAMPE, Christen, herausgearbeitet. Vgl. a.a.O. 75: „Die Prophetie der zweiten Busse zielt *u.a.* darauf, verweltlichte Reiche ins aktive Gemeindeleben zu reintegrieren, so dass wieder Geldmittel für die Armenpflege verfügbar werden" (Hervorhebung vom Autor). Eine rigoristische Bußlehre hatte (so Lampe, ebd.) die Reichen offenbar vertrieben.

[97] Hier legt H.O. MAIER, Setting 55-86, den Schwerpunkt seiner Hermas-Interpretation. Die Reichen als Vorsteher der Hausgemeinden werden zu einer „ethic of love patriarchalism" (a.a.O. 78) aufgerufen, um ihre außergemeindliche Ausrichtung wieder in eine Fürsorge für die Armen in der Gemeinde zu verwandeln.

Weil es in dem ganzen Schreiben um ethische Fragen geht, ist auch die Ekklesiologie davon bestimmt. Die zentralen Texte dazu sind vis 3 (9-21) und sim 9 (78-110). Beide Abschnitte beinhalten in je unterschiedlicher Form das Turmbaugleichnis. In vis 3 ist die Kirche substantialisiert als alte Frau (ἡ πρεσβύτερα), die Hermas den Turmbau erklärt. Dieser Turm wird auf Wasser (= Taufe) errichtet und ist wiederum ebenfalls die Kirche - die Kirche erklärt sich selber. Dieses Paradox löst sich mithilfe der Vorstellung von der präexistenten Kirche auf. Sie ist πάντων πρώτη ἐκτίσθη, vor allem anderem geschaffen (vis 2,4,1 [8,1]). Dieser präexistenten Kirche steht die empirische gegenüber, deren Entwicklung noch nicht abgeschlossen ist, an der noch gebaut wird und deren Fortschritt von der präexistenten Kirche als μήτηρ bzw. τρόφος begleitet wird.[98]
In sim 9 erklärt der Hirte, der mit vis 5 (25) die Szene betreten hatte, den Vorgang; die Greisin tritt nicht mehr auf. Die neunte παραβολή beschreibt in 1-10 den Turmbau (diesmal auf dem Felsen Christus). Nach einem Zwischenspiel in sim 9,11 werden Hermas die Details der Geschehnisse rund um den Turmbau erklärt (12-33). Haben in vis 3 sechs νεανίσκοι den Bau leitend besorgt, so sind es in sim 9 zwölf παρθένοι, angetan mit die Tugenden symbolisierenden weißen Gewändern. Sollen die Steine bleibend in den Turm eingefügt werden, muß dies durch die Hände dieser „Bauleiter“ geschehen.
Beide Turmbaukapitel, vis 3 und sim 9, sind in der Beschreibung des vollendeten Zustandes des Turms identisch: Bei einem Rundgang bestaunt Hermas die glatte Fassade. Nicht eine Fuge ist zu sehen, der Turm wirkt ὡς ἐξ ἑνὸς λίθου (vis 3,2,6 [10,6]) bzw. ὡσὰν ἐξ ἑνός λίθου und Hermas wundert sich: μονόλιθος γάρ μοι ἐδόκει εἶναι (sim 9,9,7 [86,7]). Dies ist das Ergebnis eines sorgfältigen Auswahl- und Ausbesserungsprozesses. Differenziert werden die verschiedenen Steine nach Art und Herkunft beschrieben und auf die verschiedenen Möglichkeiten des Glaubensstatus' gedeutet. Steine, die ausgebessert oder gar für unbrauchbar erklärt werden müssen, haben sich ethischer Verfehlungen schuldig gemacht. In sim 10,2-4 (114,2-4), zum Abschluß der Schrift also, wird diese Aussage zugespitzt auf die gebeunwilligen Reichen, deretwegen der Turmbau unterbrochen wurde.[99] Sie, so hier mit größter Autorität der Engel, der Hermas an den Hirten vermittelt hatte,[100] sollen

[98] Vgl. vis 3,9 (17).
[99] Vgl. auch sim 9,14,2 (91,2).
[100] Vgl. sim 10,1,1 (111,1) mit vis 5,2 (25,2).

sich nun beeilen, Gutes zu tun, bevor der Turmbau abgeschlossen wird. Ein zweiter Turm wird nicht gebaut. Die reine Kirche, die mit der glatten Fassade ist die, in der Umkehr stattgefunden hat und nicht weiter gesündigt wird. Von hier aus ergibt sich für Hermas das Stichwort der Einheit (ὡς ἐξ ἑνὸς λίθου).

8.4.1. Nur gereinigt ein Leib: PHerm, sim 9

Wie μονόλιθος und ἐξ ἑνὸς λίθου innerhalb des metaphorisch-beschreibenden Teils des neunten Gleichnisses die vollendete Gestalt des Turms gekennzeichnet haben, so wird innerhalb der Deutekapitel in sim 9 in 13,5.7; 17,4.5; und 18,3.4[101] mit einer Reihe von εἷς-Listen verdeutlicht, worin die Einheit näherhin bestehen soll.[102] Die folgende Tabelle gibt einen Überblick (vor die Begriffe ist jeweils εἷς, μία oder ἕν zu setzen):

13,5	(μονό-λιθον)	πνεῦ-μα	σῶμα	χρόα					
13,7		πνεῦ-μα	σῶμα		ἔν-δυμα				
17,4				χρόα		φρόνησις[103]	νοῦς	πίστις	ἀγάπη
17,5			σῶμα						
18,3	λίθος		σῶμα						
18,4			σῶμα			φρόνη-σις	νοῦς	πίστις	ἀγάπη

Aus der Übersicht ergibt sich der Eindruck einer Einteilung der εἷς-Reihen in zwei unterschiedliche Zusammenhänge, denn in den Kap. 17 und 18 kommen die nichtmetaphorischen Begriffe φρόνησις, νοῦς, πίστις, ἀγάπη vor, die in Kap. 13 fehlen. Ein genauerer Blick in die jeweiligen Kontexte hilft diesen Eindruck klären. Dabei ist deren Gesamtaufbau derselbe: Auf die Schilderung des vollendeten Turmbaus folgt jeweils die Erörterung des Rückfalls einiger Steine bzw. Gläubiger. In Kap. 13 fragt Hermas nach der Bedeutung der Jungfrauen. Ihm wird gesagt, dies seien die „heiligen Geister" (ἅγια πνεύματα), deren Gewänder (ἔνδυμα) die Gläubigen umkleiden müssen, damit jene in den Turm gelangen können. Ergänzend werden die Jungfrauen die „Kräfte

[101] Nach durchgehender Zählung die Kapitel 90, 94 und 95.

[102] Vgl. auch die εἷς-Liste bei Marc Aurel 4,40 (s.o. S. 91).

[103] H. KRAFT, Clavis Patrum Apostolicorum, Darmstadt 1964, 137, zieht μίαν hier unzutreffenderweise zu dem vorangehenden τὴν σφραγίδα. Dies widerspräche aber dem sonstigen Aufbau der εἷς-Reihen und ließe zudem φρόνησιν unbestimmt in der Luft hängen.

des Sohnes Gottes“ (δυνάμεις τοῦ υἱοῦ τοῦ θεοῦ) genannt. Nicht nur den Namen (ὄνομα, sc. Christi) gilt es zu tragen, sondern auch seine Kräfte, wenn man in die βασιλεία τοῦ θεοῦ gelangen will. Auf die Nachfrage des Hermas, welcher Art (ποῖος) die Gewänder sind, erfährt er, die Gewänder seien die Namen der Jungfrauen.[104]
Alle Steine im Bau seien mit der „Kraft der Jungfrauen“ (δύναμις τῶν παρθένων) umkleidet. Und nun (13,5) folgen die Schlußfolgerungen für das Erscheinungsbild des Turmes bzw. der Gläubigen. Sie sind unterteilt in eine Aussage auf der Bild- und eine auf der Sachhälfte. Weil alle Steine die Kraft der Jungfrauen, d.h. deren weiße Gewänder angelegt haben, deshalb (δία τοῦτο, Bildhälfte) ist der Turm μονόλιθον mit dem Felsen, d.h. mit Christus geworden.[105] So (οὕτω, Sachhälfte) werden auch die Gläubigen ein Geist und ein Leib werden (ἔσονται), und ihre Gewänder werden eine Farbe haben. In 13,7 ist die Frage des Hermas die nach den weggeworfenen Steinen. Sie, so die Antwort, hatten einmal Namen und Kraft empfangen und „besaßen“[106] mit den anderen einen Geist, einen Leib und ein Gewand. Sie wurden aber von schwarz gekleideten Jungfrauen verführt und tauschten ihre weißen Gewänder gegen deren schwarze ein.[107]

Halten wir hier einmal fest, was sich zur Leib-Metaphorik beobachten läßt: (1) Das einige Verhältnis von Kirche und Christus wird lediglich innerhalb der Turm-Metapher ausgesagt: Beide werden μονόλιθον. Ein

---

[104] Hinter dieser Redeweise steht die Metaphorik vom Ausziehen des alten und Anlegen des neuen Menschen, deren Sitz im Leben die Taufparänese ist (wie Taufe und Sünde ja das Problem hinter PHerm bilden). So werden die Gewänder der Jungfrauen in sim 9,15,2 (92,2) mit Glaube, Enthaltsamkeit, Kraft, Langmut, Schlichtheit, Arglosigkeit, Keuschheit, Fröhlichkeit, Wahrheit, Einsicht, Eintracht und Liebe benannt.

[105] N. BROX, Hirt 424 Anm. 50, weist allerdings darauf hin, daß das μετά neuzeitliche Konjektur nach den übereinstimmenden beiden lateinischen Textzeugen ist. Fiele μετά weg, so wäre hier nur die horizontale Einheit der Gläubigen gemeint. Zur Frage, ob in PHerm Christus und die Kirche eine enge Einheit bilden oder identisch sind, vgl. a.a.O. 531f (Brox beantwortet die Frage mit ersterem).

[106] Es ist genitivisch formuliert: ἦν αὐτῶν ἓν πνεῦμα καὶ ἓν σῶμα καὶ ἓν ἔνδυμα.

[107] Die Variation von χρόα in 13,5 zu ἔνδυμα in 13,7 liegt also in der beschriebenen Handlung begründet. Es lag näher, vom Wechseln der Kleidung als von einer Farbveränderung zu reden. Ein inhaltlicher Unterschied besteht nicht.

Leib (ἓν σῶμα) werden „nur" die Gläubigen. Streng genommen ist dies also eine rein horizontale Aussage.[108] Und (2) ist das Ein-Leib-Sein futurisch (und inhaltlich konditional) formuliert (ἔσονται [...] ἓν σῶμα).

Kap. 17 wendet sich der Erklärung der zwölf Berge zu, von denen die Steine zum Turmbau genommen wurden.

Sie stellen die zwölf die ganze Erde (ὅλον τὸν κόσμον) bewohnenden Stämme (φύλαι) bzw. Völker (ἔθνη) dar. Ihre Unterschiedlichkeit, nach der Hermas fragt, liegt an ihrer unterschiedlichen φρόνησις und ihrem unterschiedlichen νοῦς.

Bevor der Hirte dazu kommt, diese Unterschiede zu bennenen (die ab Kap. 19 unausgeglichenerweise als Unterschiede zwischen Christen ausgelegt werden), interessiert Hermas zunächst, wie es geschieht, daß die Steine, kaum daß sie von den Bergen in den Turm integriert sind, in einer Fabe glänzen (μιᾷ χρόᾳ ἐγένοντο λαμπροί, 17,4).[109]

Er erhält zur Antwort, daß, nachdem alle Völker gehört und geglaubt und das Siegel (τὴν σφραγῖδα, sc. den Geist in der Taufe) erhalten haben, sie eine φρόνησις und einen νοῦς erhielten (ἔσχον), ihnen eine πίστις und eine ἀγάπη wurde (ἐγένετο). Und weil sie beides, die „Geister der Jungfrauen mit dem Namen" trugen, deshalb (διὰ τοῦτο) glänzt der Turmbau mit einer Farbe wie die Sonne (ἡ οἰκοδομή τοῦ πύργου μιᾷ χρόᾳ ἐγένετο λαμπρὰ ὡς ὁ

---

[108] Anders L. PERNVEDEN, The Concept of the Church in the Shepard of Hermas, STL 27, Lund 1966, 103: „The rock-foundation and the stones-building are one, united as in one body." Er sieht die Kombination von Turm und Leib als unvermeidlich an: „One of the basic ideas [...] is the idea of οἰκοδομή, but it has bee given such a special shape that one cannot avoid combinig it with the concept of σῶμα." Denn: „through the stones being fitted in there occurs what me might call an organic union, making an absolute unity of the whole." Vorbild dafür sei Eph 4,12 οἰκοδομὴ τοῦ σώματος τοῦ Χριστοῦ.

[109] Die Syntax von 17,3 (διατί οὕτω ποικίλα ὄντα τὰ ὄρη, εἰς τὴν οἰκοδομὴν ὅταν ἐτέθησαν οἱ λίθοι αὐτῶν, μιᾷ χρόᾳ ἐγένοντο λαμπροί) läßt unentschieden, ob es die Berge oder deren Steine sind, die in einer Farbe glänzen. Auch in 17,4 ist davon die Rede ist, daß alle Berge = Völker gehört und geglaubt haben und eine Gesinnung usw. erhielten, also in den Turm integriert wurden. Mit der Logik aber, wonach erstens nur Steine in den Turm eingebaut wurden, und wonach zweitens die Berge dann nicht mehr existieren, sie also auch nicht in einer Farbe glänzen können dürften, ist dies nicht ausgeglichen. Deshalb mache ich hier die Steine zum Subjekt (mit N. BROX, Hirt 435, gegen die Übersetzung bei U.H.J. KÖRTNER/M. LEUTZSCH [Hg.], Papiasfragmente, Hirt des Hermas, SUC 3, Darmstadt 1998, 333).

ἥλιος). Das war aber nicht bei allen Steinen von Dauer (17,5), denn nachdem sie alle hineingekommen und ein Leib geworden waren (μετὰ δὲ τὸ εἰσελθεῖν αὐτοὺς ἐπὶ τὸ αὐτὸ καὶ γενέσθαι ἓν σῶμα), befleckten sich einige (ἐμίαναν ἑαυτούς) und wurden wieder entfernt („hinausgeworfen", ἐξεβλήθησαν).

Die Ergänzung der εἷς-Reihen durch φρόνησις, νοῦς, πίστις und ἀγάπη erklärt sich vermutlich daraus, daß sich das Hermas-Buch langsam den konkreten Sünden der Abgefallenen zuwendet (ab Kap. 19). Im unmittelbaren Kontext wird diese Reihe ausgelöst durch den Hinweis auf die unterschiedliche ethische Beschaffenheit der Völker, die mit ihrer Eingliederung in den Turm beseitigt wird. Interessant ist die Zuschreibung von individuellen und kollektiven Qualitäten. Hatten etwa in Kap. 13 alle Einzelnen Gewänder mit derselben Farbe, so ist es hier der Turm als ganzer, der μιᾷ χρόᾳ glänzt. Semantisch als Aussage über die Menge der Individuen sind dagegen alle anderen εἷς-Aussagen gefaßt, auch die des einen Leibes: Alle zusammen waren ein Leib geworden. Der Leib ist hier also wieder etwas, was sich dann bildet, wenn alle einer Gesinnung und Tat sind.
Der Text geht mit Kap. 18 über in eine Erörterung darüber, daß Böses zu tun (πονηρεύσθαι) ohne Kenntnis Gottes weniger schlimm ist als zu sündigen, obwohl man Gott erkannt hat.

Sünder der ersten Art sind zum Tode verurteilt (κεκριμένοι εἰσὶν εἰς θάνατον), letztere aber werden doppelt bestraft und sterben ewig (δισσῶς κολασθήσονται καὶ ἀποθανοῦνται εἰς τὸν αἰῶνα). Damit wird die Kirche Gottes gereinigt (οὕτως οὖν καθαρισθήσεται ἡ ἐκκλησία τοῦ θεοῦ).

Man darf annehmen, daß das Stichwort der Reinigung im Zusammenhang steht mit der Charakterisierung der Sünde als Befleckung aus 17,5 (94,5) (τινὲς ἐξ αὐτῶν ἐμίαναν ἑαυτούς). Eine Verbindung zu 17,5 liegt umso näher, als von den sündigen Steinen in 18,3 gesagt wird, sie würden aus dem Turm ausgestoßen (ἐκεῖθεν ἐκβληθέντας, vgl. 17,4: ἐξεβλήθησαν).

Nach der Reinigung der Kirche durch den Hinauswurf der befleckten Steine „wird sie ein Leib der Gereinigten" (ἔσται ἓν σῶμα τῶν κεκαθαρμένων) sein, so wie der Turm nach seiner Reinigung (μετὰ τὸ καθαρισθῆναι) wie aus einem Stein entstanden aussah (ὡς ἐξ ἑνὸς λίθου). Und pointiert formuliert noch einmal 18,4: Nachdem diese ausgestoßen sind, wird die Kirche Gottes ein Leib usw. sein (μετὰ τὸ τούτους ἀποβληθῆναι ἔσται ἡ ἐκκλησία τοῦ θεοῦ ἓν σῶμα, μία φρονήσις, εἷς νοῦς, μία πίστις, μία ἀγάπη), an der sich der Sohn Gottes erfreuen wird, wenn er sein Volk gereinigt (καθαρόν) wiedererhält.

Was Kap. 13 schon angedeutet hatte, indem es die ekklesiologische Leib-Metaphorik rein horizontal und futurisch-konditional erscheinen ließ, hat sich mit den Kapiteln 17 und 18 erhärtet: Leib ist Gemeinde in PHerm in rein ethischer Hinsicht, und sie ist es erst dann, wenn sie vollkommen ist. Der Weg dazu ist die Exkommunikation. Leib, und sei es als gefährdete Einheit, ist Gemeinde nicht schon jetzt, sondern wird es erst sein, wenn es in ihr keine Sünde mehr gibt. Natürlich ist die Exkommunikation (τό ἀποβληθῆναι) nicht das Mittel der Wahl, wenn es um die Reinigung der Gemeinde geht: Steine können ausgebessert werden, und das ganze Buch als Mahnung stellt ja die Pause (ἀνοχή [sim 9,14,2 (91,2)], intermissio [sim 10,4,4 (114,4)]) im Turmbau dar, die zur Ermöglichung der Umkehr eingelegt wird. Aber ein von Christus her begründetes Leibsein, das der Gemeinde als motivierender Zuspruch gesagt wird, fehlt bei Hermas. Gemeinde *ist* nicht Leib, weil Christus sie dazu gemacht hat, sondern Gemeinde *wird* Leib, wenn die Gläubigen μετάνοια praktizieren und καθαροί sind.
Hier scheint es mir zum ersten Mal gerechtfertigt, davon zu reden, die Metapher habe keinen tragenden christologischen Hintergrund mehr. Diese Erkentnis ergibt sich jedoch erst nach der ausführlichen inhaltlichen Analyse und nicht vorschnell aufgrund des Fehlens bestimmter Termini. Leib-Metaphorik ist in PHerm zur Exmetapher geworden. Sie wird ohne kontextuelle Bezüge eingeführt (also ohne daß z.B. Feldnachbarn aktiviert werden),[110] wogegen auch die Wendung ἓν σῶμα τῶν κεκαρθαμένων in 18,3 (95,3) nicht spricht, denn es sind die Einzelnen, die gereinigt sind, nicht der Leib als ganzer. Hätte hier ein zusammenhängender Ausdruck entstehen sollen, hätte man vom „Leib der gereinigten *Glieder*“ o.ä. reden müssen, was aber nicht geschieht.

Weil sich PHerm und PolPhil im Thema der Buße treffen und beide in diesem Zusammenhang Leib-Metaphorik verwenden, läßt sich abschließend durch einen Vergleich sehr deutlich die Eigenart von PHerm herausstellen. PolPhil plädiert für die Reintegration des Sünders, PHerm droht mit der Exkommunikation. Natürlich muß dies noch kein Widerspruch sein: Die Situation war jeweils eine andere, und wir wissen nicht,

[110] Für H. PIESIK, Bildersprache 26f, steht Leib-Metaphorik ganz im Schatten der Turm-Metapher, sie ist „lediglich ein Bild für die äußere einheitliche Gestalt des Turmes“ (a.a.O. 27). Vgl. N. BROX, Hirt 425: „eine versprengte Idee“.

wie Hermas zu einem konkreten Fall in der römischen Gemeinde geredet hätte bzw. was Polykarp bei hartnäckiger Verstockung von Valens und dessen Frau geraten hätte. Und eine zweite Chance will ja gerade auch Hermas, im Gegensatz zur gängigen Tauftheologie seiner Gemeinde, den Sündern eingeräumt wissen. Er ist aber ganz eschatologisch geprägt, und da fällt es ihm offensichtlich schwer, seine Ekklesiologie an der Leib-Metaphorik auszurichten (auch wenn sie für ihn noch einen rhetorischen Zweck zu erfüllen scheint), die traditionell und in ihrer christologischen Begründung präsentisch soteriologisch ausgerichtet ist: Gemeinde *ist* bereits Leib, weil sie von Christus gestiftet ist. Darauf hatte Polykarp rekurriert, wenn er am Status des Sünders Valens als Glied am Leibe der Gemeinde gegen allen Anschein festhält. Für Hermas dagegen ist Sünde radikaler Statusverlust. Das macht Leib-Metaphorik für ihn in diesem Zusammenhang nicht mehr plausibel. Es läßt sich leichter von eingefügten und wieder entfernten Steinen reden, als davon, ein hinzugefügtes Glied am Leibe würde wieder entfernt - zumal dann, wenn die Möglichkeit bestehen soll, es ein zweites Mal anzufügen. Man müßte im Rahmen der Leib-Metaphorik dann von Amputation reden, die aber nur unter Verlust der Vorstellbarkeit wieder rückgängig gemacht werden könnte. Die Radikalität der Hamartiologie verdrängt Leib-Metaphorik an den eschatologischen Rand der Ekklesiologie.

8.5. 2. Klemensbrief

Die Einleitungsfragen zu 2Klem sind alles andere als beantwortet. Die Bestimmung der Form des Schreibens schwankt bis in jüngste Zeit zwischen Brief und Predigt.[111] Wer sich für letzteres entschied, hat die Pre-

[111] Einen Brief sah in 2Klem etwa A. v. HARNACK, Die Chronologie der altchristlichen Litteratur bis Eusebius. Bd. 1: Die Chronologie der Litteratur bis Irenäus nebst einleitenden Untersuchungen, Leipzig 1897, 442ff; DERS., Zum Ursprung des sog. 2. Clemensbriefs, ZNW 6 (1905) 67-71. Zuletzt hat C. STEGEMANN, Herkunft und Entstehung des sogenannten zweiten Klemensbriefes, Diss. Bonn 1974, eine mittlere Position eingenommen, die 2Klem 1-18 als ergänzenden Anhang zu 1Klem versteht, dem dann als Abschluß von 1Klem-2Klem18 die Kap. 19 und 20 als editorischer Gesamtschluß angefügt wurden. Dies favorisiert A. LINDEMANN noch in seiner Habilitationsschrift (Paulus 264), meint dann aber in seinem Kommentar, dies „läßt sich nicht belegen“ (Clemensbriefe 190). Gegen Stegemanns These argumentiert auch K. WENGST, Didache 211f. Zur Predigt vgl. die nächste Anm.

digt näherhin etwa als Homilie oder Mahnrede qualifiziert.[112] Ob die Schrift eine Gliederung erkennen läßt, und wenn ja, welche, ist ebenso umstritten.[113] Unsicherheit herrscht auch bei der Bestimmung ihres Inhalts und der möglichen Gegner.[114]

---

[112] R. KNOPF, Der zweite Clemensbrief, in: W. Bauer/M. Dibelius/R. Knopf/H. Windisch, Die Apostolischen Väter, HNT Erg., Tübingen 1923, 151-185, S. 151, nennt 2Klem die „älteste christliche Homilie", K.P. DONFRIED, The Setting of Second Clement in Early Christianity, NT.S 38, Leiden 1974, 36 passim, eine Mahnrede. K. WENGST, Didache 217, vermittelt: 2Klem ist „eine in der Gemeindeversammlung von einem der Presbyter vorgetragene Mahnrede (17,3). Nach 19,1 hat er sie vorher schriftlich ausgearbeitet. Sie hatte ihren Ort nach der Schriftlesung, auf die sie sich zwar bezieht, die sie aber nicht auslegt."

[113] In der Forschung vertretene Gliederungsmöglichkeiten von einer Zwei- bis zu einer Dreizehnteilung, sowie die Meinung, 2Klem weise überhaupt keine Disposition auf, referiert E. BAASLAND, Der 2. Klemensbrief und frühchristliche Rhetorik: „Die erste christliche Predigt" im Lichte der neueren Forschung, ANRW II,27/1 (1993) 78-157, S. 93f. Er selber meint, die „die Argumentation hat mit modern-logischen Gliederungen nichts zu tun" (a.a.O. 84). Ganz ohne Ordnung ist das Schreiben für ihn allerdings nicht, wie seine auf die Rhetorik bezogenen Ausführungen a.a.O. 108ff zeigen.

[114] Man ist jedoch zuletzt meist vom christologischen Bekenntnis in 2Klem 1,1 ausgegangen, daß der Verfasser mit der Soteriologie verbindet. Nimmt man dazu den Aufruf, „das Fleisch zu bewahren" (8,6-9,5) oder die Zusammenfassung in 15,1 als Rat περὶ ἐγκρατείας und vermutet man eine gnostische (valentinianische) Gegnerschaft, so ergibt sich als Thema die Abwehr eines gnostischen Libertinismus (so etwa K.P. DONFRIED, Setting 160). Nach Ansicht von C. STEGEMANN, Herkunft 127, verlangt der Verfasser „völlige sexuelle Askese". R. WARNS, Untersuchungen zum 2. Clemens-Brief, Diss. Marburg 1985, 191, meint, der Verfasser sei „persönlich ein 'eingefleischter' Asket [...] Er sähe seine Gemeinde gern als Enkratitenschar." Dem widerspricht K. WENGST, Didache 231, der lediglich eine Warnung vor Ehebruch und Schändung in 4,3; 6,4 sieht, und wer davor warne, „dürfte kaum ein Verfechter genereller Geschlechtsaskese sein" (vgl. auch E. BAASLAND, Klemensbrief 144). Genereller weist A. LINDEMANN, Clemensbriefe 226, darauf hin, daß die Gnosis „üblicherweise" eher asketisch als libertinistisch war. Er umschreibt die Aufforderung, das Fleisch zu bewahren, mit „verantwortlich in der Welt zu leben" (ebd.). Eine regelrechte Gegnerschaft zwischen 2Klem und der Gnosis sei auch deswegen unwahrscheinlich, weil sich in 2Klem keine scharfe Polemik finde, woraus im ganzen nur zu schließen sei, „daß es im Umkreis des 2Clem ein gnostisches Christentum gegeben hat" (a.a.O. 192). Vgl. auch K. WENGST, Didache 227: „Gnostische Termini und Sätze werden vielmehr unbefangen aufgenommen und ethisch interpretiert." Das Urteil etwa von H. WINDISCH, Julius Cassianus

Auch auf Entstehungszeit und -ort von 2Klem hat sich die Forschung bislang nicht einigen können. Da der Text selber keinerlei Hinweise in diese Richtung gibt, wird man sich mit rekonstruierten Wahrscheinlichkeiten begnügen müssen, die hier so unsicher sind wie bei keiner anderen der in dieser Arbeit behandelten Schriften. Als Entstehungsorte wurden in Erwägung gezogen Rom, Korinth, Syrien und Ägypten.[115] Wer den Verfasser namhaft machen wollte, dachte etwa an den römischen Klemens, aber auch an Bischof Soter von Rom, den Gnostiker Cassian oder, allgemeiner, an die in Korinth nach der Intervention von 1Klem wiedereingesetzten Presbyter.[116] Lediglich in der Frage der Entstehungszeit scheint man sich in etwa auf die Mitte des 2. Jh. geeinigt zu haben.[117] Gleichzeitig scheint sich gegenwärtig zudem eine Tendenz abzuzeichnen, das Schreiben als eine in Ägypten verfaßte Mahnrede anzusehen.[118]

8.5.1. Die Leiblichkeit der Kirche und des Einzelnen: 2Klem 14

Leib-Metaphorik (und Ekklesiologisches) findet sich in Kap. 14. Den Text von Kap. 14 zu paraphrasieren, fällt jedoch schwer, da er keine

---

und die Clemenshomilie (II Clemens), ZNW 25 (1926) 258-262, S. 261, die Schrift sei „in wesentlichen Punkten antignostisch“ (gegen R. Harris [s. übernächste Anm.]), ist also zumindest zu differenzieren.

[115] Exemplarisch seien genannt für Rom: A. V. HARNACK, Über den sogenannten zweiten Brief des Clemens an die Korinter, ZKG 1 (1877) 264-283.329-364, S. 363 (wegen der Nähe zu PHerm); DERS., Ursprung (vgl. auch die nächste Anm.); für Korinth: K.P. DONFRIED, Setting 1 (vgl. auch die nächste Anm.); für Syrien: C. STEGEMANN, Herkunft (aufgrund der Überlieferungsgeschichte, vgl. a.a.O. 31ff); für Ägypten: R. WARNS, Untersuchungen 94 (aufgrund der Verwendung von ägyptischen apokryphen Evangelien; deswegen auch genauer die Provinz Äygpten und nicht Alexandrien).

[116] Klemens ergab sich als Autor natürlich aus der Überlieferungsgeschichte, in der 2Klem immer nur mit 1Klem begegnet, und aus der Notiz bei Euseb, h.e. 3,38,4. An Soter dachte A. V. HARNACK (s. vorangeg. Anmerkung). Für Cassian optierte: R. HARRIS, The Authorship of the so-called Second Epistle of Clement, ZNW 23 (1924) 193-200. Die korinthischen Presbyter favorisierte K.P. DONFRIED (s. vorangeg. Anm.).

[117] Nur K.P. DONFRIED, Setting, vermutet aufgrund seiner These (s. vorangegangene Anm.) als Entstehungszeit das Ende des 1. Jh., kurz nach 1Klem.

[118] Vgl. neben R. WARNS, Untersuchungen 94, noch K. WENGST, Didache 227. - Damit sind die Eckpunkte der Forschung benannt. Zur Forschungsgeschichte vgl. ausführlich zuletzt E. BAASLAND, Klemensbrief, bes. 86-96.

stringente Logik aufzuweisen scheint. Das herauszuarbeiten, könnte aber auch schon weiterführen, und deswegen sei ein Versuch gewagt.
Den „Brüdern" schreibt der Verfasser (V. 1), daß, wer den Willen Gottes tut (ποιοῦντες τὸ θέλημα τοῦ πατρὸς ἡμῶν θεοῦ), zur präexistenten, geistigen (πνευματικῆς) Kirche gehören wird (ἐσόμεθα), und nicht zur Räuberhöhle (σπήλαιον λῃστῶν), die die aus der Kirche werden lassen, die den Willen Gottes nicht tun. Dieses Tun ist frei wählbar (αἱρετισώμεθα), ist synonym mit „zur Kirche des Lebens gehören" (ἀπὸ τῆς ἐκκλησίας τῆς ζωῆς εἶναι) und führt zur Rettung (ἵνα σωθῶμεν). Er unterstellt (V. 2) den Adressaten zu wissen, daß die lebendige Kirche Leib Christi ist (ὅτι ἐκκλησία ζῶσα σῶμά ἐστιν Χριστοῦ), und leitet diese Tatsache aus dem biblischen Schöpfungsbericht ab, nach dem der Mensch als Mann und Frau (ἄρσεν καὶ θῆλυ) geschaffen wurde, was so zu interpretieren ist, daß das Männliche Christus, das Weibliche die Kirche ist. In diesem Sinne seien alle biblischen Schriften von den Propheten bis zu den Aposteln zu verstehen: Wenn sie von der Kirche reden, reden sie nicht von der gegenwärtigen, sondern von der, die von Anfang gewesen ist (τὴν ἐκκλησίαν οὐ νῦν εἶναι λέγουσιν, ἀλλὰ ἄνωθεν). Das heißt: Die Kirche war geistlich (πνευματική) wie Christus. Er/sie[119]

---

[119] R. KNOPF, Der zweite Clemensbrief 174; K. WENGST, Didache 276 Anm. 119; R. WARNS, Untersuchungen 615f, vermuten, daß an dieser Stelle Christus das Subjekt ist, da betreffs der Kirche anschließend mit V. 3 ein Neueinsatz erfolgt, der vom vorherigen abgesetzt wird (ἡ ἐκκλησία *δέ*). R. KNOPF argumentiert damit, daß in 2Klem sonst nur von Christus das σώζειν ausgesagt ist. Dagegen wendet G. KRÜGER, Zu II. Klem. 14, 2, ZNW 31 (1932) 204-205, S. 204, ein: „Es ist ja bekannt, daß der Redner in unserem Abschnitt die Gestalten [...], die ihm vorschweben: Kirche, Christus, Heiliger Geist, nicht scharf auseinanderhält." Der Subjektwechsel von der Kirche zu Christus wäre allerdings sehr abrupt, und wiese diesen Satzteil zugleich als Relativsatz aus, was nicht erkennbar ist (vgl. A. FRANK, Studien zur Ekklesiologie des Hirten, II Klemens, der Didache und der Ignatiusbriefe unter besonderer Berücksichtigung der Idee einer präexistenten Kirche, Diss. München 1975, 220f; auch R.M. GRANT/H.H. GRAHAM, Clement 126, übersetzen feminin). Der Unterschied von V. 2 und V. 3 könnte auch darin gesehen werden, daß letzterer den Schwerpunkt der Aussage auf die modale Ergänzung „im Fleisch Christi" legt und damit die Art und Weise des Erscheinens der Kirche klärt. Für A. LINDEMANN, Clemensbriefe 242, wäre dies jedoch „*lediglich* eine verdeutlichende [...] Wiederholung" (Hervorhebung von mir), der er eine „additive Deutung" vorzieht. So gering wäre eine Verdeutlichung aber nicht einzuschätzen, denn immerhin führt sie den für den Fortgang des Textes entscheidenden Wechsel von σῶμα zu σάρξ ein.

ist am Ende der Tage erschienen (ἐφανερώθη), um uns zu retten (ἵνα ἡμᾶς σώσῃ).
Die Kirche (V. 3) war geistlich und erschien im Fleisch Christi (ἐφανερώθη ἐν τῇ σαρκὶ Χριστοῦ).[120] Damit hat sie uns offenbart, daß, wer sie im Fleisch bewahrt und nicht verdirbt (τηρήσῃ αὐτὴν ἐν σαρκὶ καὶ μὴ φθείρῃ), sie im heiligen Geist empfangen wird (ἀπολήψεται αὐτὴν ἐν τῷ πνεύματι τῷ ἁγίῳ). Dieses Fleisch nämlich (ἡ γὰρ σὰρξ αὕτη)[121] ist das Gegenbild (ἀντίτυπος) vom Ursprünglichen, Eigentlichen (αὐθεντικόν), nämlich dem Geist. Wer das Gegenbild, das Abbild verdirbt, kann am Urbild keinen Anteil bekommen (οὐδεὶς οὖν τὸ ἀντίτυπον φθείρας τὸ αὐθεντικὸν μεταλήψεται).[122] Bedeuten soll all dies (ἄρα οὖν τοῦτο λέγει,[123] ἀδελφοί): „Bewahrt das Fleisch, damit ihr am Geist Anteil erhaltet!"
Daß die Kirche (V. 4) das Fleisch ist und Christus der Geist, bedeutet, daß, wer gegen das Fleisch frevelt, gegen die Kirche frevelt (ὁ ὑβρίσας τὴν σάρκα ὕβρισεν τὴν ἐκκλησία). Ein solcher wird keinen Anteil erhalten am Geist, der Christus ist (οὐ μεταλήψεται τοῦ πνεύματος, ὅ ἐστιν ὁ Χριστός).
Den Schluß bildet eine Art bedingte Doxologie: An solch Leben und Unvergänglichkeit kann das Fleisch Anteil erhalten (τοσαύτην δύναται ἡ σάρξ αὕτη μεταλαβεῖν ζωὴν καὶ ἀφθαρσίαν), wenn sich mit ihm der Geist verbindet (κολληθέντος αὐτῇ τοῦ πνεύματος τοῦ ἁγίου). 15,1 schließt diesen Teil ab und charakterisiert ihn als „Rat über die Selbstbeherrschung" (συμβουλία περὶ ἐγκρατείας).

---

[120] Nach A. FRANK, Studien 222, wird so die Inkarnation „eine 'Ekklesiologisierung' Christi".

[121] Unsicher ist, ob es das menschliche Fleisch oder das Fleisch = die Kirche ist. Letzteres wird erst mit V. 4 so gekennzeichnet, und die parallele Formulierung in V. 5 ἡ σὰρξ αὕτη meint doch wohl die menschliche Leiblichkeit. Jedoch werden wir sehen, daß in diesem Kapitel semantische Eindeutigkeit und logische Stringenz nicht immer zu finden sind. Nominelle Parallelen sind also mit Unsicherheiten bezüglich ihrer Aussagefähigkeit behaftet.

[122] Vgl. R. KNOPF, Der zweite Clemensbrief 175: „Die Anschauung platonisiert einigermaßen, aber nur äußerlich." Vgl. dazu auch K. WENGST, Didache 277 Anm. 124.

[123] Wer ist hier Subjekt? K. WENGST, Didache 257, übersetzt kommentarlos mit „er". Das letzte infragekommende Subjekt war aber die Kirche vom Anfang des Verses, die „erschienen" (ἐφανερώθη) war und etwas „deutlich gemacht" (δῆλουσα) hat. Wie in meiner freien Wiedergabe übersetzt R. KNOPF, Der zweite Clemensbrief 174: „Das bedeutet nun dieses, Brüder".

Ein Versuch zur Systematisierung dieser Ausführungen muß scheitern, wenn er sich das falsche Thema wählt: Die Charakterisierungen der Kirche zunächst als weiblich im Rahmen der Schöpfung, dann als geistlich im Fleisch Christi und zuletzt als Fleisch gegenüber Christus, dem Geist, sind unverbunden bzw. widersprüchlich. Mal bewahrt man die Kirche im Fleisch, mal bewahrt man das Fleisch selbst. Mal empfängt man (ἀπολαμβάνειν) die Kirche im heiligen Geist, mal erhält man Anteil (μεταλαμβάνειν) am Geist, der Christus ist. Eine Ordnung ist hier nicht hineinzubekommen. Da liegt es nahe zu vermuten, daß es gar nicht um Ekklesiologisches geht.
Man muß sich also auf die Suche machen nach Elementen, die vielleicht formal einen Hinweis geben auf die Aussageintention, oder die inhaltlich stringent durchgeführt sind und sich im ganzen Kapitel verfolgen lassen. Es gibt einen Imperativ in diesem Abschnitt: τηρήσατε τὴν σάρκα, ἵνα τοῦ πνεύματος μεταλάβετε. Er wird eingeleitet mit ἄρα οὖν τοῦτο λέγει, ἀδελφοί. Die Anrede mit „Brüder" erfolgte zuvor nur in der Eröffnung des Abschnittes und darf demnach als Hinweis auf die Klimax des Gedankenganges gelten. Auch die Einleitung (ἄρα οὖν τοῦτο λέγει) kennzeichnet den Imperativ, den einzigen im ganzen Abschnitt, als Zusammenfassung.[124] Dies fügt sich mühelos in den Gesamtcharakter der Schrift als Mahnrede. Kap. 14 zielt also auf die Mahnung, das Fleisch zu bewahren.[125]
Von hier aus läßt sich weitergehen: Der Imperativ enthält mit ἵνα eine finale Konjunktion. Das verbindet ihn mit zwei weiteren ἵνα-Sätzen (den einzigen weiteren in diesem Kapitel), und zwar mit ἵνα σωθῶμεν am Ende von V. 1 und ἵνα ἡμᾶς σώσῃ am Ende von V. 2. Unser Imperativ steht am Ende von V. 3, so daß alle drei in den Versen 1-3 jeweils durch-

[124] Ergänzen kann man dies durch die Beobachtung bei E. BAASLAND, Klemensbrief 123, der die Formulierung τοῦτο λέγει aus 2,5; 8,6; 12,4.5; 14,3 zusammenfaßt als Einleitung zu einer besonderen Auslegung von Schriftzitaten und folgert: „Diese Auslegungen spiegeln sicherlich wichtige Anliegen des Verfassers wider."

[125] Somit ist eine Meinung wie die von A. LINDEMANN, Paulus 267: „2Clem 14 enthält die Darlegung der Ekklesiologie", mit einem Vorbehalt zu versehen. Vgl. dagegen K. WENGST, Didache 275 Anm. 110: „Vorab ist festzustellen, daß der Verfasser in diesem Kapitel keine eigenständige Ekklesiologie entfaltet; auch hier dienen die von ihm zusammengetragenen und vorgebrachten Gedanken der Paränese."

geführten Gedankengänge in den ἵνα-Sätzen ihre Zielpunkte finden.[126] Alle drei Stellen reden vom Gerettetwerden der Gläubigen, und die letzte beschreibt dieses Ziel und den Weg dorthin konkret: Rettung bedeutet Anteilhabe am Geist, und der Weg dorthin ist das Bewahren des Fleisches. Dies sind Thema und Aussage von 2Klem 14.
Damit haben wir von den formalen Beobachtungen bereits in die inhaltlichen hinübergewechselt. Wir können hier weiterfragen: Lassen sich σάρξ und πνεῦμα als die zentralen Stichworte im für das Verständnis dieses Abschnittes entscheidenden soteriologischen Kontext auch sonst als tragend für das Kapitel nachweisen? Das ist in der Tat der Fall, zumal in der zweiten Hälfte.
Das Adjektiv πνευματική begegnet in den Versen 1-3 dreimal zur Beschreibung der ἐκκλησία (V. 1: ἐσόμεθα ἐκ τῆς ἐκκλησίας [...] τῆς πνευματικῆς; V. 2: ἦν γὰρ πνευματική; V. 3: ἡ ἐκκλησία δὲ πνευματικὴ οὖσα). Findet im Verlauf von V. 3 eine gewisse Differenzierung von Geist und Kirche statt (man empfängt die Kirche im heiligen Geist), so hat sie mit V. 4 die Seite gewechselt und ist nun σάρξ geworden (εἶναι τὴν σάρκα τὴν ἐκκλησίαν). Gleichzeitig steht daneben aber auch σάρξ als menschliche Leiblichkeit. Christus war am Anfang der Zeiten auch πνευματικός wie die Kirche (V. 2), nahm dann aber Fleischesgestalt an, in dem die geistliche Kirche erschien (ἡ ἐκκλησία δὲ πνευματικὴ οὖσα ἐφανερώθη ἐν τῇ σαρκὶ Χριστοῦ). Nachdem das Gerettetwerden als Anteilhabe am αὐθεντικόν, dem Geist, beschrieben wurde, wird dieser Geist mit Christus identifiziert (V. 4: εἶναι [...] τὸ πνεῦμα Χριστόν). Vielleicht hat der Verfasser klarstellen wollen, daß man natürlich nicht an der Kirche, sondern an Christus Anteil erhält.

Σάρξ und πνεῦμα verweisen zurück auf Kap. 9. Neben 20,4 und Kap. 14 findet sich das Stichwort πνεῦμα in 2Klem nur noch in 9,5 im Rahmen einer Aussage von Präexistenz und Inkarnation Christi. Und auch das Stichwort σάρξ ist, neben Kap. 14, schwerpunktmäßig in Kap. 9 eingesetzt. Mit 9,1 wird direkt einer zitierten gegnerischen Meinung widersprochen: „Und nicht sage jemand unter euch, daß dieses Fleisch (αὕτη ἡ σάρξ) nicht gerichtet werde noch auferstehe (οὐ κρίνεται οὐδὲ ἀνίσταται)!“ Dies wird als möglicher Einwand zitiert gegen die Aussage von 8,5: τηρήσατε τὴν σάρκα ἁγνὴν καὶ τὴν σφραγῖδα ἄσπιλον, ἵνα τὴν ζωὴν ἀπολάβετε. Die Aus-

[126] Daß jeder Vers einen gewissen Neuanfang setzt, ergibt sich nicht nur aus dem jeweiligen Inhalt, sondern auch von daher, daß jeder Vers mit δέ beginnt (außer V. 5, der jedoch als Doxologie ohnehin aus dem argumentativen Rahmen fällt), sich also von dem vorangegangenen in gewisser Weise absetzt.

sagen verlaufen also ganz parallel zu denen in Kap. 14. In Kap. 9 folgert der Verfasser, daß, nachdem Christus im Fleisch erschienen ist und die Gläubigen in ihrem Fleisch berufen hat, sie auch so, im Fleisch, gerettet werden.[127]

Zurück zu Kap. 14: Geist und Fleisch changieren also in ihren Identifikationen. Sie bilden jedoch formal die eine entscheidende Opposition innerhalb des Abschnittes. Und sie sind verbunden mit der anderen Opposition, und zwar der von ἐκκλησία und Χριστός. Um diese beiden Oppositionen kreist 2Klem 14.
Die „Ungereimtheiten" bestätigen den oben bereits angedeuteten Rückschluß auf die Arbeitsweise, mit der der Verfasser hier vermutlich vorgegangen ist: Jeder einzelne Gedankengang, dem jeweils ein Vers entspricht, ist ein für sich zu interpretierender Versuch, die Mahnung, das Fleisch zu bewahren, um am Geist Anteil zu erhalten, zu begründen.[128]
Warum nun hält der Verfasser es für zweckdienlich oder sogar naheliegend, auch die Kirche ins Spiel zu bringen und in den Begründungszusammenhang zu integrieren, so daß sie mit Christus das zweite Oppositionspaar bildet? Eine Antwort könnte m.E. so lauten, daß nicht nur der präexistente Christus bei seinem Erscheinen eine physische Existenz

---

[127] Dies gehört nach E. BAASLAND, Klemensbrief 114, zu den gliedernde Bezüge andeutenden „Themenrepetitionen", nach denen „2.Klem. 14 als ein Höhepunkt bezeichnet werden" muß. Neben σάρξ und πνεῦμα handelt es sich dabei um die ekklesiologischen Ausführungen von 2,1 und die Stichworte ἀφθαρσία und φθείρω von 7,4f. „Kap. 14 ist somit die Krönung früher angedeuteter Gedanken."

[128] Die ältere Forschung dagegen war bei der Beurteilung zumal dieses Kapitels oft nicht zimperlich. A. V. HARNACK, Brief 341, spricht von „krausen und verwirrten Allegorien", H. WINDISCH, Das Christentum des zweiten Clemensbriefes, in: Harnack-Ehrung. Beiträge zur Kirchengeschichte, FS A. v. Harnack, Leipzig 1921, 119-134, S. 130, urteilt: „Das ist mehr stammelnde Laientheologie als schulmäßige Gnosis." Das zitiert zustimmend aber auch noch PH. VIELHAUER, Geschichte 742, und meint zuvor: Die „ekklesiologischen Spekulationen über die präexistente Kirche [...] werden unverstanden als moralische Motivation verwendet". Anders sieht A. FRANK, Studien 211-220, eine Argumentation auf zwei parallelen Ebenen, die eine eine theologische, die von der Leib-Christi-Vorstellung ausgeht, die andere eine philosophische, die sich auf das platonische Schema von Ur- und Abbild stützt. Beide werden am Ende zusammengeführt. Jedoch muß auch Frank zu dem Schluß kommen, die klare Aussage über den Leib Christi werde „getrübt durch ihre Begründung" (a.a.O. 220). Vgl auch A. LINDEMANN, Clemensbriefe 240, der die Ekklesiologie theologisch tief reflektiert findet (so auch E. BAASLAND, Klemensbrief 129).

erhielt, sondern dies auch für die Gemeinschaft der Gläubigen gilt. Die „fleischliche“ Existenz der Kirche beweist für den Verfasser, daß der Glaube eine physische, eine Sozialgestalt angenommen hat, daß er nicht nur eine rein geistliche, pneumatische Angelegenheit ist. Um pneumatische und sarkische Existenzweise miteinander zu verknüpfen, bedient er sich der Vorstellung von der Präexistenz der Kirche. Kirche ist somit beides, pneumatisch und sarkisch. Das heißt: Die Gemeinschaft der Gläubigen ist zwar eine transzendente Größe, sie hat aber notwendig eine irdische Erscheinungsform. Gleiches gilt für die Gläubigen als Individuen. Geknüpft ist diese Aussage als Analogie an Präexistenz und Inkarnation Christi.

Diese Vernüpfung findet statt anhand der Vorstellung von der Gemeinde als Leib Christi. Im Rahmen von 2Klem 14 kann die Leib-Metaphorik aber nicht mehr, wie in der gesamten Tradition zuvor (abgesehen von PHerm), soteriologisch begründet sein. Sie wird nun Teil einer Schöpfungs-„Theologie“. Diese Stelle, d.h. V. 2, soll noch einmal genauer untersucht werden.

Der Verfasser rekurriert explizit auf bekannte Traditionen, wenn er die Vorstellung von der Kirche als Leib Christi zitiert (οὐκ οἴομαι δὲ ὑμᾶς ἀγνοεῖν). Dabei ist die Kirche hier die ἐκκλησία *ζῶσα*.[129] Damit wird sie, nachdem sie zuvor schon als präexistent bezeichnet wurde, weiter als eigenständige Größe substantialisiert, die Teil des Heilsgeschehens ist.[130] Da der Verfasser die Vorstellung von der lebendigen Kirche als Leib Christi als traditionell kennzeichnet, wäre es natürlich interessant, konkreter fassen zu können, worauf er rekurriert.

Es ist z.B. oft gesehen worden, daß hier eine enge Verwandtschaft zu Eph 5,21-33 besteht, so etwa bei A. Lindemann, der zugleich aber auf den Unterschied hinweist: „deutlicher als dort (sc. im Epheserbrief) sind Christus und

---

[129] Ob unter den Adressaten die Charakterisierung der Kirche als ζῶσα eventuell bekannt war, ist nicht zu sagen. Der folgende unterstützende Hinweis aber, *so*, als Hinweis auf die präexistente Kirche, seien die Schriften der Propheten und Apostel zu lesen, könnte dagegen sprechen. R. WARNS, Untersuchungen 212, der als Vorlage für die Kirchen-Definition des Verfassers Kol 1,24 annimmt, versteht ζῶσα als „typisch valentinianisch“, was 2Klem akkomodierend einfügt (so auch schon A. FRANK, Studien 241; dagegen K. WENGST, Didache 275 Anm. 112, unter Berufung auf R. Knopf, Der zweite Clemensbrief).

[130] Neben Christus ist sie eine „himmlische Hypostase“ (A. V. HARNACK, Brief 343).

die Kirche gleichermaßen als präexistent vorgestellt".[131] Sollte 2Klem jedoch in einer Auseinandersetzung mit der Gnosis stehen, ließen sich auch von dort Parallelen beibringen. Dabei geht es nicht wieder um das, was man den Urmensch-Erlöser-Mythos genannt hat (vgl. dazu OdSal 17,15, wo der Erlöser das Ergebnis seines erlösenden Handelns beschreibt: „Sie sind mir Glieder geworden und ich ihr Haupt"). Auch im Zusammenhang mit dem (paulinischen) ekklesiologischen Einheitsgedanken wird man in gnostischen Texten fündig. NHC XI,1, eine Schrift mit dem Titel „Die Interpretation der Gnosis" (abgekürzt mit „Inter"), thematisiert (v.a. ab 15,16) den Streit der erlösten Glieder um ihre jeweilige Position im Ganzen, ausgelöst durch die offensichtlich ungleiche Verteilung der Geistesgaben: „Klage nicht dein Haupt an, daß es dich nicht zum Auge bestimmt hat, sondern daß es dich zum Finger bestimmt hat! Sei auch nicht neidisch dem gegenüber, der jeweils bestimmt ist zum Auge oder zur Hand oder zum Fuß! Danke aber dafür, daß du nicht außerhalb des Leibes existierst, sondern dasselbe Haupt hast, um dessentwillen das Auge existiert und die Hand und der Fuß und die übrigen Teile" (18,28-38). Oder: „[Und wenn] eines von ihnen [krank ist], sind sie mit ihm krank. Und [wenn eines] (wieder) gesund ist, sind sie [zugleich] gesund" (18,19-22). Eine Gemeinde, die auf Uniformität drängt, tötet ihre Glieder: „[Sie können] nicht alle [gänzlich zum Fuß] werden, oder gänzlich zum Auge, [oder gänzlich zur Hand.] Diese Glieder [können allein nicht leben], sondern sind tot" (17,18-22).[132]

Da sich diese Arbeit eine ausführliche Diskussion der gnostischen Leib-Metaphorik versagen muß, kann auch Inter hier nicht in angemessen ausführlicher Weise besprochen werden.[133] Bemerkenswert ist auf jeden

---

[131] A. LINDEMANN, Clemensbriefe 241. E. ÖFFNER, Der Zweite Klemensbrief. Moralerziehung und Moralismus in der ältesten christlichen Moralpredigt, Diss. Erlangen-Nürnberg 1976, 180 zitiert dagegen als Parallele die paulinische Verwendung der Leib-Metaphorik mit dem Impetus der bereits in Christus vorgegebenen Einheit, die nur noch nachgelebt sein will. Von dieser Thematik ist in 2Klem aber nichts zu entdecken. R.M. GRANT/H.H. GRAHAM, Clement 126, sehen hier Eph 5 mit einer „imaginative exegesis like that of the Gnostics" ausgelegt. K. WENGST, Didache 276 Anm. 114, zitiert die gesamte neutestamentliche Leib-Christi-Tradition.

[132] Dt. nach U.-K. PLISCH, Auslegung, der a.a.O. 8-49 Text und Übersetzung der Schrift bietet. Eine Übersetzung findet sich auch in der einsprachigen Gesamtausgabe der Nag-Hammadi-Texte bei G. LÜDEMANN/M. JANSSEN, Bibel der Haretiker. Die gnostischen Schriften aus Nag Hammadi, Stuttgart 1997, 553-562.

[133] Die von K. KOSCHORKE, Paulus in den Nag-Hammadi-Texten. Ein Beitrag zur Geschichte der Paulusrezeption im frühen Christentum, ZThK 78 (1981) 177-205, S. 203 Anm. 67, erhoffte traditionsgeschichtliche Untersuchung „zur Re-

Fall, daß sich eine gnostische Schrift, die als zeit- und vielleicht auch ortsnah zu 2Klem anzusehen ist,[134] ebenfalls der Leib-Metaphorik bedient, und zwar deutlich so, daß die Passagen nicht nur als analog zu paulinischen Aussagen, sondern als traditionsgeschichtlich verbunden zu gelten haben.[135] Gleichwohl bedienen sich 2Klem und Inter der Leib-Metaphorik zu unterschiedlichen pragmatischen Zwecken. Hier geht es um eine ethische Grundfrage, für deren Beantwortung Leib-Metaphorik den Begründungszusammenhang liefert, dort ist sie in ihrem ursprünglich-paulinischen Kontext belassen und soll das Miteinander von verschieden Geistbegabten regulieren.[136]

Klaus Koschorke sieht in Inter einen Beleg für die These, daß die Gnosis in der Regel, die valentinianische zumal, sich nicht vom Normalchristentum trennen wollte.[137] Die scharfe Polemik sei in der überwiegenden Mehrzahl aus

---

zeption und Ausprägung der Leib-Christi-Vorstellung im valentinianischen Bereich" der Gnosis, bleibt also weiter ein Desiderat.

[134] V.a. wegen der vorausgesetzten Gemeindesituation, plädiert K. KOSCHORKE, Eine neugefundene gnostische Gemeindeordnung, ZThK 76 (1979) 30-60, S. 32, für die Mitte des 2. Jh., ohne sich auf den Entstehungsort festzulegen zu wollen (vgl. auch U.-K. PLISCH, Auslegung 3). Zu Zeit und Ort von Inter äußern sich G. LÜDEMANN/M. JANSSEN, Bibel, gar nicht.

[135] Vgl. K. KOSCHORKE, Gemeindeordnung 32.

[136] Inter ist somit ein schönes Beispiel für die Verschmelzung neutestamentlicher und gnostischer Traditionen, und gleichzeitig auch für die appellative Kraft der Metaphorik.

[137] Vgl. K. KOSCHORKE, Gemeindeordnung 59; DERS., Einheit der Kirche als Problem der christlichen Gnosis, in: Einheit der Kirche in vorkonstantinischer Zeit (hg. v. F. v. Lilienfeld/A.M. Ritter), OIKONOMIA 25, Erlangen 1989, 54-79 passim. Die Verwunderung etwa des Tertullian (praescr. 41,3), die Gnostiker hielten Frieden und Gemeinschaft mit allen (*pacem quoque cum omnibus miscent*) zitiert K. KOSCHORKE in Einheit 64. Es gab jedoch regionale Unterschiede. In Alexandrien etwa scheinen sich verschiedene konkurrierende Gruppen klar erkennbar voneinander getrennt zu haben (vgl. a.a.O. 69), wohingegen in Rom Florinus, „Gefolgsmann" des Valentin, „wirkte als römischer Presbyter unter jenem Bischof Viktor, der im Passahstreit den kleinasiatischen Gemeinden die Gemeinschaft aufkündigte, den Monarchianer Theodet aus der Kirche wies und den Montanisten die Gemeinschaft versagte" (a.a.O. 77). Gegen Ämter polemisierten Gnostiker dann, wenn sie sie als Repräsentanten der kirchlichen Lehrmeinung in den Blick nahmen. Ansonsten zeigten sie sich eher indifferent zur Ämterfrage (vgl. DERS., Die Polemik der Gnostiker gegen das kirchliche Christentum. Unter besonderer Berücksichtigung der Nag-Hammadi-Traktate „Apokalypse des Petrus" [NHC VII,3] und „Testimonium Veritatis" [NHC IX,3], NHS 12, Leiden 1978, 67f,

der Orthodoxie gekommen. Inter versteht er als einen Versuch, innerhalb einer Gemeinde anhand des Problems der Geistesgaben „das Verhältnis von Pneumatikern und Psychikern, von gnostischen Elitechristen und der Masse des Gemeindechristentums zu bestimmen“, und zwar „in Kategorien der Leib-Christi-Vorstellung [...]: Die Kirche ist *eine* Größe in *zwei* Stufen, sie besteht aus Psychikern und Pneumatikern.“[138] Jedoch: Auch wenn die Gnosis hier eine paulinische Tradition in einer Art und Weise aufgreift, „die im Bereich des normativen Christentums dieser Zeit mehr oder minder abgebrochen ist“, bleibt deutlich, „daß sie am Rang der verschiedenen in der Gemeinde wirksamen Geistesgaben letztlich keinen Zweifel läßt.“[139] Ungebrochenen Paulinismus darf man in dieser „stufenden Umprägung des Leib-Christi-Gedankens“[140] also nicht vermuten.

Die enge Verbindung von Christus und der Kirche als Leib Christi war also auch den Gnostikern nicht fremd. Ob jedoch auch schon die präexistente Kirche als σῶμα Χριστοῦ bezeichnet wurde, ist unsicher.[141]

Der Verfasser rekurriert also auf eine den Adressaten bekannte Vorstellung, die Leib-Metaphorik, und versucht mittels ihrer Vertrautheit und des gnostisierenden Rekurses auf Gen 1 die Leser für seine Argumentation zu gewinnen. Leib-Metaphorik dient ihm als Anknüpfungspunkt, um von hier aus seine Oppositionen von pneumatisch und sarkisch, von Christus und Kirche aufbauen zu können. Die Verbindung beider Existenzweisen ist das Vorbild, nach dem der Einzelne auch sich selbst ver-

---

mit Verweis auf AkpPt für solch eine Kampfsituation). Zum kirchlichen Selbstbewußtsein der Gnostiker vgl. auch Irenäus, adv. haer. 3,15,2. - Die Zuordnung von Inter zur valentinianischen Gnosis beurteilen G. LÜDEMANN/M. JANSSEN, Bibel 551, zurückhaltend.

[138] K. KOSCHORKE, Paulus 188 (Hervorhebungen im Original). DERS., Polemik 71, und Gemeindeordnung 43-45, belegt die These eines in Inter reflektierten gemischt-gemeindlichen, also nicht innergnostischen Konflikts u.a. mit der Schärfe der Auseinandersetzung (18,38: Haß, u.zw. wahrscheinlich von minder begabten Gliedern, auch wenn der Text hier ein Lücke aufweist) und dem zitierten Vorwurf der Unwissenheit (17,25), der in die Polemik der Gnostiker gegen die „normalen“ Christen gehört. Der Verfasser führt einen Kampf an zwei Fronten, gegen die neidischen „Normal“christen und die überheblichen Gnostiker (vgl. DERS., Gemeindeordnung 43ff). Kritisch äußert sich dazu U.-K. PLISCH, Auslegung 3, der gleichwohl anmerkt, daß „die Grenzen zwischen frühkatholischen und christlich-gnostischen Gemeinden [...] gewiß fließend und im tatsächlichen Lebensvollzug oft genug gar nicht wahrnehmbar“ waren.

[139] K. KOSCHORKE, Paulus 187.

[140] K. KOSCHORKE, Einheit 73 (im Original fett).

[141] A. FRANK, Studien 212, bejaht dies.

stehen soll, damit ihm die Mahnung, das Fleisch zu bewahren, als heilsrelevant plausibel wird.[142]

M.E. läßt sich aus diesen letzten Beobachtungen einiges gewinnen für die örtliche und theologiegeschichtliche Einordnung von 2Klem, das wiederum Rückschlüsse für das Verständnis von Kap. 14 zuläßt. Wie bereits K. Wengst vermutete, scheint in der Mitte des 2. Jh. eine unpolemische Auseinandersetzung mit der Gnosis „weitaus am ehesten in Ägypten denkbar zu sein, wo sich 'Rechtgläubigkeit' und 'Ketzerei' in ihrem Gegenüber erst sehr spät herausgebildet haben.“[143] Vergleicht man Inter mit 2Klem, so ließe sich folgendes Szenario vorstellen: Beide Schriften entstanden in einer vergleichbaren Gemeindesituation, in der Gnostiker und „normale“ Christen miteinander lebten und sich in theologischen Diskussionen befanden.[144] 2Klem stellt innerhalb dieser Diskussion einen Beitrag der katholischen Christen dar. Er sieht die Gnosis in der Gefahr, das Heilswerk Christi geringzuschätzen, und fordert zu einem Verhalten auf, das als Antwort auf das Werk Christi erkennbar ist. In Kap. 14 dient ihm die Ekklesiologie dazu, dieses sein paränetisches Anliegen zu begründen.[145] In seiner präexistenz-bezogenen ekklesiologischen Argumentation zeigt er sich entweder beeinflußt von Gedanken seiner gnostischen Mitchristen, oder er akkomodiert sich an deren Vorstellungen, um seine Überzeugungskraft zu erhöhen. Auf jeden Fall formuliert er seinen Gedanken

---

[142] Gänzlich Unrecht hat also K.P. DONFRIED, The Theology of Second Clement, HThR 66 (1973) 487-501, S. 493, mit seiner Einschätzung von Stil und Thema in 2Klem 14: „In chapter 14 we find a polemic against a gnostic misunderstanding of the church.“

[143] K. WENGST, Didache 227. Auch für A. FRANK, Studien 189, ist 2Klem „ein Beitrag zur aufkommenden Diskussion“ (dies zu Kap. 9-12 über Leib und Auferstehung).

[144] U.-K. PLISCH, Auslegung 106 Anm. 87, überlegt sogar, ob man wegen eines 2Klem 6,2 und Inter 9,33-35 gemeinsamen Zitates von Mt 16,26 par., in dem beide sich angeblich gegenseitig näherstehen als der synoptischen Vorlage, vermuten darf, sie hätten eine gemeinsame Sammlung von Herrenworten gekannt. Die Abweichung von 2Klem 6,2 zu Mt 16,26 ist jedoch nicht so groß, daß man hier einen signifikanten Unterschied feststellen könnte (Mt 16,26: τί γὰρ ὠφεληθήσεται ἄνθρωπος ἐὰν τὸν κόσμον ὅλον κερδήσῃ τὴν δὲ ψυχὴν αὐτοῦ ζημιωθῇ; 2Klem 6,2: τί γὰρ τὸ ὄφελος, ἐάν τις τὸν κόσμον ὅλον κερδήσῃ, τὴν δὲ ψυχὴν ζημιωθῇ;). Inter bietet (lt. Plisch) dieses Zitat dagegen in der 2. Pers. Sg.

[145] Damit ist in 2Klem 14 nicht nur phänomenologisch eine Parallele zu Eph 5 gegeben, sondern auch funktional: Bereits im deuteropaulinischen Epheserbrief war zu beobachten gewesen, daß Leib-Metaphorik, die traditionellerweise das ganze innergemeindliche Miteinander regulieren sollte, auf das paränetische Spezialproblem des Geschlechterverhältnisses reduziert verwendet war.

als Appell an gemeinsames Wissen. Den Präexistenzaussagen bezüglich der Kirche und Christus konnten die Gnostiker zustimmen. Daß sie dies mit dem Begriff des Leibes Christi verbunden haben oder verbinden konnten, macht Inter plausibel. Ob sie des Verfassers rhetorischer Kniff, innerhalb seiner Argumentation von σῶμα zu σάρξ zu wechseln, überzeugt hat, wissen wir nicht. Auf jeden Fall wird 2Klem, v.a. aber Kap. 14, so erkennbar als Teil eines ruhigen theologischen Geprächs zwischen gnostischen und „normalen“ Christen in einer vermutlich provinzial-ägyptischen Gemeinde.[146]

Ist damit der pragmatische Kontext von 2Klem 14 im in etwa richtig wiedergegeben, so zeigt sich darin ein Versuch zweier „Gesprächspartner“, eine per se gemeinsame symbolische Sinnwelt so zu deuten, daß sie als Legitimation für die je eigenen Vorstellungen von der entsprechenden Alltagswirklichkeit dienen kann. Dieser Rekurs, in diesem Falle auf die Vorstellung von der Kirche als Leib Christi, modifiziert gleichzeitig die symbolische Sinnwelt. Kirche wird, was sich im deuteropaulinischen Epheserbrief bereits angekündigt hatte, als weiblicher Teil der göttlichen Menschenschöpfung präexistent. Das deutet auf eine noch gravierendere Verschiebung hin, denn nun wird die Leib-Metaphorik nicht mehr in dem soteriologischen Bezirk der symbolischen Sinnwelt verankert, sondern in einer gnostisierenden Schöpfungstheologie.[147] Mit σῶμα Χριστοῦ und σάρξ des Einzelnen werden beide Bereiche, die symbolische Sinnwelt und die ihr entsprechen sollende individuelle Alltagswirklichkeit, miteinander verbunden.[148] Der Verfasser von 2Klem versucht so, man kann sagen: durch Usurpation gnostischen Gedanken-

---

[146] Ob auch Inter immer so friedfertig argumentiert, läßt 18,33ff („Danke aber dafür, daß du nicht außerhalb des Leibes existierst!“) zumindest fragwüdig erscheinen. „Es scheint, als sei der Verf. mit diesem dritten Imperativ [...] ein wenig übers Ziel hinausgeschossen, denn der Ton ist nicht mehr vermittelnd, sondern nur noch autoritär“ (U.-K. PLISCH, Auslegung 144). Jedoch schien ja auch die katholische Seite in des Verfassers Gemeinde eine schärfere Auseinandersetzung zu führen, wenn man Inter 18,38 (Haß der minder begabten Christen) als Reflex tatsächlicher Konflikte nehmen darf.

[147] Wie der Verfasser von 2Klem hatte auch schon Ignatius (Trall 11,2) aufgrund der Auseinandersetzung mit konkurrierenden Sinnwelten der Leib-Metaphorik durch ihre Integration in die Auferstehungs-Thematik einen neuen paradigmatischen Kontext eröffnet. Dieser war aber noch ein soteriologischer gewesen.

[148] Dies könnte schon in 1Kor 6,15 und in Kol 3,5 angelegt sein, findet sich aber auf jeden Fall in Eph 5,22ff.

guts, die vom katholischen Christentum unterschiedene gnostische Lebenswelt in ersteres zu integrieren.

9. AUSBLICK

Wir sind am Ende unserer Untersuchung angekommen. Daß von hier aus leicht weitergegangen werden könnte, ja müßte, haben die einleitenden Worte zu den „Apostolischen Vätern" verdeutlicht. Wenigstens ein kurzer Ausblick sei noch riskiert.

Was gäbe es aus dem 2. Jh. n.Chr. noch zu berichten? *Irenäus* könnte man nennen. In seinen Schriften Epideixis und Adversus haereses zitiert er Leib-Metaphorik aus traditionellem frühchristlichen Material. Das Thema seiner Darlegungen, die Widerlegung der Gnosis, gibt die Auswahl vor. In adv. haer. 1,10,3, einer Kurzfassung der kirchlichen Lehrinhalte, zitiert er im Zusammenhang der Eingliederung der Heiden in das Volk Gottes Eph 3,6. Wie Ignatius verbindet er in der christologischen Passage adv. haer. 3,19,3 den Haupt-Leib-Gedanken mit der Auferstehung (*quemadmodum caput resurrexit a mortuis, sic et reliquum corpus omnis hominis qui invenitur in vita*).[1] An derselben Stelle erklärt er die johanneische Aussage, im Hause des Vaters seien viele Wohnungen, damit, daß ja auch ein Leib viele Glieder hat.

Neben diesem theologischen kennt Irenäus aber auch einen profanen Gebrauch des Leib-Begriffs. So ist etwa die Wahrheit ein Leib, dessen Glieder er in den beiden o.g. Schriften bekanntmachen will.

> Einzelne Glieder dieser Wahrheit sollen Marcianus, dem Adressaten der Epideixis, zum Verständnis der ganzen Wahrheit helfen (epid. 1). Anders die Häretiker: Sie nehmen die einzelnen Glieder der Wahrheit (μέλη τῆς ἀληθείας) und formen daraus etwas Neues. Das Ergebnis ist vergleichbar einem Mosaik, das ursprünglich einen König darstellte, nach dem Umsetzen der Steinchen nun aber einen Hund oder einen Fuchs zeigt, den der Manipulator jedoch als das wahre Bild des Königs ausgibt (adv. haer. 1,8,1). So können auch die Häretiker ihre Wahrheit ein σῶμα nennen. Es ist der Leib der Frau ἀλήθεια, die unverhüllt (γυμνή) ihre Schönheit (τὸ κάλλος αὐτῆς) zu erkennen gibt (1,14,3).

Diese deformierte Wahrheit gilt es erneut in ihre Teile zu zerlegen, damit aus den falsch zusammengesetzten Steinchen wieder das Bild des Königs wird. Die herausgelösten Teile müssen wieder in den Leib der Wahrheit eingepaßt werden (1,9,4).

„Leib der Wahrheit" ist hier das σωμάτιον τῆς ἀληθεῖας. Verwendet Irenäus σωμάτιον genauso, wie ich es für Ignatius (Sm 11,2) wahr-

[1] Vgl. auch epid. 38f.

scheinlich zu machen versuchte? Ist die Wahrheit, mit der so übel umgesprungen wurde, für Irenäus ein „elender Leib“, der sich nun seiner Heilung erfreuen darf? Auf jeden Fall ist der Zustand der mißgestalteten Wahrheit kein erfreulicher Anblick. In 1,31,4 bezeichnet er das, was die Häretiker ihre Wahrheit nennen, als das schlecht zusammengefügtes *corpusculum*[2] des Füchsleins (*vulpiculae*). Auch hier könnte man Mitleid mit der Wahrheit heraushören.

Die Apologeten haben die Leib-Metaphorik in einem ähnlichen Sinn aufgenommen, wie ich es auch für das Neue Testament aufzuzeigen versuchte. Sie dient ihnen zur Erklärung des Verhältnisses von Kirche und Welt. Der *Diognetbrief* widmet sein sechstes Kapitel diesem Thema und bezeichnet die Christen als Seele der Welt.

> Ὅπερ ἐστὶν ἐν σώματι ψυχή, τοῦτ' εἰσὶν ἐν κόσμῳ Χριστιανοί. In einer Reihe von Analogien führt der Verfasser diesen Gedanken aus. Die Seele ist in allen Gliedern, die Christen sind über alle Städte verstreut. So wie die Seele im Körper, aber nicht vom Körper ist, so sind die Christen in, aber nicht von der Welt. So wie aber der Körper die Seele umschließt, letztere aber ersteren zusammenhält, so erhalten auch die Christen die Welt.[3] Das Fleisch aber haßt die Seele (μισεῖ τὴν ψυχὴν ἡ σάρξ), weil sie es von den Genüssen abhält. Genauso haßt die Welt die Christen, nicht weil sie Unrecht täten, sondern weil sie den Genüssen entgegentreten (ὅτι ταῖς ἡδοναῖς ἀντιτάσσονται).

Wie und als was die Christen in der Welt sind, versucht *Tertullian* in seinem Apologeticum zu erklären. Er orientiert sich dabei an der Verwaltungssprache.

> Nach der Widerlegung des schlechten Rufes, den die Christen genießen, wendet sich Tertullian in 39,1 den guten Seiten des Christentums zu. Seine Darlegung eröffnet er mit den Worten: *Corpus sumus.* Diese Körperschaft wird, so Tertullian, durch Glauben, Lehre und Hoffnung zusammengehalten (*de conscientia religionis et disciplinae unitate et spei foedere*). Die Christen haben ähnliche Strukturen wie andere Körperschaften auch. Es sitzen bewährte Älte-

---

[2] Eine griechische Handschrift ist uns für diesen Abschnitt leider nicht überliefert.

[3] Vgl. Irenäus, epid. 34 (der Logos in den Christen trägt die Welt), und Tertullian, apol. 40,13 (seit die Christen in der Welt sind, gibt es in ihr weniger Unheil). Das Selbstbewußtsein, daß sich in dieser Analogie Diognets ausdrückt, wird noch deutlicher, wenn wir uns daran erinnern, daß auch Isokrates innerhalb der Leib-Metaphorik auf die Seele Bezug genommen hat, u.zw. als die Verfassung des Staats-Leibes (vgl. o. S. 75).

re vor (*praesident probati quique seniores*). Es gibt eine Art Kasse (*arcae genus est*), auch wenn diese sich nicht wie in anderen Gesellschaften durch Antrittsgelder o.ä. füllt, da die Religion nicht käuflich ist (vgl. 39,5). Im Grunde könne man im Falle der Christen gar nicht von einer Organisation, sondern man müsse eher von einem Senat reden (*non est factio dicenda, sed curia*; 39,21).

Macht Tertullian sich hier die Verwaltungssprache ausführlich zunutze, so redet er doch auch weiterhin in einem theologischen Sinne von Kirche als Leib.

In De baptismo 6 schlägt er vor, die trinitarische Tauformel durch die Erwähnung der Kirche zu ergänzen, da sie den Leib von Vater, Sohn und Geist bildet. So will Tertullian verdeutlichen, daß die wahre Taufe nur innerhalb der (orthodoxen) Kirche geübt werden kann.

Schon *Justin* (gest. um 165) diskutiert nicht mehr, ob Kirche und Volk in irgendeiner Weise verglichen werden können, sondern setzt es voraus.

In seinem Dialog mit Tryphon (42,2) zitiert er Jes 53,1f LXX. Dort heißt es im Plural (den Justin auf die Apostel deutet): „Herr, wer glaubte unserer Kunde?", und weiter: „wir haben verkündigt [...] wie ein Knecht" (ἀνηγγείλαμεν [...] ὡς παιδίον). Wenn hier von vielen die Rede sei, als ob sie einer wären, dann ist das nicht ungewöhnlich. Auch am Körper könne man sehen, daß, obwohl es viele Glieder sind, er nur als einer angesehen wird (ὁποῖον καὶ ἐπὶ τοῦ σώματος ἔστιν ἰδεῖν· πολλῶν ἀριθμουμένων μελῶν, τὰ σύμπαντα ἓν καλεῖται καὶ ἔστε σῶμα). Ähnlich verfahre man beim Volk oder bei der Kirche: obwohl aus Vielen bestehend, werden beide doch in der Einzahl genannt (καὶ γὰρ δῆμος καὶ ἐκκλησία, πολλοὶ τὸν ἀριθμὸν ὄντες ἄνθρωποι, ὡς ἓν ὄντες πρᾶγμα, τῇ μιᾷ κλήσει καλοῦνται καὶ προσαγορεύονται).

Volk und Kirche werden zwar nicht explizit ein Leib genannt, die Einheit des menschlichen σῶμα hat Justin jedoch den nächsten Gedanken in den Sinn kommen lassen.
In einem ganz anderen Zusammenhang, und dies zum Schluß, verwendet *Athenagoras* die Leib-Metaphorik. Er diskutiert in seiner Bittschrift für die Christen (Πρεσβεία περὶ χριστιανῶν) die Kosmologien von Plato und Aristoteles, um in ihrem Gefolge den Monotheismus zu begründen.

Zwei Götter müßten, da beide ungewordene Wesen wären, einander widersprechen. Widersprechen sie sich nicht, müßten sie Bestandteile einer Einheit sein, so wie Hand, Auge und Fuß Teile eines Organismus sind. Und dann wäre Gott doch wieder einer (suppl. 8).

Die Zahl der Belege ließe sich ohne weiteres vermehren. Wir brechen hier ab. Mit den Apologeten greift, so hat es den Anschein, das Christentum noch einmal neu auf die paganen Quellen zurück, um sie ihrem Anliegen dienstbar zu machen. Das kann auch gar nicht anders sein, denn diese Schriftsteller suchen ja das Gespräch mit ihrer Umwelt. Aber auch in der Kirche selbst lebt die Leib-Metaphorik fort. Wir sahen das an dem Beispiel des Irenäus, der nicht nur auf traditionell-frühchristliche Vorgaben zurückgreift. Die neue Bildstelle vom „Leib der Wahrheit" ist bei ihm jedoch keine theologische Aussage, sondern hat rhetorische Funktion. Wie er mit ihr arbeitet, zeigt aber, daß man sich der Leib-Metaphorik weiter zu bedienen wußte. Strukturell liegt hier gleichwohl etwas ähnliches vor wie in der Apologetik, nämlich dann, wenn man Polemik als Apologetik nach innen versteht. Die eigene Gruppe soll gestärkt werden, indem man die Sinnwelt der anderen Gruppe pejorativ konnotiert. Innerchristliche Polemik und nach außen gerichtete Apologetik bilden die Pole dieser Literatur.

10. ZUSAMMENFASSUNG

Wir haben einen Gang durch rund hundert Jahre frühchristlicher Leib-Metaphorik hinter uns. Was ist uns dabei begegnet? Ich stelle zunächst den phänomenologischen Befund zusammen.

Paulus beschreibt die Gemeinde als σῶμα τοῦ Χριστοῦ bzw. σῶμα ἐν Χριστῷ. Der Einzelne ist μέλος Χριστοῦ. Innerhalb des Leibes hat Gott die Glieder gesetzt (ἔθετο τὰ μέλη). Die κοινωνία, die so entsteht, bewirkt nach innen Sympathie (συμπάσχει πάντα τὰ μέλη) und hat nach außen definierte Grenzen.[1] In den Deuteropaulinen ist der Leib ein wachsender Leib (αὔξησις), der den Kosmos durchdringt und sich selbst dabei stabilisiert. Der Verfasser des Epheserbriefs will zum Staunen darüber anleiten, daß in dieser Bewegung die in sich verfeindete Menschheit zusammengeführt wird. Er verwendet dafür u.a. das äußerst seltene Wort σύσσωμος. Damit die Gemeinde in dieser Bewegung des Wachstums bleibt, muß sie an Christus als der κεφαλή festhalten. Als Haupt ist Christus der Beherrscher des Kosmos (Kol) bzw. dessen Zielpunkt (Eph) und gleichzeitig Versorger, Leitfigur und Zentrum der Gemeinde. Sein σῶμα ist nur sie. Hatte der Kolosserbrief die innergemeindlichen Strukturen wenig berührt,[2] so wendet sich der Epheserbrief ihnen wieder zu. Er preist die in der Gemeinde geglückte Einheit von Juden und Griechen (die in der außergemeindlichen Umwelt immer wieder scheiterte), betont die Rolle von „Legitimatoren" („Amts"-Trägern) für die „ideologische" Stabilität der Kirche[3] und will gleichzeitig extreme ethische Verhaltensweisen verhindern.[4]
Mit den Schriften der „Apostolischen Väter" verschwindet die Betonung der Außengrenzen. Die Kirche ist damit beschäftigt, sich zu stabilisieren. Häupter und Füße sollen an ihrem Platz bleiben (1Klem 37f), organisatorische Veränderungen werden zu Aufständen, bei denen man den Leib Christi auseinanderreißt (διασπῶμεν τὰ μέλη τοῦ Χριστοῦ, 1Klem 46). Die Kirche ist das Ziel der Geschichte Christi, die in seinem wirklichen Leiden und in seiner wirklichen Auferstehung gipfelt. Wer diese leugnet, befindet sich außerhalb der Kirche und damit außerhalb des Heils, denn Christus ruft *im Leiden* seine Glieder zu sich (vgl. IgnTrall 11,2), und Gott erkennt im einigen Chor der Gemeinde die Glieder seines Sohnes (μέλη ὄντας τοῦ υἱοῦ αὐτοῦ, IgnEph 4,2). Nimmt die Gemeinde Schaden, wird sie zu einem geschundenen Leib

[1] Vgl. Kap. 5.1.1., 5.1.2. und 5.2.1.
[2] Wir vermuteten einen Druck von außen, der interne Themen in den Hintergrund rückte.
[3] Vgl. Kap. 7.1.6. und 7.1.7.
[4] Vgl. Kap. 7.1.9.

(σωμάτιον, IgnSm 11,2). Um die Integrität der Gemeinde zu wahren, wirbt Polykarp dafür, in den Sündern leidende und irrende Glieder (*passibilia membra et errantia)* zu sehen, die zurückzurufen und nicht auszuschließen sind. Hält Polykarp am theologischen Status auch gegen den Anschein fest, so erweist sich Hermas in seiner Ethik als rigoristischer: Leib ist die Kirche nur als der gereinigte Leib.

Die ekklesiologische Leib-Metaphorik hatte für die frühen Christen, wie sie hier durch ihre Schriften vertreten sind, offensichtlich eine hohe Plausibilität.[5] Immer wieder etwa tauchen neue Bildstellen auf. Paulus münzt die gängige rhetorisch-politische Metaphorik auf die Gemeinde um. Seine Innovation besteht weniger in der Reduzierung der „Sachhälfte" auf eine kleine Gruppe von Menschen (dies ist zwar selten, aber nicht singulär), als eher in der Ergänzung dieser Metapher durch den Genitiv τοῦ Χριστοῦ. Hier liegt die paulinische Konterdetermination des Begriffs. Er verbindet damit die Aussage: „Unsere Gemeinschaft ist ein Leib, der seine Entstehung Christi Selbsthingabe verdankt, und die dementsprechend gestaltet werden muß."
Gleichzeitig redet Paulus auch von der leiblichen Auferstehung Christi. Dies könnte neben der sozialen eine theologische Plausibilitätsbasis offeriert haben. Explizit wird diese Verbindung erst bei Ignatius hergestellt. Hat er nur realisiert, was latent schon im Hintergrund stand?

Das führt uns zu der Frage: Ist der Ausdruck „Leib-Christi" Mythos oder Metapher? Ist die Gemeinde der Leib Christi in einem ontischen Sinne? Wer dies bejaht, lehnt damit oft auch eine Herleitung aus dem stoischen Organismusgedanken ab. Wir müssen uns also über diese Frage klar werden. Die Forschung hat z.T. nur Verlegenheitslösungen zu bieten. J. Gnilka etwa spricht von der „Realmetapher".[6] Häufiger setzt man dem Vergleich nicht die Metapher, sondern die „Identifikation" gegenüber.[7] T. Söding betont den Unterschied von „wie" und „ist".[8]

Aber rein sprachlich ist dies zunächst nur der Unterschied von Vergleich und Metapher. Gerade von T. Söding kam jedoch der hilfreiche Hinweis,

---

[5] Es ist lediglich PHerm, bei dem sie nur noch am Rande begegnet. Das dürfte aber nicht an der Metapher, sondern an dem theologischen Kontext des Hirten liegen. Vgl. dazu o. S. 288 den Vergleich von PHerm und Polykarp.

[6] J. GNILKA, Theologie 112; DERS., Paulus 270.

[7] W. KRAUS, Volk 117; nach J. GNILKA, Paulus 270, wird „die Gemeinschaft der Glaubenden also unmittelbar mit Christus gleichgesetzt".

[8] T. SÖDING, Leib 288. Vgl. auch E. KÄSEMANN, Römerbrief 323: ein „Realität bekundende[s] Prädikat", und o. S. 35 Anm. 92.

daß auch die Stoa nicht einen „bloßen“ Organismusgedanken hatte, sondern diesen im Mythos vom *corpus magnum* gründete.[9] Es war ein politischer Mythos. Etwas ähnliches können wir vielleicht im frühen Christentum entdecken. Wenn Paulus betont, daß Christus leiblich auferstanden ist, dann könnte das einen Anknüpfungspunkt gebildet haben, das Wirken Christi als des Auferstandenen in der Gemeinde mit der Leib-Metaphorik in Verbindung zu bringen. Daß die Gemeinde in ihrem Gemeinschaftsmahl den im Geist gegenwärtigen und in der Zukunft kommenden Christus feiert, verbindet das Soziale mit dem Mythischen, gibt der Leib-Metaphorik eine mythische Dimension.

Meines Erachtens könnte gerade die Wissenssoziologie hier einen Beitrag zur Klärung leisten, indem sie die scharfe Trennung von Metapher und Mythos aufzuheben hilft. Daß die individuelle wie die gemeindliche Identität der Christen in Christus gründet, ist ja keine Frage. Die Metapher von der Gemeinde als Leib Christi bietet dann ein Modell, die in der Gemeinde sich realisierende Sinnwelt auf ihre symbolische Sinnwelt zu verweisen. Sie muß das nicht konkreter als in ihrer metaphorischen Unpräzisheit tun. Sie schließt damit nicht eine weitergehende theologische Deutung aus, sondern evoziert die individuelle Aneignung. Metaphern haben einen hohen appellativen Wert. Ontische Spekulationen dagegen können auch zur Distanzierung vom Aussageinhalt beitragen und bieten begrenztere Identifikationsmöglichkeiten. Der Aneignung von Identität und der Prägung von Verhaltensweisen dient die Metapher in einem höheren Maße.

Von daher macht auch die Zuteilung der Leib-Metaphorik entweder zur Theologie oder zur Paränese keinen Sinn. Sie verbindet beide Bereiche und spricht in beide Richtungen.

Dafür spricht auch die Art und Weise, wie die Metapher aus der Antike übernommen und modifiziert wurde. Der Gemeinde-Leib wurde mit dem Leib einer einzelnen Person verknüpft. Daß das Reich der Leib des Kaisers war, konnten stoische Reichsideologen auch behaupten. Daß der Kosmos der Leib des Zeus war, war aus der Orphik bekannt. Als Leib *Christi* aber war die Gemeinde mit einer Person verbunden, die Gott und Mensch gleichzeitig war. So war es möglich, aus *einem* Kristallisationspunkt appellative wie heuristische Aussagen zu entnehmen. Der Rekurs auf Christus, den sich für Andere Hingebenden, appelliert an eine entsprechende Gestaltung des Gemeindelebens. Der Rekurs auf Christus, den Erhöhten, gibt der Gemeinde einen überweltlichen Charakter.

---

[9] Vgl. o. S. 35.

Der primär metaphorische Charakter der Leib-Christi-Gedanken läßt sich auch daraus erschließen, daß die Autoren kreativ mit dem Bildfeld umgegangen sind. Sie konnten verschiedene Bildstellen prägen, konnten sogar den Basis-Terminus des σῶμα zu σωμάτιον modifizieren (Ignatius), konnten, wie in 2Klem 14, sogar den Begründungszusammenhang wechseln (von der Soteriologie in die Protologie). Sie haben der Leib-Metapher andere Bildfelder an die Seite gestellt (z.B. Bau, Heer, Chor, Herde) oder sie diesen sogar untergeordnet. V.a. aber war der wichtige Begriff des Hauptes in seiner Bedeutung nicht festgelegt.[10] Wäre eine solche Variationsbreite möglich gewesen, wenn ein ontologisches „Konzept" von der Einheit von Christus und Gemeinde im Hintergrund gestanden hätte?

Die Rede von der Kirche als dem Leib Christi ist also zunächst einmal eine Metapher. Die Menschen, die in den Gemeinden zusammenkamen, haben die neue Erfahrung einer Verwandlung „in Christus" gemacht. Mit dieser Verwandlung ging eine neue Gemeinschaftserfahrung einher. Wie bei jeder neuen Erfahrung, galt es auch hier, zu ihrer Beschreibung Anknüpfungspunkte im Bekannten zu suchen. In solchen Prozessen entstehen Metaphern. Die Metapher von der Gemeinde als „Leib Christi" ist hier einzuordnen. Die Gemeinde erfährt in ihr ihr Woher, ihr Wie und ihr Wohin. Als marginale Subsinnwelt ist sie darauf besonders angewiesen.

Wer sich selbst definiert, setzt damit auch seine Grenzen nach außen fest. Es geht also gar nicht anders, als daß Leib-Metaphorik, ein Begriff zur kollektiven Selbstdefinition, gleichzeitig die Gemeindegrenzen definiert. Gemeinde als Leib Christi steht einem Bereich der Welt gegenüber, der nicht Leib Christi ist. Die Autoren waren sich dessen bewußt. Das Bild sollte also nicht nur das innergemeindliche Miteinander regulieren.[11]

Diese Scheidung von der Umwelt konnte in einfacher Abgrenzung geschehen.[12] Es spricht jedoch gleichzeitig einiges dafür, daß die neutestamentlichen Schriften (die „Apostolischen Väter" hatten diesen Aspekt wie gesagt nicht im Blick) diese Abgrenzung mit einem Überbietungsanspruch vollzogen haben. Sie könnten gesagt haben: „Die Welt bleibt hinter ihren Idealen zurück; die Einheit, die sie propagiert, kann sie nicht verwirklichen. Bei uns ist es anders." Die Voraussetzung für diese Annahme ist zunächst die Tatsache, daß Leib-Metaphorik in der Antike

---

[10] Das Haupt ist eins unter vielen (1Kor 12), ist Christus selbst (Kol und Eph), ist der Mann gegenüber der Frau (1Kor 11).

[11] Vgl. dazu o. S. 199.

[12] Vgl. Kap. 5.1.1., 5.1.2., 5.2.1., 6.1.6. und 7.1.8.

kursierte und mit politischen Ansprüchen verbunden war. Wir haben zudem gesehen, daß die Art und Weise, wie Paulus die Metaphorik in 1Kor 12 ausmalte, und wie der Verfasser des Epheserbriefs die Diskussion um das Verhältnis von Griechen und Juden in den kleinasiatischen Städten aufnahm,[13] kaum anders denn als Anspielung auf Verhältnisse und Äußerungen der Umwelt verstanden werden konnte.
Dabei wurde die antike Leib-Metaphorik „dynamisiert" (zumindest in den neutestamentlichen Texten). In den paganen Quellen war mit ihr die Legitimation einer gegebenen Ordnung verbunden, sie gab die konkrete Ausgestaltung einer gegebenen Ordnung vor, oder forderte den Einzelnen auf, sich in eine Ordnung einzufügen. Der „Leib" an sich veränderte sich nicht, durfte sich nicht verändern. Wenn er sich veränderte, wurde er abnormal.[14] Bei den Christen aber „wächst" der Leib zu seiner Vollendung, und zwar nicht nur innerlich. Der Rekurs auf Christi Gottheit, auf seine kosmische Dimension, lieferte das Selbstbewußtsein, Gemeinde in einer Welt sein zu können, die von dem Herr-Sein Christi wenig widerspiegelte. Hier setzt die in der antiken Leib-Metaphorik singuläre Bildstelle vom Wachstum des (Gemeinde-)Leibes an: Zum einen weist sie der Gemeinde den Weg zu immer größerer Stabilität ihres Glaubens, v.a. im Epheserbrief (der in diesem Zusammenhang die Rolle der „Legitimatoren" betont). Sie verheißt der Gemeinde aber auch, daß die Realität, auf die sie sich beruft, nämlich die Herrschaft Christi, eines Tages die neue Alltagswirklichkeit sein wird. Für Paulus realisiert sich das schon jetzt da, wo die Gemeinde die gegebenen Ordnungsstrukturen „auf den Kopf stellt" und sich am Niedrigen orientiert, dessen Ehrdefizit Gott selbst aufgefüllt hat.
Es sagen all dies Menschen, die offensichtlich kein eigenständiges Interesse an dem Fortbestehen der gegenwärtigen Ordnungen haben. Sie leben auf eine andere Ordnung hin, von der sie in ihren Gruppen bereits etwas erfahren haben. Von ihnen geht die Umwertung und Dynamisierung vorgegebener Ordnungskategorien aus. Sie sind nicht Leib des Kaisers, sondern Leib Christi.

---

[13] Vgl. zu ersterem Kap. 5.1.6., zu letzterem Kap. 7.1.3.
[14] Vgl. Kap. 4.1.3.

ANHANG: TABELLARISCHER ÜBERBLICK ÜBER DIE ANTIKE LEIB-METAPHORIK

	Themenbereich			Bildstelle		Herrschafts[1]-			Funktion Aussage
	Kosmol. Theol.	Sozial-ethisch	Indiv.-Ethik	Bild-hälfte	Sach-hälfte	kritisch	legitimie-rend[2]	theore-tisch[3]	
Platon Pol 4		●		Staat (!)	Seele (!)[4]			●	Wie der Staat, ist auch die Seele dreigeteilt
Platon Pol 5		●		Ganzer Körper leidet mit dem Finger	Umfassende Solidarität aller Bürger			●	Legitimierung der Besitzgemeinschaft und Familienauflösung
Platon Leg 12		●		Sinne / Seele	Herrschaftsgliederung			●	Legitimierung der Wächter- und Ratsherrenämter
Platon Tim 30ff	●			Funktion versch. Glieder	Wesen des Kosmos			●	Erkärung der theozentrierten Kosmologie
Isokrates Or 7		●		Gesunde Seele	Gute Verfassung			●	Aufruf zur Rückkehr zur alten Ordnung
Aristoteles Pol 1		●		Hand am Körper	Mensch im Staat			●	Mensch ist wesensmäßig gemeinschaftlich

[1] Wo keines der drei Untermerkmale gekennzeichnet ist, geht es zumeist um das menschliche Miteinander im allgemeinen.

[2] Herrschaftskritisch und -legitimierend ist natürlich nicht im Sinne einer Diskussion über die grundsätzliche Notwendigkeit von Herrschaft gemeint, sondern über die jeweils angesprochene Herrschafts*form*.

[3] „Theoretisch" ist als drittes Untermerkmal eingeführt, um einen unterschiedlichen pragmatischen Kontext zu kennzeichnen: Hier geht es nicht um konkrete Parteinahme, sondern um tagespolitisch zwar nicht irrelevante, aber relativ neutrale Stellungnahmen.

[4] Die Ausrufungszeichen deswegen, weil hier Bild- und Sachhälfte im Vergleich zu den anderen Belegen vertauscht sind. Aufgrund einer möglichen Reziprozität und der inhaltlichen Nähe zu den anderen Texten (v.a. zu Platon Leg 12) bleibt dieser Beleg aber weiter aufgeführt, auch wenn es sich genaugenommen nicht um „Leib"-Metaphorik handelt.

Aristoteles Pol 6		●		Ungleichmäßiges Wachstum	Gesellschaftliche Entwicklung			●	Wachsamkeit gg. destabilisierende Gesellschaftsentw.
Demosthenes Olynth B 21		●		Krankheit zieht alles in Mitleidenschaft bzw. läßt verdeckte Schwächen hervortreten	Außenpolitische Erfolge verdekken innerstaatliche Defizite			●	Diffamierung des Gegners, Ermutigung zum militärischen Angriff
Diodor 11,86		●		Herstellung eines Körpers	Bildung einer Gruppe von Aufständischen				Verbalform!
Cicero De off 3		●		Amputation eines parasit. Gliedes	Tötung des Tyrannen	●			Legitimie-rung des Tyrannenmordes
Livius 2 par.		●		Verhältnis Magen - Glieder	Verhältnis Patrizier - Plebejer		●		Aufruf zur Rückkehr zur alten Ordnung
Seneca De ira 2		●		Gemeinsame Ausrichtung der Glieder	Obhut und Liebe gg. den Anderen			●	Erziehung zur Affektbeherrschung
Seneca Ep 95	●	●		Gesamt des Körpers	Alles gehört zusammen			●	Aufruf zur Solidarität
Seneca De clem 2		●		Qualität des Leibes abh. von der des Hauptes / Geistes	Herrscherqualitäten prägen den Staat			●	Darstellung des neronischen Vorbildes
Plutarch Galba 1		●		Kopf steuert Körper	Heerführer führt Heer		●		Votum zur zentralistischen Heeresorganisation

Plutarch Galba 4		●		Leib sucht Haupt	Gallier wollen Galba		●		Schilderung der „Berufung“ des Kaisers
Plutarch Solon 18		●		Glieder leiden mit anderen	Solidarität, einer prozessiert f. d. anderen			●	Darstellung der Gesetzesreform Solons
Plutarch Mor 798ff		●		Aufteilung der Hand in Finger	Aufgabendelegierung			●	Aufruf zur Vermeidung v. Ämterkumulation
Plutarch Frat. am.[5] 2			●	Paarweise Anordnung der notwendigen Körperteile	Brüderliche Liebe zum gemeinsamen Nutzen				Darlegung der Natürlichkeit brüderlicher Zuneigung
Plutarch Frat. am. 3			●	Freiwillige Selbstamputation bei glechzeitiger Ersetzung des fehlenden Gliedes	Sich mit dem Bruder entzweien und verbünden mit einem Fremden				Darlegung der Natürlichkeit brüderlicher Zuneigung
Epiktet Diatr 2			●	Ergehen des Fußes als Teil des Körpers	Selbstverständnis des Einzelnen i. d. Gemeinschaft				Appell zum Ertragen v. Unangenehmem
Dio Chrysostomos Or 39,5		●		Funktionstüchtige und -bereite Sinne und Organe	Friedlich geeinte Bürger		●		Konsolidierung des wiedergewonnenen inneren Friedens
Curtius Rufus 10		●		Kopfloser Körper	Volk ohne Führer		●		Legitimierung der Kaiserherrschaft

[5] Aus dieser Schrift führe ich in der Tabelle nur zwei repräsentative Beispiele auf. Die vollständige Darstellung ist im Haupttext zu finden.

Plinius Ep 4,22		●		Die schwerste Krankheit ist die, die sich vom Kopfe her ausbreitet	Die schlechten Sitten Roms breiten sich über das ganze Imperium aus				Die Wettkämpfe sind sittenverderbend, und Rom ist darin ein schlechtes Vorbild
Marc Aurel 4; 7,19; 9,39	●			Integrales Lebewesen	Kosmos ist ungeteiltes Ganzes				Darstellung des Kosmos-Ganzen
Marc Aurel 2,16	●		●	Geschwür am Leib	Widerstrebende Seele stört die gesunde Ordnung				Appell zum Ertragen v. Unangenehmem
Marc Aurel 3,8			●	Geschwür an der Seele	Unwillen macht krank				Appell zum Ertragen v. Unangenehmem
Marc Aurel 5,8; 8,34	●		●	Verstümmelung	Unwillen d. Menschen zerstört die Ordnung				Appell zum Ertragen v. Unangenehmem
Marc Aurel 2,1; 7,13		●	●	Zusammenspiel der Glieder	Mensch ist Teil des funktionalen Ganzen				Aufruf zur Erfüllung der eigenen Funktion
Marc Aurel 6,33		●	●	Jedes Glied hat *eine* Funktion	Beschränkung auf eigene Aufgabe				Aufruf zur Erfüllung der eigenen Funktion
Marc Aurel 9,42		●	●	Glieder wollen Lohn	Mensch will Beachtung				Legitimierung des Pflichtgedankens
Marc Aurel 10,35			●	Sinne und Glieder müssen auch mit Unangenehmem fertigwerden	Mensch darf nicht nur das Angenehme erfahren wollen				Appell zum Ertragen v. Unangenehmem

Philo Q in Ex	●			Verhält-nis Kopf - Glieder	Verhält-nis Gott - Welt				Erklärung Gottes als des Welt-Logos’
Philo Spec leg 1	●			Ganzes und Glieder	Ganze Schöp-fung und einz. Elemente				Aufweis des Ganzes-Teile-Modells im jüd. System
Philo Spec leg 3		●		Teile als ein Leib	Gemein-schaft des Volkes			●	Begründung für Asylstädte f. Totschläger
Philo Praem poen		●		Vom Haupt kommt das Lebens	Führung einzelner Men-schen / Völker über andere		(●)[6]		Legitimierung von Herrscher-rollen
Josephus Bell 2		●		Auf-brechen von Ge-schwüren	Auf-stände im Bürger-krieg		●		Distanzierung von Aufständen
Josephus Bell 3		● (Topo-graphie)		Haupt erhebt sich über die Glieder	Jerusalem überragt die Bezirke				Darstellung der bes. Bedeutung Jerusalems

[6] In Klammern, weil es zwar herrschaftslegitimierend ist, aber keinen aktuellen Bezug hat.

STELLENREGISTER

In das Register sind nur die Belegstellen aufgenommen, die sich außerhalb des Abschnittes befinden, der ihnen eigens gewidmet ist. Auch die Bezüge auf den unmittelbaren Textzusammenhang innerhalb eines Unterkapitels sind hier nicht erfaßt.

Altes Testament

Neues Testament

„Apostolische Väter"

Frühchristliche Schriften

Jüdisch-hellenistische Schriften

Pagan-antike Schriften

BIBLIOGRAPHIE

Die Abkürzungen für Reihen und Zeitschriften entsprechen denen bei Siegfried M. Schwertner, Internationales Abkürzungsverzeichnis für Theologie und Grenzgebiete, Berlin/New York [2]1992. Titel, die sich dort nicht finden, sind ausgeschrieben. Lexikonartikel und Aufsätze sind in identischer Form zitiert (Abkürzung und Band- bzw. Jahrgangsnummer [Jahr] Seiten), um auch die sonst undatiert bleibenden Lexikonartikel leichter chronologisch einordnen zu können.

HILFSMITTEL

BAUER, W., Griechisch-deutsches Wörterbuch zu den Schriften des Neuen Testaments und der frühchristlichen Literatur (hg. v. K. und B. Aland), Berlin/New York [6]1988

BLASS, F./DEBRUNNER, A., Grammatik des neutestamentlichen Griechisch (bearb. v. F. Rehkopf), Göttingen [17]1990

KRAFT, H., Clavis Patrum Apostolicorum, Darmstadt 1964

LIDDELL, H.G./SCOTT, R., A Greek-English Lexicon, Oxford 1961

SCHMOLLER, A., Handkonkordanz zum griechischen Neuen Testament, Stuttgart 1989

SCHWERTNER, S.M., Internationales Abkürzungsverzeichnis für Theologie und Grenzgebiete, Berlin/New York [2]1992

QUELLENAUSGABEN

Frühchristliche Quellen/Bibelausgaben

ALAND, B. UND K., Novum Testament Graece, Stuttgart [27]1993

FISCHER, J.A., Die Apostolischen Väter, SUC 1, Darmstadt [10]1993

KÖRTNER, U.H.J./LEUTZSCH, M., Papiasfragmente, Hirt des Hermas, SUC 3, Darmstadt 1998

LINDEMANN, A./PAULSEN, H., Die Apostolischen Väter. Griechisch-Deutsche Parallelausgabe, Tübingen 1982

LÜDEMANN, G./JANSSEN, M., Bibel der Haretiker. Die gnostischen Schriften aus Nag Hammadi, Stuttgart 1997 (einspr.)

SCHNEEMELCHER, W., Neutestamentliche Apokryphen 1, Tübingen [6]1990

WENGST, K., Didache (Apostellehre), Barnabasbrief, Zweiter Klemensbrief, Schrift an Diognet, SUC 2, Darmstadt 1984

Jüdische Quellen

RAHLFS, A., Septuaginta, Stuttgart 1979

Josephus

BAUERNFEIND, O./MICHEL, O., De Bello Judaico/Der Jüdische Krieg Bd. 1, Darmstadt 1959

THACKERAY, H.S.J./MARCUS, R., Jewish Antiquities Bd. 5, LCL, London/Cambridge (Mass.) 1950

Philo

COLSON, F.H., Philo Bd. 8 (SpecLeg; PraemPoen), LCL, London/Cambridge (Mass.) 1960

MARCUS, R., Philo Suppl. 2 (Q in Ex), LCL, London/Cambridge (Mass.) 1961

Pagane Quellen

LAFAYE, G., Inscriptiones Graecae ad res Romanas pertinentes Bd. 4, Paris 1928

MALHERBE, A.J., The Cynic Epistles. A Study Edition, SBibSt 12, Missoula 1977

Aristoteles

NEWMAN, W.L., The Politics of Aristotle, Bde. 1; 2; 4 Oxford [2]1950

Cicero

BÜCHNER, K., Cicero. De officiis, BAW.RR, Zürich/Stuttgart [2]1964

Curtius Rufus

ROLFE, J.C., Quintus Curtius Rufus, LCL, London/Cambridge, Mass. 1962

Diogenes Laertius

HICKS, R.D., Diogenes Laertius. Lives of Eminent Philosophers 2, LCL, London/Cambridge, Mass. 1965 (Nachdruck von [1]1925)

Demosthenes

UNTE, W., Demosthenes. Politische Reden, Reclam Universal-Bibliothek, Stuttgart 1985

Dio Chrysostomos

CROSBY, H.L., Dio Chrysostom. Discourses Bd. 4, LCL, London/Cambridge (Mass.) ²1956

Diodorus Siculus

OLDFATHER, C.H., Diodorus of Sicily 4, LCL, London/Cambridge (Mass.) 1970

Dionysius Halicarnassus

CARY, E., Dionysius Halicarnassus. Roman Antiquities 4, LCL, London/Cambridge, Mass. 1962

Epiktet

OLDFATHER, W. A., Epictetus. The Discourses as Reported by Arrian, The Manual, and Fragments, LCL, Bd. 1 London/Cambridge, Mass. ³1956

Isokrates

NORLIN, G., Isocrates 2, LCL, London/Cambridge, Mass. ³1961 (1); ebd. ³1963 (2)

Livius

HILLEN, H.-J., Livius. Römische Geschichte 1-3, Darmstadt 1987

Marc Aurel

NICKEL, R., Marc Aurel. Wege zu sich selbst, Tusculum, München/Zürich 1990

Platon

EIGLER, G., Platon. Werke in acht Bänden, Bd. 4 (Pol) Darmstadt 1971; Bd. 7 (Tim) ebd. 1972; Bd. 8/2 (Leg) ebd. 1977

Plinius

KASTEN, H., Plinius. Briefe, Tusculum, Zürich 1995

Plutarch

FOWLER, H.N., Plutarch's Moralia 10 (Praec), LCL, London/Cambridge (Mass.) ⁴1969

HELMBOLD, W.C., Plutarch's Moralia 6 (frat), LCL, London/Cambridge (Mass.) ⁴1970

PERRIN, B., Plutarch's Lives, LCL, Bd. 1 (Solon), Bd. 4 (Coriolanus) London/Cambridge (Mass.) [4]1959; Bd. 11 (Galba) ebd. [4]1962

Seneca

ROSENBACH, M., L. Annaeus Seneca. Philosophische Schriften, Bd. 1 (De ira), Darmstadt [5]1995; Bd. 4 (Ep) ebd. [2]1987; Bd. 5 (De clem) ebd. [2]1995

MONOGRAPHIEN, AUFSÄTZE, ARTIKEL

ABBOTT, T.K., A Critical and Exegetical Commentary on the Epistles to the Ephesians and to the Colossians, ICC, Edinburgh 1897 (Nachdruck 1957)

ÅDNA, J., Die eheliche Liebesbeziehung als Analogie zu Christi Beziehung zur Kirche, ZThK 92 (1995) 434-465

ALBANI, J., Die Metaphern des Epheserbriefes, ZWTh 45 (1902) 420-440

ALTHAUS, P., Der Brief an die Römer, NTD 8, Göttingen [2]1933

ANDRIESSEN, P., Die neue Eva als Leib des neuen Adam, in: Vom Christus zur Kirche. Charisma und Amt im Urchristentum (hg. v. J. Giblet), Wien/Freiburg/Basel 1966, 109-137

ARNOLD, C.E., Jesus Christ: 'Head' of the Church (Colossians and Ephesians), in: Jesus of Nazareth: Lord and Christ. Essays on the Historical Jesus and New Testament Christology (hg. v. J.B. Green/M. Turner), Grand Rapids/Carlisle 1994, 346-366

ATTRIDGE, H.W., The Philosophical Critique of Religion under the Early Empire, ANRW II,16/1 (1978) 45-78

AUSBÜTTEL, F.M., Untersuchungen zu den Vereinen im Westen des Römischen Reiches, FAS 11, Kallmünz 1982

BAASLAND, E., Der 2. Klemensbrief und frühchristliche Rhetorik: „Die erste christliche Predigt" im Lichte der neueren Forschung, ANRW II,27/1 (1993) 78-157

BALCH, D.L./OSIEK, C., Families in the New Testament World. Households and House Churches, The Family, Religion, and Culture, Louisville 1997

BANKS, R., Paul's Idea of Community, Grand Rapids/Exeter [2]1994

BARRETT, C.K., A Commentary on the Epistle to the Romans, BNTC, London 1957

—, A Commentary on the First Epistle to the Corinthians, BNTC, London 1968

BARTH, M., A Chapter on the Church - The Body of Christ. Interpretation of I Corinthians, Interpr. 12 (1958) 131-156

—, Ephesians, AncB 34, New York 1974

BARTH, M./BLANKE, H., Colossians, AncB 34B, New York 1994

BARTSCH, H.-W., Gnostisches Gut und Gemeindetradition bei Ignatius von Antiochien, BFChrTh 44, Gütersloh 1940

BAUER, J.B., Die Polykarpbriefe, KAV 5, Göttingen 1995

BAUER, W., Der Brief des Polykarp von Smyrna an die Philipper, in: W. Bauer/M. Dibelius/R. Knopf/H. Windisch, Die Apostolischen Väter, HNT Erg., Tübingen 1923, 282-298

—, Die Briefe des Ignatius von Antiochia, in: W. Bauer/M. Dibelius/R. Knopf/H. Windisch, Die Apostolischen Väter, HNT Erg., Tübingen 1923, 186-281

BAUER, W./PAULSEN, H., Die Briefe des Ignatius von Antiochia und der Polykarpbrief, HNT 18, Tübingen 1985

BEASLEY-MURRAY, G.R., The Second Chapter of Colossians, RExp 70 (1973) 469-479

BEDALE, S., The Meaning of kephale in the Pauline Epistles, JTS 5 (1954) 211-215

BERGER, K., Art. Kirche II, TRE 18 (1989) 201-218

—, Die impliziten Gegner. Zur Methode des Erschließens von „Gegnern" in neutestamentlichen Texten, in: Kirche, FS G. Bornkamm (hg. v. D. Lührmann/G. Strecker), Tübingen 1980, 373-400

—, Theologiegeschichte des Urchristentums, Tübingen/Basel [2]1995

—, Wissenssoziologie und Exegese des Neuen Testaments, Kairos 19 (1977) 124-133

BERGER, P.L./LUCKMANN, T., Die gesellschaftliche Konstruktion der Wirklichkeit. Eine Theorie der Wissenssoziologie, Frankfurt (Main) [6]1995

BEST, E., One Body in Christ. A Study in the Relationship of the Church to Christ in the Epistles of the Apostle Paul, London 1955

BETZ, H.D., Christianity as Religion: Paul's Attempt at Definition in Romans, in: Paulinische Studien. Gesammelte Aufsätze 3, Tübingen 1994, 206-239

BEYSCHLAG, K., Clemens Romanus und der Frühkatholizismus. Untersuchungen zu I Clemens 1-7, BHTh 35, Tübingen 1966

BLEICKEN, J., Verfassungs- und Sozialgeschichte des Römischen Kaiserreiches Bd. 2, Paderborn/München/Wien/Zürich [3]1994

BLUM, F.H., Bewußtseinsentfaltung und Wissenssoziologie, Paper: Fifth World Congress of Sociology, Washington, D. C. 1962, in: Ideologie. Ideologiekritik und Wissenssoziologie (hg. v. K. Lenk), Darmstadt/Neuwied [7]1976, 278-294

BOTERMANN, H., Das Judenedikt des Kaisers Claudius. Römischer Staat und *Christiani* im 1. Jahrhundert, Hermes.E 71, Stuttgart 1996

BOTHA, J., A Stylistic Analysis of the Christ Hymn (Col 1:15-20), in: A South African Perspective on the New Testament, FS B.M. Metzger (hg. v. J.H. Petzer/P.J. Hartin), Leiden 1986, 238-251

BOUSSET, W., Der erste Brief an die Korinther, in: Die Schriften des Neuen Testaments. Bd. 2: Die Briefe, Die johanneischen Schriften (hg. v. J. Weiß), Göttingen 1907, 64-141

BOWE, B.E., A Church in Crisis. Ecclesiology and Paraenesis in Clement of Rome, HDR 23, Minneapolis 1988

BOWERSOCK, G.W., Augustus and the Greek World, Oxford 1965

BRANDENBURGER, E., Der Leib-Christi-Gedanke bei Paulus, in: ders., Studien zur Geschichte und Theologie des Urchristentums, SBAB.NT 15, Stuttgart 1993, 360-368

BRENT, A., The Ignatian Epistles and the Threefold Ecclesiastical Order, JRH 17 (1992) 18-32

BRINGMANN, K., Untersuchungen zum späten Cicero, Hyp. 29, Göttingen 1971

BROCKHAUS, U., Charisma und Amt. Die paulinische Charismenlehre auf dem Hintergrund der frühchristlichen Gemeindefunktionen, Wuppertal 1972

BROEKHOVEN, H. V., The Social Profiles in the Colossian Debate, JSNT 66 (1997) 73-90

BROX, N., Der Hirt des Hermas, KAV 7, Göttingen 1991

BRUCE, F.F., Commentary on the Epistle to the Colossians, in: F.F. Bruce/E.K. Simpson, Commentary on the Epistles to the Ephesians and the Colossians, Grand Rapids 1957, 159-313

BRUNNER, G., Die theologische Mitte des Ersten Klemensbriefes. Ein Beitrag zur Hermeneutik frühchristlicher Texte, FTS 11, Frankfurt (Main) 1972

BÜCHNER, K., Art. Cicero, KP 1 (1979) 1174-1186

BÜHLER, K., Sprachtheorie. Die Darstellungsfunktion der Sprache, Stuttgart [2]1965

BUKAS-YAKABUUL, B.-B., Pauline Use of the Metaphor of the Body in 1 Corinthians 12-14: A Paradigm Study in the New Testament Use of Metaphor, Diss. Atlanta 1986

CAMERON, P.S., The Structure of Ephesians, Filologia Neotestamentaria 3 (1990) 3-17

CAMPENHAUSEN, H. V., Kirchliches Amt und geistliche Vollmacht in den ersten drei Jahrhunderten, BHTh 14, Tübingen [2]1963

CASEL, O., Rez. zu E. Käsemann, Leib und Leib Christi. Eine Untersuchung zur paulinischen Begrifflichkeit, BHTh 9, Tübingen 1933, JLW 13 (1935) 281-292

CERVIN, R.S., Does κεφαλή Mean 'Source' or 'Authority Over' in Greek Literature? A Rebuttal, Trinity Journal 10 (1989) 85-112

CHADWICK, H., Die Absicht des Epheserbriefes, ZNW 51 (1960) 145-153

COLPE, C., Zur Leib-Christi-Vorstellung im Epheserbrief, in: Judentum - Urchristentum - Kirche, FS J. Jeremias (hg. v. W. Eltester), BZNW 26, Berlin [2]1964, 172-187

CONZELMANN, H., Der Brief an die Epheser, in: H.W. Beyer/P. Althaus/H. Conzelmann/G. Friedrich/A. Oepke, Die kleineren Briefe des Apostels Paulus, NTD 8, Göttingen [11]1968, 56-91

—, Der Brief an die Kolosser, in: H.W. Beyer/P. Althaus/H. Conzelmann/G. Friedrich/A. Oepke, Die kleineren Briefe des Apostels Paulus, NTD 8, Göttingen [11]1968, 131-156

—, Der erste Brief an die Korinther, KEK 5, Göttingen [11]1969 (1. Aufl. dieser Ausg.)

CORRINGTON, G.P., The 'Headless Woman': Paul and the Language of the Body in 1 Cor 11:2-6, PRSt 18 (1991) 223-231

CRANFIELD, C.E.B., The Epistle to the Romans Vol. 2, ICC, Edinburgh 1979

CRANFORD, M., Election and Ethnicity: Paul's View of Israel in Romans 9,1-13, JSNT 50 (1993) 27-41

DANKER, F.W., Benefactor: Epigraphic Study of a Graeco-Roman and New Testament Semantic Field, St. Louis 1982

DAWES, G.W., The Body in Question. Metaphor and Meaning in the Interpretation of Ephesians 5:21-33, Biblical Interpretation Series 30, Leiden 1998

DEIMEL, L., Leib Christi. Sinn und Grenzen einer Deutung des innerkirchlichen Lebens, Freiburg 1940

DELOBEL, J., Christ, the Lord of Creation, LouvSt 16 (1991) 155-169

DEMARIS, R.E., The Colossian Controversy. Wisdom in Dispute at Colossae, JSNT.S 96, Sheffield 1994

DEVER, J.P., Sociology and Theology: Enemies or Companions in Theological Education?, RExp 93 (1996) 279-291

DIBELIUS, M., Die Christianisierung einer hellenistischen Formel, in: Botschaft und Geschichte. Gesammelte Aufsätze 2: Zum Urchristentum und zur hellenistischen Religionsgeschichte (hg. v. G. Bornkamm), Tübingen 1956, 14-29

—, An die Kolosser, Epheser, an Philemon, HNT 12, Tübingen [3]1953 (bearb. v. H. Greeven)

DINKEL, C., Kirche gestalten - Schleiermachers Theorie des Kirchenregiments, SchlAr 17, Berlin/New York 1996

DODD, C.H., The Epistle of Paul to the Romans, MNTC, London [13]1954

DONFRIED, K.P. (Hg.), The Romans Debate, Edinburgh [2]1991

—, The Setting of Second Clement in Early Christianity, NT.S 38, Leiden 1974

—, The Theology of Second Clement, HThR 66 (1973) 487-501

DÖRRIE, H., Art. Platon, KP 4 (1979) 894-905

DREHSEN, V./HELLE, H.J., Religiösität und Bewußtsein. Ansätze zu einer wissenssoziologischen Typologie von Sinnsystemen, in: Religionssoziologie als Wissenssoziologie (hg. v. W. Fischer/W. Marhold), Stuttgart/Berlin/Köln/Mainz 1978, 38-51

DUNN, J.D.G., The 'Body' in Colossians, in: To Tell the Mystery, FS R.H. Gundry (hg. v. T.E. Schmidt/M. Silva), JSNT.S 100, Sheffield 1994, 163-181

—, 'The Body of Christ' in Paul, in: Worship, Theology and Ministry in the Early Church, FS R.P. Martin (hg. v. M.J. Wilkins/T. Paige), JSNT.S 87, Sheffield 1992, 146-162

—, I Corinthians, New Testament Guides, Sheffield 1995

—, The Epistles to the Colossians and to Philemon, NIGTC, Grand Rapids/Carlisle 1996

—, Romans 9-16, WBC 38B, Dallas 1988

—, The Theology of Paul the Apostle, Edinburgh 1998

EGGENBERGER, C., Die Quellen der politischen Ethik des 1. Klemensbriefes, Zürich 1951

ELLIS, E.E., Σῶμα in 1Cor, Interpr. 44 (1990) 132-144

ENSSLIN, W., Art. Platon, PRE 20/2 (1950) 2342-2544

ERNST, J., Die Briefe an die Philipper, an Philemon, an die Kolosser, an die Epheser, RNT, Regensburg 1974

EWALD, P., Die Briefe des Paulus an die Epheser, Kolosser und Philemon, KNT 10, Leipzig [2]1910

FAUST, E., Pax Christi et Pax Caesaris. Religionsgeschichtliche, traditionsgeschichtliche und sozialgeschichtliche Studien zum Epheserbrief, NTOA 24, Fribourg/Göttingen 1993

FEE, G.D., The First Epistle to the Corinthians, NICNT, Grand Rapids 1987

FISCHER, K.M., Tendenz und Absicht des Epheserbriefes, FRLANT 111, Göttingen 1973

FISCHER, W./MARHOLD, W., Religionssoziologie als Wissenssoziologie, in: Religionssoziologie als Wissenssoziologie (hg. v. dens.), Stuttgart/Berlin/Köln/Mainz 1978, 7-20

FITZMYER, J.A., Another Look at ΚΕΦΑΛΗ in 1 Corinthians 11.3, NTS 35 (1989) 503-511

—, Romans, AncB 33, New York 1993

FLECKENSTEIN, K.-H., Ordnet euch einander unter in der Furcht Christi. Die Eheperikope in Eph 5,21-33. Geschichte der Interpretation, Analyse und Aktualisierung des Textes, fzb 73, Würzburg 1994

FORMAN, P., Kausalität, Anschaulichkeit und Individualität oder Wie Wesen und Thesen, die der Quantenmechanik zugeschrieben, durch kulturelle Werte vorgeschrieben wurden, in: Wissenssoziologie (hg. v. V. Meja/N. Stehr), KZS.S 22, Opladen 1981, 393-406

FRANCIS, F.O./MEEKS, W.A., Conflict at Colossae. A Problem in the Interpretation of Early Christianity Illustrated by Selected Modern Studies, SBibSt 4, Missoula 1973

FRANK, A., Studien zur Ekklesiologie des Hirten, II Klemens, der Didache und der Ignatiusbriefe unter besonderer Berücksichtigung der Idee einer präexistenten Kirche, Diss. München 1975

FRIEDRICH, G., Christus, Einheit und Norm der Christen. Das Grundmotiv des 1. Korintherbriefes, in: Auf das Wort kommt es an. Gesammelte Aufsätze (hg. v. J.H. Friedrich), Göttingen 1978, 147-170

FUELLENBACH, J., Ecclesiastical Office and the Primacy of Rome. An Evaluation of Recent Theological Discussion of First Clement, SCA 20, Washington 1980

GABATHULER, H.J., Jesus Christus, Haupt der Kirche - Haupt der Welt. Der Christushymnus Colosser 1, 15-20 in der theologischen Forschung der letzten 130 Jahre, AThANT 45, Zürich/Stuttgart 1965

GÄRTNER, H., Art. Isokrates, KP 2 (1979) 1467-1472

GEERTZ, C., Ethos, World View, and the Analysis of Sacred Symbols, in: The Interpretation of Cultures: Selected Essays, New York 1973, 126-141

GEIGER, T., Kritische Bemerkungen zum Begriff der Ideologie, in: Gegenwartsprobleme der Soziologie, FS Alfred Vierkandt (hg. v. G. Eisermann), Potsdam 1949, 141-156

GEMÜNDEN, P. V./THEISSEN, G., Metaphorische Logik im Römerbrief. Beobachtungen zu dessen Bildsemantik und Aufbau, Aufsatzmanuskript (erscheint 1999)

GERKE, F., Die Stellung des 1. Clemensbriefes innerhalb der Entwicklung der altchristlichen Gemeindeverfassung und des Kirchenrechts, TU 47, Leipzig 1931

GESE, M., Das Vermächtnis des Apostels. Die Rezeption der paulinischen Theologie im Epheserbrief, WUNT 2/99, Tübingen 1997

GILL, D.W.J., In Search of the Social Elite in the Corinthian Church, TynB 44 (1993) 323-337

GNILKA, J., Der Epheserbrief, HThK 10/2, Freiburg/Basel/Wien 1971

—, Der Kolosserbrief, HThK 10/1, Freiburg/Basel/Wien [2]1991

—, Paulus von Tarsus. Apostel und Zeuge, HThK.S 6, Freiburg/Basel/Wien 1996

—, Theologie des Neuen Testaments, HThK.S 5, Freiburg/Basel/Wien 1994

GOLTZ, E. V.D., Ignatius von Antiochien als Christ und Theologe. Eine dogmengeschichtliche Untersuchung, TU 12,3, Leipzig 1894

GRANT, R.M., Ignatius of Antioch, ApF(T) 4, London/Camden/Toronto 1966

—, An Introduction, ApF(T) 1, New York 1964

GRANT, R.M./GRAHAM, H.H., First and Second Clement. ApF(T) 2, New York 1965

GROSHEIDE, F.W., Commentary on the First Epistle to the Corinthians, NIC, Grand Rapids [2]1955

GRUDEM, W., Does κεφαλή ('Head') Mean 'Source' or 'Authority Over' in Greek Literature? A Survey of 2,336 Examples, Trinity Journal 6 (1985) 38-59

—, The Meaning of κεφαλή ('Head'): a response to recent studies, Trinity Journal 11 (1990) 3-72

GÜNTHER, M., Einleitung in die Apostolischen Väter, Arbeiten zur Religion und Geschichte des Urchristentums 4, Frankfurt (Main)/Berlin/Bern/New York/Paris/Wien 1997

HAGNER, D.A., The Use of the Old and New Testament in Clement of Rome, NT.S 34, Leiden 1973

HAHN, F., Das Herrenmahl bei Paulus, in: Paulus, Apostel Jesu Christi, FS G. Klein (hg. v. M. Trowitzsch), Tübingen 1998, 23-33

HAINZ, J., KOINONIA. „Kirche" als Gemeinschaft bei Paulus, BU 16, Regensburg 1982

—, Vom „Volk Gottes" zum „Leib Christi". Biblisch-theologische Perspektiven paulinischer Theologie, JBTh 7, Neukirchen 1992, 145-164

HANSON, S., The Unity of the Church in the New Testament. Colossians and Ephesians, ASNU 14, Uppsala 1946

HARNACK, A. V., Über den sogenannten zweiten Brief des Clemens an die Korinter, ZKG 1 (1877) 264-283.329-364

—, Die Chronologie der altchristlichen Litteratur bis Eusebius. Bd. 1: Die Chronologie der Litteratur bis Irenäus nebst einleitenden Untersuchungen, Leipzig 1897

—, Zum Ursprung des sog. 2. Clemensbriefs, ZNW 6 (1905) 67-71

HARRIS, R., The Authorship of the so-called Second Epistle of Clement, ZNW 23 (1924) 193-200

HARRISON, P.N., Polycarp's Two Epistles to the Philippians, Cambridge 1936

HARTIN, P.J., ἀνακεφαλαιώσασθαι τὰ πάντα ἐν τῷ Χριστῷ (Eph 1:16), in: A South African Perspective on the New Testament, FS B.M. Metzger (hg. v. J.H. Petzer/P.J. Hartin), Leiden 1986, 228-237

HARTMAN, L., Code and Context: A Few Reflections on the Parenesis of Col 3:6-4:1, in: Tradition and Interpretation in the New Testament, FS E.E. Ellis (hg. v. G.F. Hawthorne/O. Betz), Grand Rapids 1987, 237-247

HASLER, V., Die Gleichstellung der Gattin. Situationskritische Reflexionen zu I Kor 11,2-16, ThZ 50 (1994) 189-200

HATCH, E., The Organization of the Early Christian Churches. Eight Lectures, London 1881

HAUPT, E., Die Gefangenschaftsbriefe, KEK 8/9, Göttingen [2]1902

HEINRICI, G., Zum genossenschaftlichen Charakter der paulinischen Christengemeinde, ThStKr 54 (1881) 505-524

—, Die Christengemeinde Korinths und die religiösen Genossenschaften der Griechen, ZWTh 19 (1876) 465-526

HELYER, L.R., Recent Research on Colossians 1:15-20 (1980-1990), GTJ 12 (1991) 51-67

HENDRICKS, W.L., All in All. Theological Themes in Colossians, SWJT (1975) 23-35

HENDRIX, H., On the Form and Ethos of Ephesians, USQR 42 (1988) 3-15

HERRMANN, E., Ecclesia in Re Publica. Die Entwicklung der Kirche von pseudostaatlicher zu staatlich inkorporierter Existenz, Europäisches Forum 2, Frankfurt (Main)/Bern/Cirencester 1980

HERRON, T.J., The Dating of the First Epistle of Clement to the Corinthians. The Theological Basis of the Majoral View, Rom 1988

HICKS, R.I., Aesop and the Organic Analogy. The Body Political and the Body Ecclesiastical, JBR 31 (1963) 29-35

HILL, A., The Temple of Asclepius: An Alternative Source for Paul's Body Theology?, JBL 99 (1980) 437-439

HOLLOWAY, J.O., ΠΕΡΙΠΑΤΕΩ as a Thematic Marker for Pauline Ethics, San Francisco 1992

HOLMYARD III, H.R., Does 1 Corinthians 11:2-16 Refer to Women Praying and Prophesying in Church, BS 154 (1997) 461-472

HOOKER, M.D., Authority on Her Head: An Examination of 1 Cor XI.10, in: From Adam to Christ. Essays on Paul, Cambridge 1990, 113-120

—, Were there False Teachers in Colossae?, in: From Adam to Christ. Essays on Paul, Cambridge 1990, 121-136

HORRELL, D., Converging Ideologies: Berger and Luckmann and the Pastoral Epistles, JSNT 50 (1993) 85-103

HORST, J., Art. μέλος, ThWNT 4 (1942) 559-572

HOWARD, G.,The Head/Body Metaphors of Ephesians, NTS 20 (1974) 350-356

HÜBNER, H., An Philemon, An die Kolosser, An die Epheser, HNT 12, Tübingen 1997

JEFFERS, J.S., Pluralism in Early Roman Christianity, FiHi 22 (1990) 4-17

JEWETT, R., Paul's Anthropological Terms. A Study of Their Use in Conflict Settings, AGJU 10, Leiden 1971

JOHNSON, E.E., Ephesians, in: The Women's Bible Commentary (hg. v. C.A. Newsom/S.H. Ringe), London/Louisville 1992, 338-342

JOLY, R., Le milieu complexe du 'Pasteur d'Hermas', ANRW II,27/1 (1993) 524-551

KÄSEMANN, E., Leib und Leib Christi. Eine Untersuchung zur paulinischen Begrifflichkeit, BHTh 9, Tübingen 1933

—, Das theologische Problem des Motivs vom Leibe Christi, in: Paulinische Perspektiven, Tübingen [2]1972, 178-210
—, An die Römer, HNT 8a, Tübingen [3]1974
KIENAST, D., Augustus. Prinzeps und Monarch, Darmstadt 1982
KISTEMAKER, S.J., Exposition of the First Epistle to the Corinthians, NTC 18, Grand Rapids 1993
KLAIBER, W., Rechtfertigung und Gemeinde. Eine Untersuchung zum paulinischen Kirchenverständnis, FRLANT 127, Göttingen 1982
KLAUCK, H.-J., Herrenmahl und hellenistischer Kult. Eine religionsgeschichtliche Untersuchung zum 1. Korintherbrief, NTA 15, Münster 1982
—, 1. Korintherbrief, NEB 7, Würzburg 1984
—, Die religiöse Umwelt des Urchristentums II. Herrscher- und Kaiserkult, Philosophie, Gnosis, KStTh 9,2, Stuttgart/Berlin/Köln 1996
—, Volk Gottes und Leib Christi, oder: Von der kommunikativen Kraft der Bilder. Neutestamentliche Vorgaben für die Kirche von heute, in: Alte Welt und neuer Glaube. Beiträge zur Religionsgeschichte, Forschungsgeschichte und Theologie des Neuen Testaments, NTOA 29, Fribourg/Göttingen 1994, 277-301
KLEIST, J.A., The Didache, The Epistle of Barnabas, The Epistle and the Martyrdom of St. Polycarp, The Fragments of Papias, The Epistle to Diognetus, ACW 6, Westminster/London 1948
—, The Epistles of St. Clement of Rome and St. Ignatius of Antioch, ACW 1, Westminster/London 1961
KLOPPENBORG, J.S., Edwin Hatch, Churches and *Collegia*, in: Origins and Method. Towards a New Understanding of Judaism and Christianity, FS J.C. Hurd (hg. v. B.H. McLean), JSNT.S 86, Sheffield 1993, 212-238
KNOCH, O.B., Im Namen des Petrus und Paulus. Der Brief des Clemens Romanus und die Eigenart des römischen Christentums, ANRW II,27/1 (1993) 3-54
KNOPF, R., Der erste Clemensbrief, in: W. Bauer/M. Dibelius/R. Knopf/H. Windisch, Die Apostolischen Väter, HNT Erg., Tübingen 1923, 41-150
—, Der zweite Clemensbrief, in: W. Bauer/M. Dibelius/R. Knopf/H. Windisch, Die Apostolischen Väter, HNT Erg., Tübingen 1923, 151-185
KOSCHORKE, K., Einheit der Kirche als Problem der christlichen Gnosis, in: Einheit der Kirche in vorkonstantinischer Zeit. Vorträge, gehalten

bei der Patristischen Arbeitsgemeinschaft, 2.-4. Januar 1985 in Bern (hg. v. F. v. Lilienfeld/A.M. Ritter), OIKONOMIA 25, Erlangen 1989, 54-79

—, Eine neugefundene gnostische Gemeindeordnung, ZThK 76 (1979) 30-60

—, Paulus in den Nag-Hammadi-Texten. Ein Beitrag zur Geschichte der Paulusrezeption im frühen Christentum, ZThK 78 (1981) 177-205

—, Die Polemik der Gnostiker gegen das kirchliche Christentum. Unter besonderer Berücksichtigung der Nag-Hammadi-Traktate „Apokalypse des Petrus" (NHC VII,3) und „Testimonium Veritatis" (NHC IX,3), NHS 12, Leiden 1978

KRANZ, W., Kosmos und Mensch in der Vorstellung des frühen Griechentums, NGG NF 2 (1938) 121-161

KRAUS, W., Das Volk Gottes. Zur Grundlegung der Ekklesiologie bei Paulus, WUNT 85, Tübingen 1996

KREMER, J., Der Erste Brief an die Korinther, RNT, Regensburg 1997

—, Was an den Leiden Christi noch mangelt. Eine interpretationsgeschichtliche und exegetische Untersuchung zu Kol 1,24b, BBB 12, Bonn 1956

KRÜGER, G., Zu II. Klem. 14, 2, ZNW 31 (1932) 204-205

LÄHNEMANN, J., Der Kolosserbrief. Komposition, Situation, Argumentation, StNT 3, Gütersloh 1971

LAMPE, P., Wissenssoziologische Annäherung an das Neue Testament, NTS 43 (1997) 347-366

—, Die stadtrömischen Christen in den ersten beiden Jahrhunderten, WUNT 2/18, Tübingen ²1989

—, The Eucharist. Identifying with Christ on the Cross, Interpr. 48 (1994) 36-49

LANG, F., Die Briefe an die Korinther, NTD 7, Göttingen ¹⁶1986 (1. Aufl. dieser Ausg.)

LEMING, M.R./DEVRIES, R.G./FURNISH, B.F.J. (Hg.), The Sociological Perspective. A Value-Committed Introduction, Grand Rapids 1989

LENK, K. (Hg.), Ideologie. Ideologiekritik und Wissenssoziologie, Darmstadt/Neuwied ⁷1976

LICHTENBERGER, H., Jews and Christians in Rome in the Time of Nero: Josephus und Paul in Rome, ANRW II,26/3 (1996) 2142-2176

LIETZMANN, H., An die Korinther I/II (erg. v. W.G. Kümmel), HNT 9, Tübingen ⁵1969

—, An die Römer, HNT 8, Tübingen ³1928

LIGHTFOOT, J.B., Saint Paul's Epistles to the Colossians and to Philemon, London 1879

—, The Apostolic Fathers II,2: S. Ignatius, S. Polycarp. A Revised Text with Introductions, Notes, Dissertations, and Translations, Hildesheim/New York 1973 (Nachdruck von ²1889)

LINCOLN, A.T., Ephesians, WBC 42, Dallas 1990

—, The Theology of Ephesians, in: Ders./A.J.M. Wedderburn, The Theology of the Later Pauline Letters, New Testament Theology, Cambridge 1993, 75-166

LINDEMANN, A., Die Clemensbriefe, HNT 17, Tübingen 1992

—, Der Epheserbrief, ZBK.NT 8, Zürich 1985

—, Die Gemeinde von „Kolossae". Erwägungen zum „Sitz im Leben" eines pseudopaulinischen Briefes, WuD 16 (1981) 111-134

—, Die Kirche als Leib. Beobachtungen zur „demokratischen" Ekklesiologie bei Paulus, ZThK 92 (1995) 140-165

—, Der Kolosserbrief, ZBK.NT 10, Zürich 1983

—, Paulus im ältesten Christentum. Das Bild des Apostels und die Rezeption der paulinischen Theologie in der frühchristlichen Literatur bis Marcion, BHTh 58, Tübingen 1979

LINTON, O., Das Problem der Urkirche in der neueren Forschung. Eine kritische Darstellung, Uppsala 1932

LIPS, H. V., Neutestamentliche Aspekte zur Ekklesiologie, BThZ 13 (1996) 60-70

LIPSIUS, R.A., Briefe an die Galater, Römer, Philipper, HC 2/2, Freiburg ²1892

LOHMEYER, E., Die Briefe an die Philipper, die Kolosser und an Philemon, KEK 9, Göttingen ²1953

LOHSE, E., Die Briefe an die Kolosser und an Philemon, KEK 9/2, Göttingen ²1977

—, Christusherrschaft und Kirche im Kolosserbrief, NTS 11 (1964/5) 203-216

LÖWE, H., Christus und die Christen. Untersuchungen zum Verständnis der Kirche in den großen Paulusbriefen und im Kolosser- und Epheserbrief, Diss. Heidelberg 1965

LUZ, U., Der Brief an die Epheser, in: J. Becker/U. Luz, Die Brief an die Galater, Epheser und Kolosser, NTD 8/1, Göttingen ¹⁸1998 (1. Aufl. dieser Ausg.), 104-180

—, Der Brief an die Kolosser, in: J. Becker/U. Luz, Die Brief an die Galater, Epheser und Kolosser, NTD 8/1, Göttingen [18]1998 (1. Aufl. dieser Ausg.), 181-244

—, Überlegungen zum Epheserbrief und seiner Paränese, in: Neues Testament und Ethik, FS R. Schnackenburg (hg. v. H. Merklein), Freiburg/Basel/Wien 1989, 376-396

MACDONALD, D.R., The Legend and the Apostle. The Battle for Paul in Story and Canon, Philadelphia 1983

MAIER, H.O., Purity and Danger in Polycarp's Epistle to the Philippians: The Sin of Valens in Social Perspective, Journal of Early Christian Studies 1 (1993) 229-247

—, The Social Setting of the Ministry as Reflected in the Writings of Hermas, Clement and Ignatius, Dissertations SR 1, Waterloo (Ont.) 1991

MALHERBE, ABRAHAM J., Self-Definition among Epicureans and Cynics, in: Jewish and Christian Self-Definition Bd. 3 (hg. v. B.F. Meyer/E.P. Sanders), London 1982, 46-59

MANNHEIM, KARL, Das utopische Bewußtsein, in: Ideologie und Utopie, Frankfurt (Main) [6]1978 (hg. v. G. Schulte-Bulmke), 169-225

—, Die Bedeutung der Konkurrenz im Gebiete des Geistigen, in: Der Streit um die Wissenssoziologie Bd. 1 (hg. v. V. Meja/N. Stehr), Frankfurt (Main) 1982, 325-370

—, Das Problem einer Soziologie des Wissens, in: Wissenssoziologie. Auswahl aus dem Werk (hg. v. K.H. Wolff), Soziologische Texte 28, Neuwied/Berlin [2]1970, 308-387

—, Wissenssoziologie, in: Ideologie und Utopie, Frankfurt (Main) [6]1978 (hg. v. G. Schulte-Bulmke), 227-267

MANSON, T.W., A Parallel to the N.T. Use of σῶμα, JThSt 37 (1936) 385

MARCHANT, G.J.C., Body of Christ, EvQ 30 (1958) 3-17

MARTIN, T.M., By Philosophy and Empty Deceit. Colossians as Response to a Cynic Critique, JSNT.S 118, Sheffield 1996

MCGINN, S.E., ἐξουσίαν ἔχειν ἐπὶ τῆς κεφαλῆς: 1 Cor 10:11 and the Ecclesial Authority of Women, Listening 31 (1996) 91-104

MCHUGH, J., A Reconsideration of Ephesians 1.10b in the Light of Irenaeus, in: Paul and Paulinism, FS C.K. Barrett (hg. v. M.D. Hooker/S.G. Wilson), London 1982, 302-309

MEEKS, W.A., In One Body: The Unity of Humankind in Colossians and Ephesians, in: God's Christ and His People, FS N.A. Dahl (hg. v. J. Jervell/W.A. Meeks), Oslo/Bergen/Tromsö 1977, 209-221

—, The First Urban Christians. The Social World of the Apostle Paul, New Haven/London 1983

—, „Walk Worthily of the Lord". Moral Formation in the Pauline School, Exemplified by the Letter to the Colossians, in: Hermes and Athena. Biblical Exegesis and Philosophical Theology (hg. v. E. Stump/T.P. Flint), StPR 7, Notre Dame 1993, 37-58

MEINHOLD, P., Die Anschauung des Ignatius von der Kirche, in: Studien zu Ignatius von Antiochien, VIEG 97, Wiesbaden 1979, 57-66

—, Art. Polykarpos, PE 21/2 (1952) 1662-1693

MEJA, V./STEHR, N. (Hg.), Der Streit um die Wissenssoziologie, 2 Bde., Frankfurt (Main) 1982

MERKEL, H., Der Epheserbrief in der neueren exegetischen Diskussion, ANRW II,25/4 (1987) 3156-3246

MERKLEIN, H., Das kirchliche Amt nach dem Epheserbrief, StANT 23, München 1973

—, Entstehung und Gehalt des paulinischen Leib-Christi-Gedankens, in: Studien zu Jesus und Paulus, WUNT 43, Tübingen 1987, 319-344

—, Eph 4,1 - 5,20 als Rezeption von Kol 3,1-17 (zugleich ein Beitrag zur Pragmatik des Epheserbriefes), in: Kontinuität und Einheit, FS J. Mußner (hg. v. P.-G. Müller/W. Stenger), Freiburg 1981, 194-210

MERZ, A., Der intertextuelle Ort der Pastoralbriefe, Diss. Heidelberg (im Entstehen begriffen)

METHUEN, C., The „Virgin Widow": A Problematic Social Role for the Early Church?, HThR 90 (1997) 285-298

MEUZELAAR, J.J., Der Leib des Messias. Eine exegetische Studie über den Gedanken vom Leib Christi in den Paulusbriefen, Assen 1961

MEYER, B.F., The Church in Earliest Christianity: Identity and Self-Definition, McMaster Journal of Theology 2 (1991) 1-19

MICHEL, O., Der Brief an die Römer, KEK 4, Göttingen [14]1978

MIGUENS, M., Christ's 'Members' and Sex (1 Cor 6,12-20), Thom. 39 (1975) 24-48

MIKAT, P., Der „Auswanderungsrat" (1 Clem 54.2) als Schlüssel zum Gemeindeverständnis im 1. Clemensbrief, in: Geschichte, Recht, Religion Politik. Beiträge von Paul Mikat (hg. v. D. Giesen/D. Ruthe), Paderborn/München/Wien/Zürich 1984, 361-373

—, Die Bedeutung der Begriffe Stasis und Aponoia für das Verständnis des 1. Clemensbriefes, in: Ders, Religionsrechtliche Schriften. Abhandlungen zum Staatskirchenrecht und Eherecht, 2. Halbbd. (hg. v. J. Listl), SKRA 5, Berlin 1974, 719-751

—, Zur Fürbitte der Christen für Kaiser und Reich im Gebet des 1. Clemensbriefes, in: Ders, Religionsrechtliche Schriften. Abhandlungen zum Staatskirchenrecht und Eherecht, 2. Halbbd. (hg. v. J. Listl), SKRA 5, Berlin 1974, 829-844

MINEAR, P.S., Bilder der Gemeinde. Eine Studie über das Selbstverständnis der Gemeinde anhand von 96 Bildbegriffen des Neuen Testaments, Kassel 1964

MITCHELL, M.M., Paul and the Rhetoric of Reconciliation. An Exegetical Investigation of the Language and Composition of 1 Corinthians, HUTh 28, Tübingen 1991

MOBERLY, R.B., Had 'Caesar' (Ὁ Βασιλεῦς, *I Clem.* 37) Gone to Corinth?, Aug. 36 (1996) 297-311

MOO, D.J., The Epistle to the Romans, NIC, Grand Rapids 1996

MÖRTH, I., Zur Konstitutionsanalyse religiöser Phänomene. Kontingenz und Konsistenz der Lebenswelt, in: Religionssoziologie als Wissenssoziologie (hg. v. W. Fischer/W. Marhold), Stuttgart/Berlin/Köln/Mainz 1978, 21-37

MOXNES, H., The Quest for Honor and the Unity of the Community in Romans 12 and in the Orations of Dio Chrysostom, in: Paul in His Hellenestic Context (hg. v. Troels Engberg-Pedersen), Minneapolis 1995, 203-230

MURPHY-O'CONNOR, J., 1 Corinthians 11:2-16 Once Again, CBQ 50 (1988) 265-274

MUSSNER, F., Der Brief an die Epheser, ÖTBK 10, Gütersloh/Würzburg 1982

—, Christus, das All und die Kirche. Studien zur Theologie des Epheserbriefes, TThSt 5, Trier 1955

NEBE, G., Der Leib Christi und seine Glieder. Überlegungen zur Auslegungsvielfalt und Tragweite eines paulinischen und deuteropaulinischen Motivs, in: Pluralismus und Identität (hg. v. J. Mehlhausen), Veröffentlichungen der Wissenschaftlichen Gesellschaft für Theologie 8, Gütersloh 1995, 320-338

NEYREY. J.H., Christ Is Community: The Christologies of the New Testament, GNS 13, Wilmington 1985

NIEDERWIMMER, K., Askese und Martyrium. Über Ehe, Ehescheidung und Eheverzicht in den Anfängen des christlichen Glaubens, FRLANT 113, Göttingen 1975

NOETHLICHS, K.L., Das Judentum und der römische Staat. Minderheitenpolitik im antiken Rom, Darmstadt 1996

NYGREN, A., Corpus Christi, in: Ein Buch von der Kirche (hg. v. G. Aulén/A. Fridrichsen/A. Nygren/H. Linderoth/R. Bring), Berlin 1950, 15-28

OEHLER, J., Art. Leiturgie, RE 12/2 (1925) 1871-1879

OEPKE, A., Das neue Gottesvolk in Schrifttum, Schauspiel, bildender Kunst und Weltgestaltung, Gütersloh 1950

—, Leib Christi oder Volk Gottes bei Paulus, ThLZ 79 (1954) 363-368

ÖFFNER, E., Der Zweite Klemensbrief. Moralerziehung und Moralismus in der ältesten christlichen Moralpredigt, Diss. Erlangen-Nürnberg 1976

ORR, W.F./WALTHER, J.A., I Corinthians, AncB 32, New York 1976

ORTWEIN, G., Status und Statusverzicht im Neuen Testament und seiner Umwelt, Diss. Heidelberg 1997

OVERBECK, F., Über die Anfänge der patristischen Literatur, Darmstadt 1984

PARK, H.-W., Die Kirche als „Leib Christi“ bei Paulus, Giessen/Basel 1992

PAULSEN, H., Studien zur Theologie des Ignatius von Antiochien, FKDG 29, Göttingen 1978

PEIL, D., Der Streit der Glieder mit dem Magen. Studien zur Überlieferungs- und Deutungsgeschichte der Fabel des Menenius Agrippa von der Antike bis ins 20. Jahrhundert, Mikrokosmos 16, Frankfurt (Main)/Bern/New York 1985

—, Untersuchungen zur Staats- und Herrschaftsmetaphorik in literarischen Zeugnissen von der Antike bis zur Gegenwart, München 1983

PERCY, E., Der Leib Christi (Σῶμα Χριστοῦ) in den paulinischen Homologoumena und Antilegomena, LUA I/38, Lund/Leipzig 1942

PERNVEDEN, L., The Concept of the Church in the Shepard of Hermas, STL 27, Lund 1966

PERRIMAN, A.C., ‘His Body, which is the church …’. Coming to Terms with Metaphor, EvQ 62 (1990) 123-142

—, The Head of the Woman: The Meaning of κεφαλή in I Cor. 11:3, JThS 45 (1994) 602-622

—, The Pattern of Christ's Sufferings: Colossians 1:24 and Philippians 3:10-11, TynB 42 (1991) 62-79
PFAMMATER, J., Epheserbrief/Kolosserbrief, NEB 10/12, Würzburg 1987
PIESIK, H., Bildersprache der Apostolischen Väter, Diss. Bonn 1961
PLISCH, U.-K., Die Auslegung der Erkenntnis (Nag-Hammadi-Codex XI,1), TU 142, Berlin 1996
POKORNÝ, P., Der Brief des Paulus an die Epheser, ThHK 10/2, Leipzig 1992
—, Der Brief des Paulus an die Kolosser, ThHK 10/1, Berlin [2]1990
POLAND, F., Geschichte des griechischen Vereinswesens, Preisschriften der Fürstlich Jablonowskischen Gesellschaft 38, Leipzig 1909
PREMERSTEIN, A. V., Die fünf neugefundenen Edikte des Augustus aus Cyrene, ZSRG.R 48 (1928) 419-531
QUAST, K., Reading the Corinthian Correspondence. An Introduction, New York/Mahwah 1994
RATHKE, H., Ignatius von Antiochien und die Paulusbriefe, TU 99, Berlin 1967
RAWLINSON, A.E.J., Corpus Christi, in: Mysterium Christi. Christologische Studien britischer und deutscher Theologen (hg. v. G.K.A. Bell/A. Deißmann), Berlin 1931, 273-296
REBELL, W., Textpragmatische Auslegung des Neuen Testaments, in: Gemeinschaft am Evangelium, FS W. Popkes (hg. v. E. Brandt/P.S. Fiddes/J. Molthagen), Leipzig 1996, 187-195
REICKE, B., The Historical Setting of Colossians, RExp 70 (1973) 429-438
REIMANN, H. u.a., Basale Soziologie: Hauptprobleme, Opladen [4]1991
REUMANN, J., Colossians 1:24 („What is Lacking in the Afflictions of Christ"). History of Exegesis and Ecumenical Advance, CThMi 17 (1990) 454-461
RICHARDSON, C.C., The Christianity of Ignatius of Antioch, New York 1967 (Nachdruck von 1935)
RIESENFELD, H., Reflections on the Style and the Theology of St. Ignatius of Antioch, TU 79, Berlin 1961, 312-322
ROBINSON, H.W., The Hebrew Conception of Corporate Personality, in: Werden und Wesen des AT (hg. v. P. Volz u.a.), BZAW 66, Berlin 1936, 49-62
ROBINSON, J.A.T., The Body. A Study in Pauline Theology, SBT 5, London 1952
ROLOFF, J., Die Kirche im Neuen Testament, GNT 10, Göttingen 1993

ROMANIDES, J.S., The Ecclesiology of St. Ignatius of Antioch, GOTR 7 (1961/62) 53-77

ROTHE, R., Theologische Ethik Bd. 2, Wittenberg ²1869

RÜEGG, W., Antike Geisteswelt, Zürich ²1964

SAUSSURE, F. DE, Grundfragen der allgemeinen Sprachwissenschaft, Berlin ²1967

SCHALLER, B., Art. Josephos, KP 2 (1979) 1440-1444

—, Art. Philon, KP 4 (1979) 772-776

SCHENK, W., Christus, das Geheimnis der Welt, als dogmatisches und ethisches Grundprinzip des Kolosserbriefes, EvTh 43 (1983) 138-155

—, Der Kolosserbrief in der neueren Forschung (1945-1985), ANRW II,25/4 (1987) 3327-3364

SCHENKE, H.-M., Der Gott „Mensch“ in der Gnosis. Ein religionsgeschichtlicher Beitrag zur Diskussion über die paulinische Anschauung von der Kirche als Leib Christi, Göttingen 1962

SCHLATTER, A., Erläuterungen zum Neuen Testament, Bd. 2: Die Briefe des Paulus, Calw/Stuttgart 1909

—, Gottes Gerechtigkeit. Ein Kommentar zum Römerbrief, Stuttgart ³1959

SCHLIER, H., Art. Corpus Christi, RAC 3 (1957) 437-453

—, Der Brief an die Epheser. Ein Kommentar, Düsseldorf ⁷1971

—, Christus und die Kirche im Epheserbrief, BHTh 6, Tübingen 1930

—, Der Römerbrief, HThK 6, Freiburg/Basel/Wien ³1987

—, Religionsgeschichtliche Untersuchungen zu den Ignatiusbriefen, BZNW 8, Gießen 1929

SCHMIDT, H.W., Der Brief des Paulus an die Römer, ThHK 6, Berlin 1962

SCHMIDT, T., Der Leib Christi (Σῶμα Χριστοῦ). Eine Untersuchung zum urchristlichen Gemeindegedanken, Leipzig/Erlangen 1919

SCHMITHALS, W., Der Römerbrief. Ein Kommentar, Gütersloh 1988

—, Theologiegeschichte des Urchristentums. Eine problemgeschichtliche Darstellung, Stuttgart/Berlin/Köln 1994

SCHNACKENBURG, R., Der Brief an die Epheser, EKK 10, Zürich/Neukirchen 1982

—, Christus, Geist und Gemeinde (Eph. 4:1-16), in: Christ and Spirit in the New Testament, FS C.F.D. Moule (hg. v. B. Lindars/S.S. Smalley), Cambridge 1973, 279-296

SCHNELLE, U., Einleitung in das Neue Testament, Göttingen ²1996

SCHOEDEL, W.R. Die Briefe des Ignatius von Antiochien. Ein Kommentar, Hermeneia, München 1990

—, Theologial Norms and Social Perspectives in Ignatius of Antioch, in: Jewish and Christian Self-Definition. Bd. 1: The Shaping of Christianity in the Second and Third Century (hg. v. E.P. Sanders), Philadelphia 1980, 30-56

—, Polycarp, Martyrdom of Polycarp, Fragments of Papias, ApF(T) 5, London/Camden/Toronto 1967

—, Polycarp of Smyrna and Ignatius of Antioch, ANRW II,27/1 (1993) 272-358

SCHRAGE, W., Der erste Brief an die Korinther (1Kor 6,12-11,16), EKK 7/2, Zürich/Neukirchen 1995

SCHWEIZER, E., Art. σῶμα κτλ., ThWNT 7 (1964) 1024-1091

—, Der Brief an die Kolosser, EKK 12, Zürich/Neukirchen [3]1989

—, Die Kirche als Leib Christi in den paulinischen Antilegomena, in: Neotestamentica, Zürich/Stuttgart 1963, 293-316

—, Die Kirche als Leib Christi in den paulinischen Homologumena, in: Neotestamentica, Zürich/Stuttgart 1963, 272-292

SEIFERT, W., Didaktik rhetorischer Figuren: Metapher als Unterrichtsgegenstand, in: Sprachbetrachtung und Kommunikationsanalyse (hg. v. O. Schober), Scriptor Taschenbücher S 157, Königstein 1980, 129-138

SELLIN, G., Adresse und Intention des Epheserbriefes, in: Paulus, Apostel Jesu Christi, FS G. Klein (hg. v. M. Trowitzsch), Tübingen 1998, 171-186

—, Die Paränese des Epheserbriefes, in: Gemeinschaft am Evangelium, FS W. Popkes (hg. v. E. Brandt/P.S. Fiddes/J. Molthagen), Leipzig 1996, 281-300

SHERWIN-WHITE, A.N., The Roman Citizenship, Oxford [2]1973

SIGRIST, C., Regulierte Anarchie. Untersuchungen zum Fehlen und zur Entstehung politischer Herrschaft in segmentären Gesellschaften Afrikas, Hamburg 1994

SÖDING, T., „Ihr aber seid der Leib Christi“ (1 Kor 12,27). Exegetische Beobachtungen an einem zentralen Motiv paulinischer Ekklesiologie, in: ders., Das Wort vom Kreuz. Studien zur paulinischen Theologie, WUNT 93, Tübingen 1997, 272-299

SOIRON, T., Die Kirche als der Leib Christi. Nach der Lehre des hl. Paulus exegetisch, systematisch und in der theologischen Bedeutung dargestellt, Düsseldorf 1951

STANLEY, C.D., 'Neither Jew nor Greek': Ethnic Conflict in Graeco-Roman Society, JSNT 64 (1996) 101-124

STEGEMANN, C., Herkunft und Entstehung des sogenannten zweiten Klemensbriefes, Diss. Bonn 1974

STEINMETZ, F.-J., Jenseits der Mauern und Zäune. Somatisches Verständnis der kirchlichen Einheit im Epheserbrief, GuL 59 (1986) 202-214

STEINMETZ, P., Polykarp von Smyrna über die Gerechtigkeit, Hermes 100 (1972) 63-75

STOWERS, S.K., A Rereading of Romans. Justice, Jews, and Gentiles, New Haven/London 1994

STRECKER, G., Theologie des Neuen Testaments (bearb., erg. und hg. v. F.W. Horn), Berlin/New York 1996

STROBEL, A., Der erste Brief an die Korinther, ZBK 6.1, Zürich 1989

STUHLMACHER, P., Der Brief an die Römer, NTD 6, Göttingen/Zürich [14]1989 (1. Aufl. dieser Ausg.)

THEISSEN, G., Psychologische Aspekte paulinischer Theologie, FRLANT 131, Göttingen 1983

—, Christologie und soziale Erfahrung. Wissenssoziologische Aspekte paulinischer Christologie, in: Studien zur Soziologie des Urchristentums, WUNT 19, Tübingen [3]1989, 318-330

—, Soziale Integration und sakramentales Handeln. Eine Analyse von 1 Cor. XI 17-34, in: Studien zur Soziologie des Urchristentums, WUNT 19, Tübingen [3]1989, 290-318

—, Judentum und Christentum bei Paulus. Sozialgeschichtliche Überlegungen zu einem beginnenden Schisma, in: Paulus und das antike Judentum (hg. v. M. Hengel/U. Heckel), WUNT 58, Tübingen 1991, 331-356

—, Legitimation und Lebensunterhalt. Ein Beitrag zur Soziologie urchristlicher Missionare, in: Studien zur Soziologie des Urchristentums, WUNT 19, Tübingen [3]1989, 201-230

VIELHAUER, PH., Geschichte der urchristlichen Literatur. Einleitung in das Neue Testament, die Apokryphen und die Apostolischen Väter, Berlin/New York [4]1985

VISSCHER, F. DE, Les Édits d'Auguste découverts à Cyrène, RTHP 3/1, Louvain 1940

VOUGA, F., Geschichte des frühen Christentums, Tübingen/Basel 1994

WAGNER, W.H., After the Apostles. Christianity in the Second Century, Minneapolis 1994

WALL, R.W., Colossians and Philemon, The IVP New Testament Commentary Series, Downers Grove/Leicester 1993

—, Wifely Submission in the Context of Ephesians, CScR 17 (1988) 272-285

WALTERS, J.C., Ethnic Issues in Paul's Letter to the Romans. Changing Self-Definitions in Earliest Roman Christianity, Valley Forge 1993

WANDER, B., Trennungsprozesse zwischen Frühem Christentum und Judentum im 1.Jh.n.Chr. Datierbare Abfolgen zwischen der Hinrichtung Jesu und der Zerstörung des Jerusalemer Tempels, TANZ 16, Tübingen/Basel 1994

WARNS, R., Untersuchungen zum 2. Clemens-Brief, Diss. Marburg 1985

WATSON, N.M., The First Epistle to the Corinthians, Epworth Commentaries, London 1992

WEDDERBURN, A.J.M., The Body of Christ and Related Concepts in 1 Corinthians, SJTh 24 (1971) 74-96

—, The Reasons for Romans, Edinburgh 1988

WEINRICH, H., Sprache in Texten, Stuttgart 1976

WEINRICH, W., The Concept of the Church in Ignatius of Antioch, in: Good News in History, FS Bo Reicke (hg. v. E.L. Miller), Atlanta 1993, 137-150

WEISS, B., Der Brief an die Römer, KEK 4, Göttingen [8]1891 (1. Aufl. dieser Ausg.)

WEISS, H.F., Volk Gottes und Leib Christi. Überlegungen zur paulinischen Ekklesiologie, ThLZ 102 (1977) 411-420

WEISS, J., Der erste Korintherbrief, KEK 5, Göttingen [9]1910 (1. Aufl. dieser Ausg.)

WENDLAND, H.-D., Die Briefe an die Korinther, NTD 7, Göttingen [4]1946

WENGST, K., Christologische Formeln und Lieder des Urchristentums, StNT 7, Gütersloh [2]1973

—, Pax Romana: Anspruch und Wirklichkeit. Erfahrungen und Wahrnehmungen des Friedens bei Jesus und im Urchristentum, München 1986

WIEFEL, W., Erwägungen zur soziologischen Hermeneutik urchristlicher Gottesdienstformen, Kairos 14 (1972) 36-51

—, Die jüdische Gemeinschaft im antiken Rom und die Anfänge des römischen Christentums. Bemerkungen zu Anlaß und Zweck des Römerbriefs, Jud 26 (1970) 65-88

WIKENHAUSER, A., Die Kirche als der mystische Leib Christi nach dem Apostel Paulus, Münster [2]1940

WILCKENS, U., Der Brief an die Römer (Röm 6-11), EKK 6/2, Zürich/Neukirchen ^{2}1987

—, Der Brief an die Römer (Röm 12-16), EKK 6/3, Zürich/Neukirchen ^{2}1989

WILSON, J.W., The First Epistle of Clement. A Theology of Power, Diss. Durham (NC) 1976

WINDISCH, H., Das Christentum des zweiten Clemensbriefes, in: Harnack-Ehrung. Beiträge zur Kirchengeschichte, FS A. v. Harnack, Leipzig 1921, 119-134

—, Julius Cassianus und die Clemenshomilie (II Clemens), ZNW 25 (1926) 258-262

WIRE, A.C., The Corinthian Women Prophets. A Reconstruction Through Paul's Rhetoric, Minneapolis 1990

WIRTH, G., Art. Curtius, KP 1 (1979) 1349-1350

WITHERINGTON, B., Conflict and Community in Corinth: A Socio-Rhetorical Commentary on 1 and 2 Corinthians, Grand Rapids/Carlisle 1995

WOLFF, C., Der erste Brief des Paulus an die Korinther, ThHK 7, Leipzig 1996

WOLTER, M., Der Brief an die Kolosser, Der Brief an Philemon, ÖTBK 12, Gütersloh/Würzburg 1993

—, Ethos und Identität in paulinischen Gemeinden, NTS 43 (1997) 430-444

WORGUL, G.S., People of God, Body of Christ. Pauline Ecclesiological Contrasts, BTB 12 (1982) 24-28

YORKE, G.L.O.R., The Church as the Body of Christ in the Pauline Corpus. A Reexamination, Lanham/New York/London 1991

ZAHN, T., Der Brief des Paulus an die Römer, KNT 6, Leipzig $^{1/2}$1910

ZELLER, D., Der Brief an die Römer, RNT, Regensburg 1985

Zu diesem Buch

Die Metapher von der christlichen Gemeinde als einem Leib zählt zu den zentralen ekklesiologischen Bildern im Neuen Testament. Auch aus der systematisch-theologischen Diskussion ist sie nicht mehr wegzudenken. Dies hat jedoch auf die Exegese dergestalt zurückgewirkt, dass der Blick auf die Metapher durch theologische Vorentscheidungen bestimmt, wenn nicht getrübt war. Diese Arbeit hat es sich zur Aufgabe gestellt, die Metapher neu als sprachliche Figur in den Blick zu nehmen, die in einem erkennbaren historischen, sozialen und theologiegeschichtlichen Kontext zu einem je konkreten Zweck als frei formbares rhetorisches Material eingesetzt und gestaltet wurde. Zu diesem Zweck wird das exegetische Instrumentarium um wissenssoziologische und sprachwissenschaftliche Werkzeuge ergänzt.

Da zu jener Zeit nicht nur die Theologie-, sondern auch die Kanongeschichte noch nach allen Richtungen offen war, werden ausser den Schriften des Corpus Paulinum (nur hier begegnet ekklesiale Leib-Metaphorik im Neuen Testament) auch die sogenannten Apostolischen Väter als Schriften, die im orthodoxen Strom mitfliessen, untersucht. Einzelne Ausblicke in das apologetische und gnostische Schrifttum runden das Bild ab.

About this book

When it comes to speaking of the church by means of metaphors, the body is a central one within the New Testament. The metaphor of the body is also prevalent within the systematical theology. Yet, the latter fact has reverberated into the New Testament exegesis, so that a look at the New Testament texts often was impaired by systematical prejudice. This book wants to foster a fresh approach to the metaphor of the body, as a rhetorical figure which depicts a perceptible socio-historical context, and was used to specific ends as a freely shapable rhetoric means. The book uses exegetical tools which are supplemented by approaches of the sociology of knowledge and of linguistics.
Since in he times of the Early church not only the theological but also the canonical framework still was in flow, the author not only interprets the writings of Paul and his school (only there we find the ecclesiogical use of he metaphor of the body, in the New Testament) but also the so-called Apostolic Fathers. They soon were regarded as orthodox and were therefore of considerable influence in the times to come. A few hints at apologetical and gnostic writings try to complete the picture.

ISBN 3-7278-1367-9 (Universitätsverlag)
ISBN 3-525-53950-9 (Vandenhoeck & Ruprecht)

Bd. 1 MAX KÜCHLER, Schweigen, Schmuck und Schleier. Drei neutestamentliche Vorschriften zur Verdrängung der Frauen auf dem Hintergrund einer frauenfeindlichen Exegese des Alten Testaments im antiken Judentum. XXII + 542 Seiten, 1 Abb. 1986. [vergriffen]

Bd. 2 MOSHE WEINFELD, The Organizational Pattern and the Penal Code of the Qumran Sect. A Comparison with Guilds and Religious Associations of the Hellenistic-Roman Period. 104 Seiten. 1986.

Bd. 3 ROBERT WENNING, Die Nabatäer – Denkmäler und Geschichte. Eine Bestandesaufnahme des archäologischen Befundes. 364 Seiten, 50 Abb., 19 Karten. 1986. [vergriffen]

Bd. 4 RITA EGGER, Josephus Flavius und die Samaritaner. Eine terminologische Untersuchung zur Identitätsklärung der Samaritaner. 4 + 416 Seiten. 1986.

Bd. 5 EUGEN RUCKSTUHL, Die literarische Einheit des Johannesevangeliums. Der gegenwärtige Stand der einschlägigen Forschungen. Mit einem Vorwort von Martin Hengel. XXX + 334 Seiten. 1987.

Bd. 6 MAX KÜCHLER/CHRISTOPH UEHLINGER (Hrsg.), Jerusalem. Texte – Bilder – Steine. Im Namen von Mitgliedern und Freunden des Biblischen Instituts der Universität Freiburg Schweiz herausgegeben... zum 100. Geburtstag von Hildi + Othmar Keel-Leu. 240 S., 62 Abb.; 4 Taf.; 2 Farbbilder. 1987.

Bd. 7 DIETER ZELLER (Hrsg.), Menschwerdung Gottes – Vergöttlichung von Menschen. 8 + 228 Seiten, 9 Abb., 1988.

Bd. 8 GERD THEISSEN, Lokalkolorit und Zeitgeschichte in den Evangelien. Ein Beitrag zur Geschichte der synoptischen Tradition. 10 + 338 Seiten. 1989.

Bd. 9 TAKASHI ONUKI, Gnosis und Stoa. Eine Untersuchung zum Apokryphon des Johannes. X + 198 Seiten. 1989.

Bd. 10 DAVID TROBISCH, Die Entstehung der Paulusbriefsammlung. Studien zu den Anfängen christlicher Publizistik. 10 + 166 Seiten. 1989.

Bd. 11 HELMUT SCHWIER, Tempel und Tempelzerstörung. Untersuchungen zu den theologischen und ideologischen Faktoren im ersten jüdisch-römischen Krieg (66–74 n. Chr.). XII + 432 Seiten. 1989.

Bd. 12 DANIEL KOSCH, Die eschatologische Tora des Menschensohnes. Untersuchungen zur Rezeption der Stellung Jesu zur Tora in Q. 514 Seiten. 1989.

Bd. 13 JEROME MURPHY-O'CONNOR, O.P., The Ecole Biblique and the New Testament: A Century of Scholarship (1890–1990). With a Contribution by Justin Taylor, S.M. VIII + 200 Seiten. 1990.

Bd. 14 PIETER W. VAN DER HORST, Essays on the Jewish World of Early Christianity. 260 Seiten. 1990.

Bd. 15 CATHERINE HEZSER, Lohnmetaphorik und Arbeitswelt in Mt 20,1–16. Das Gleichnis von den Arbeitern im Weinberg im Rahmen rabbinischer Lohngleichnisse. 346 Seiten. 1990.

Bd. 16 IRENE TAATZ, Frühjüdische Briefe. Die paulinischen Briefe im Rahmen der offiziellen religiösen Briefe des Frühjudentums. 132 Seiten. 1991.

Bd. 17 EUGEN RUCKSTUHL/PETER DSCHULNIGG, Stilkritik und Verfasserfrage im Johannesevangelium. Die johanneischen Sprachmerkmale auf dem Hintergrund des Neuen Testaments und des zeitgenössischen hellenistischen Schrifttums. 284 Seiten. 1991.

Bd. 18 PETRA VON GEMÜNDEN, Vegetationsmetaphorik im Neuen Testament und seiner Umwelt. Eine Bildfelduntersuchung. XII + 558 Seiten. 1991.

Bd. 19 MICHAEL LATTKE, Hymnus. Materialien zu einer Geschichte der antiken Hymnologie. XIV + 510 Seiten. 1991.

Bd. 20 MAJELLA FRANZMANN, The Odes of Solomon. An Analysis of the Poetical Structure and Form. XXVIII + 460 Seiten. 1991.

Bd. 21 LARRY P. HOGAN, Healing in the Second Temple Period. 356 Seiten. 1992.

Bd. 22 KUN-CHUN WONG, Interkulturelle Theologie und multikulturelle Gemeinde im Matthäusevangelium. Zum Verhältnis von Juden- und Heidenchristen im ersten Evangelium. 236 Seiten. 1992.

Bd. 23 JOHANNES THOMAS, Der jüdische Phokylides. Formgeschichtliche Zugänge zu Pseudo-Phokylides und Vergleich mit der neutestamentlichen Paränese XVIII + 538 Seiten. 1992.

Bd. 24 EBERHARD FAUST, Pax Christi et Pax Caesaris. Religionsgeschichtliche, traditionsgeschichtliche und sozialgeschichtliche Studien zum Epheserbrief. 536 Seiten. 1993.

Bd. 25 ANDREAS FELDTKELLER, Identitätssuche des syrischen Urchristentums. Mission, Inkulturation und Pluralität im ältesten Heidenchristentum. 284 Seiten. 1993.

Bd. 26 THEA VOGT, Angst und Identität im Markusevangelium. Ein textpsychologischer und sozialgeschichtlicher Beitrag. XIV + 274 Seiten. 1993.

Bd. 27 ANDREAS KESSLER/THOMAS RICKLIN/GREGOR WURST (Hrsg.), Peregrina Curiositas. Eine Reise durch den orbis antiquus. Zu Ehren von Dirk Van Damme. X + 322 Seiten. 1994.

Bd. 28 HELMUT MÖDRITZER, Stigma und Charisma im Neuen Testament und seiner Umwelt. Zur Soziologie des Urchristentums. 344 Seiten. 1994.

Bd. 29 HANS-JOSEF KLAUCK, Alte Welt und neuer Glaube. Beiträge zur Religionsgeschichte, Forschungsgeschichte und Theologie des Neuen Testaments. 320 Seiten. 1994.

Bd. 30 JARL E. FOSSUM, The Image of the invisible God. Essays on the influence of Jewish Mysticism on Early Christology. X + 190 Seiten. 1995.

Bd. 31 DAVID TROBISCH, Die Endredaktion des Neuen Testamentes. Eine Untersuchung zur Entstehung der christlichen Bibel. IV + 192 Seiten. 1996.

Bd. 32 FERDINAND ROHRHIRSCH, Wissenschaftstheorie und Qumran. Die Geltungsbegründungen von Aussagen in der Biblischen Archäologie am Beispiel von Chirbet Qumran und En Feschcha. XII + 416 Seiten. 1996.

Bd. 33 HUBERT MEISINGER, Liebesgebot und Altruismusforschung. Ein exegetischer Beitrag zum Dialog zwischen Theologie und Naturwissenschaft. XII + 328 Seiten. 1996.

Bd. 34 GERD THEISSEN / DAGMAR WINTER, Die Kriterienfrage in der Jesusforschung. Vom Differenzkriterium zum Plausibilitätskriterium. XII + 356 Seiten. 1997.

Bd. 35 CAROLINE ARNOULD, Les arcs romains de Jérusalem. 368 pages, 36 Fig., 23 Planches. 1997.

Bd. 36 LEO MILDENBERG, Vestigia Leonis. Studien zur antiken Numismatik Israels, Palästinas und der östlichen Mittelmeerwelt. XXII + 266 Seiten, Tafelteil 144 Seiten. 1998.

Bd. 37 TAESEONG ROH, Die *familia dei* in den synoptischen Evangelien. Eine redaktions- und sozialgeschichtliche Untersuchung zu einem urchristlichen Bildfeld. XIV + 322 Seiten. 2001.

Bd. 38 SABINE BIEBERSTEIN, Verschwiegene Jüngerinnen – vergessene Zeuginnen. Gebrochene Konzepte im Lukasevangelium. XII + 324 Seiten. 1998.

Bd. 39 GUDRUN GUTTENBERGER ORTWEIN, Status und Statusverzicht, im Neuen Testament und seiner Umwelt. VIII + 372 Seiten. 1999.

Bd. 40 MICHAEL BACHMANN, Antijudaismus im Galaterbrief? Beiträge zur Exegese eines polemischen Schreibens und zur Theologie des Apostels Paulus. X + 238 Seiten. 1999.

Bd. 41/1 MICHAEL LATTKE, Oden Salomos. Text, Übersetzung, Kommentar. Teil 1. Oden 1 und 3–14. XII + 312 Seiten. 1999.

Bd. 42 RALPH HOCHSCHILD, Sozialgeschichtliche Exegese. Entwicklung, Geschichte und Methodik einer neutestamentlichen Forschungsrichtung. VIII + 308 Seiten. 1999.

Bd. 43 PETER EGGER, Verdienste vor Gott? Der Begriff *z*[e]*khut* im rabbinischen Genesiskommentar Bereshit Rabba. VII + 440 Seiten. 2000.

Bd. 44 ANNE DAWSON, Freedom as Liberating Power. A socio-political reading of the ἐξουσία texts in the Gospel of Mark. XIV + 258 Seiten. 2000.

Bd. 45 STEFAN ENSTE, Kein Markustext in Qumran. Eine Untersuchung der These: Qumran-Fragment 7Q5=Mk 6, 52–53. VIII + 178 Seiten. 2000.

Bd. 46 DIETER KREMENDAHL, Die Botschaft der Form. Zum Verhältnis von antiker Epistolographie und Rhetorik im Galaterbrief. XII + 332 Seiten. 2000.

Bd. 47 MICHAEL FIEGER / KONRAD SCHMID / PETER SCHWAGMEIER (Hrsg.), Qumran – Die Schriftrollen vom Toten Meer. Vorträge des St. Galler Qumran-Symposiums vom 2./3. Juli 1999. VIII + 240 Seiten. 2001.

Bd. 48 BENEDICT T. VIVIANO OP, Trinity – Kingdom – Church. Essays in Biblical Theology. X + 294 Seiten. 2001.

UNIVERSITÄTSVERLAG FREIBURG SCHWEIZ
VANDENHOECK & RUPRECHT GÖTTINGEN

ORBIS BIBLICUS ET ORIENTALIS (eine Auswahl)

Bd. 25/1 MICHAEL LATTKE: Die Oden Salomos in ihrer Bedeutung für Neues Testament und Gnosis. Band I. Ausführliche Handschriftenbeschreibung. Edition mit deutscher Parallel-Übersetzung. Hermeneutischer Anhang zur gnostischen Interpretation der Oden Salomos in der Pistis Sophia. XI + 237 Seiten. 1979.

Bd. 25/1a MICHAEL LATTKE: Die Oden Salomos in ihrer Bedeutung für Neues Testament und Gnosis. Band Ia. Der syrische Text der Edition in Esṭrangelā. Faksimile des griechischen Papyrus Bodmer. XI + 68 Seiten. 1980.

Bd. 25/2 MICHAEL LATTKE: Die Oden Salomos in ihrer Bedeutung für Neues Testament und Gnosis. Band II. Vollständige Wortkonkordanz zur handschriftlichen griechischen, koptischen, lateinischen und syrischen Überlieferung der Oden Salomos. Mit einem Faksimile des Kodex N. XVI + 201 Seiten. 1979.

Bd. 25/3 MICHAEL LATTKE: Die Oden Salomos in ihrer Bedeutung für Neues Testament und Gnosis. Band III. Forschungsgeschichtliche Bibliographie 1799–1984 mit kritischen Anmerkungen. Mit einem Beitrag von Majella Franzmann. A Study of the Odes of Solomon with Reference to the French Scholarship 1909–1980. XXXIV + 478 Seiten. 1986.

Bd. 25/4 MICHAEL LATTKE: Die Oden Salomos in ihrer Bedeutung für Neues Testament und Gnosis. Band IV. Ausgewählte Studien und Vorträge. XII + 284 Seiten. 1998.

Bd. 76 JOŽE KRAŠOVEC: La justice (Ṣdq) de Dieu dans la Bible hébraïque et l'interprétation juive et chrétienne. 456 pages. 1988.

Bd. 90 JOSEPH HENNINGER: Arabica varia. Aufsätze zur Kulturgeschichte Arabiens und seiner Randgebiete. Contributions à l'histoire culturelle de l'Arabie et de ses régions limitrophes. 504 Seiten. 1989.

UNIVERSITÄTSVERLAG FREIBURG SCHWEIZ
VANDENHOECK & RUPRECHT GÖTTINGEN